21世纪高等继续教育精品教材·经济管理类通用系列

国际金融

（第2版）

主编　韩民春

中国人民大学出版社

·北京·

21世纪高等继续教育精品教材

编审委员会

总　序

21世纪，科学技术发展日新月异，发明创造层出不穷，知识更新日趋频繁，全民学习、终身学习已经成为适应经济与社会发展的基本途径。近年来，我国高等教育取得了跨越式的发展，毛入学率由1998年的8%迅速增长到2008年的23.3%，已经进入到大众化的发展阶段，这其中高等继续教育发挥了重要的作用。同时，高等继续教育作为“传统学校教育向终身教育发展的一种新型教育制度”，对实现“形成全民学习、终身学习的学习型社会”、“构建终身教育体系”的宏伟目标，发挥着其他教育形式不可替代的作用。

目前，我国高等继续教育的发展规模已占全国高等教育的一半左右，随着我国产业结构的调整、传统产业部门的改造以及新兴产业部门的建立，各种岗位上数以千万计的劳动者，需要通过边工作边学习来调整自己的知识结构、提高自己的知识水平，以适应现代经济与社会发展的要求。可见，我国高等继续教育的发展，既肩负着重大的历史使命又面临着难得的发展机遇。

我国的高等继续教育要抓住机遇发展，完成自己的历史使命，从根本上说就是要全面提高教育教学质量，这涉及多方面的工作，但抓好教材建设是提高教学质量的基础和中心环节。众所周知，高等继续教育的培养对象主要是已经走上各种生产或工作岗位的从业人员，这就决定了高等继续教育的目标是培养能适应新世纪社会发展要求的动手能力强、具有创新能力的应用型人才。因此，高等继续教育教材的编写“要本着学用结合的原则，重视从业人员的知识更新，提高广大从业人员的思想文化素质和职业技能”，体现出高等继续教育的针对性、实用性和职业性特色。

为适应我国高等继续教育发展的新形式、培养应用型人才、满足广大学员的学习需要，中国人民大学出版社邀请了国内知名专家学者对我国高等继续教育的教学改革与教材建设进行专题研讨，成立了教材编审委员会，联合中国人民大学、中国政法大学、东北财经大学、武汉大学、山西财经大学、东北师范大学、华中科技大学、黑龙江大学等30多所高校，共同编撰了“21世纪高等继续教育精品教材”，计划在两三年内陆续推出百种高等继续教育精品系列教材。教材编审委员会对该系列教材的作者进行了严格的遴选，编写教材的专家、教授都有着丰富的继续教育教学经验和较高的专业学术水平。教材的编写严格依据教育部颁布的“全国成人高等教育公共课和经济学、法学、工学主要课程的教学基本要求”；教材内容的选择克服了追求“大而全”的现象，做到了少而精、有针对性，突出了能力的训练和培养；教材体例的安排突出了学习使用的弹性和灵活性，体现“以学为主”的教育理念；教材充分利用现代化的教育手段，形成文字教材和多媒体教材相结合的立体化教材，加强了教师对学生学习过程的指导和帮助，形象生动、灵活方便，易于保存，可反复学习，更能适应学员在职、业余自学，或配合教师讲授时使用，会起到很好的教学效果。

这套“21世纪高等继续教育精品教材”在策划、编写和出版过程中，得到教育部高教司、中国成人教育协会、北京高校成人高教研究会的大力支持和帮助，谨表深切谢意。我们相信，随着我国高等继续教育的发展和教学改革的不断深入，特别是随着教育部“高等学校教学质量和教学改革工程”的实施，这套高等继续教育精品教材必将为促进我国高校教学质量的提高做出贡献。

杨干忠

前言

作为国际经济学的一个重要组成部分，国际金融主要是研究不同国家货币之间的静态和动态的关系，研究国家之间、地区之间和经济体之间是如何通过货币这一媒介，进行各种经济交易的。因此，国际金融研究的是跨国界的货币与金融问题。这门学科既具有很深的理论性，同时也有很强的操作性。

国际金融的理论体系经过百年的发展，已经逐步形成。在20世纪初期，国际贸易的规模较小，国际金融关系是以黄金作为基础的金本位制度。从20世纪中期到20世纪70年代以前，布雷顿森林体系成为了国际金融关系的基础。在这一时期，美元与黄金挂钩，产生了国际货币基金组织、世界银行集团等跨国家的金融组织。20世纪70年代以后，世界经济更加趋于全球化和一体化。随着信息技术的发展，资本在国际的流动更加频繁、规模也更加庞大，出现了货币国际化、金融体制混业经营、金融工具创新、金融资产证券化等新趋势。20世纪90年代以后，美元、日元等世界主要货币汇率的大幅波动，以及墨西哥和东南亚的金融危机，都显示出当今国际金融关系日益复杂，国际经济交易的风险也不断加大。欧元的诞生给国际金融领域带来了新的活力，区域货币一体化、区域经济一体化成为世界经济中的热点问题。

20世纪90年代是中国金融对外开放取得突破性进展的10年。1994年中国取消了外汇双轨制，实现了汇率的并轨，实行了有管理的浮动汇率机制。1996年实现了经常项目的可自由兑换。加入WTO后，中国与世界其他国家的经济交往更加频繁，关系更加紧密，中国企业在国际经济交易中所面临的风险也呈现多样性和复杂性。在21世纪的第一个10年即将结束的时候，长期以来被奉若神灵的美国金融业，一夜之间神话破灭、大厦倾覆，导致全世界金融业产生连锁反应，陷入严重的金融危机，并使全球的经济出现衰退。

世界经济变幻莫测，因此我们有必要对国际金融体系发展的历史、现状和趋势进行全面的了解，熟悉金融风险的表现形式，学会分析其产生的原因，并且初步掌握防范金融风险的一般方法。基于这样一个目的，本教材在编写过程中，根据教学大纲的基本要求，体现出以下几个主要特点：

1. 注重知识体系的系统性，力图使学生对该学科有一个全面的了解。由于国际金融制度正酝酿着重大变革，这将对世界经济与贸易产生深远的影响。以史为鉴，方可知言行。因此，教材中我们用较多的篇幅来介绍国际金融制度的变迁过程，使学生能清晰地了解到影响国际金融制度发展的诸多原因，并且强调基础理论、规则、惯例和方法的综合学习。

2. 注重理论与实践的充分结合，这是本书的另一个特点。我们没有仅仅停留在一般性的知识介绍上，而是通过计算案例和分析案例，让学生逐步掌握理论的运用方法，从而加深对理论的认识。

3. 在组织体系上强调简洁、清晰的结构和思路，便于学生的总体把握。

4. 注重知识的更新。国际金融领域的新知识、新概念层出不穷，因此，我们也尽量考虑到这方面的变化和实际需要，引入了许多新的案例和分析，从而使学生的知识能与社会现实的需求密切结合。

本书的结构体系是：第一章外汇与汇率，第二章国际收支，第三章国际储备，第四章外汇管制，第五章国际货币制度，第六章即期和远期外汇交易，第七章套汇、套利和掉期交易，第八章外汇期货和期权，第九章外汇风险管理，第十章国际金融市场，第十一章国际银行贷款，第十二章国际债券融资，第十三章其他国际融资方法，第十四章国际金融机构。

本书各章的编写者是：韩民春（第二、三、十一、十二、十三和十四章）、刘红梅（第一、四、五、六和七章）、黄芳泉（第八章）、盛洪昌（第九、十章）。最后由韩民春负责修改和定稿。另外，华中科技大学袁秀林参加了第十四章的资料收集和编写，并进行了部分章节的校对；武汉大学的彭颖和陈妮娜也参与了其中部分章节的资料收集和编写工作。

本书在编写过程中吸收和借鉴了大量国内外专家学者在不同时期的研究成果，并得到武汉大学的范如国教授以及湖北众邦文化传播有限公司和中国人民大学出版社的大力支持，在此一并表示衷心感谢。

由于编写时间紧迫，作者的水平有限，一定会有不少的疏漏，恳请同行专家学者和读者提出宝贵意见和建议。

韩民春

于华中科技大学　喻家山

2010年7月

目 录

第一章 外汇与汇率 …… (1)
第一节 外汇与汇率概述 …… (2)
第二节 国际汇率制度 …… (7)
第三节 汇率与经济的关系 …… (14)
第二章 国际收支 …… (25)
第一节 国际收支概述 …… (26)
第二节 国际收支平衡表 …… (29)
第三节 国际收支平衡表的分析 …… (36)
第四节 国际收支调节 …… (39)
第五节 西方国际收支理论 …… (44)
第六节 我国的国际收支 …… (51)
第三章 国际储备 …… (70)
第一节 国际储备概述 …… (71)
第二节 国际储备的管理 …… (78)
第三节 我国的国际储备 …… (87)
第四章 外汇管制 …… (92)
第一节 外汇管制概述 …… (93)
第二节 我国的外汇管理 …… (99)

第三节　人民币可兑换……………………………………………………………(105)
第五章　国际货币制度……………………………………………………………(113)
第一节　国际货币制度概述……………………………………………………(114)
第二节　国际金本位制度………………………………………………………(116)
第三节　布雷顿森林体系………………………………………………………(119)
第四节　牙买加体系……………………………………………………………(127)
第五节　欧洲货币体系…………………………………………………………(130)
第六节　国际货币制度的发展趋势……………………………………………(132)
第六章　即期和远期外汇交易……………………………………………………(136)
第一节　外汇市场概述…………………………………………………………(137)
第二节　即期外汇交易…………………………………………………………(143)
第三节　远期外汇交易…………………………………………………………(152)
第七章　套汇、套利和掉期交易…………………………………………………(160)
第一节　套汇交易………………………………………………………………(161)
第二节　套利交易………………………………………………………………(167)
第三节　掉期交易………………………………………………………………(174)
第八章　外汇期货和期权…………………………………………………………(180)
第一节　外汇期货………………………………………………………………(181)
第二节　外汇期权………………………………………………………………(195)
第九章　外汇风险管理……………………………………………………………(204)
第一节　外汇风险………………………………………………………………(205)
第二节　外汇风险管理…………………………………………………………(209)
第十章　国际金融市场……………………………………………………………(220)
第一节　国际金融市场概述……………………………………………………(221)
第二节　国际金融中心…………………………………………………………(224)
第三节　国际货币市场…………………………………………………………(227)
第四节　国际资本市场…………………………………………………………(229)
第五节　欧洲货币市场…………………………………………………………(231)
第十一章　国际银行贷款…………………………………………………………(238)
第一节　国际商业银行贷款……………………………………………………(239)
第二节　国际银团贷款…………………………………………………………(243)
第三节　出口信贷——中长期对外贸易信贷…………………………………(248)
第四节　我国利用国际银行贷款的现状………………………………………(255)
第十二章　国际债券融资…………………………………………………………(262)
第一节　国际债券融资与国际债券市场………………………………………(263)
第二节　国际债券的发行与流通………………………………………………(275)

第三节　国际债券融资的风险与收益…………………………………………………（284）
第四节　我国的国际债券融资…………………………………………………………（288）
第十三章　其他国际融资方法……………………………………………………（296）
第一节　国际项目融资…………………………………………………………………（297）
第二节　BOT 融资 ……………………………………………………………………（300）
第三节　国际租赁………………………………………………………………………（306）
第十四章　国际金融机构…………………………………………………………（312）
第一节　世界银行集团…………………………………………………………………（313）
第二节　国际货币基金组织……………………………………………………………（317）
第三节　亚洲开发银行…………………………………………………………………（322）
第四节　欧洲中央银行…………………………………………………………………（328）
第五节　全球金融危机背景下国际货币金融体系的改革……………………………（333）

第一章

外汇与汇率

【要点提示】

- 外汇与汇率
- 汇率的决定与调整
- 人民币汇率制度
- 汇率与经济的关系
- 西方汇率理论

外汇和汇率，是开放经济下任何国家在进行贸易、投资、信贷等国际经济交易时首先要面对和解决的问题。外汇和汇率理论是国际金融学的理论基础，也是国际金融学的一个重要部分。

第一节　外汇与汇率概述

一、外汇的概念

外汇（Foreign Exchange）的概念有动态和静态之分，静态的外汇概念又有广义和狭义之分。

动态的外汇是指：将一种货币兑换成另一种货币，用以清偿国际间债权、债务关系的行为。因此也可以认为，外汇是国际汇兑（International Exchange）的简称。

广义的静态外汇，泛指一切以外国货币表示的资产。各国外汇管理法令中通常是这种概念。

国际货币基金组织（IMF）将外汇定义为："货币行政当局（中央银行、货币管理机构、外汇平准基金及财政部）以银行存款、财政部国库券、长短期政府证券形式所持有的在国际收支中可以使用的债权，包括：（1）可以自由兑换的外国货币（纸币和铸币）；（2）各种外币长短期有价证券（股票、债券等）；（3）外币支付凭证（票据、银行存款凭证）；（4）其他外汇资金。"

《中华人民共和国外汇管理条例》对外汇的规定是：外汇是指下列以外币表示的可以用作国际清偿的支付手段和资产：（1）可以自由兑换的外国货币，包括纸币、铸币；（2）外币支付凭证，包括票据、银行存款凭证、邮政储蓄凭证等；（3）外币有价证券，包括政府债券、公司债券、股票等；（4）特别提款权、欧洲货币单位；（5）其他外汇资产。

狭义的静态外汇概念是：在国际结算中广泛使用的、以外币表示的信用工具和支付凭证，主要是指以外币表示的银行汇票、支票、银行存款等。依据此定义，以外币表示的有价证券由于不能直接用于国际间的支付，故不属于外汇；同样，外币现钞也不能算作外汇。外钞只有贷记在发行国银行账户上后，才能称作外汇。因此，只有存放在银行的外币资金，以及外币票据，才构成狭义的外汇。

人们通常讲的外汇就是狭义概念的外汇。

二、外汇的分类

根据能否自由兑换来划分，外汇可以分为自由外汇（Free Foreign Exchange）和非自由外汇（Not Free Foreign Exchange）两种。

自由外汇是指无须货币发行国批准，可以自由兑换成其他货币的外汇。目前世

界经济活动中，各国可以使用的自由外汇不多，如美元、英镑、欧元、日元、加拿大元、澳元等。

非自由外汇是指需要货币发行国批准才能在外汇市场上兑换成其他国家货币的外汇。

记账外汇（Exchange of Account），也称协定外汇（Agreement Foreign Exchange），是一种特殊的非自由外汇，只可作为具有清算协定的两国或多国之间的记账货币，不能对第三者支付使用。

三、汇率的概念

汇率（Foreign Exchange Rate）是指将一种货币兑换成另一种货币的兑换比率。汇率是两个国家货币之间的折算比率，因此，也可以将汇率理解成是以一国货币表示的另一国货币的价格。如：USD1＝CNY6.821 7 可以说美元和人民币的折算比率是1∶6.821 7；也可以说 1 美元用人民币表示的价格是 6.821 7 元。

四、汇率的标价方法

两种不同货币之间进行折算，两种货币都可以作为折算标准。以不同货币为标准确定的汇率截然不同，也产生了不同的外汇标价方法。

（一）直接标价法

直接标价法是以若干单位本国货币表示一定单位外国货币的标价方法，即以本国货币表示的外国货币的价格。它表示购买单位外币应付多少本国货币，因此也被称为应付标价法（Giving Quotation）。目前世界上绝大多数国家（除英国和美国外）都采用直接标价法，我国的人民币汇价也采用直接标价法。例如 2009 年 1 月 20 日人民币汇率为：

USD100＝CNY683.60

GBP100＝CNY1 014.77

JPY100＝CNY7.509 6

在直接标价方法下，外国货币的数额固定不变，外汇汇率的涨跌以本国货币数额的变化来表示。如果单位外币折算的本币数额比以前增多了，说明外汇汇率上涨，外币升值、本币贬值。反之，单位外币折算的本币数额减少，则说明外汇汇率下跌，外币贬值、本币升值。如果 2009 年 5 月 29 日人民币汇率为：

USD100＝CNY682.85

GBP100＝CNY1 098.91

JPY100＝CNY7.11

与 1 月 20 日的汇率比较，100 单位的英镑用人民币折算，所需的人民币数额比原来增加 84.14（CNY），这表明英镑对人民币升值，英镑汇率上涨。而 100 单位的美元和日元用人民币折算所需的数额比原来分别减少了 0.75（CNY）和 0.399 6（CNY），这说明美元和日元对人民币贬值，美元和日元汇率下跌。

（二）间接标价法

间接标价法，是以若干单位外国货币表示一定单位本国货币的标价方法，即以外国货币表示的本国货币的价格。它表示出售单位本币应收多少外国货币，也称为应收标价法（Receiving Quotation）。英国一向使用间接标价法，美国自 1978 年以来对英镑以外的货币也使用间接标价法，对英镑仍然继续使用直接标价法，而且纽约外汇市场上对英镑的汇率沿用 1 英镑等于若干美元。

例如 2009 年 1 月 20 日纽约外汇市场行情：

USD1＝JPY98.35

USD1＝CHF1.052 6

GBP1＝USD1.421 5

在间接标价法下本国货币数额固定不变，外汇汇率的涨跌都以外国货币数额变化表示。单位本币折算的外币量比以前增多，说明外币汇率下跌，即本币升值或外币贬值。反之，单位本币折算外币数量比以前减少，说明外币汇率上涨，即本币贬值或外币升值。

例如 2009 年 5 月 29 日纽约外汇市场行情：

USD1＝JPY96.04

USD1＝CHF1.043 8

GBP1＝USD1.432 6

与 1 月 20 日的汇市相比，单位美元折合的日元和瑞士法郎分别减少了 2.31（JPY）和 0.008 8（CHF），这说明日元和瑞士法郎对美元升值，即美元汇率下降。而单位的英镑对美元数额增加了 0.011 1（USD），这表明英镑对美元升值，即英镑对美元汇率上涨，而美元汇率下降。

由于两种不同标价法下的汇率互为倒数，掌握了其中一种标价法下的汇率值，就可以求得另一种标价法下的汇率值。但是，直接标价法下汇率涨跌的含义和间接标价法下汇率涨跌的含义恰好相反，因此，在判断某种货币汇率涨跌时，必须先明确采用的是哪种标价法，避免混淆。

（三）美元标价法

美元标价法是以单位美元为标准，用若干单位的其他货币表示美元价格的标价方法。目前主要国际外汇市场和大银行的外汇交易报价均采取美元报价法。其他货币之间的汇率则通过各自对美元的汇率套算得出。这种报价方法的特点是：当美元同其他货币的汇率发生变化时，美元的数量固定不变，仅通过其他货币的数量变化来表现。

例如苏黎世外汇市场 2009 年 5 月 20 日市场行情：

USD1＝JPY96.31

USD1＝CHF1.115 4

USD1＝HKD7.753 3

五、汇率的种类

（一）基础汇率（Basic Rate）与套算汇率（Cross Rate）

基础汇率是指一国确定的本国货币与某一关键货币之间的汇率。世界上不同国家的货币种类繁多，要制定出本国货币与每一种外国货币之间的汇率，成本太高，也没有实际意义。一般就选定一种本国国际结算中使用最多的，外汇储备中比重最大的，在国际金融市场被普遍接受的外国货币作为关键货币（大多数国家选用美元），制定出本国货币与其之间的汇率作为基础汇率。本币与其他货币之间的汇率，则根据基础汇率套算而来。

根据基础汇率套算出来的汇率就是套算汇率，也称为交叉汇率。如人民币兑美元汇率为人民币基础汇率，如果某日人民币兑美元汇率为 USD1＝CNY6.828 5，国际金融市场上日元兑美元的汇率为 USD1＝JPY96.31，那么，人民币兑日元的汇率可以根据其对美元的基础汇率和国际金融市场上的汇率套算出来：

CNY1＝96.31÷6.828 5＝JPY14.10

（二）买入汇率（Buying Rate）、卖出汇率（Selling Rate）与中间汇率（Middle Rate）

从银行买卖外汇的角度划分，汇率可分为买入汇率、卖出汇率与中间汇率。买入汇率，又称买入价，是指银行向同业或客户买入外汇时所使用的汇率。卖出汇率，又称卖出价，是指银行向同业或者客户卖出外汇时所使用的汇率。

在外汇市场上，银行报价通常采用双向报价，即同时报出买入汇率和卖出汇率。在所报的两个汇率中，前一数值较小，后一数值较大。

在不同的标价方法下，上述报价方法的含义不同。在直接标价法下，前一数值为买入价，表示银行买入外汇时付给同业或客户的本币数；后一数值为卖出价，表示银行卖出外汇时向同业或客户收取的本币数。而在间接标价法下，情况相反，前一数值为卖出价，表示银行收取本币卖出外币时，付给同业或者客户的外汇数；后一数值为买入价，表示银行付出本币买入外汇时，向同业或者客户收取的外汇数。

例如，某日纽约外汇市场上，银行所挂出的日元和英镑的牌价是：

USD1＝JPY96.222 5/96.223 3

GBP1＝USD1.897 0/1.899 3

日元牌价报价为直接标价法，前一数字为日元的买入汇率，即银行买入 1 美元支付 96.222 5 日元；后一数字为卖出汇率，即银行卖出 1 美元收入 96.223 3 日元。而英镑的牌价报价为间接标价法，前一数字为英镑的卖出汇率，即银行买入 1 英镑付出 1.897 0 美元，后一数字为买入汇率，即银行卖出 1 英镑收取 1.899 3 美元，其间的买卖差价为外汇银行的营业收入。买入和卖出汇率的差价一般为0.1%~0.5%。我国人民币的买卖差价为0.5%。

中间汇率是指买入汇率与卖出汇率的平均数，又称中间价。即：

中间汇率=(买入汇率+卖出汇率)÷2

中间汇率用于表示某一时间的汇率水平。

(三) 电汇汇率 (Telegraphic Transfer Rate)、信汇汇率 (Mail Transfer Rate)、票汇汇率 (Demand Draft Rate)

按外汇交易时使用的支付工具不同划分，汇率可分为：电汇汇率、信汇汇率、票汇汇率。

电汇汇率是买卖外汇时银行以电报、电传等方式通知国外分支机构或代理行将款项解付给付款人所使用的汇率。由于电汇方式具有快速高效的特点，因而在国际结算中被广泛采用，也因这一特点，银行难以利用客户在途资金，所以电汇汇率通常高于其他汇兑工具的汇率。电汇汇率为外汇市场的基准汇率。

信汇汇率是买卖外汇时银行以信函通知国外分支机构或代理行解付所使用的汇率。以信函方式买卖外汇，资金在途时间较长，银行可利用资金在途时间取得一定的利息收益，因此信汇汇率较电汇汇率低。

银行收到本币卖出外币以后，开立以其国外分支机构或者代理行为付款人的银行汇票，交给汇款人，由汇款人将汇票提交给收款人，收款人凭银行汇票向汇入行提取款项，这种汇款方式使用的汇率称为票汇汇率。由于票据有即期和远期之分，因此票汇汇率也有即期与远期之分。即期票汇汇率是银行使用即期外汇汇票时所使用的汇率。即期票汇汇率比电汇汇率低，而与信汇汇率基本相同，这是因为收款人在从汇入行提取款项之前，汇出行可以利用汇款人的资金赚取利息。远期票汇汇率是银行使用远期外汇票据所使用的汇率。远期票汇汇率不仅比电汇汇率低，而且亦低于信汇汇率。票汇支付期限越长，票汇汇率越低。

(四) 即期汇率 (Spot Exchange Rate) 与远期汇率 (Forward Exchange Rate)

按外汇买卖时交割期限不同划分，汇率可分为即期汇率与远期汇率。即期汇率又称现汇汇率，指外汇买卖成交后，在当日或两个营业日之内办理交割时使用的汇率。远期汇率又称期汇汇率，指外汇买卖双方事先约定，外汇买卖成交后在未来某一特定日期进行交割时使用的汇率。

在外汇市场上，即期汇率一般由银行直接报出，而远期汇率的报价一般有两种方式：

1. 直接报价法

即直接报出各种不同交割期限的外汇买入和卖出价。银行对一般顾客通常采用此种方法。例如某日某市场上美元的汇率：

现汇汇率：GBP1=USD1.607 3/93

一个月期汇率：GBP1=USD1.616 0/80

二个月期汇率：GBP1＝USD1.657 2/92

三个月期汇率：GBP1＝USD1.713 0/50

2. 汇水报价法

即报出现汇汇率的同时，报出期汇汇率与现汇汇率之间的差价，这个差价称为远期汇水。

远期汇水有升水、贴水和平价三种情况。升水（At Premium）指远期外汇汇率高于即期汇率。贴水（At Discount）指远期外汇汇率低于即期汇率。平价则指两者汇率相同。

远期汇率是在即期汇率的基础上加减一定的远期汇水而形成的。但由于汇率的标价方法不同，远期汇率的计算原则也就不一样。

在直接标价法下：

升值：

远期汇率＝即期汇率＋升水

贬值：

远期汇率＝即期汇率－贴水

在间接标价法下：

升值：

远期汇率＝即期汇率－升水

贬值：

远期汇率＝即期汇率＋贴水

（五）官方汇率（Official Rate）、市场汇率（Market Rate）和黑市汇率（Black market Rate）

按外汇管制程度的不同划分，汇率可分为官方汇率、市场汇率和黑市汇率。官方汇率是指由外汇管理当局制定公布的汇率；市场汇率是指自由外汇市场上由供求关系决定的汇率；黑市汇率是在外汇严格管制的国家，在外汇黑市上买卖外汇的汇率。

第二节　国际汇率制度

国际汇率制度（Exchange Rate Regime or Exchange Rate System）是指各国政府或货币管理当局对汇率确定、调整和管理的基本方式所作的系统安排和规定。主要包括五方面的内容：规定确定汇率的依据；规定汇率波动的界限；规定维持汇率应采取的措施；规定汇率调整的方式；规定本国货币是否可兑换。

汇率制度经历了固定汇率制和浮动汇率制两个阶段。一般认为自 1816 年至

1973年，世界上大多数国家采取的是固定汇率制；从1973年以后，则主要采用浮动汇率制。

一、固定汇率制度

固定汇率制（Fixed Exchange Rate System）是指两国货币之间的比价基本固定，或者波动被限制在一定幅度内的汇率安排。

历史上固定汇率制经历了两个发展阶段：一是第一次世界大战前国际金本位货币制度下的固定汇率制；二是第一次世界大战后的纸币流通条件下的固定汇率制。

（一）国际金本位货币制度下的固定汇率制

1. 汇率的决定

在金本位制度下，各国货币规定有一定的含金量，黄金可以自由铸造成金币，金币可以自由流通，自由输出入，银行券可以自由兑换成金币或黄金。金币的实际含金量是当时金币所具有的价值，或者银行券所代表的价值。在金本位货币制度下两个国家单位货币的实际含金量之比被称作铸币平价（Mint Parity）。铸币平价是金本位货币制度下决定汇率的基础。例如，英国规定1英镑含纯金量为113.001 6格令（约为7.322 38克），美国规定1美元含纯金量为23.22格令（约为1.504 63克），这样，英镑与美元之间的铸币平价即为：

GBP1＝113.001 6/23.22＝USD4.866 5

即：1英镑等于4.866 5美元。

2. 汇率的波动幅度

金本位货币制度下汇率是由铸币平价决定的，但外汇市场上的实际汇率因受外汇供求影响，而围绕铸币平价上下波动。当外汇供小于求时，外汇汇率上升；当外汇供大于求时，外汇汇率下降。然而汇率的波动范围受黄金输送点（Gold Transport Points）自动机制的制约，以黄金输送点为其上下波动的界限。黄金输送点则等于铸币平价加（减）运送黄金的费用。

为什么说黄金输送点是金本位货币制度下汇率波动的界限？

因为金本位货币制度下黄金可以自由输出入，所以国际间的结算既可以选择货币结算方式，也可以选择黄金作为结算方式。用黄金作为结算方式就涉及一定的结算费用，如包装费、运输费、保险费、检验费、铸造费以及利息等等，铸币平价加这些结算费用就构成了用黄金结算的成本界限。对一个国家来说，当外汇汇率上涨超过铸币平价加上费用时，该国的进口商就会选择用黄金对外清算，黄金替代外汇流向国外。铸币平价加上输金费用就构成黄金输出点，即汇率上涨的上限。反之，当一国外汇汇率下跌至低于铸币平价减去费用时，则该国出口商收取黄金比收进外汇更为有利，黄金替代外汇流向国内。铸币平价减去输金费用就构成黄金输入点，即汇率下跌的下限。因此，金本位货币制度下的汇率总在铸币平价加、减费用的幅

度内上下波动。例如，英镑与美元的铸币平价为GBP1＝USD4.866 5，英美之间运送黄金的各项费用以及利息按6‰计算，在英美两国运送1英镑黄金的费用约为0.03美元，则汇率变动的上下限为：

上限＝铸币平价＋运送费用

GBP1＝USD4.866 5＋USD0.03＝USD4.896 5

下限＝铸币平价－运送费用

GBP1＝USD4.866 5－USD0.03＝USD4.836 5

在外汇市场上，如果英镑对美元汇率高于4.896 5，美国进口商就会选择输出黄金结算，导致美国的外汇市场上英镑需求的减少，英镑价格回落。如果英镑对美元的汇率低于4.836 5，美国出口商就会选择输入黄金，导致美国外汇市场英镑供应的减少，需求增加，英镑价格上升。可见在金本位制度下，由于受黄金输送点的制约，外汇汇率的波动幅度很小，并且总是围绕铸币平价波动，所以金本位制度下的外汇汇率是固定汇率。

（二）布雷顿森林体系下的固定汇率制

布雷顿森林体系下的固定汇率制度是第二次世界大战后建立的一种以“黄金—美元本位制”为核心的国际货币制度。

1. 汇率的决定及其波动幅度

当时，世界各国普遍发行纸币，流通中的纸币本身失去了含金量，但各国货币当局通过法律规定了纸币的含金量。两国纸币的法定含金量之比称为黄金平价(Gold Parity)，黄金平价成为汇率的决定基础。

根据1944年布雷顿森林会议通过的《国际货币基金协定》，布雷顿森林体系下的汇率制度的主要内容如下：

(1) 美元与黄金直接挂钩。

国际货币基金组织要求其成员国确认1944年7月1日美元的金平价（1盎司黄金＝35美元，即1美元的含金量为0.888 671克）为官价，并协助美国维持黄金的官价水平，以稳定黄金的官价，美国政府则承担各国政府或中央银行按官价用美元兑换黄金的义务。这无疑使美元同黄金处于同等地位上。

(2) 各国货币与美元挂钩。

国际货币基金组织要求成员国通过法律规定本国单位纸币的含金量，并比照美国政府规定的1美元＝0.888 671克黄金的美元法定含金量，确定本币与美元的汇率，即本币与美元的黄金平价。例如，同时期1英镑纸币所代表的含金量为3.581 34克纯金，则英镑与美元的黄金平价为：

GBP1＝3.581 34/0.888 671＝USD4.03

(3) 不同货币之间汇率的波动幅度不得超过黄金平价±1%。

黄金平价一经确立不得随意变动，各国货币的汇率只能在规定的幅度内波动，如果某国家的货币汇率波动超过了上述规定范围，其国家货币当局应进行干预以维持汇率与金平价的稳定。1971年12月的史密森协议将这一范围扩大为黄金平价±2.25%。

2. 汇率的调整

在纸币流通条件下，通货膨胀现象不可避免。一般说来，如果各国货币对内贬值与对外贬值幅度相一致，则不会影响国际收支和汇率；如果幅度不一致，则必然使国际收支发生不平衡，进而引起市场汇率大幅度偏离黄金平价，以致使各国货币当局难以用有限的手段有效地干预外汇市场。此种情况迫使有关国家政府调整本币的法定含金量，从而确立一个对外汇的新的黄金平价，不过，这要事先经过国际货币基金组织的批准。

汇率的调整通过纸币法定贬值和法定升值两种方式进行。

纸币法定贬值是指一国政府用法令宣布降低本国货币含金量与汇率，借以改善国际收支的措施。引起纸币法定贬值的原因主要有国内通货膨胀严重和国际收支出现巨额逆差。例如1971年12月美国政府在通货膨胀和国际收支逆差的压力下，被迫宣布美元对黄金贬值7.89%，即把1美元的法定含金量由0.888 671克纯金降低为0.818 513克纯金，相应使美元对外汇率下浮。一般来说，一国纸币的法定贬值，可以相应提高外汇汇率，从而降低以外币表示的出口商品的价格，提高以本币表示的进口商品的价格，有利于扩大出口、限制进口，起到扭转国际收支逆差的作用。

纸币法定升值是指一国政府用法令宣布提高本国货币的含金量和汇率。引起纸币法定升值的原因主要是国内通货膨胀较低，或国际收支有巨额顺差，受到其他国际收支逆差较大国家的压力等。例如1969年10月联邦德国政府在其他国家的压力下，宣布联邦德国马克法定升值，每马克的含金量由以前的0.222 168克纯金提高到0.242 806克纯金，马克对美元的汇率也由1美元合4马克提高到1美元合3.66马克。与纸币法定贬值的作用相反，纸币法定升值不利于出口，反而会增加对外国商品的进口，这就会影响本国国际收支趋向逆差，甚至会抑制本国经济发展。因此，有关国家只有在被迫的状态下才采取这种措施。

二、浮动汇率制度

1973年2月，布雷顿森林体系下的固定汇率制度随着美元与黄金脱钩，其他国家货币与美元脱钩而宣告结束，世界进入浮动汇率制时代。

(一) 浮动汇率制下汇率的决定及其变动

浮动汇率制（Floating Exchange Rate System）是指各国政府对汇率不加以固定，也不规定汇率波动的上下限，听任外汇市场上汇率根据供求而上下波动，自行决定本币与外币汇率的制度。

浮动汇率制下，汇率作为两国货币间的比价，体现了两种货币的对外价值，而对外价值从根本上说是由货币的对内价值决定的，只有货币的对外价值和对内价值

两者保持一致，才能维持汇率的稳定。因此，从根本上说，两国纸币所代表的价值之比是浮动汇率制度下决定两国货币汇率的基础。根据购买力平价理论，纸币所代表的价值表现为该种货币的购买力，两国货币购买力之比，被称为购买力平价。在这一理论中决定货币汇率的基础是购买力平价。

浮动汇率制下汇率的变化同固定汇率制度完全不同。在固定汇率制度下，受货币当局干预外汇市场的影响，汇率的波动被限制在一个很小的范围；而在浮动汇率制度下，各国货币当局不再干预外汇市场来影响汇率的波动幅度，汇率的波动完全由市场机制决定。但是在实践中出于本国利益的需要，各国货币当局仍然在必要时会通过干预外汇市场来影响外汇的供求和汇率。

（二）浮动汇率的分类

1. 根据政府是否干预进行分类

自由浮动（Free Floating）又称“清洁浮动”（Clean Floating），是指一国货币当局对其汇率不加任何干预，完全任由市场供求关系决定本国货币的汇率。自由浮动汇率是一种理想化的汇率安排模式。

管理浮动（Managed Floating）又称“肮脏浮动”（Dirty Floating），是指一国货币当局按照本国利益的需要，对外汇市场进行干预，使市场汇率总是向对本国有利的方向浮动，或维持在对本国有利的水平上。

事实上，任何国家的政府或货币当局都会根据本国利益的需要对本国的汇率进行一定的干预，不会对汇率实行完全的“自由浮动”。在现代经济形势下，不存在汇率的“自由浮动”，只有“管理浮动”。

2. 根据汇率浮动的方式进行分类

单独浮动（Single Floating），是指一国货币当局规定本国货币不和其他国家货币有固定的比价关系，其汇率变化随外汇市场上供求关系的改变而变动。如美元、英镑、日元、加拿大元、澳大利亚元等均属单独浮动货币。

联合浮动（Joint Floating），亦称“共同浮动”，指由几个国家组成货币集团，集团内部成员国之间规定货币比价和波动幅度限制，实行固定汇率，而对集团外国家货币则实行共同浮动汇率。如1973年3月，欧洲经济共同体的联邦德国、法国、比利时、荷兰、卢森堡和丹麦等6个成员国曾规定，成员国货币之间实行固定汇率，并规定浮动的界限为货币平价上下各1.125%，对共同体外国家的货币实行联合浮动，保持对该种货币汇率波动幅度大体一致。由于6国之间汇率波动幅度小，这就在史密森协议规定的波动幅度±2.25%内形成一个±1.125%的小波动幅度。如果绘成曲线就像地洞中有条蛇在蜿蜒蠕动，西方称它为“洞中之蛇”，所以也将联合浮动称为“蛇形浮动”（Snake Floating）。

钉住汇率（Pegged Exchange Rate System），是指一国货币当局将本国货币同某一种外国货币或一揽子货币保持相对固定的比价关系，而对其他货币则自由浮动的做法。很多发展中国家实行这种汇率制度。钉住汇率包括钉住单一货币浮动和钉住“一篮子”货币浮动。

三、人民币汇率制度

（一）人民币汇率制度的演变

人民币汇率制度是指对制定和调整人民币汇率的政策、依据、原则及措施所进行的一系列规定与安排。

1949年新中国成立以来，根据我国不同经济发展阶段的具体情况，实行了不同的汇率制度，一般分为七个阶段：

第一阶段：1949年1月—1952年12月。这段时期对西方国家货币的汇率是在“物价对比法”的基础上，结合国家外贸政策和侨汇政策参考各国公布的外汇汇率加以确定的。当时国内外物价波动很大，所以人民币汇率实行适时机动调整的政策，变化也很大。

1948年12月1日中国人民银行成立以后，于1949年1月18日首次在天津挂牌公布人民币对西方国家货币的汇率。这一阶段我国的国民经济处在恢复阶段，外汇十分紧缺，为了尽快恢复与发展国民经济，扶植出口，积累外汇资金，进口国内急需的物资，人民币汇率的制定实行“鼓励出口，积累汇源，兼顾进口，照顾侨汇”的方针，采用“物价对比法”，以75%～80%的大宗出口商品加权平均换汇成本，加上5%～15%的利润，得到出口商品理论比价，再参照进口商品理论比价和侨汇购买力比价制定出人民币汇率。1949年1月至1950年3月，国内物价快速上涨，人民币汇率不断下降，由1美元＝80元旧人民币降至1美元＝43 000元旧人民币。人民币汇率的不断贬值，在当时对保证进出口贸易和侨眷生活起着十分重要的作用。1950年3月—1952年12月，人民币汇率转为持续升值。国内物价趋稳并开始回落，人民币对外价值开始稳步升高，外汇汇率不断下跌，到1952年12月，美元对人民币汇率跌到1美元合26 170元旧人民币。

第二阶段：1953年1月—1972年1月。在这个阶段，我国人民币汇率保持基本稳定。从1953年以后，我国进入社会主义建设时期，国民经济实行全面计划化，金融、物价比较稳定。1955年3月我国发行了人民币新币，以1∶10 000的比例收回了旧币，人民币币值基本稳定。同时，在布雷顿森林体制下，各国普遍实行固定汇率制，人民币汇率也基本保持不变，人民币对英镑与美元的汇率基本保持在1英镑＝6.89元人民币和1美元＝2.46元人民币的水平上。

第三阶段：1973年2月—1980年12月。这阶段，人民币汇率钉住“一篮子”货币。1973年以后，布雷顿森林体系崩溃，以美元为中心的固定汇率制解体，国际上实行了浮动汇率制，汇率波动较大。为了避免西方国家货币汇率动荡对人民币汇率带来的冲击，人民币汇率实行按“一篮子”货币计算的办法，即选择若干有代表性的、与我国对外贸易相关的自由兑换货币，按其重要程度和政策上的需要确定

权重，根据这些货币在外汇市场上的当日平均汇率，加权计算出人民币汇率。该阶段人民币汇率的特点是经常调整、适当高估。其变动情况大体上是由 1973 年 2 月 15 日的 USD100＝CNY205.02，调整到 1980 年年底的 USD100＝CNY153.03。

第四阶段：1981—1984 年。这一阶段，人民币汇率实行贸易内部结算汇率、非贸易官方汇率及外汇调剂价并存的多重汇率制。从 1979 年开始，我国着手进行外贸体制改革，由原来的国家统一经营，改革为外贸企业独立核算，人民币汇率调整对出口的调节作用逐步得到重视。为了发展对外贸易，促进外贸体制的改革，1981 年 1 月 1 日，我国试行人民币对美元的贸易内部结算价，规定人民币与美元的兑换价为 USD100＝CNY280.00，与 1980 年年底的 USD100＝CNY153.00 的官方对外牌价相比，人民币贬值了 45%。其适用范围限于进出口贸易的外汇结算。与此同时，我国保留了较为高估的官方牌价，基本保持在 USD100＝CNY160.00 的水平，该汇价主要用于侨汇、旅游、外国领事馆、及运输、保险等非贸易项下的结算。由于从 1979 年起我国就开始实行外汇留成制度，所以我国 1980 年 10 月开始试办外汇调剂业务，这项业务由中国银行办理，外汇调剂价格规定在贸易内部结算价加 5%～10%的幅度内变动，这样就形成了人民币外汇市场的调剂价格。实际上当时我国实行了多重汇率制度。

第五阶段：1985 年 1 月—1993 年 12 月。这一阶段，我国实行的是官方汇率与外汇调剂价格并存的双重汇率。多重汇率制度虽然对我国外贸出口的发展起了一定的推动作用，但也出现了一些问题，如银行结算范围不清，造成外汇管理混乱等。所以 1985 年 1 月 1 日我国对这种复汇率制进行了调整，将 1984 年年底的贸易外汇内部结算汇率，与非贸易官方结算汇率合并，实行单一汇率，即 1 美元＝2.80 元人民币。这是改革开放以来人民币汇率的第一次并轨。

这次汇率制度改革，采取了分次、大幅度调整的方式。如 1985 年 10 月底，人民币对美元汇率调整为 USD100＝CNY320，1986 年 7 月 5 日调整为 USD100＝CNY372.21，1989 年 12 月 16 日又调整为 USD100＝CNY472.21，1990 年 11 月再次调整为 USD100＝CNY522.21，并自 1991 年 4 月 9 日起实行有管理的浮动运行机制，有升有降地做小幅度调整。这一阶段人民币对美元的汇率变动总趋势是逐步地下调，1993 年 12 月 31 日调整为 USD100＝CNY580.00。而外汇调剂市场汇率则由直接的行政控制，转向由外汇供求来确定。从 1986 年开始，我国的外汇调剂业务从中国银行移交国家外汇管理局办理，对外汇调剂价格、调剂者范围的管理有所放宽，并从 1988 年 3 月起，放开了外汇调剂价格，允许调剂价格按市场供求实行浮动。从 1992 年 4 月至 1993 年 6 月，调剂汇价经历了急剧上涨的过程，达到 1 美元兑换 10 元人民币以上。1993 年 7 月，中央银行在外汇调剂市场上加强市场干预，使汇率回落，基本稳定在 1 美元兑换 8.8 元人民币的水平上。

第六阶段：1994 年 1 月 1 日—2005 年 7 月 20 日。1994 年 1 月 1 日起，我国的外汇体制实行了新一轮重大改革举措，其中包括人民币官方汇率与调剂市场汇率并轨，汇率当时被确定为 1 美元＝8.70 元人民币，这是改革开放以来人民币汇率的第二次并轨，并开始实行以市场供求为基础的、单一的、有管理的浮动汇率制。

第七阶段：自 2005 年 7 月 21 日起，我国开始实行以市场供求为基础、参考一篮子货币进行调节、有管理的浮动汇率制度。中国人民银行决定自 2005 年 7 月 21 日 19 时，美元对人民币交易价格调整为 1 美元兑 8.11 元人民币，作为次日银行间外汇市场上外汇指定银行之间交易的中间价。人民币汇率不再钉住单一美元，形成更富弹性的人民币汇率机制。中国人民银行将根据市场发育状况和经济金融形势，适时调整汇率浮动区间。同时，中国人民银行负责根据国内外经济金融形势，以市场供求为基础，参考篮子货币汇率变动，对人民币汇率进行管理和调节，维护人民币汇率的正常浮动，保持人民币汇率在合理、均衡水平上的基本稳定，促进国际收支基本平衡，维护宏观经济和金融市场的稳定。

（二）现行人民币汇率制度的特点

2005 年 7 月 21 日实行的汇率制度，是我国建立以市场为基础的有管理的浮动汇率制度、完善人民币汇率形成机制、保持人民币汇率在合理均衡水平的要求。

这次人民币汇率形成机制改革的内容是人民币汇率不再钉住单一美元，而是按照我国对外经济发展的实际情况，选择若干种主要货币，赋予相应的权重，组成一个货币篮子。同时，根据国内外经济金融形势，以市场供求为基础，参考一篮子货币计算人民币多边汇率指数的变化，对人民币汇率进行管理和调节，维护人民币汇率在合理均衡水平上的基本稳定。参考一篮子货币表明外币之间的汇率变化会影响人民币汇率，但参考一篮子货币不等于钉住一篮子货币，它还需要将市场供求关系作为另一个重要依据，据此形成有管理的浮动汇率。

适当调整人民币汇率水平，改革汇率形成机制，有利于贯彻以内需为主的经济可持续发展战略，优化资源配置；有利于增强货币政策的独立性，提高金融调控的主动性和有效性；有利于保持进出口基本平衡，改善贸易条件；有利于保持物价稳定，降低企业成本；有利于促使企业转变经营机制，增强自主创新能力，加快转变外贸增长方式，提高国际竞争力和抗风险能力；有利于优化利用外资结构，提高利用外资效果；有利于充分利用“两种资源”和“两个市场”，提高对外开放的水平。

第三节　汇率与经济的关系

一、影响汇率变动的因素

作为一国货币的对外价格，汇率受很多因素影响，主要有：

（一）外汇的供给与需求

作为货币这种特殊商品的对外价格，一种外汇汇率的波动与其他一切商品的价格变化一样，同市场上这种货币的供求状况有直接关系。如果外汇市场上某种外汇供大于求，其汇率就会趋于下跌；反之，如果外汇供不应求，外汇汇率就会趋于上涨。外汇的供求关系是影响汇率变化的直接原因。其他因素对汇率的影响，都是通过影响市场上外汇的供求状况来达到的。

（二）国际收支状况

一国的国际收支状况是影响其货币汇率的主要因素，因为国际收支状况反映该国的外汇供求状况。一国国际收支顺差，意味着该国在一定时期内外汇收入大于外汇支出，该国外汇市场上外汇供大于求，外汇汇率就会下降，本币汇率上升（本币对外升值）；反之，一国国际收支逆差则意味着在一定时期里该国的外汇支出大于外汇收入，外汇市场上的外汇供小于求，结果是外汇汇率上升，本币汇率下降（本币对外贬值）。

（三）通货膨胀率差异

国内外通货膨胀差异是决定一国货币汇率长期趋势的重要因素。通货膨胀是指纸币发行量超过流通中货币需求量而引起的纸币贬值、物价上涨现象。也就是说通货膨胀是一种纸币的对内贬值现象。如果两国都出现通货膨胀，而且程度相同，纸币的对内贬值就不会引起对外贬值；但如果通货膨胀程度有差异，则会影响两国汇率的长期趋势。这种影响是多方面的。当一国通货膨胀率上升时，该国货币的购买力下降，对内贬值，该国货币的汇率下跌。反之，则该国货币汇率上涨。当一国通货膨胀率上升时，该国出口商品的本币成本加大，出口商品以外币表示的价格必然上涨，其在国际市场上的竞争力就会削弱，引起出口减少；同时因为价格的相对变化，进口商品在本国市场上的竞争力得到提高，造成进口增加，从而导致其货币汇率下跌。另外，当一国通货膨胀率较高时，人们往往会预期该国货币将进一步贬值，于是将手中的该国货币转化为其他货币，造成该国货币对外贬值，其汇率下跌。总之，相对通货膨胀率较高国家的货币汇率，在外汇市场上就会趋于下跌；反之，则会趋于上升。

（四）经济增长差异

经济增长反映了一国的经济实力。国内外经济增长率的差异对汇率的影响是多方面的。从经常项目来看，当一国经济增长率提高时，一方面反映该国经济实力增强，其货币在外汇市场上货币地位提高，使该国货币汇率有上升趋势；另一方面，经济高速增长，其国民收入提高，可能加大该国对进口原料、设备等生产资料及消费品的需求，在该国出口不变的条件下，将使该国进口大量增加，导致国际收支项目逆差，造成该国货币汇率下降。汇率的变化取决于这两方面作用大小的对比。从资本项目来看，一国经济增长势头好，其商业利润率也往往较高，有利于吸引外国资金流入，导致本国货币汇率上涨。如果经济高增长时伴随高通货膨胀，则国外资金可能会流出，导致该国货币汇率下跌。

一般来讲，较高的经济增长率能有力地支持本币的强劲势头，并且这种影响持续的时间较长。

（五）利率差异

利率是资本的价格。一国利率水平高低反映借贷资本的供求状况。利率水平变化对汇率的影响主要是通过资本在国际间流动，特别是短期资本在国际间的流动发生作用。当一国提高利率或者利率水平高于其他国家时，意味着该国资本的收益率较高，国际短期资本就会趋利而入，对该国货币的需求增加，导致其汇率上涨，外汇汇率降低。反之，当一国降低利率或者利率水平低于其他国家时，意味着该国资本收益率较低，国内资本趋利流出，对外汇的需求增加，外汇汇率上涨，本币汇率走低。随着国际资本流动规模的扩大，利率差异对汇率变动的影响越来越重要。

此外，由利率引起的资本流动还会受到对未来汇率预期变动的影响。只有当利率变动带来的收益大于汇率未来不利变动带来的损失时，才会引起资本流入。

（六）货币当局干预

在浮动汇率制度下，各国货币当局往往通过对外汇市场进行干预，来控制汇率的走势。这种干预主要基于这几方面的考虑：宏观经济的发展战略；稳定本国货币的汇率，避免汇率波动对国内经济的不良影响；通过汇率来达到一定的政策目的，等等。一国货币当局进行外汇市场的干预，需要有充足的外汇储备，或者建立了外汇平准基金等。通常当一国因本币汇率持续走高而影响了本国的国际收支和经济发展时，中央银行会在外汇市场上抛出本币，收购外汇，从而增加本币供应，使本币汇率下降。反之，当一国本币汇率因过低而影响该国货币的国际信誉时，中央银行则在外汇市场上抛出外汇，收购本币，使本币汇率上升。世界各国的货币当局通过市场干预在短期内可以有效影响汇率走势，使市场汇率朝着对本国经济发展有利的方向发展。

（七）市场预期

心理预期是人们对未来事物发展变化的一种预计。在国际金融市场上，短期资本数目十分庞大，这些巨额资本对世界各国的政治、经济、军事等形势极其敏感，随着现代通信技术的发展和国际金融市场的一体化，人们的心理预期造成短期资本流动加剧，引起汇率的频繁波动。当外汇市场的参与者预计某种货币的汇率在短期内可能下跌时，为了避免损失或者赚取收益，会大量抛售该货币，促使该货币汇率出现事实上的下跌。

心理预期有时甚至不需要真实的经济形势或者其他事实作诱因。影响心理预期的因素主要有新闻、信息、传闻等。

上述七种因素对汇率的影响错综复杂。在实践中，很难用一种因素说明汇率的变动。在不同时期，各种因素有主次之分；在同一时期，各种因素对汇率影响发生的作用可能相互助长，也可能相互抵消。所以，在分析汇率变动的因素时，既要具体地分析，还要全面、综合地分析，以便得出正确的结论。

二、汇率变化对经济的影响

汇率与经济的关系是十分密切的。一方面，汇率的变动受很多经济因素影响；另一方面，汇率的变动又会对其他经济因素产生影响。汇率的变化不仅会影响一国的国际收支和国内经济发展，而且还会影响国际间的经济、政治关系。因此，世界各国政府乃至国际社会，对国际金融市场的汇率行情，都给予高度重视，并在调整本国汇率政策和贸易政策时将其作为主要依据。

汇率的变化表现为货币的升值和贬值。货币的升值和贬值都是指一种货币相对于另一种货币而言的，升值和贬值的幅度可以通过汇率变化前后的数值计算出来。

在直接标价法下：

本币汇率变化幅度=(旧汇率−新汇率)/新汇率×100%

外币汇率变化幅度=(新汇率−旧汇率)/旧汇率×100%

在间接标价法下：

本币汇率变化幅度=(新汇率−旧汇率)/旧汇率×100%

外币汇率变化幅度=(旧汇率−新汇率)/新汇率×100%

例如：2005 年 7 月 21 日 19:00 时，美元对人民币交易价格调整为 1 美元兑 8.110 0 元人民币（调整前为 1 美元兑 8.276 5 元人民币）。人民币对美元的变化幅度为：(8.276 5−8.110 0)/8.110 0×100%=2.05%；而美元对人民币的变化幅度为：(8.110 0−8.276 5)/8.276 5×100%=−2.01%。也就是说，人民币对美元升值 2.05%，美元对人民币贬值 2.01%。

（一）汇率变动对国际收支的影响

1. 汇率变动对贸易收支的影响

当一国货币汇率变化时，会对该国出口和进口产生影响。下面以贬值为例说明。

一方面，当一国本币汇率下降、外汇汇率上升时，若出口产品的本币价格不变，则该国出口商品在国际市场上的外币价格就会下降，从而刺激国外对该国出口商品的需求；若出口产品的外币价格不变，则相同产品换回更多的本币收入，出口企业的利润增加了，提高了出口的积极性，出口数量增加。也就是说，本币贬值有利出口数量扩大。

另一方面，当一国本币汇率下降、外汇汇率上升时，若进口商品的外币价格不变，它折合成本币的价格提高，进口商品的成本增加了，进口减少；若维持原有的以本币表示的国内售价不变，只能压低进口商品的外币价格，这通常会遭到国外出口商的反对。因此，本币贬值抑制进口。

但是一国本币汇率下降（贬值）并不是在任何条件下都可以发挥扩大出口、抑制进口的作用的。其最终能否改善贸易收支状况，依赖于该国进出口弹性是否符合“马歇尔—勒纳条件”。此外，即使满足了这一条件，本币贬值对贸易差额的影响往往还有一个先恶化、后改善的过程，这就是本币贬值的“时滞效应”，即“J曲线效应”。

2. 汇率变动对非贸易收支的影响

在其他条件不变的情况下，一国货币对外贬值有利于改善其服务贸易收支。当一国本币汇率下跌，外汇汇率上涨时，外币的购买力相对提高，单位外币兑换本币的数量会更多，本国的商品、劳务、交通、住宿等费用变得更便宜了，这有利于增加旅游和其他服务的收入。同时，由于单位本币兑换外币的数量比以前少，本币购买力相对降低，国外商品和劳务价格也变得昂贵了，抑制了本国的旅游和其他服务支出。当本币汇率上升，外汇汇率下降时，其作用则相反。

3. 汇率变动对资本流动的影响

资本在国际间的流动主要是追求利润和避免损失。汇率变动对国际的资本流动有很大影响。对短期资本而言，当一国货币汇率下跌（贬值），外汇汇率上涨后，在该国的包括本国和外国在内的短期资本持有者为防止汇率的这种变动造成的损失，会将贬值国货币兑换成外汇，形成资本外逃，从而恶化国际收支。当一国货币升值时，情况相反。对长期资本而言，当一国货币汇率下跌（贬值），有利于资本流入。同汇率变动前相比，单位外币兑换本币的数量会更多，长期资本持有者可以以较少的外币在贬值国进行较多的贬值国货币的投资。当一国货币升值时，情况相反。

由于汇率变动是一个动态过程，人们对外汇市场行情或走势的预期，会对资本流动影响更大。

汇率的稳定对国际资本的流动也有重要影响。汇率稳定可以避免或减轻外汇风险，能以合理的成本及时筹集所需的资金，有利于国际资本流动的正常进行。汇率大幅波动，引起资本流动的不稳定和国际投机，会给国际外汇市场和国际投资政策带来巨大的冲击和干扰。

（二）汇率变动对一国国内经济的影响

1. 汇率变动对国内物价水平的影响

当本币汇率下降，外汇汇率上升时，国内产品相对较便宜，有利于出口，从而使国内商品供应相对减少，货币供应增加，促进物价上涨；以本币表示的进口商品的价格会上涨，造成以进口商品为原材料的产品生产成本上升，带动相关产品价格上涨，同时这种原材料的国产替代品的价格也会上涨，进而带动国内同类商品价格的上涨，最终可能导致其他商品价格的普遍上涨。反之，如果本币汇率上升，外汇汇率下降，则会因进口商品价格下降，带动国内同类商品和其他商品的价格下降。

2. 汇率变动对国内就业和国民收入的影响

当一国本币汇率下降，外汇汇率上升时，因有利于出口不利于进口，将会使大

量闲置资源向出口品生产部门转移，促使该国的出口工业和进口替代工业得到大规模的发展，从而带动国内其他产业的发展，这将使生产扩大、国民收入和就业增加。反之，如果一国本币汇率上涨，外汇汇率下降，就可能会造成生产减少，失业增加和国民收入减少。

3. 汇率变动对国内利率水平的影响

在货币发行量一定的条件下，当一国本币汇率下跌、外汇汇率上涨后，通过对进出口贸易和资本流动的影响，本国外汇收入会增加，外汇支出减少，从而使国内货币供给总量增加，导致国内利率水平下降。相反，本国货币汇率上涨，则会使本国国内货币供给总量下降，造成国内利率的上升。

（三）汇率变动对世界经济的影响

汇率的频繁变动不仅影响各国的对外贸易、国内经济，而且影响着各国的经济关系。特别是主要发达国家货币汇率的变动对国际经济的影响更大。主要发达国家货币贬值不利于其他国家的贸易收支，加剧发达国家与发达国家、发达国家与发展中国家之间的矛盾，可能引发贸易战和汇率战，影响世界经济的发展。同时，主要发达国家的货币一般充作国际间的计价手段、支付手段和储备手段，这些货币的汇率变动会造成财富在国际间的转移，引起国际金融领域的动荡，同样不利于世界经济的发展。最后，主要货币汇率不稳定还会给国际储备体系和国际金融体系带来巨大的影响。

汇率变动对经济的影响程度往往同其他宏观经济变量联系在一起。通常，一国经济开放程度较高，与国际金融市场联系较密切，进出口商品需求弹性相对不大，该国受汇率变动的影响比较大；相反，汇率变动带来的影响较小。

三、西方主要汇率理论

汇率理论是以经济学理论为基础，探讨两种货币之间交换价格的决定及变动的原因。汇率理论是西方国际金融理论的核心内容，也是一国货币当局制定汇率政策的重要理论依据。西方经济学家从不同角度进行了阐述分析，有从供求数量变化来解释的，有从货币购买力着手的，有以个人主观评价为基础的，有综合各种因素进行论证的。下面我们对几种有重大影响的汇率理论进行介绍和评价。

（一）国际借贷说

国际借贷说（Theory of International Indebtedness），由英国经济学家戈逊（G. L. Goshen）在1861年出版的《外汇理论》一书中提出。这是第一次世界大战前较为流行的汇率理论，是金本位制时期的汇率理论。在金本位制下，铸币平价是决定汇率的基础。该理论的主要观点是：一国货币汇率的变化由外汇的供给和需求决定，而外汇的供求状况又是由国际借贷引起的。国际间进出口贸易、劳务和捐赠以及旅游收支，国际资本的流动、证券的买卖、利润的收支等都会引起国际间债权、债务关系。国际借贷分为固定借贷和流动借贷两个部分。前者是指借贷关系业已形成，但尚未进行实际收支阶段的借贷，而后者是指已经进入收支阶段的借贷。

戈逊认为，只有进入实际收支阶段的借贷，即流动借贷，才会对外汇供求发生影响。在一国的流动借贷中，如果对外债权与对外债务相等，则外汇供求平衡，该国汇率不会发生变动；如果对外债权大于对外债务，即对外流动借贷出现顺差时，外汇供给大于外汇需求，该国货币汇率就会上升；如果对外债务大于对外债权，即对外流动借贷出现逆差时，外汇需求大于外汇供给，该国货币汇率就会下跌。由此可见，汇率变动由外汇的供求引起，国际借贷是影响汇率变动的主要因素。

由于戈逊的汇率理论中的国际借贷实际是指国际收支，因而其理论又被称为国际收支学说。戈逊汇率理论的主要成就在于运用了古典经济学价格理论的供求法则，通过国际收支与外汇供求的关系成功解释了汇率短期变动的原因。他的观点因符合当时的经济背景，很快为人们所接受。但国际借贷说的局限性也很明显，如只适用于有发达的外汇市场的国家，如果外汇市场不发达，外汇供求的真实情况就得不到反映；也没有说明汇率的形成和决定基础，不能解释纸币流通条件下的汇率变动，忽略了影响外汇供求的其他因素等。

（二）购买力平价说

购买力平价说（Theory of Purchasing Power Parity，PPP），由瑞典经济学家卡塞尔（K. G. Cassel）在 1916 年提出，并于 1922 年对其进行了系统阐述，是西方国家汇率理论中最具影响力的一个理论。这一学说的基本思想是：货币的价值在于其购买力，人们之所以需要外国货币是因为它可以购买外国的商品、服务等；外国人之所以需要本国货币是因为外国人可以购买本国的商品和服务。因此，不同货币的兑换实质上是其代表的购买力的交换。也就是说，汇率是两国货币的购买力之比。购买力平价说将购买力平价分为两种形式：绝对形式和相对形式。

1. 购买力平价的绝对形式

购买力平价的绝对形式说明的是某一时点上汇率的决定。这一学说认为，在某一时点上，两国货币之间的兑换比率取决于两国货币的购买力之比。由于购买力实际就是一般物价水平的倒数，所以绝对购买力平价可以表示为：

$$e=P_i/P_{i^*} \tag{1—1}$$

其中 e 为汇率，指 1 单位某国货币以外国货币表示的价格。P_i 为某国的一般物价水平，P_{i^*} 为外国的一般物价水平。绝对购买力平价说实际上就是国际间的“一价定律”。就是说，在自由贸易条件下，同一种商品在世界各地以同一货币表示的价格是一样的。但由于各国使用的货币不同，一种商品以不同货币表示的价格，就需要经过均衡汇率来折算，才能保持相等。用公式表示为：

$$P_i=eP_{i^*} \tag{1—2}$$

否则，国际间的商品套购活动会使现实汇率调整到与绝对购买力平价相等为止。

2. 购买力平价的相对形式

购买力平价的相对形式说明的是两个时点汇率的变动。这一学说认为，汇率在一段时间内的变化归因于两个国家在这段时间中的物价水平或货币购买力的变化。这就是说，在一定时期内，汇率的变化要与同一时期内两国物价的相对变动成比例，用公式表示为：

$$\Delta e=\Delta P_i/\Delta P_{i^*} \tag{1—3}$$

式中 ΔP_i 和 ΔP_{i^*} 分别代表本国和外国当期和基期之间一般物价水平的变化率。Δe 则代表当期和基期之间汇率的变化率。

实际上，人们不进行绝对购买力平价的计算，而倾向于相对购买力平价。相对购买力平价克服了绝对购买力平价的局限，考虑了如运费、关税等因素，认为存在这些因素造成了市场的不完全性，因此不同国家同质产品的价格未必相等。

购买力平价说在汇率理论上占有重要地位，具有一定的理论意义。首先，购买力平价说在各国放弃金本位制的情况下，指出了以国内外物价对比作为汇率的决定依据，并说明货币的对内贬值必然引起货币的对外贬值，有其合理性，有助于说明通货膨胀与汇率变动的关系。其次，它开辟了从货币数量角度分析、研究汇率的先河。在世界各国实行浮动汇率的今天，这一理论被广泛运用于汇率水平和货币政策的分析和研究，有很强的生命力。

但是这一理论也存在严重的缺陷：(1) 理论基础存在缺陷。从理论基础上看，购买力平价说是以货币数量论为前提，卡塞尔认为，两国纸币的交换比率，取决于两国纸币的购买力，因为人们是根据纸币的购买力来评价纸币的价值的。然而，到底是纸币所代表的价值取决于纸币的购买力，还是纸币的购买力取决于纸币所代表的价值，仍然存在理论上的分歧。(2) 假定所有商品都是贸易品，忽视了非贸易品的存在。(3) 忽略了贸易成本和贸易壁垒。(4) 过分强调了物价对汇率的作用，事实上这种因果关系并不是绝对的，汇率变化也可以影响物价。(5) 无法说明短期和中期汇率的变动情况。各国之间的国际收支、经济增长率、利率水平等方面的差异，以及各种突发性事件，都会引起国际间的资本流动和外汇市场上外汇的供求变化，从而使汇率发生变动。购买力平价说只能说明汇率的长期变化趋势。(6) 购买力平价说只是一种静态或比较静态的分析，没有对物价如何影响汇率的传导机制进行具体分析。(7) 统计学上存在缺点。要使购买力平价说充分成立，则各国物价指数的编制方法和范围要相同，还有基期的选择等，在现实条件下，这些都几乎不可能实现。

(三) 汇兑心理说

汇兑心理说 (Psychological Theory of Exchange)，是由法国经济学家阿夫塔里昂 (A. Aftalion) 于 1927 年在其所著的《货币、物价与汇兑》一书中提出的，主要是从人的主观心理角度对汇率进行分析。其理论基础则源于边际效用论。汇兑心理说认为：人们之所以需要外国货币，是为了满足自身欲望，如对外国商品的购买、各种对外支付、投资乃至资本逃避等。这些欲望是使外国货币具有价值的基础。由此可见，外币的价值是由外汇供需双方对外国货币的主观评价决定的。对外币价值的主观评价也有所差异。影响主观评价的有“质”和“量”两个方面的因素。所谓质的因素，主要是指不同的外币对商品的购买力，对债务的偿付能力，以及人们对外汇投机的收益、政局稳定性以及资本流动性等的预期所产生的影响。所谓量的因素，主要是指国际借贷数额的增减、国际资本流动数额的变化，以及外汇供求数量的消长等所产生的影响。质和量的因素结合在一起，便产生了不同的主观评价，从而决定外汇的供求。当供求双方通过市场达成均衡点时，就是外汇的汇率。随着人们对外汇主观评价的变化，便形成汇率的不断变动。

汇兑心理说以客观事实为基础，反映汇兑心理的变化，从存在决定意识这个角度来衡量，是无可非议的。在市场经济中，心理预期对市场预测，特别是对外汇市场的预测，确实有一定的影响。但是，汇兑心理说的主观色彩比较浓厚，过分强调边际效用在汇率决定中的作用，把边际效用看成是汇率变动的主要依据，是缺乏科学性的。主观心理预期是影响汇率的一个因素，但不是决定性因素，更不是唯一的因素。事实上，自20世纪70年代以来，在国际金融市场动荡时期，汇率变动并不完全符合人们的心理预期，说明这一理论带有相当程度的主观片面性。

（四）利率平价说

利率平价说（Interest Rate Parity Theory），又称远期汇率理论，是由英国经济学家凯恩斯（J. M. Keynes）于1923年首先提出，后经过西方一些经济学家发展而形成的。

利率平价说的基本观点是：利率与汇率的关系极其密切，这种关系通过国际间的套利性资金流动而产生。在两国利率存在差异的情况下，资金将从低利率国流向高利率国牟取利润。但套利者在比较金融资源共享产生的收益率时，不仅会考虑两种资产利率所提供的收益率，还会考虑两种资产由于汇率变动所产生的收益变动。套利者往往将套利与掉期业务结合进行，以避免汇率风险，保证无亏蚀之虑。大量掉期外汇交易的结果，是低利率货币的现汇汇率下降。远期差价为期汇汇率与现汇汇率的差额，由此低利率国货币就会出现远期升水，高利率国货币则会远期贴水。伴随抛补套利活动的不断进行，远期差价就会不断加大，直到两种资产所提供的收益率完全相等，这时抛补套利活动就会停止，远期差价正好等于两国利差。远期差价是由两国利率差异决定的，而且高利率国货币远期必定贴水，低利率国货币远期必定升水。

假定本国利率水平为 i_a，外国利率水平为 i_b，e_g 为即期汇率，即以本国货币表示的外国货币的价格，e_f 为远期汇率。1单位本国货币在国内投资所获的利益为 $(1+i_a)$，在外国投资时，首先在现汇市场换得外币数额 $1/e_g$，到期收回 $1/e_g(1+i_b)$，再按原先约定的期汇汇率换回本国货币额 $1/e_g(1+i_b)\times e_f$，在抛补行为终止时，在两国进行投资的收益应该相等，即：

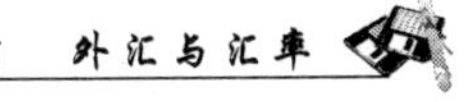

$$1+i_a=\frac{e_f}{e_g}(1+i_b) \qquad (1—4)$$

整理得：

$$\frac{e_f}{e_g}=\frac{1+i_a}{1+1_b} \qquad (1—5)$$

从式中可以看出，如果 $i_a>i_b$，则 $e_f>e_g$，即远期汇率出现升水。反之，如果 $i_a<i_b$，则 $e_f<e_g$，即远期汇率出现贴水。

令 P 代表远期外汇升水率，并将式（1—5）进一步整理得：

$$P=\frac{e_f-e_g}{e_g}=\frac{1+i_a-1-i_b}{1+i_b}=\frac{i_a-i_b}{1+i_b} \qquad (1—6)$$

或　$P(1+i_b)=P+Pi_b=i_a-i_b$

因为 P 和 i_b 都是分数，所以其乘积 Pi_b 通常较小，可以将之省略，由此得：

$$P\approx i_a-i_b \qquad (1—7)$$

即远期升水率等于国内外利差。式（1—7）就称为利率平价方程式。这表明，如果国内利率高于国外利率，则远期差价必为升水；如果国内利率低于国外利率，则远期差价必为贴水，并且升（贴）水率等于两国利差。

利率平价说从资金流动的角度指出了利率、即期汇率和远期汇率之间的密切关系，有助于正确认识现实外汇市场上汇率的形成机制，对于理解远期汇率的决定以及远期汇率与即期汇率之间的关系很有意义，对外汇交易者有很好的实践价值。但它忽略了外汇交易成本因素和外汇管制等限制资本流动的因素，从而使得该理论预测的远期汇率同即期汇率的差价往往与实际不符。特别是在货币危机的条件，按此学说预测的远期汇率与即期汇率的差价可能和实际相差更远。

（五）货币主义汇率理论

20 世纪 70 年代，国际货币体系进入浮动汇率时代。国际资本流动的发展对汇率产生了巨大影响。因此，汇率理论研究焦点也从国际收支转到了汇率自身的运动规律上。货币主义汇率理论就是在这一背景下产生的。这一理论突出了资本项目在汇率决定中的中心作用，并提出了汇率决定的存量分析结构。20 世纪 70 年代以后，货币主义汇率理论在世界上非常流行。

货币主义汇率理论的主要观点是：（1）汇率由货币市场的货币存量决定，当货币存量供求平衡时，汇率应达到均衡；反之，当一国货币供应增长过快时，其物价水平就趋于上升，引起该国货币购买力下降。在购买力平价作用下，该国货币汇率必然下跌；或者是当一国名义货币供应量不变，而该国国民收入增长时，就会形成超额货币需求，造成物价水平相对下降，引起本币购买力上升。在购买力平价作用下，引起该国货币汇率上升。（2）在短期内，预期通货膨胀率是影响汇率变动的主要因素，因为预期因素比货币供应量和收入更加容易变动。汇率的预期是根据对货币政策的预期形成的，因为货币政策变动会引起货币与实际收入的比例变动，因此货币需求会发生变动，从而影响汇率水平。即当一国发生严重通货膨胀时，人们就会预期该国货币汇率下跌，而在市场上大量抛出该国货币，抢购其他货币，从而促使该国货币汇率真的下跌，他国货币汇率真的上升。因此，从短期看，各国要保持货币汇率稳定，就必须使各国货币政策保持一致和协调，控制货币发行、供应，防止通货膨胀的产生。

可见，货币主义汇率理论既接受了购买力平价说的基本观点，又引用了弗里德曼货币数量论的观点解释物价与汇率变动问题。其成就在于：把汇率视为两国货币的相对价格，而不是两国商品的相对价格，强调货币市场的货币存量供应情况对汇率的决定作用。同时，它用货币存量来分析汇率，打破了长期以来国际收支学派和购买力平价论者以流量分析汇率的传统，并取得良好的效果。其不足则在于：未考虑国际收支结构性因素对汇率的影响。货币供求只是影响汇率的众多因素之一，单纯用其解释汇率变动过于片面。而且，其前提条件是假定购买力平价成立，这一点是不现实的。

【本章小结】

1. 外汇是国际经济交易的支付手段，它有动态和静态两个概念。人们日常所说的外汇是指静态的狭义外汇。

2. 汇率是两国货币之间的折算比率。不同的国际经济交易使用不同的汇率。

3. 汇率制度是关于货币与货币之间交换比率及波动幅度等的国际安排。世界经济发展中曾经历固定汇率制和浮动汇率制两种汇率制度。现行的人民币汇率制度是以市场供求为基础、参考一篮子货币进行调节、有管理的浮动汇率制度。

4. 汇率和经济的关系非常密切。许多经济因素的变化都会导致汇率的波动。反过来汇率的变化也直接影响一国乃至世界的宏观经济走向。

5. 西方经济学家从不同的角度对汇率的决定和变化进行了阐述，形成不同的汇率理论。

【课堂讨论题】

谈谈 2005 年以来人民币汇率制度改革对我国国民经济发展的作用及影响。

第二章

国际收支

【要点提示】

- 国际收支的概念
- 国际收支平衡表的概念
- 国际收支平衡表的主要内容、格式特点、编制原理和记账方法
- 国际收支分析
- 西方国际收支理论
- 国际收支不平衡的原因和调节
- 中国的国际收支

一国的国际收支（Balance of Payments）是否平衡，不仅对其国内经济的运转与发展有影响，而且对其货币汇率与对外经济政策都有重要的影响，从而也影响着国际贸易与国际间的资金往来。因此，外经贸工作者必须重视和了解国际收支问题。

在这一章里，我们要学习国际收支的概念，了解国际收支平衡表的结构和内容，分析国际收支失衡的原因及其调整方法，探讨国际收支的基本理论，最后分析中国的国际收支状况。

第一节　国际收支概述

一、国际收支产生的背景

商品生产和商品交换是人类社会生产力发展的必然结果，而当商品交换超越了国界，就形成了国际贸易。随着社会生产力的不断发展和国际交通、通信行业的技术革命，不仅国际贸易得到了充分发展，国际间经济、政治、外交、科学文化教育等其他方面的联系也日益密切，从而使得各国间的贸易往来、劳务的提供与取得、资本和利润的转移以及经济技术援助等各种各样的经济活动也随之得到相应的发展。其结果必然产生国际间的货币债务、债权关系，这就是一般所说的国际借贷(Balance of International Indebtedness)。这种货币债务、债权关系又需要在一定时期内进行清偿，因而产生国际结算。一个国家对其他国家的国际结算所引起的货币收支，即一个国家在一个特定的时期内由于收回对外货币债权和清偿对外货币债务的综合情况，就是该国的国际收支。国际收支的概念出现于17世纪初，在这之后的很长时期内，它都被解释为一国在一定时期内的贸易收支。

全球统一的国际收支制度是国际货币基金组织成立后着手建立的。国际货币基金组织（International Monetary Fund，IMF）于1948年首次颁布了《国际收支手册》（Balance of Payment-Handbook）第一版，此后又先后于1950年、1961年、1977年修改了手册，不断地补充了新的内容。目前，国际货币基金组织各成员国大都采用1993年第五版的国际收支概念和分类。编制和提供国际收支平衡表已成为国际货币基金组织成员国的一项义务，并成为参与其他国际经济组织活动的一项重要内容。

二、国际收支的概念

第一次世界大战以后，随着国际经济交易（International Economic Transactions）的发展，国与国之间形成了债权与债务关系。一个国家在某一特定时日的债权债务综合反映为该国的国际借贷关系，而且到期必须以货币形式（外汇）结清，这就是一种狭义的国际收支的概念。或者表述为一国在一定时期内（通常1年），和其他国家为清算到期的债权债务所发生的外汇收支总和。在这一时期内，外汇收支相抵之后的差额称为国际收支差额，它是建立在现金基础（Cash Basis）上的，强调到期立即结清和以现金支付。因此，狭义的国际收支影响着一国的外汇

供求关系，在一定程度上能反映该国在国际金融方面的实力和地位。

第二次世界大战以后，由于国际经济交易的内容和方式都发生了很大的变化，出现了一些新的国际经济交往活动，例如：政府的无偿援助、私人捐赠、易货贸易、记账贸易、补偿贸易等不涉及外汇收支的国际经济交易，侨汇等无偿还的资金转移，以及资本的大规模国际流动等，极大地丰富了国际收支的内容。这时世界各国开始广泛采用广义的国际收支概念，即国际货币基金组织所制定的概念。

国际货币基金组织编制的《国际收支手册（第5版）》中对国际收支概念有下面的表述：

The balance of payments is a statistical statement that systematically summarizes, for a specific time period, the economic transactions of an economy with the rest of the world. Transactions for the most part between residents and nonresidents.

1. Consist of those involving goods, services, and income; those involving financial claims on, and liabilities to, the rest of the world; and those (such as gifts) classified as transfers, which involve offsetting entries to balance—in an accounting sense—one-sided transactions.

2. A transaction itself is defined as an economic flow that reflects the creation, transformation, exchange, transfer, or extinction of economic value and involves changes in ownership of goods and/or financial assets, the provision of services, or the provision of labor and capital.

国际货币基金组织对国际收支的定义是：指一定时期内一经济体（通常指一国或者地区）与世界其他经济体之间的各项经济交易。其中的经济交易是在居民与非居民之间进行的。经济交易作为流量，反映经济价值的创造、转移、交换、转让或削减，包括经常项目交易、资本与金融项目交易和国际储备资产变动等。

国际收支是一种统计报表，它系统地记载了在特定时期内一经济体与世界其他地方的各项经济交易。大部分交易是在居民（Resident）和非居民（Nonresident）之间进行的。包括货物、服务和收入、对世界其他地方的金融债权和债务的交易以及转移项目（如捐赠）。

从上述定义中我们可以看到，广义的国际收支与狭义的国际收支概念不同，前者强调国际经济交易的业务基础，将无须货币偿付的各种援助项目和不需现金支付的物资、服务之间的交换以及赊购赊销的信用交易项目也列入国际收支。

广义的国际收支概念突出了以下几方面的内容：

（一）它强调居民与非居民之间的经济交易

居民与居民之间的经济交易属于国内交易，不属于国际收支范畴。居住地的不同，是划分居民与非居民的主要依据。根据IMF的规定，居民与非居民的概念、划分标准和内容是：

（1）区分居住地，不以国籍或法律为标准，而是以交易者的经济利益中心

(Center of Economic Interest) 所在地，即从事生产、消费等经济活动和交易的所在地，作为划分的标准。

(2) 从事这些经济活动和交易的期限在一年以上的企业、非营利机构和政府等法人属于所在国居民。

(3) 自然人不论其国籍如何，只要他在所在国从事一年以上的经济活动与交易，就是所在国居民；否则即为非居民。

(4) 受雇于本国驻外使领馆工作的外交人员属他们本国的居民，而是驻在国的非居民；相反，受雇于外国使馆工作的雇员，则属本国居民。

(5) 联合国、国际货币基金组织等国际机构及其代表处，对任何国家来说，都是非居民。

(二) 国际经济交易的类型与内容

构成国际收支内容的居民与非居民之间的经济交易可分为五种类型：

(1) 商品、服务与商品、服务间的交换，如易货贸易、补偿贸易等。

(2) 金融资产与商品和服务的交换，如商品、服务的买卖（进出口贸易）等。

(3) 金融资产与金融资产的交换，如货币资本借贷、货币和商品的直接投资、有价证券投资，以及无形资产（如专利权、版权）的转让买卖等。

(4) 商品、服务由一方向另一方的无偿转移，如无偿的物资捐赠、服务和技术援助等。

(5) 金融资产由一方向另一方的无偿转移，如债权国对债务国给予债务注销，发达国家对发展中国家的赠款、侨汇等。

前三种经济交易，都是一方向另一方提供一定数量的经济价值，并从对方得到价值相等的回报，这在本质上是交换。后两种经济交易是一方向另一方提供了经济价值，但是并未得到补偿与回报，这在本质上是无偿转移。另外，在这五种国际经济交易中，既包括有外汇收支的经济交易，也包括没有外汇收支的经济交易，如易货贸易、清算协定下的记账贸易等。因此，第二次世界大战后的国际收支概念不再以收支（现金）为基础，而以交易为基础。

(三) 国际收支是流量 (Flow) 的概念

即一国在一定时期内发生的所有对外经济交易的综合（“一定时期”即为报告期）。国际收支不同于作为存量概念的国际借贷 (Balance of International Indebtedness；亦称为“国际投资地位”或“国际投资头寸”，International Investment Position)。后者是一国在某一时点对外资产与负债的综合，流量的变化都可能导致存量的变化，而存量的变化则可能归结为流量的变化。

国际收支状况集中反映一个国家或地区在一定时期内的经济实力和对外经济活动状况，并且与其国内经济密切联系。国际收支的好坏，直接影响到一国国际经济地位的高低。研究国际收支状况，对于正确制定对外经济贸易政策和货币政策，保持国际收支的均衡发展有重要的意义。

三、国际借贷和国际收支的概念比较

国际借贷是在国际经济交易中产生的借（债务）贷（债权）的关系。例如，国际间的商品交易中，商品输出国有输出商品价款的权利——债权（贷），商品输入国有支付价款的义务——债务（借）。国际借贷是一个静态的概念，它具有在某一时点上产生（比如商品输入时）和在某一时点上消失（比如支付商品价款时）的特性。所以，国际借贷是一个国家在某一时点上的对外债权债务的综合情况。

国际借贷的清偿是依靠在国际间的货币移动来实现的。而国际间的收支活动主要以外汇为主要手段。所以，国际经济交易活动的最终结果是产生了以外汇为手段的国际间收入与支付的关系——国际收支。

从上面的分析可以看到，国际借贷与国际收支的概念不同：前者是表示一国（地区）在某一时点上的对外债权债务的余额，是存量（Stock）的概念；后者则是指一国（地区）在某一特定期间里的对外货币收支的综合状况，是流量的概念。另外，国际经济交易中的捐赠、侨汇等无偿交易，都没有发生借贷关系，不属于国际借贷的范畴，而包括在国际收支里。国际借贷是产生国际收支的原因，有国际借贷就必然会发生国际收支。虽然它们概念不同，但是密切相关。

第二节 国际收支平衡表

一、国际收支平衡表的概念

国际收支平衡表能够反映出一个国家（地区）国际收支的状况。世界上大多数国家和地区都编制了自己的国际收支平衡表。国际货币基金组织成立后，规定了国际收支平衡表的统一格式，并将各个会员国的国际收支平衡表编制年鉴出版。

国际收支平衡表是按照复式簿记原理，以某一特定货币为计量单位，运用简明的表格形式总括地反映一经济体（一般指一国家或地区）在特定时期内（1 年或 1 季或 1 月）与世界其他经济体间发生的全部经济交易。它集中地反映了该国（地区）国际收支的构成和总貌。国际收支平衡表根据交易的内容与范围，按照经济分析的需要设置了账户（Account）或项目（Item）。各国由于其国际经济交易的内容与范围不尽相同，经济分析的需要也不完全一样，因而编制的国际收支平衡表也有所不同。为指导成员国向国际货币基金组织定期提交国际收支报表，并使各国的国际收支平衡表具有可比性，IMF 出版了《国际收支手册》，对涉及国际收支的概念、定义、分类和标准组成（Standard Components）都作了规定和说明。这一节里我们以国际货币基金组织所规定的标准格式来介绍国际收支平衡表（见表2—1）。

表2—1　　国际收支平衡表：标准组成部分

1. 经常账户
  1.1 货物和服务
    1.1.1 货物
      一般货物
      用于加工的货物
      货物修理
      各种运输工具在港口购买的货物
      非货币性黄金
    1.1.2 服务
      运输
      旅游
      通信服务
      保险服务
      金融服务
      计算机和信息服务
      专有权利使用费和特许费
      其他商业服务
      个人服务、文化和娱乐服务
      别处未提及的政府服务
  1.2 收入
    1.2.1 职工报酬
    1.2.2 投资收入
      直接投资
      证券投资
      其他投资
  1.3 经常转移
    1.3.1 各级政府部门
    1.3.2 其他部门
      工人的汇款
      其他转移

2. 资本和金融账户
  2.1 资本账户
    2.1.1 资本转移
    2.1.2 非生产、非金融资产的收购/出售
  2.2 金融账户
    2.2.1 直接投资
      国外
      在报告经济体内

2.2.2 证券投资
资产
负债
2.2.3 其他投资
资产
负债
3. 储备资产
3.1 货币黄金
3.2 特别提款权
3.3 在基金组织的储备头寸
3.4 外汇
3.5 其他债权
4. 净误差与遗漏

资料来源：国际货币基金组织：《国际收支手册》，43～48 页，北京，中国金融出版社，1994。

二、国际收支平衡表的编制原理与记账方法

国际收支平衡表是按照现代会计学的复式簿记（Double-entry Accounting）原理编制的，即以借、贷作为符号，每个项目都有借方和贷方两栏，借方（Debit）记录资产的增加和负债的减少，贷方（Credit）记录资产的减少和负债的增加。每笔交易都会产生一定金额的一项借方记录和一项贷方记录，以“有借必有贷，借贷必相等”的原则来记录每笔国际经济交易。其记账法则为：

（1）凡引起本国外汇收入的项目，亦称正号项目（Plus Items），记入贷方，记为“+”（通常省略）；

（2）凡引起本国外汇支出的项目，亦称负号项目（Minus Items），记入借方，记为“－”。

我们用下面的例子来说明这种记账方法。

例 海尔公司向美国一家进口商销售了价值 1 000 万美元的冰箱。货款用汇票支付，这样就增加了海尔公司在中国银行纽约分行账户的余额。这笔国际经济交易中，中国的资产（商品）出口到美国，获得美元收入。因此在中国的国际收支平衡表中商品输出项下应记入贷方 1 000 万美元。海尔公司得到的货款被美国银行作为一项短期资本流动，因为中国对美国银行财务方面的债权增加了，所以应在短期资本流动项目下的借方记入 1 000 万美元。中国的国际收支分录如表 2—2 所示。

表 2—2　　中国的国际收支分录

	贷（+）	借（－）
商品出口	1 000 万美元	
短期资本流动		1 000 万美元

这个例子说明每一项国际交易都要同时记入借方和贷方，国际收支平衡表中的借方总额和贷方总额是相等的，其差额为零。但是，从国际收支平衡表的每个明细项目来说，借贷双方的金额不一定相等，而是可能有差额，这种差额称为局部差额（Partial Balance）。当收入大于支出而有盈余（Surplus）时，称为顺差（Favorable Balance）；相反则称为逆差（Unfavorable Balance），在逆差数字前标以"－"号。逆差也被称为赤字（Deficit），而顺差则被称为黑字。

一项国际经济交易可能有若干个日期，如签约日期，商品、劳务和金融资产所有权变更的日期，支付日期等。按照 IMF 的规定，在登录国际收支平衡表时，应以商品、劳务和金融资产所有权变更的日期为准。一笔国际经济交易如在报告期已实现外汇收支，应登录在国际收支平衡表中；但是，如果在报告期已发生所有权的转移，而并未实现外汇收支，这时也应登录在国际收支平衡表中。

三、国际收支平衡表的主要内容

国际收支平衡表所包含的内容极为广泛，各国结合本身情况所编制的国际收支平衡表内容也不尽相同，各具特点。根据《国际收支手册（第 5 版）》有关解释和规定，国际收支平衡表的标准组成部分包括 5 个主要部分：经常账户，资本和金融账户，净误差与遗漏，总差额，储备与相关项目。

（一）经常账户

经常账户（Current Account，也译为"经常项目"或"往来账户"），它反映了一国与外国之间实际资源（Real Resources）的转移，是一国国际收支平衡表中最基本、最重要的项目，是居民与非居民之间经常发生的国际经济交易的所有内容（不包括金融项目的交易）。经常账户包括货物、服务、收入和经常转移 4 个明细项目。

1. 货物（Goods）

货物包括一般商品、用于加工的货物、货物修理、各种运输工具在港口购买的货物，以及非货币性黄金。

（1）一般商品包括机电产品、农产品、汽车、电子和纺织产品等。货物项下记录的商品进口和出口的外汇收支，也即一国的对外贸易收支（即有形贸易收支，Visible Trade）。出口记入贷方，进口记入借方，其差额称为商品贸易差额（Merchandise Trade Balance）。根据 IMF 建议，商品进出口额均按离岸价格（Free on Board，FOB）计算。

（2）用于加工的货物，即运到国外进行加工的货物的出口和运到国内进行加工的货物的进口。

（3）货物的修理，即向非居民支付的或从非居民得到的运输工具修理费。

（4）各种运输工具停靠港口期间采购的货物，包括居民或非居民从岸上采购的燃料和物资等。

(5) 非货币性黄金 (Nonmonetary Gold)，即不作为储备资产 (货币黄金) 的所有黄金进出口，等同于一般商品。

2. 服务 (Services)

一国服务的输出输入，即是服务贸易，亦称无形贸易 (Invisible Trade)。服务输出记入贷方，服务输入记入借方。服务贸易的内容非常广泛，主要包括：

(1) 运输：包括一经济体居民向另一经济体居民提供的，涉及客运、货运、带人员的运输工具和其他辅助性服务 (如货物装卸、保管、包装和再包装，为运输工具提供的牵引、领航、导航等)。货物保险包括在保险服务内，不在运输内。

(2) 旅游：包括非居民旅游者在另一经济体内逗留期间 (不超过 1 年) 所获得的货物和服务 (包括与教育、保健相关的货物和服务)，但不包括国际货运服务，它记录在运输项下。学生和病人按惯例总是被视为旅游者。非居民工人的支出记在旅游项目下，但是军事人员和使馆工作人员的支出则包括在政府服务项目下。

(3) 其他服务项目，包括通信、建筑、保险、金融、电子计算机和信息服务，专有权 (专利、版权、商标、制作方法、经销权等) 的使用费和特许费，个人服务、文化和娱乐服务 (如音像及其有关服务) 等。

3. 收入 (Income，或译为“收益”)

是指生产要素 (包括劳动力与资本) 在国家之间的流动所引起的报酬的收支。收入项下包括：

(1) 职工报酬 (Compensation of Employees)。受雇在国外工作的季节工人、边境工人和工作时间不超过一年的短期工作的工人，以及在外国使领馆、国际组织驻本国机构工作的工人等的工资和其他福利，记入贷方。同理，受雇在本国工作的外国季节工人、边境工人、短期工作的工人、在本国驻外使领馆工作的工人等的应得报酬则记入借方。

(2) 投资收入 (Investment Income，或译为“投资收益”)，指居民与非居民之间有关金融资产与负债的收入与支出，包括直接投资、证券投资和其他投资所得收入与支出。本国居民所拥有的外国企业直接投资资本所有权、证券和债权 (长短期贷款和存款) 所有股利、利润和利息收入记入贷方。非居民所拥有的本国直接投资资本所有权、证券和债权所得股利、利润和利息记入借方。

4. 经常转移 (Current Transfers)

指商品、劳务或金融资产在居民与非居民之间转移后，并未得到补偿与回报，因而也被称为无偿转移 (Unrequited Transfers) 或单方面转移 (Unilateral Transfers)。经常转移包括所有非资本转移项目，它不同于资本转移，资本转移是在资本和金融账户中进行。经常转移包括：

(1) 各级政府的无偿转移，如战争赔款，政府间的经援、军援以及捐赠，政府与国际组织间定期缴纳的费用，以及国际组织作为一项政策向各国政府定期提供的转移。

（2）私人的无偿转移，如侨汇、捐赠、遗产继承、赡养费、资助性汇款、退休金等。从本国向外国的无偿转移记入借方，而从外国向本国的无偿转移则记入贷方。

（二）资本账户和金融账户

资本账户和金融账户是指资本项目下的资本转移、非生产、非金融资产交易以及其他所有引起一经济体对外资产和负债发生变化的金融项目。它是反映居民和非居民间的资产或金融资产的转移。

1. 资本账户（Capital Account）

反映资产在居民与非居民之间的转移。资产从居民向非居民转移，会增加居民对非居民的债权，或减少居民对非居民的债务；资产从非居民向居民转移，则会增加居民对非居民的债务，或减少居民对非居民的债权。因此，这个账户表明本国在两个时点之间的时期内资产与负债的增减变化。

同经常账户以借方总额和贷方总额的记录方法不同，资本账户是按净额（Net Amount，即借贷差额）来记入借方和贷方的：债权或资产的净减少，以及负债的净增加，记为贷方项目；资产的净增加，以及负债的净减少，记为借方项目。资本账户包括两部分：

（1）资本转移（Capital Transfers）。这个项目主要是登录投资捐赠（Investment Grants）和债务注销（Debt Cancellation）。投资捐赠可以以现金形式来进行（即定期或不定期向非居民转移资产价值或征收税款，如遗产税等），也可以实物形式（如交通设备、机器和机场、医院、码头、道路等建筑物）来进行。资本转移与经常转移（如战争赔款、经援、军援）的区别在于：后者经常发生，规模较小，并直接影响捐助者与受援者的可支配收入和消费；前者则不经常发生，但是规模较大，也不直接影响双方当事人的可支配收入和消费。债务注销是指债权国放弃债权，而不要求债务国给予回报。

（2）非生产、非金融资产的收购/出售（Acquisition/Disposal of Non-product, Non-financial Assets）。它包括：不是由生产创造出来的有形资产（土地和地下资产）和无形资产（专利、版权、商标、经销权等）的收购或出售。经常账户的服务项下记录的无形资产，是无形资产所有权的买卖所引起的收支。

2. 金融账户（Financial Account）

反映了居民与非居民之间由于直接投资、证券投资和借贷等经济交易引起的外汇收支变化。同资本账户一样，金融账户也是按净额记录的：居民对非居民的投资和提供的信贷的净增加记入借方，而相反则记入贷方。金融账户按功能分类为：

（1）直接投资（Direct Investment）。直接投资是直接投资者（Direct Investor）对在外国投资的企业拥有10%或10%以上的普通股（Common Stock）或投票权，从而对该企业的管理拥有有效发言权。直接投资项下包括股本资本、其他资产投资及利润收益的再投资等。

(2) 证券投资 (Portfolio Investment), 也称间接投资。它是居民和非居民之间投资于股票、债券、大额存单、商业票据以及其他衍生金融工具的投资, 是跨国的股本证券和债务证券的投资。

股本证券包括股票、参股或其他类似文件 (如美国的存股证)。债务证券包括: 1) 中、长期债券、无抵押品的公司债券等; 2) 货币市场工具, 或称可转让的债务工具, 如短期国库券、商业票据、银行承兑汇票、可转让的大额存单等; 3) 衍生金融工具, 如商品、货币、利率和指数期权、金融期货等。

(三) 净差错与遗漏 (Net Errors and Omissions)

国际收支平衡表是按照会计学的复式簿记原理编制的。按此原理记账, 借方总额与贷方总额相抵之后的总的净值应该为零。但是实际上, 一国国际收支平衡表不可避免地会出现净的借方余额或净的贷方余额, 很难达到平衡。这个余额是统计资料有误差和遗漏而造成的。造成统计资料有误差的主要原因有:

(1) 统计资料不完整。商品走私、以隐蔽形式进行的资本外逃等都会导致统计资料不完整。

(2) 统计数字的重复计算和漏算。由于统计资料来自四面八方, 如来自海关统计、银行报表、官方主管机构的统计报表等, 这就难免发生统计口径的不一致而造成重复计算与漏算。

(3) 统计资料本身缺乏真实性和准确性。原因主要有这几方面: 有关数据是估算出来的; 当事人为了偷税漏税, 故意瞒报或者虚报统计数据; 短期资本在国家之间的投机性流动也造成统计上的困难; 有意识地利用净差错与遗漏来掩盖政治、经济、军事的真实目的。

为使国际收支平衡表的借方总额和贷方总额相等, 编表人员需要人为地在平衡表中设立"净差错与遗漏"这个单独的项目, 来抵消净的借方余额或净的贷方余额。如果经常账户、资本和金融账户、储备和相关项目的贷方出现余额, 就在净差错与遗漏项下的借方列出与余额相等的数字; 如果这几个账户的借方出现余额, 则在净差错与遗漏项下的贷方列出与余额相等的数字。

尽管误差和遗漏的统计数据可以平衡, 但是净差额大小仍不是反映国际收支平衡表的准确指标。对于数额大、持续时间长的差额, 会妨碍对国际收支统计值的分析或解释, 减弱其可信度, 因此值得引起重视。

(四) 总差额 (Overall Balance)

总差额是反映报告期内一国的国际收支状况对其储备的影响, 是目前广泛使用的概念。在未特别指明的情况下, 一个国家的国际收支为顺差或逆差, 就是指总差额为顺差或逆差。总差额是经常账户差额、资本和金融账户差额和净差错与遗漏之和。

另外, 基本差额 (Basic Balance) 也是反映一国国际收支状况的差额, 它是经常账户差额与长期资本差额之和。《国际收支手册 (第5版)》删除了基本差额的概念，其主要原因是金融创新向融资证券化方向发展，各种新的金融交易与金融工具不断涌现，模糊了资本交易的期限长短。

（五）储备与相关项目

储备与相关项目（Reserves and Related Items）是平衡经常账户、资本和金融账户差额的一个项目，也称平衡项目（Balancing Items）。如果总差额为顺差，则储备与相关项目的储备资产或者增加，或者官方对外负债减少；如果总差额为逆差，则储备与相关项目的储备资产或者减少，或者官方对外负债增加。因此，储备与相关项目的借贷方向与总差额借贷记录方向相反：增加记入借方，减少则记入贷方。储备与相关项目包括以下几项：

1. 储备资产（Reserve Assets）

也称官方储备（Official Reserves）或国际储备。

2. 使用 IMF 的信贷和贷款

即成员国从 IMF 的提款，但不包括储备部分提款。

3. 对外国官方负债

是指本国政府和货币当局对非居民的负债。

4. 例外融资（Exceptional Financing，或译为“特殊融资”）

即一国当局为解决其国际收支融资问题所做的努力，包括以下五个方面的交易：

（1）转移项目，如政府间赠款和从 IMF 贴补账户上得到的赠款等；

（2）涉及注销债务的债务/股本转换等的直接股本投资或其他股本投资；

（3）政府或中央银行的对外借款（包括通过发行债券的对外借款）；

（4）经济实体在政府授意下的对外借款；

（5）同重新调整债务有关的其他交易，如重新安排现有债务或累计的债务以及偿还拖欠的款项。

第三节　国际收支平衡表的分析

国际收支平衡表是一个国家对外经济交往的系统记录，正确分析国际收支平衡表可以掌握外汇资金来源与运用情况，找出产生国际收支顺差或逆差的原因，掌握本国国际收支的运动规律、制定对策，使国际收支状况朝着有利于本国经济发展的方向变化。分析其他国家，特别是经济强国的国际收支平衡表，可以了解不同国家的国际收支状况，以便分析和预测国际金融的发展趋势、汇率变动和资本流动的状况，及时调整本国的对外金融战略。

国际收支平衡表的分析方法一般包括静态分析法、动态分析法和比较分析法。

一、静态分析法

静态分析是指对某国在某一时期（1 年或 1 季）国际收支平衡表进行账面上的分析。静态分析需要计算和分析平衡表中的各个项目及其差额；分析各个项目差额形成的原因及其对国际收支总差额的影响，找出国际收支总差额形成的原因。在实践中，各个项目差额形成有多方面的原因，只利用单一资料不能全面掌握和认识其实际情况。因此，在分析各个项目差额形成原因时，还应结合其他有关资料，进行综合研究。静态分析法可以从经常账户差额、资本与金融账户差额、总差额入手，逐一进行计算分析。

（一）经常账户差额

经常账户差额是指包括货物与服务在内的商品进出口之间的差额，它与消费、投资、政府支出一样都是开放经济条件下的一国国民收入的重要组成部分。它的计算方法为：

经常账户差额＝商品和服务出口－商品和服务进口

由于贸易账户差额在全部国际收支中的比重相当大，能够及时地反映一个国家的经济发展状况和产业结构、产品在国际上的竞争力，以及自我创汇的能力，因此，经常账户差额在国际收支中占有重要的地位，经常被看成是整个国际收支的代表。

（二）资本与金融账户差额

资本与金融账户差额的计算方法为：

资本与金融账户差额＝资本账户差额＋金融账户差额

资本与金融账户项目包括长期资本项目和短期资本项目。长期资本包括直接投资、证券投资、贷款、延期收付款信用和国际租赁等。前三项是该账户的主要部分，直接投资对分析跨国公司具有重要意义，证券投资和贷款反映了对外债权和债务的关系变化。

短期资本项目包括银行、地方和部门借款，延期收付款和其他资本往来项目。20 世纪 90 年代以后，短期资本在国际间的流动速度与规模都加大了，它不仅影响着国际汇率的变化，而且也对一个国家的经济、金融稳定产生越来越重要的影响。

资本、金融账户与经常账户有着密切的联系，理论上当一国的国际收支平衡，资本、金融账户与经常账户的差额应当为零。即如果一个账户出现盈余或赤字，另一个账户必然出现赤字或盈余。利用金融资产的净流入可以为经常项目的赤字融资。但是，国外资本的流入具有不稳定性，尤其是短期资本的投机性流动容易影响一国的金融安全。而且如果流入资本使用不当有可能产生债务危机，加剧经常项目的恶化。

(三) 总差额

总差额的计算方法为:

总差额=经常账户差额+资本与金融账户差额+净误差与遗漏

在得出这个总差额后,就要分析这个差额的大小及产生的原因,这一差额在平衡项目中是如何获得平衡的,它对外国官方的债权、债务关系和对官方储备资产会产生什么影响和后果等。总差额是一种使用广泛的指标,它是国际收支最后的缺口,该缺口要通过储备资产的增减来进行弥补,即

总差额=储备资产增减额

在没有特别指明的情况下,国际收支的顺差或逆差指的就是总差额。总差额大于零,表明国际收支顺差,储备资产增加;总差额小于零,表明国际收支逆差,储备资产减少。

当国际收支呈现逆差时,要消耗国家储备资产,通常被认为对一国的经济发展不利。储备不足,将会使该国对外支付困难,影响该国的货币信誉。但是,如果国际收支呈现顺差,而且差额很大,对一国的经济发展可能也有消极作用。因为储备资产的增加会导致中央银行增发货币,从而造成通货膨胀的压力。另外,储备资产的收益率低于长期投资的收益率,外汇储备的汇率波动也可能使储备资产遭受损失。

二、动态分析法

动态分析法是指对一个国若干连续时期的国际收支平衡表进行分析的方法。一国某一时期的国际收支往往同以前的发展过程有着密切的联系。因此,在分析一国的国际收支时,需要将静态分析和动态分析结合起来进行。动态平衡是在较长计划时期内,实现计划期末国际收支的大体平衡。通常国际收支平衡是追求国际收支的长期动态平衡。

动态平衡的特点是:不以年度时间为限,以实现中期计划的经济目标为主,确定和实现国际收支平衡;国际收支平衡与经济发展紧密联系;通过对国际收支的调节,能够促进国民经济的发展。动态平衡与经济发展的客观实际比较相符,它允许一个国家,特别是处于经济起飞阶段的国家,在计划期内吸引外资和对外借债,使当年存在一定的逆差。只要这些债务对该国扩大出口、提高国际竞争力有好处,而且在整个计划期末可以实现大体的平衡,就可以认为这一阶段的国际收支是平衡的。

三、比较分析法

比较分析法既包括对一国若干连续时期的国际收支平衡表进行的动态分析,也包括对不同国家相同时期的国际收支平衡表进行的比较分析,尤其是对主要的经济

大国的国际收支平衡表的分析。只有这样我们才能了解各国在世界经济中的地位，正确认识国际金融的格局，这对调节本国的国际收支有重要的作用。

第四节 国际收支调节

实现国际收支平衡是各个国家努力追求的宏观经济目标之一，体现了一个国家经济发展的状况。国际收支调节是指编表国家在国际收支分析的基础上，根据本国经济发展的需要，调节国际收支各个项目的差额和总额，达到一定目标的宏观行为过程。

一、国际收支平衡与不平衡的标准

我们知道，国际收支平衡表是按照会计学的借方与贷方相互平衡的复式簿记原理编制的，因而借方总额与贷方总额是相等的。这是人为形成的、账面上的平衡，而实际上的真实平衡是很少见的。那么判断一个国家的国际收支平衡的标准是什么呢？在了解这个标准之前，我们首先需要明确两个概念，即自主性交易与调节性交易。

（一）自主性交易（Autonomous Transactions）

或称事前交易（Ex-Ante Transactions），它是经济实体或个人出自某种经济动机和目的，独自进行的交易。自主性交易具有自发性，其交易的结果很难平衡，不是借方大于贷方，就是贷方大于借方。这样就使外汇市场出现供求不平衡和汇率的波动，并且给经济带来了一系列影响。

（二）调节性交易（Accommodating Transactions）

也称为事后交易（Ex-Post Transactions），它是在自主性交易收支不平衡之后进行的弥补性交易（Compensatory Transactions）。货币当局用调节性交易来弥补自主性交易不平衡所造成的外汇供求缺口。

从理论上说，一国国际收支的自主性交易所产生的借方金额和贷方金额相等或基本相等，就表明该国的国际收支平衡或基本平衡；如果自主性交易所产生的借方金额与贷方金额不相等，就表明该国的国际收支不平衡或失衡。

国际收支平衡表上的各个项目一般都可以被划分为自主性交易或调节性交易这两种类型。一般认为，经常项目和长期资本项目属于自主性交易，而官方储备项目则属于调节性交易。对于短期资本项目而言，从一国货币当局角度看，短期资本流动是为弥补自主性交易收支的不平衡，而向国外借贷或采取某种经济政策作用的结果，因而属于调节性交易；从短期资本交易的主体角度看，则是为追逐利润等目的而自主地进行交易的，因而又属于自主性交易。由于短期资本交易的性质在技术上难以区分，所以没有一个统一的衡量国际收支是否平衡的标准。一般要根据所分析的问题，采用不同的差额，比如经常项目差额、资本与金融账户差额和总差额等。因此，一般所说的国际收支不平衡是针对各个具体的差额而言的。

由于总差额反映经常项目差额与资本与金融账户差额之和，而且 IMF 和我国都采用总差额，所以我们可以把全部短期资本都看做自主性交易。

二、国际收支不平衡的原因

国际收支不平衡产生的原因有多种，主要可分为以下几种类型：

（一）周期性不平衡（Cyclical Disequilibrium）

由经济周期变化而造成的国际收支不平衡称为周期性不平衡。当一国的经济处在繁荣和高涨的阶段时，国际贸易和国际投资会非常活跃，商品和劳务的出口也将加大，因此国际收支可能出现顺差。相反，在经济出现衰退和萧条时，经济增长放慢，贸易和投资活动可能减少，国际收支可能出现逆差。在再生产周期的各个阶段，由于生产、人均收入和社会需求的消长，而使一国的国际收支发生不平衡是非常普遍的。

另外，国际收支不平衡还可能受其他国家的经济周期变化的影响。当发达国家经济处在衰退阶段时，从发展中国家的商品进口将会减少，因而会使发展中国家的出口减少，国际收支可能出现逆差。

（二）收入性不平衡（Income Disequilibrium）

由于经济增长率变化或经济周期本身所引起的国民收入变化，而导致的国际收支不平衡，称为收入性不平衡。例如，国民收入增加，居民消费和投资的需求旺盛，贸易支出和非贸易支出都会增加，进口增长可能超过出口的增长，外汇支出增加，国际收支容易发生逆差；相反国民收入减少，则居民消费和投资的需求都会下降，进口也会减少。

（三）结构性不平衡（Structural Disequilibrium）

一国的经济结构如果不能按照世界市场需求的变化来调整，该国的贸易收支和国际收支就将可能产生不平衡，这就是结构性不平衡。经济结构的失衡可分为产品供求失衡和生产要素价格结构失衡。例如，国际市场对一国具有比较优势的出口商品需求减少，该国的出口收入减少；或者一国的进口商品国际市场价格上涨，用于进口的外汇支出将增加，这都会导致国际收支出现逆差。同理，一国生产要素价格（例如，工人工资收入）的提高，会引起出口产品价格的提高，削弱在国际市场中的竞争力，使出口减少，因此也有可能导致国际收支失衡。

另外，国际经济结构的变化也会引起世界性的国际收支不平衡。例如，发达国家向发展中国家转移劳动密集型产品的生产，使国际贸易关系由传统的垂直贸易变为了横向贸易，从而改变了贸易国原有的国际收支状况。

(四) 货币性不平衡 (Monetary Disequilibrium)

在一定的汇率水平下，因货币对内价值的变化引起的国际收支不平衡就称作货币性不平衡。如果一国的货币发行量过多，引起通货膨胀，物价与商品成本高于其他国家，商品出口竞争力下降，出口减少，而进口商品的价格相对降低，刺激进口，从而可能使其国际收支发生逆差。相反，通货紧缩时，物价与商品成本低于其他国家，商品出口竞争力增强，出口增加，其国际收支可能呈现顺差。

(五) 偶发性不平衡 (Accidental Disequilibrium)

政局动荡、自然灾害和气候变化等偶发因素，也会导致贸易收支的不平衡和巨额资本的国际移动，从而使一国的国际收支不平衡，这就是偶发性不平衡。

除了上述几个引起国际收支不平衡的基本因素外，国际游资（International Hot Money）在国际间的流动，也是引起一国国际收支不平衡的重要原因。国际游资指为追逐高利和躲避政治、经济风险而经常在各国际金融中心调出调入的短期资本。在浮动汇率下，汇率的变化给资本流动带来巨大的风险和套利的机会，常常造成国际收支不平衡。

一般而言，经济结构性因素和经济增长率变化所引起的国际收支不平衡，具有长期性和持久性，而被称为持久性不平衡（Secular Disequilibrium）。其他因素所引起的国际收支不平衡仅具有临时性，而被称为暂时性不平衡（Temporary Disequilibrium）。

三、国际收支不平衡的影响

(一) 国际收支逆差的影响

一国的国际收支出现逆差，一般首先会引起本国货币汇率下浮；如果逆差严重，则会使本币汇率急剧下跌。该国货币当局如果要维护本币的地位，就要对外汇市场进行干预，即抛售外汇和买进本国货币。这不仅会消耗外汇储备，甚至还会造成外汇储备的枯竭，从而严重削弱其对外支付能力；另外也会形成国内的货币紧缩形势，促使利率水平上升，影响本国经济的增长，从而导致失业的增加和国民收入增长率的相对与绝对下降。

如果一国国际收支逆差是贸易收支逆差所致，将会造成国内失业的增加。如果是资本流出大于资本流入所致，则会造成国内资金的紧张，利率上升，将影响到商品市场的需求，从而影响经济增长。

(二) 国际收支顺差的影响

一国的国际收支出现顺差，虽然可以增大其外汇储备，加强其对外支付能力，但是如果出现长期或巨额的盈余时，也会产生不利的影响：（1）可能使本币升值，因而不利于商品出口，最终加重国内的失业；（2）将使本国货币供应量增长，物价上升，加重通货膨胀；（3）一国的国际收支发生顺差，意味着有关国家国际收支发生逆差，因此会加剧国际摩擦；（4）国际收支顺差如果是出口过多所造成的，那么国内可供使用的资源就会相应减少，因此不利于本国经济的发展。

通常一国的国际收支越是不平衡（逆差或顺差越大），它的不利影响也越大。尽管国际收支逆差和顺差都会产生种种不利影响，但是相比之下，逆差所产生的影响更为显著。因为它会造成国内经济的萎缩、失业的大量增加和外汇储备的枯竭，因此，各国都更注重对逆差采取调节措施。对顺差的调节虽然不如对逆差紧迫，但从长期来看，不论顺差还是逆差都需要进行调节。

四、国际收支的调节政策

当一国国际收支出现不平衡时，往往不能完全依赖经济体系的自动调节来恢复国际收支的平衡。各国货币当局一般会主动采取适当的政策和措施来平衡国际收支。我们以国际收支为逆差来说明一国政府的政策措施。

当一国国际收支出现逆差时，该国政府将面临三个层次的选择：(1) 决定是通过融资还是通过调整，或是两者的结合来减少、直至消除逆差。(2) 决定使用支出变更政策还是支出转换政策。支出变更政策指改变社会总需求或国民经济支出总水平的政策。支出转换政策指不改变社会总需求和总支出而改变需求方向的政策。(3) 在实施转换政策时，还必须决定是通过货币贬值还是通过贸易政策达到目的。

不论是融资政策还是调整政策，调节国际收支平衡的政策通常有以下几种：

（一）外汇缓冲政策（Foreign Exchange Cushion Policy）

所谓外汇缓冲政策，是指一国政府为应付国际收支不平衡，把黄金和外汇储备作为缓冲体（Buffer），通过中央银行在外汇市场上买卖，来消除国际收支不平衡所形成的外汇供求缺口，从而使收支不平衡所产生的影响仅限于外汇储备的增减，而不致造成汇率的急剧变动和进一步影响本国的经济。外汇缓冲政策是一种简便易行、收效很快的调节方法。它既可以缓解本国货币汇率受暂时性不平衡所造成的波动，又有利于本国对外贸易和投资的顺利进行。外汇缓冲政策的局限性是：由于一国的外汇储备数量是有限的，因此它不适合于调节长期、巨额的国际收支逆差。如果完全依靠外汇缓冲政策，将可能使该国外汇储备枯竭。如果该国向国外借款来填补外汇储备的不足，将又会大量增加外债，反而加剧国际收支的逆差。当面临长期的、巨额的国际收支逆差时，一国政府通常将采取调整政策。但是在调整期间，货币当局也会适当运用外汇缓冲政策作为辅助手段，缓解调整政策所带来的经济冲击。

（二）财政和货币政策

1. 财政政策

在国际收支出现逆差需要进行调整时，一国政府通常实行紧缩性财政政策，例如采取减少财政支出和提高税率的措施，以便抑制公共支出和私人支出，抑制社会总需求和物价上涨。社会总需求和物价上涨受到抑制，将减少进口，有利于改善贸

易收支和国际收支。相反，在国际收支出现顺差的情况下，政府则会实行扩张性财政政策，以扩大总需求，从而有利于消除贸易收支和国际收支的盈余。但是一国最终会实行什么样的财政政策，主要取决于国内经济的需要。

2. 货币政策（Monetary Policy）

也称金融政策，是西方国家普遍、频繁采用的间接调节国际收支的政策措施。调节国际收支的货币政策，主要有贴现政策（Discount Policy）和改变存款准备金比率（Rate of Reserve Requirement）的政策。

（1）贴现政策。它是中央银行通过改变其对商业银行等金融机构持有的未到期票据进行再贴现时所收取利息计算的比率，即再贴现率（Rediscount Rate），来影响金融市场利息率的政策。金融市场利息率的升降，既影响资本流出的规模，也影响国内的投资、消费需求和贸易收支，从而影响国际收支。贴现政策是西方国家最普遍、最频繁采用的间接调节国际收支的政策措施。

（2）改变存款准备金比率的政策。商业银行等金融机构要依法按其吸收存款的一定比率，向中央银行缴存保证存户提现和中央银行控制货币量的特定基金。这个比率的高低，决定着商业银行等金融机构可用于贷款资金规模的大小，因此决定着信用的规模与货币量，从而影响总需求和国际收支。

一定的财政和货币政策有助于扭转国际收支的失衡，但它也有明显的局限性，因为它往往同国内经济目标发生冲突。例如，为消除国际收支逆差，而实行紧缩财政金融政策，会导致经济增长放慢甚至出现负增长，使失业率上升；为消除国际收支盈余，而实行扩张性财政金融政策，又会促进通货膨胀的发展，加快物价上涨。因此，以调整财政和货币政策的方式实现国际收支的平衡，会使一国的财政和货币政策处于两难境地。

（三）汇率政策

汇率政策，是指一国通过调整汇率来实现国际收支平衡的政策。在固定汇率制度下，当国际收支出现严重逆差时，实行货币法定贬值（Devaluation）。本币贬值，以外币表示的本国出口商品价格降低，提高了本国出口商品的竞争力，增加出口。同时，以本币表示的进口商品价格升高，进口减少，从而改善国际收支。当国际收支出现巨额顺差时，则在他国压力下实行货币法定升值（Revaluation），以减少和消除国际收支顺差。

汇率的调整在国际上是受到一定限制的。IMF 认为，只有在各会员国国际收支失衡时才允许调整汇率。其判断的标准是，假定汇率保持不变，要维持平衡就必须实施紧缩的财政政策，从而造成国内失业加剧，国内经济失衡；如果要实现充分就业，就要实施扩张性财政政策，从而进一步使国际收支恶化。在这种状况下，国内均衡和国际均衡发生矛盾，IMF 认为才具备调整汇率的条件。

（四）直接管制

直接管制（Direct Control）是指政府通过发布行政命令，对国际经济交易进行行政干预，以使国际收支达到平衡。直接管制包括：财政金融管制和贸易管制两种。金融管制是从外汇方面限制国际经济交易，如外汇管制。财政管制包括关税与出口信贷、出口补贴等“奖出限入”的政策。贸易管制是直接对进出口进行限制，如实行进口配额、进口许可证贸易保护措施。直接管制通常能起到迅速改善国际收支的效果，能按照本国的不同需要，对进出口贸易和资本流动区别对待。但是，它并不能真正解决国际收支平衡问题，只是将显性国际收支赤字变为隐性国际收支赤字；一旦取消管制，国际收支赤字仍会重新出现。此外，实行管制政策，既会遭到国际经济组织的反对，又会引起他国的报复。

综上所述，当一国国际收支不平衡时，必须针对形成的原因采取相应的政策措施。(1) 如果国际收支不平衡是由季节性变化等暂时性原因造成的，可运用外汇缓冲政策；(2) 如果国际收支不平衡是由国内通货膨胀加重而形成的货币性不平衡，可运用货币贬值的汇率政策；(3) 如果国际收支不平衡是由国内总需求大于总供给而形成的收入性不平衡，可运用财政货币政策，实行紧缩性政策措施；(4) 如果国际收支不平衡由经济结构性原因引起，可进行经济结构调整并采取直接管制措施。

第五节　西方国际收支理论

西方国际收支理论是国际经济学中的重要理论，它始终伴随着世界经济形势和经济思想的发展而发展。国际收支调节理论主要是用来说明一国国际收支的失衡原因和调节方法的理论。为了说明一国国际收支的调节过程和调节原因，西方经济学家主要从影响国际收支的内在因素和外部因素进行研究，在一些相关因素中选择最有影响的因素进行说明。在这一节里我们将重点介绍几种国际收支理论。

一、“物价—现金流动机制”理论

1752年，英国经济学家休谟·大卫（Hume David）论述了“物价—现金流动机制”（Price Specie-Flow Mechanism）理论。这个理论认为，金本位制下，一国国际收支持续出现逆差（支付大于收入），其汇率会下跌到黄金输出点，而引起黄金外流。但是这种现象不会出现太久，因为黄金外流会引起货币供给减少和物价下跌。物价下跌，有利于出口贸易，而不利于进口贸易，从而使国际收支恢复平衡。如果一国国际收支出现顺差，则会引起黄金流入。黄金流入会引起货币供给增加和物价上涨。物价上涨不利于商品出口而有利于进口，因而会导致国际收支顺差逐渐消失和国际收支平衡。该过程如图2—1所示。这个理论的政策含义是：市场机制能够自发地调节国际收支，因而政府无须采取措施调节国际收支。

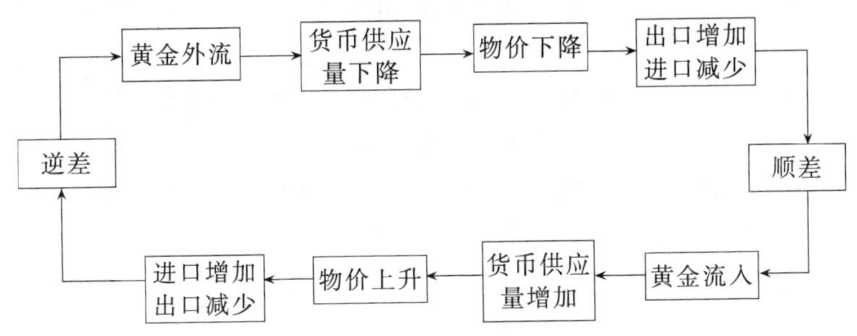

图 2—1 物价—现金流动机制的调节过程

休谟在金本位体制下的国际收支自动调节理论，在当时作为一种进步思想，打破了重商主义的束缚。但是这一理论的假定条件是进出口的弹性，而休谟对此并没有进一步研究。这个问题则被以后的马歇尔、勒纳和琼·罗宾逊等解决。

二、弹性分析理论

弹性分析理论（The Theory of Elasticities Approach）产生于20世纪30年代，由英国经济学家马歇尔（A. Marshall）提出，后经英国经济学家琼·罗宾逊（J. Robinson）和美国经济学家勒纳（A. P. Lerner）等的发展而形成。它是一种适用于纸币流通制度的国际收支理论。弹性分析法以金本位制崩溃后的浮动汇率制为基础，分析一国当局所实行的货币贬值对该国国际收支差额的影响，它着重于汇率贬值改善贸易逆差所需的弹性条件和汇率贬值对于贸易条件影响这两个方面。

（一）弹性分析理论的前提条件

弹性分析理论研究的是贸易收支的均衡条件。贸易收支的均衡条件对整个国际收支均衡而言是一种局部均衡，它成立的前提条件是：（1）收入、其他商品的价格、消费偏好、进出口需求曲线本身的位置等其他经济条件保持不变，只考虑汇率变动对进出口的影响。（2）不考虑资本的流动，贸易收支就是国际收支。（3）初始的国际收支是平衡的。（4）所有贸易商品的供给弹性无穷大，因而按国内货币表示的出口商品价格不随着需求增加而上涨，与出口相竞争的外国商品价格也不因需求减少而下降。进口需求减少时，以外国货币计算的进口商品价格不下降；当进口替代商品需求上升时，与进口商品相竞争的商品价格也不上升。

（二）弹性分析理论的主要内容

弹性分析理论主要研究货币贬值对贸易收支的影响。它有意忽略劳务进出口与国际间的资本移动，假设国际收支等于贸易收支，因而把问题集中到贸易差额的分析上，考察货币贬值对贸易收支的影响。由于假定进出口商品的供给有完全的弹性，贸易收支是出口值与进口值的对比。

出口值＝出口商品数量×出口商品价格

进口值＝进口商品数量×进口商品价格

上述进、出口值均以外币表示。

进出口商品的供求弹性，是进出口商品的供求数量对进出口价格变化反应的程度：弹性大，说明进出口商品价格能在较大程度上影响进出口商品的供求数量；弹性小，说明进出口商品价格变化对进出口商品供求数量的影响较小。

一国货币贬值，会使出口价格下跌而促进出口，使进口商品价格提高，而抑制进口。出口值增大，只发生在出口商品数量的增长率大于出口价格下跌的比率时，亦即国外需求弹性大于1时；进口值减少，只会发生在进口需求有弹性而且大于零时，进口才会减少。这样，出口值大于进口值，贸易收支便得到改善。

假设出口需求弹性为D_x，进口需求弹性为D_i，当$D_x+D_i=1$时，货币贬值会使进出口商品的数量发生改变，但是进出口的金额不变，因此对贸易收支不发生作用。

当$D_x+D_i<1$时，货币贬值会使出口收入减少，而且出口收入下降的金额大于进口支出减少的金额，贸易收支的逆差将进一步扩大。

当$D_x+D_i>1$时，货币贬值可以减少进口，扩大出口，有利于改善贸易收支。这就是著名的“马歇尔—勒纳条件”（Marshall-Lerner Condition）。这是货币贬值能改善贸易收支所必须具备的条件。

（三）弹性分析理论的评述

弹性分析理论产生于20世纪30年代大危机和金本位制度崩溃时期，由于它迎合了当时西方各国政府制定政策的需要，弥补了古典国际收支调节理论失效后西方国际收支调节理论上的空白，并且曾取得了一定的实际效果，因此被经济学界广泛接受。这一理论的重要贡献在于纠正了货币贬值一定有改善贸易收支的作用和效果的片面看法，指出了只有在一定的进出口供求弹性条件下，货币贬值才有改善贸易收支的作用和效果。弹性分析理论的局限性是：

（1）这个理论把国际收支仅局限于贸易收支，没有考虑劳务进出口和国际间的资本移动。这是一个重大的缺陷。因为劳务进出口和国际间的资本移动在当代的国际收支中的地位与作用已日益重要。

（2）弹性分析理论以小于“充分就业”（即国内外都有大量闲置资源未被充分利用）为条件，因而做出了供给有完全的弹性的假定。这种假定使这个理论有着很大的局限性：它只适用于周期的危机和萧条阶段，而不适用于周期的复苏与高涨阶段。

（3）国际收支初始为平衡状态的假设，与实际情况并不相符。因为货币贬值的目的是为了消除已有的贸易逆差，因此初始的状态不可能是平衡的。

（4）弹性分析理论是一种比较静态的分析方法，它忽视了汇率变动效应的“时滞”（Time Lag）问题。因为在短期里，由于市场信息的收集和扩大出口商品和进

口替代品的数量都要经过一段时间才能实现，贬值并不能立即引起贸易额的变化，从进出口商品价格的变动到贸易额的增减需要经过一段时间。这就是所谓的“J曲线效应”(J-Curve Effect)。该效应如图2—2所示。

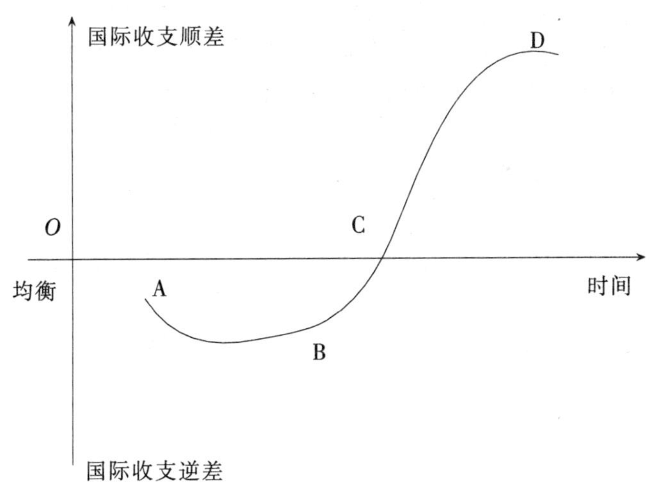

图2—2 J曲线效应

由于“时滞”的存在，在货币贬值后初期（A→B），出口数量不会立刻增加，进口数量也不会马上减少，而以本币表示的进口价格会立即提高，以本币表示的出口价格却提高较慢。这时，出口值会小于进口值，贸易收支仍会恶化，即曲线的开始会下降。在中期，出口数量增加，外汇收入增加，进口减少，外汇支付减少，国际收支开始改善。只有经过一段时间之后，贸易收支会逐渐好转，即曲线开始上升。但是到了后期，效果可能又变坏。因为货币贬值使进口原材料价格提高，这类产品的生产成本提高，使货币贬值所带来的产品出口的价格优势被抵消。

(5) 弹性分析理论采用“局部均衡”，就是假定“其他条件不变”。然而，实际上其他条件并非不变，前述的继发性通货膨胀，以及国民收入与利率等都在变。

三、吸收分析理论

(一) 理论产生的背景

吸收分析理论（The Theory of Absorption Approach）主要分析收入和支出在国际收支调节中的作用，它把国际收支差额归结为国内总产出与总支出的差额。吸收分析理论也称为支出理论。这一理论形成于20世纪50年代，是由詹姆斯·米德(James Meade) 和西德里·亚历山大（S. Alexander）在对弹性理论的激烈争论中提出的。这个理论产生的历史背景首先是西欧国家正在恢复经济，国际收支危机严重。其次是凯恩斯主义理论已成为西方国家经济学的主流学派。

（二）理论的主要内容

吸收分析理论实际上是凯恩斯主义理论在国际收支上的具体运用。这个理论是以凯恩斯的国民收入方程式为基础的。按照凯恩斯的国民收入方程式：

$$Y=C+I+G$$

在此方程式中，Y 为国民收入，C 为私人消费，I 为私人投资，G 为政府支出。这个方程原是凯恩斯对封闭型经济进行考察和分析的均衡方程式。

后来，凯恩斯的追随者又从开放型经济进行考察和分析，而把对外贸易也包括在方程式之内，因而，上述均衡方程式便成为：

$$Y=C+I+G+(X-M)$$

在此方程式中，X 为出口收入，M 为进口支出，$X-M$ 为贸易收支差额。假定支出（亚历山大称为吸收，吸收理论即因此得名），即 $C+I+G$ 为 A，并把国际收支 B 抽象为贸易收支，则 $Y=C+I+G+(X-M)$ 式变为

$$Y=A+B$$

变形得

$$B=Y-A$$

这个式子表明以下的含义：

（1）国际收支＝总收入－总吸收。

（2）当总吸收等于总收入时，国际收支平衡；总收入如大于总吸收，是国际收支顺差；总收入如小于总吸收，则国际收支逆差。

（3）方程式的左端 B 为果，右端 $Y-A$ 为因。

这一理论认为，国际收支盈余是总吸收相对于总收入不足的表现，而国际收支逆差则是总吸收相对过大的反映。由 $B=Y-A$ 方程式可知，消除国际收支赤字的方法是：增加总收入，或减少总吸收，或二者兼用。

吸收分析理论的重要贡献是：它把国际收支同国内经济联系起来，为实施通过国内经济的调整来调节国际收支的对策奠定了理论基础，因此具有重要的实践意义。这个理论的明显缺陷是，忽视了在国际收支中处于重要地位的国际间资本移动等因素。

四、货币分析理论

（一）理论的产生

货币分析理论（The Theory of Monetary Approach）是随着现代货币主义的兴起，在20世纪60年代末到70年代中后期流行的一种国际收支理论，其代表人物是蒙代尔（R. A. Mundell）和约翰逊（H. G. Johnson）。货币分析理论实际上是将封闭经济条件下的货币主义原理应用到开放经济中，从而发展了国际收支货币理论。

货币分析理论抛弃了以前国际收支理论的分析方法，不以国际收支的某个具体项目为研究对象，不追求局部均衡，而是以国际收支平衡表的平衡项目为研究对象，强调国际收支的整体平衡。因此，这一理论将国际收支的研究范围从贸易收支扩大到资本项目，从而更接近于国际经济活动的实际。

（二）理论的基本观点

货币分析理论认为国际收支是一种货币现象，强调货币供给与货币需求之间的关系在国际收支不平衡的产生和调节过程中的作用。

货币分析理论的观点是，当货币需求大于货币供给时，超额的货币需求将由外国的货币流入进行满足，从而会导致国际收支出现顺差；当货币需求小于货币供给，超额的货币将向国外流出，会导致国际收支出现逆差；当货币需求与货币供给处于平衡状态时，国际收支处于平衡状态。

货币分析理论认为，一国的货币供给有两个来源：国内银行体系创造的信用和由经常项目收支顺差与资本项目收支顺差所形成的国外资金流入。货币需求只能从这两个方面得到满足。如果国内货币供给不能满足货币需求，只能靠从国外取得资金来满足。国外资金流入，直到货币供给与货币需求恢复平衡，而使国际收支平衡。随着国外资金流入和货币供给增加，货币供给会大于货币需求，国际收支也可能会出现顺差。这时，人们就会扩大商品进口和对外投资，把资金移到国外。这样，国内的货币供给便会减少。随着这些活动的增加，国际收支将出现逆差。

货币分析理论的基本结论：国际收支是一种货币现象；货币政策是调节国际收支的主要手段和工具，主张通过控制货币供应量的增长，来调节国际收支的不平衡。

（三）对货币分析理论的评述

货币分析理论的观点有这几方面的特点：（1）它实际上是休谟的“物价—现金流动机制”理论在现代条件下的进一步发展，是新的国际收支自动平衡理论。（2）它比弹性分析理论和吸收分析理论的进步之处是，考虑到了资本在国际间移动对国际收支的影响。（3）它使人们在国际收支的分析中开始重视货币的因素，强调国际收支的顺差或逆差会引起货币存量的变化，从而影响一国的经济。

货币分析理论也存在一些局限：（1）它研究的是长期货币供求平衡在国际收支上的平衡效果，即长期的国际收支调节问题，忽视了短期国际收支不平衡所带来的影响。（2）将货币因素视为决定性因素，忽略了国民收入、进出口商品结构、贸易条件等对国际收支的影响。

弹性分析理论、吸收分析理论和货币分析理论不仅为许多国家所重视，而且也成为国际货币基金组织调节国际收支方案的理论依据。例如，当某会员国国际收支处于严重不平衡，要求 IMF 提供高档信贷部分贷款时，IMF 往往要求该会员国采取大规模削减财政赤字、严格控制信贷和进行货币贬值等措施，以改善国际收支。IMF 的这些要求，就是以货币分析理论为基础，认为货币供求是决定国际收支的首要因素，强调实行以控制国内信贷为主的政策。IMF 的要求也反映了吸收分析的理论，即以控制国内需求为主，以及运用弹性分析理论，用货币贬值来促进出口的论点。

五、国际收支的政策配合理论

国际收支不平衡是国内商品市场或者货币市场失衡的外部表现。上述理论的共同特点是以实现国际收支的单独平衡为其最高目标。但是，国际收支平衡不应是其最高目标，同时实现或保持内部平衡（Internal Balance）和外部平衡（External Balance）才是最高目标。内部平衡是指“充分就业”与物价稳定，外部平衡主要是指国际收支平衡。国际收支的政策配合理论将在国内外经济同时均衡的前提下分析实现国际收支均衡的政策配合问题。对宏观决策者来说，这一理论更具有指导意义。

（一）经济发展的目标和实现政策

第二次世界大战后，一些西方经济学家，如米德（J. F. Meade）、丁伯根（J. Tinbergen）、史旺（T. W. Swan）、约翰逊（J. G. Johnson）、蒙代尔（R. A. Mundell）等，都曾致力于同时使经济实现内部平衡与外部平衡的研究。他们认为：这两种平衡是有机联系的，必须在研究外部平衡的同时，研究内部平衡，才有利于国家调节经济目标的实现；在经济发展过程中，当外部失衡超过一定限度，必须采取对策加以纠正。纠正外部失衡的对策有以下三种：

1. 开支变更政策（Expenditure Changing Policies）

也称开支调整政策（Expenditure Adjustment Policies）。即指政府运用财政政策和货币政策来调节总需求（支出），以实现国际收支平衡。

2. 开支转换政策（Expenditure Adjustment Policies）

即指政府采用汇率变动措施，使国内相对价格（Relative Price）和国外相对价格发生变化，进而引起对国内商品和国外商品的需求转换的一种政策。

开支变更政策和开支转换政策，都属于一般性政策，即影响经济总量（如政府开支、消费与投资）的政策。它们对各经济部门具有同样的作用。

3. 直接管制

它是指政府对某一个或某些经济部门予以限制或优待。直接管制分为财政性管制（如关税、津贴与出口信贷等），商业性管制（如许可证、限额与配额等）和货币性管制（如外汇管制与进口预交保证金等）。直接管制既会招致其他国家报复，也会导致竞争力降低、生产要素分配扭曲和资源浪费等不良后果。因此，政府一般只在战争或严重经济危机时采用直接管制措施，其他时期则应尽量避免采用。

（二）政策的配合

1. 丁伯根原则（Tinbergen's Rule）

关于上述三类政策同国家调节经济目标之间的联系，丁伯根认为：为达到一个经济目标，政府至少要运用一种有效的政策；为达到几个经济目标，政府至少要运

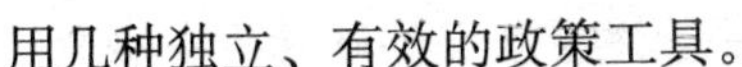

用几种独立、有效的政策工具。

2. 米德冲突（Meade Conflict）

如果政府只运用开支变更政策，而不同时运用开支转换政策和直接管制，不仅不能同时实现内部平衡与外部平衡，而且还会导致这两种平衡之间发生冲突。这种状况被称为“米德冲突”。

例如，当一国既存在通货膨胀又有国际收支顺差时，若采用扩张性开支变更政策，有助于实现国际收支平衡，但却会加重通货膨胀；若采用紧缩性开支变更政策，有助于物价稳定，但又会加大国际收支顺差。当一国失业问题较严重并有国际收支逆差，若只运用扩张性开支变更政策，将有助于“充分就业”的实现，但却会加大国际收支逆差；若只运用紧缩性开支变更政策，则可能有相反的作用。如何选择理想的政策配合，以同时获得内部平衡与外部平衡，是世界各国经济政策的最大课题。

（三）蒙代尔分配原则（Mundell Assignment Rule）

在经济学文献中将上述理想政策的选择称为“分配任务问题”（The Assignment Problem）。蒙代尔认为：实现内外平衡的理想选择是对每项政策给予明确的任务。分配给财政政策以稳定国内经济的任务，而分配给货币政策以稳定国际收支的任务。这就是所谓的“蒙代尔分配原则”。

财政政策通常对国内经济的作用大于对国际收支的作用，而货币政策则对国际收支的作用较大，它倾向于扩大本国与外国之间的利差（Interest Rate Differentials），促使大量资本在国际间移动，进而影响国际收支。

（四）国际收支的政策配合理论评述

国际收支的政策配合理论将国际收支平衡与国内经济运行的平衡结合起来，提出了财政政策和货币政策的适当配合，对经济政策决策有一定参考价值，但是也存在以下的缺点：

（1）关于财政政策与货币政策作用的看法不尽符合实际。这两种政策在实际中都会对国内经济与国际收支发生重要的影响。

（2）这个理论只强调了利率变化对资本流动的影响，而忽视了汇率、通货膨胀程度和政治经济情况的变化等对资本流动的影响。

第六节　我国的国际收支

一、中国的国际收支平衡表

在新中国成立后的相当长时期内，我国都未编制国际收支平衡表，而只编制外汇收支平衡表。就外汇收支平衡表的内容来说，它是建立在狭义的国际收支概念基础上的，即它仅反映我国在报告期内已发生的外汇收支情况，而不能反映我国对外经济交往的全部内容，因为它仅包括已实现外汇收支的国际经济交易，而不包括已经发生的、未实现外汇收支的国际经济交易。

我国实行对外开放政策以后，对外交往日益增多，并积极、慎重地利用外资，国际收支范围越来越广。在这种新的情况下，外汇收支平衡表已不能全面反映我国对外交往的情况。为加强宏观管理，便于国际金融组织和国外投资者了解我国的国际收支情况，在 1980 年 4 月 14 日 IMF 恢复我国席位和合法权益后，1981 年我国制定了国际收支统计制度，1984 年又进行了修订。1985 年国家外汇管理局便按照 IMF 的要求，首次公布了我国 1982—1984 年的国际收支概览表。从 1987 年起开始实行国际收支统计申报制度，逐年统计和编制国际收支平衡表，并对外公布。

表 2—3 是国家外汇管理局公布的 2007 年“中国国际收支平衡表”。

表 2—3　　中国国际收支平衡表

2007 年 1—12 月

单位：千美元

项目	差额	贷方	借方
一、经常项目	371 832 620	1 467 881 998	1 096 049 377
A. 货物和服务	307 476 604	1 342 205 962	1 034 729 358
a. 货物	315 381 397	1 219 999 629	904 618 232
b. 服务	−7 904 793	122 206 333	130 111 126
1. 运输	−11 946 918	31 323 823	43 270 740
2. 旅游	7 446 953	37 233 000	29 786 047
3. 通信服务	92 886	1 174 551	1 081 665
4. 建筑服务	2 467 280	5 377 097	2 909 817
5. 保险服务	−9 760 431	903 696	10 664 127
6. 金融服务	−326 437	230 486	556 924
7. 计算机和信息服务	2 136 680	4 344 752	2 208 072
8. 专有权利使用费和特许费	−7 849 433	342 634	8 192 067
9. 咨询	724 182	11 580 552	10 856 370
10. 广告、宣传	575 347	1 912 265	1 336 918
11. 电影、音像	162 569	316 285	153 716
12. 其他商业服务	8 676 788	26 914 852	18 238 064
13. 别处未提及的政府服务	−304 260	552 339	856 599
B. 收益	25 688 492	83 030 308	57 341 816
1. 职工报酬	4 340 072	6 833 130	2 493 058
2. 投资收益	21 348 421	76 197 179	54 848 758
C. 经常转移	38 667 524	42 645 727	3 978 204
1. 各级政府	−165 960	34 947	200 907
2. 其他部门	38 833 484	42 610 780	3 777 297

续前表

项目	差额	贷方	借方
二、资本和金融项目	73 509 250	921 960 702	848 451 452
A. 资本项目	3 099 075	3 314 699	215 624
B. 金融项目	70 410 175	918 646 003	848 235 828
1. 直接投资	121 418 332	151 553 693	30 135 361
1.1　我国在外直接投资	−16 994 854	1 929 982	18 924 836
1.2　外国在华直接投资	138 413 185	149 623 710	11 210 525
2. 证券投资	18 671 987	63 969 241	45 297 254
2.1　资产	−2 324 017	42 643 237	44 967 254
2.1.1　股本证券	−15 188 600	1 753 200	16 941 800
2.1.2　债务证券	12 864 583	40 890 037	28 025 454
2.1.2.1　（中）长期债券	10 590 583	38 616 037	28 025 454
2.1.2.2　货币市场工具	2 274 000	2 274 000	0
2.2　负债	20 996 004	21 326 004	330 000
2.2.1　股本证券	18 509 607	18 509 607	0
2.2.2　债务证券	2 486 397	2 816 397	330 000
2.2.2.1　（中）长期债券	2 486 397	2 816 397	330 000
2.2.2.2　货币市场工具	0	0	0
3. 其他投资	−69 680 144	703 123 069	772 803 213
3.1　资产	−151 485 862	29 879 034	181 364 896
3.1.1　贸易信贷	−23 800 000	0	23 800 000
长期	−1 666 000	0	1 666 000
短期	−22 134 000	0	22 134 000
3.1.2　贷款	−20 805 513	294 330	21 099 842
长期	−4 119 000	0	4 119 000
短期	−16 686 513	294 330	16 980 842
3.1.3　货币和存款	−2 381 759	15 994 859	18 376 618
3.1.4　其他资产	−104 498 590	13 589 846	118 088 436
长期	0	0	0
短期	−104 498 590	13 589 846	118 088 436
3.2　负债	81 805 718	673 244 035	591 438 317
3.2.1　贸易信贷	29 100 000	29 100 000	0
长期	2 037 000	2 037 000	0
短期	27 063 000	27 063 000	0
3.2.2　贷款	17 296 028	548 960 080	531 664 053
长期	6 988 110	20 882 738	13 894 628
短期	10 307 918	528 077 342	517 769 425
3.2.3　货币和存款	34 316 941	91 634 184	57 317 243
3.2.4　其他负债	1 092 750	3 549 771	2 457 021
长期	1 132 310	1 167 941	35 631

续前表

项目	差额	贷方	借方
短期	−39 561	2 381 830	2 421 391
三、储备资产	−461 744 102	239 766	461 983 869
3.1 货币黄金	0	0	0
3.2 特别提款权	−78 869	0	78 869
3.3 在基金组织的储备头寸	239 766	239 766	0
3.4 外汇	−461 905 000	0	461 905 000
3.5 其他债权	0	0	0
四、净误差与遗漏	16 402 232	16 402 232	0

2007年我国国际收支经常项目顺差3 718亿美元。按照国际收支统计口径计算，货物出口12 199.99亿美元，货物进口9 046.18亿美元，顺差3 153.81亿美元；服务项目收入1 222.06亿美元，支出1 301.11亿美元，逆差79.04亿美元；收益项目收入830.30亿美元，支出573.41亿美元，顺差256.88亿美元；经常转移收入426.45亿美元，支出39.78亿美元，顺差386.67亿美元。

2007年资本和金融项目顺差735.09亿美元。其中，新增外国来华直接投资为1 384.13亿美元，仍是我国资本流入的主要方式。证券投资收入639.69亿美元，支出452.97亿美元，顺差186.71亿美元。其他投资收入7 031.23亿美元，支出7 728.03亿美元，逆差696.80亿美元。

在经常项目、资本和金融项目双顺差的推动下，2007年我国国际储备资产保持增长。其中，外汇储备资产全年增加了4 619.05亿美元，2007年年末达到1.53万亿美元。人民币汇率继续保持稳定。

我国国际收支平衡表指标说明

一、编制原则

1. 我国国际收支平衡表按国际货币基金组织《国际收支手册（第5版）》规定的各项原则编制，采用复式记账法的原理记录国际经济交易。所有交易均发生在我国大陆居民与非我国大陆居民之间。

2. 国际收支平衡表中的贷方项目是：货物和服务的出口、收益收入、接受的货物和资金的无偿援助、金融负债的增加和金融资产的减少。

3. 国际收支平衡表中的借方项目是：货物和服务的进口、收益支出、对外提供的货物和资金无偿援助、金融资产的增加和金融负债的减少。

二、项目含义

（一）经常项目：包括货物和服务、收益和经常性转移。

A. 货物和服务：包括货物和服务两部分。

a. 货物：指通过我国海关的进出口货物，以海关进出口统计资料为基础，根据国际收支统计口径要求，出口、进口都以商品所有权变化为原则进行调整，均采

用离岸价格计价，即海关统计的到岸价进口额减去运输和保险费用统计为国际收支口径的进口，出口沿用海关的统计。此项目中还包括一些未经我国海关的转口贸易等，对商品退货也在此项目中进行了调整。出口记在贷方，进口记在借方。

b. 服务：包括运输、旅游、通讯、建筑、保险、金融服务、计算机和信息服务、专有权使用费和特许费、各种商业服务、个人文化娱乐服务以及政府服务。贷方表示收入，借方表示支出。

1. 运输：指与运输有关的服务收支。包括海、陆、空运输，太空和管道运输等。

2. 旅游：指对在我国境内停留不足一年的外国旅游者和港澳台同胞（包括因公、因私）提供货物和服务获得的收入以及我国居民出国旅行（因公、因私）的支出。

3. 通信服务：包括：（1）电讯，指电话、电传、电报、电缆、广播、卫星、电子邮件等；（2）邮政和邮递服务。

4. 建筑服务：指我国企业在经济领土之外完成的建筑、安装项目，以及非居民企业在我国经济领土之内完成的建筑、安装项目。

5. 保险服务：包括各种保险服务的收支，以及同保险交易有关的代理商的佣金。

6. 金融服务：包括金融中介和辅助服务收支。

7. 计算机和信息服务：包括计算机数据和与信息、新闻有关的服务交易收支。

8. 专有权利使用费和特许费：包括使用无形资产的专有权、特许权等发生的收支。

9. 咨询：包括法律、会计、管理、技术等方面的咨询服务收支。

10. 广告、宣传：包括广告设计、创作和推销，媒介版面推销，在国外推销产品，市场调研等的收支。

11. 电影、音像：包括电影、电视节目和音乐录制品的服务以及有关租用费用收支。

12. 其他商业服务：指以上未提及的各类服务交易的收支，驻华机构办公经费（不含使、领馆）也在此项下。

13. 别处未提及的政府服务：指在前面分类没有包括的各种政府服务交易，包括大使馆等国家政府机构的所有涉外交易。

B. 收益：包括职工报酬和投资收益两部分。

1. 职工报酬：指我国个人在国外工作（1 年以下）而得到、并汇回的收入以及我国支付在华外籍员工（1 年以下）的工资福利。

2. 投资收益：包括直接投资项下的利润利息收支和再投资收益、证券投资收益（股息、利息等）和其他投资收益（利息）。

C. 经常转移：包括侨汇、无偿捐赠和赔偿等项目，包括货物和资金形式。贷方表示外国对我国提供的无偿转移，借方反映我国对外国的无偿转移。

1. 各级政府：指国外的捐赠者或受援者为国际组织和政府部门。

2. 其他部门：指国外的捐赠者或受援者为国际组织和政府部门以外的其他部门或个人。

（二）资本和金融项目：包括资本项目和金融项目。

A. 资本项目：包括资本转移如债务减免、移民转移等内容。

B. 金融项目：包括我国对外资产和负债的所有权变动的所有交易。按投资方式分为直接投资、证券投资和其他投资；按资金流向构成的债权债务分为资产、负债，其中直接投资分为外国在华直接投资（视同于负债）和我国在外直接投资（视同于资产）。

1. 直接投资：以投资者寻求在本国以外运行企业获取有效发言权为目的的投资。包括外国在华直接投资和我国在外直接投资两部分。

1.1　我国在外直接投资：借方表示我国对外直接投资汇出的资本金、母子公司资金往来的国内资金流出；贷方表示我国撤资和清算以及母子公司资金往来的外部资金流入。

1.2　外国在华直接投资：贷方表示外国投资者在我国设立外商投资企业的投资，包括股本金、收益再投资和其他资本；总投资额数据来源于外经贸部。借方表示外商企业的撤资和清算资金汇出我国。

2. 证券投资：包括股本证券和债务证券两类证券投资形式。

2.1　资产：借方表示我国持有的非居民证券资产增加；贷方表示我国持有的非居民证券资产减少。

2.1.1　股本证券：包括以股票为主要形式的证券。

2.1.2　债务证券：包括中长期债券和1年期（含1年）以下的短期债券和货币市场有价证券，如短期国库券、商业票据、短期可转让大额存单等。

2.2　负债：贷方表示当期我国发行的股票和债券筹资额，借方表示当期股票的收回和债券的还本。

2.2.1　股本证券：包括我国发行、非居民购买的境内外上市外资股。

2.2.2　债务证券：包括我国发行的中长期债券和短期商业票据等。

3. 其他投资：除直接投资和证券投资外的所有金融交易。分为贸易信贷、贷款、货币和存款及其他资产负债四类形式。其中长期指合同期为1年以上的金融交易，短期为1年及以下的金融交易。

3.1　资产：借方表示资产增加，贷方表示资产减少。

3.1.1　贸易信贷：借方表示我国出口商对国外进口商提供的延期收款额，以及我国进口商支付的预付货款。贷方表示我国出口延期收款的收回。

3.1.2　贷款：借方表示我国金融机构以贷款和拆放等形式的对外资产增加；贷方表示减少。

3.1.3 货币和存款：包括我国金融机构存放境外资金和库存外汇现金的变化，借方表示增加，贷方表示减少。

3.1.4 其他资产：包括除贸易信贷、贷款、货币和存款以外的其他资产，如租赁本金的收回、其他投资形式。

3.2 负债：贷方表示负债增加，借方表示负债减少。

3.2.1 贸易信贷：贷方表示我国进口商接受国外出口商提供的延期付款贸易信贷，以及我国出口商预收的货款。借方表示归还延期付款。

3.2.2 贷款：我国机构借入的各类贷款，如外国政府贷款、国际组织贷款、国外银行贷款和卖方信贷。贷方表示新增额，借方表示还本金额。

3.2.3 货币和存款：包含海外私人存款、银行短期资金及向国外出口商和私人借款等短期资金。贷方表示新增额，借方表示偿还额或流出额。

3.2.4 其他负债：其他类型的外债。

（三）储备资产：指我国中央银行拥有的对外资产。包括外汇、货币黄金、特别提款权、在基金组织的储备头寸。

3.1 货币黄金：指我国中央银行作为储备持有的黄金。

3.2 特别提款权：是国际货币基金组织对会员国根据其份额分配的，可用以归还国际货币基金组织和会员国政府之间偿付国际收支赤字的一种账面资产。

3.3 在基金组织的储备头寸：指在国际货币基金组织普通项目中会员国可自由提取使用的资产。

3.4 外汇：指我国中央银行持有的可用作国际清偿的流动性资产和债权。

（四）净误差与遗漏：平衡表采用复式记账法，由于统计资料来源和时点不同等原因，造成借贷不相等。如果借方总额大于贷方总额，其差额记入此项目的贷方；反之，记入借方。

二、我国国际收支的变化

（一）20 世纪 80 年代以前的中国国际收支

1949 年新中国成立后，经济长期处于封闭状态。20 世纪 50 年代期间曾向苏联借债，60 年代提前偿还，这是国际资本第一次流向国内。70 年代中期以前，由于经济发展需要，短期内引进化肥、石化等建设设备，曾出现贸易赤字 38 亿美元，经过调整进出口和动用黄金、外汇储备等措施，顺利地得到了解决。70 年代后期，国际收支发生了一些变化。从 1978 年年底开始，经济建设高速发展，许多重大项目同时上马，短期内集中引进了石油、冶金等设备，于是在 1979 年和 1980 年两年内贸易逆差又达近 33 亿美元，后从国际货币基金组织借款得到调整逆差。

1949—1979 年，我国国际收支的宏观管理，是采取外汇收支计划的形式。由于在对外经济贸易方面坚持“以出定进、量收为支、外汇平衡、略有节余”的方针，若遇逆差就及时调整，所以，当时也谈不上什么逆差问题，也涉及不到国际储备的适度性问题。外汇管理的宗旨就是外汇收支平衡而略有节余。因此，从新中国成立以来，除少数年份外，外汇收支状况基本良好，其间发生过几次进出口贸易逆差，但通过调整后已顺利地得到了解决。

（二）20世纪80年代后的中国国际收支

20世纪80年代是中国经济的起飞时期，国内生产总值的年均增长在15%以上，中国的国际收支总量在持续扩大。随着经济高速增长对进出口需求的变化，80年代的国际收支经历了由顺差到逆差的两个交替循环。

1982—1984年，由于世界经济从危机走向复苏，形成了一个良好的外贸环境，我国在1981年又开始实行人民币汇率的“贸易内部结算价”，在一定程度上起到了“奖出限入”的作用，加上利用行政手段进行外汇及外贸管制，所以，我国对外贸易和经常项目均出现顺差。

1985年和1986年，我国对外贸易和经常项目均出现巨额逆差。其主要原因有这几点：一是对较高水平的外汇储备盲目乐观，外汇失控；二是1984年四季度开始，国家宏观信贷失控，消费膨胀，政府只得扩大进口以应付国内建设和消费的需求；三是人民币汇率持续下跌，各部门各企业突击使用外汇留成，竞相扩大进口。在这种情况下，尽管非贸易收支出现较大顺差，但也不足以抵补。

1987年和1988年，我国的国际收支顺差，1989年又变为逆差。国际储备增减变动额分别为顺差49亿美元和22亿美元及逆差6亿美元。这三年的国际贸易出现持续性的巨额逆差，使国际收支处于不利地位。

实际上，1985—1989年，我国的贸易收支一直是巨额逆差，这不仅与我国产品在国际市场上竞争能力不强和国际市场经营环境不利有关，更与我国自身的经济发展状况有关。1984—1988年，我国按现价计算的国内生产总值虽年均增长19.4%，但同一时期全社会固定资产投资却年均增长25.8%，巨大的投资需求，带动了进口的持续增长。

（三）20世纪90年代以来的中国国际收支

20世纪90年代后，中国的国际收支情况发生了巨大的变化。我国全面推行改革开放政策，沿海、沿边、沿江开放战略取得成功，吸引外资成效显著。1989年以后经济的三年调整使国民经济运行更加有序，1992年中共十四大宣布建立社会主义市场经济体制，改革开放全方位展开。1994年的税收、金融、外贸、外汇管理体制改革，均取得了突破性进展和可喜的成效。1997年，中国凭借良好的国际收支状况和巨额的外汇储备，成功地抵御了亚洲金融风暴。2001年中国又加入了世界贸易组织。中国目前是除了美国以外吸引外资的第二大国，国际收支状况的变化，正是在这些大背景下产生的。

三、近 10 年来我国国际收支的主要特点和未来发展

(一) 我国国际收支经常项目的主要特征

我国经常项目规模从 1991 年的 1 278 亿美元上升到 2002 年的 7 396 亿美元，但其变化波动较大，1998 年负增长 4%，2000 年增长幅度高达 27.4%。我国国际收支经常项目的主要特征有以下几方面。

(1) 经常项目是我国国际收支的主要项目。

我国是一个发展中国家，经常项目活动是我国对外经济交往的主要内容，近十几年来，我国经常项目规模占我国对外经济、金融活动总规模的比例为 70%～80%。

(2) 货物贸易是我国经常项目国际收支的主要内容。

1994 年外汇体制改革后，我国货物贸易一直呈顺差状态。1995—2002 年，我国货物贸易规模占经常项目规模的比例一直在 80%～90%之间。由于人民币在 1994 年 7 月 1 日起大幅度贬值和亚洲金融危机后我国逐年提高出口退税率，1995—2003 年这一时期，我国货物外贸年年顺差，顺差额在 130 亿～430 亿美元。

(3) 服务贸易是我国经常项目国际收支中的次大项目。

近十几年来，服务贸易规模占经常项目规模的比例为 10%～15%。1995 年后，这一比例呈下降趋势。来华和出国旅游活动是服务贸易的主要内容，旅游服务规模占服务贸易规模的比例在 30%～45%之间。旅游服务一直呈顺差状态。非旅游的其他服务项目的贷方和借方的总体差额年年呈逆差之势，且逆差额有扩大倾向。这个逆差额“威胁”着我国货物贸易和旅游服务的顺差，使我国经常项目顺差频频下滑。2002 年，我国加入 WTO 后，外贸出口高速增长达 22.3%，外贸顺差比 2001 年增加 80 亿美元，使我国经常项目顺差恢复到 300 亿美元的水平。

(4) 亚洲金融危机后，我国服务项目国际收支均呈逆差状态。

1997 年以后，我国服务项目年年逆差，但旅游服务年年顺差，逆差额在 50 亿～70 亿美元。服务项目逆差“蚕食”着货物贸易顺差，使经常项目顺差变小。

(5) 经常项目规模由货物贸易规模、服务贸易规模和其他经常项目规模收益以及经常转移组成。

1996—2002 年三种项目规模占经常项目规模的比例为：货物贸易规模占 80%～84%，服务贸易规模占 11%～14%，其他经常项目规模占 2%～8%。

(6) 近年我国对外无偿援助和国外对我国无偿援助规模都不大，侨汇已超百亿美元。

1997—2002 年六年来，我国对外无偿援助规模约 30 亿美元。这期间，国外对我国无偿援助规模也不大，大约只相当于我国对外无偿援助规模的一半。但是 2002 年汇回国内的侨汇和其他居民收入规模已超过 100 亿美元。1999 年后，侨汇

和其他居民收入对我国经常项目顺差的贡献已达30%以上。

(7) 外国在华投资收益高达200亿美元以上。

由于我国不断改善投资环境，2002年我国成为世界上吸收国外投资最多的国家，与此同时，外国对华直接投资、证券投资和其他投资的收益也十分丰厚。近5年来，这些收益每年都高达200亿美元以上，是我国对外投资收益的三倍。二者之差使我国经常项目顺差呈大幅下降之势。

（二）我国国际收支资本和金融项目的主要特征

我国资本和金融项目规模从1990年的375亿美元增长到2002年的2 243亿美元，但其变化多端。1997年增长率高达95.5%，2001年又负增长10%。我国资本和金融项目的主要特征有以下两个方面。

1. 资本和金融项目是我国对外经济、金融活动的弱项

几乎对所有发展中国家而言，资本和金融项目是其国际收支中的弱项，我国也不例外。近十几年来，我国资本和金融项目规模占我国对外经济、金融活动总规模的比例在20%～33%之间。

2. 吸收外商直接投资规模跃居世界首位是我国对外开放成功的标志

直接投资活动系指以投资者寻求在本国以外运行企业，获取有效发言权为目的的投资。包括外商来华直接投资和我国对外直接投资两部分。

(1) 1990年至2003年的十四年，我国吸收外商直接投资规模增长16倍，从1990年的34亿美元增加到2003年的535亿美元，平均每年递增23.6%。近30年来，我国一直坚持不懈地对外开放，给外商直接投资提供多方面的优惠，不断改善外商直接投资环境，使我国吸收外商直接投资规模高速增长，这是我国对外开放政策成功的重要标志。2001年“9·11”事件后，美国吸收外商直接投资规模骤降近2 000亿美元。2002年，我国吸收外商直接投资规模跃居世界首位。我国经济的高速增长和良好的市场经营环境，使外商来华直接投资企业获得了丰厚的利润。每年外商来华直接投资撤资和清算额不足其当年投资额的7%。

(2) 实施“走出去”战略，扩大我国企业对外直接投资规模。1990年到2002年十三年来，我国企业对外直接投资净规模总计为425亿美元，每年平均只有33亿美元。2001年、2002年两年，此规模才有较大的增长，其与外商来华直接投资规模之比达19%，刚刚超过世界所有发展中国家对外投资和吸收外资平均比例历史最高水平16%。今后为实施“走出去”战略，我国应维持和逐步提高这一比例，不断扩大企业对外投资规模。

（三）未来影响我国国际收支的因素

(1) 国际经济环境变化、国际产业调整的发展趋势、不断加大的贸易摩擦以及应对措施将成为影响未来数年我国外贸走向的主要因素。

首先，2003年年底开始，随着包括美国、欧盟以及日本等工业化国家经济的逐步复苏，外部需求不断增加，我国的出口贸易有望进一步增加。

其次，随着国际产业转移的进程，特别是工业化国家20世纪90年代开始了新一轮制造业的产业转移，中国经济环境所具有的人力资源丰富、基础设施和法律环境日益完善的特点，使得中国自然成为这次产业转移的主要目的地，预计外商投资企业将进一步成为我国外贸发展的主力军，进出口顺差将继续增大。

再次，不容忽视的是，2004年以来美元的持续贬值，并由此带来的人民币贬值效应，使得我国出口有望进一步增加，但与此同时，有可能进一步加大我国和主要贸易伙伴国的贸易摩擦。从全球经济发展的历史来看，小型经济体逐步融入全球化经济的过程，也是该国出现大量贸易和汇率摩擦的开始。

2002年以来，中美之间的贸易摩擦正是我国开始作为一个崛起的“世界工厂”融入世界分工之前可能必须面对的一个问题。

最后，频繁出现的贸易摩擦以及我国采取的应对措施，例如加大对工业化国家大宗商品的采购，有可能进一步推动我国进口的增长。

因此，总的来看，我国的贸易顺差可能会进一步减少，出现逆差的可能性也在增加。对于中国这样一个处于经济起飞阶段的大国，出现一定的贸易逆差应该是必要的。事实上，经济界逐步认识到，只要直接投资有足够的净流入，一定的贸易逆差更有利于合理利用“两个市场”、“两种资源”，提高资源配置的效率。

（2）人民币利率市场化的进展和国际利率水平、结构的调整将成为影响我国外汇资金供求的最重要的短期因素。

一旦国际市场利率水平出现调整，我国资金流入的状况可能出现逆转。从外汇市场的历史演变来看，国内人民币存贷款利率、外汇存贷款利率水平之间的差额一直是在短期内影响外汇资金流动的重要因素。2003年，由于人民币存贷款利率和美元存贷款利率的结构问题，国内有关经济主体采取了“资产人民币化，负债美元化”的资产负债管理方式，强化了外汇市场供大于求的格局，推动了人民币升值压力的累积，升值压力又进一步推动外汇资金的流入和结汇。不过，值得注意的是，如果发达国家普遍上调利率，有可能引发我国非直接投资资金流入逆转，为我国资本和金融项目的外汇管理带来一定的难度。

（3）面对不断变化的人民币走势预期，我国国际收支调节政策出现了一些变化，这些政策措施的实施及其效果值得进一步关注。

首先，需要密切关注出口退税率下调对我国出口贸易和吸引外商直接投资的影响。2003年年末出口的大幅度增加以及外商直接投资增速逐步放缓，有待进一步观察。

其次，为了缓解人民币升值压力，改善国际收支平衡，自2001年起，我国外汇管理部门采取了一系列的政策措施，方便经常项目和资本项目的用汇需求。目前有些措施还将延续，并会出台其他一些稳步放松资本项目管制的措施，包括支持境内机构进行海外直接投资、支持境内外跨国公司的全球资金运作、允许居民非居民个人合法进行资产转移，鼓励外商投资企业使用国内贷款以及在国内上市融资，有选择地引入国际金融机构在国内发行人民币债券，进一步研究和探索QDII（境内合格机构投资者）制度等。

最后，2003年开始，我国加强了反洗钱工作力度，对外汇收支状况开展了检查，特别是加大了查处无实际交易背景的短期资本流入境内套利的行为。随着异常外汇资金流动监测体系和查处体系的完善，以及市场对中国政府保持人民币汇率相对稳定态度的逐步认同，一些投机资本将逐渐淡出。

四、我国中长期国际收支发展以及国际收支展望

从20世纪90年代以来我国经常项目波动的基本趋势看，下一阶段我国国际收支和外向型经济发展将会呈现出如下特征：

（1）商品贸易大幅度顺差高于服务及收益项目的逆差，使得经常项目总体顺差的格局将继续保持；但是，在复杂的国内经济环境下，维持贸易顺差的难度加大。

（2）经常项目在整个国际收支中的比重趋于下降，资本项目的重要性上升。

（3）经常项目中的贸易与非贸易（服务贸易）收支总额会保持同步增长，但是，贸易和非贸易本身的结构和内容会发生明显的变化，服务贸易的快速发展将成为一个十分重要的特征。但是，由于我国服务行业起步较晚，在与国际市场的竞争中明显处于劣势，因而服务行业除旅游等少数几个项目会继续保持顺差以外，其他大部分项目仍然会呈现逆差的格局。从中长期来看，我国服务贸易的总量可能会进一步扩大，但是，逆差局面在短期内难以改变。

（4）我国对外贸易总规模虽然不断扩大，但是，增长可能仍不平稳，我国外贸自1995年以来出现了大幅度起伏。1995年，我国连续十个月的出口增长率达到30%以上，其中有5个月在50%以上，最高月份的增长率达到88%。但是，到1996年2—11月，又连续10个月出现负增长，全年的出口增长率由1995年的22.9%大幅度下滑到1.5%，1997年又迅速上升到20.9%。这几年，我国经济增长正处于平稳的回落过程之中，鉴于不同制度性因素的作用，贸易总额统计中依然存在明显的大起大落。另外，我国外贸波动还十分不规则，在很大程度上受到外贸政策的影响。如何制定合理有效的外贸政策，将直接影响到我国外贸的平稳增长和国际收支均衡的顺利实现。

（5）在我国外贸总规模不断扩大的同时，进出口的结构却依然存在不平衡的问题，这将影响到我国国际收支平衡状况。如何保持出口与进口的同步、协调增长，使得进口更好地服务于我国经济发展，也是我国面临的一个十分重要的课题。

（6）跨国公司的迅猛发展，使得跨国公司世界范围内的经营和投资成为资本流动的主要方式。从跨国公司集中的产业看，我国在这些产业方面还比较薄弱，还缺乏对外开放的条件。这种情况势必会在较长时期内影响我国吸引外资的规模。此外，资本市场发展的相对滞后，金融机构存在的大量不良资产等因素，在相当的一

段时期内，仍将会对国际资本的流入及国际收支平衡表中资本项目的平衡产生不利影响。

（7）随着中国入世过渡期的逐步完成，预计中国对外商投资的吸引力将进一步增强。随着我国对银行、证券、保险、基金、通信等原来具有较强投资限制的产业和地区逐步对外开放，对国有资产管理方式逐步调整，中外企业将出现新的合资合作方式和新的投资热点。与此同时，我国政府对外开放力度进一步加大。随着行政许可法的实施，我国政府将在完善法律体系、理顺管理机制、加强依法行政以及转变政府职能等方面有所突破，上述措施无疑会进一步增强我国对国际投资者的吸引力。

（8）随着我国资本市场改革、国有资产管理体系改革的逐步到位，国内资本市场迅速发展，国内企业、金融机构以及居民个人对国内经济信心进一步增强，预计境内居民个人和企业结汇意愿将进一步增强，我国证券投资和其他投资流入将进一步增加。

自 1994 年汇率并轨以来，我国对外经济发展十分迅速，除了在东南亚金融危机的个别年份出现小额资本和金融项目逆差外，在大部分年份，我国国际收支均表现为“经常项目与资本和金融项目双顺差”，外汇储备持续快速增长，人民币名义汇率基本保持稳定。这些虽然有利于增强我国的国际清偿能力，提高投资者对中国经济信心，防范和化解国际金融风险，使我国成为亚太地区乃至世界金融市场的稳定器，但是不容忽视的是，持续的大额顺差以及人民币汇率的实质非市场化也是国际收支不平衡的表现，会带来一系列的问题和矛盾。

当前我国出现的国际收支大额顺差，同时也为我国外汇市场的改革创造了一个良好的契机，我们可以从这几方面进行努力。首先，在保持汇率均衡水平的稳定基础上，我国需要尽快理顺外汇市场供求关系，推动外汇市场的管理创新，增强市场交易主体的竞争力。其次，扩大结售汇周转头寸的浮动区间，适当增加银行制定挂牌价格的权限，增强境内机构支配外汇资源的自主性。再次，进一步培育外汇市场，逐步推行外汇做市商制度，增加交易品种和交易主体。最后，进一步健全汇率调控的参照指标体系，增加中央银行对外汇市场的干预手段和对冲工具，提高中央银行的汇率调控水平。

总之，中国国际收支状况不仅反映了国际经济金融环境的变化、我国对外部门经济发展的水平，同时也反映出了我国国内的经济结构和产业变迁。中国国际收支状况的变化和发展不仅取决于国内外经济环境的变化，而且取决于我国相关国际收支调节措施的制定和实施效果。

五、我国国际收支调节的战略目标和手段

（一）我国国际收支调节的战略目标

我国国际收支调节的战略目标是：国际收支平衡，并促进国民经济的良性循环

和健康发展，有利于合理的人民币汇率水平的实现与稳定，使我国外汇储备水平处于最佳状态。这里所说的国际收支平衡，是指在一段时期之内（比如说5年）的平衡。

（二）我国的国际收支调节手段

目前，我国的国际收支调节手段主要有：

（1）汇率政策。

（2）税收政策，包括海关关税、出口退税和进口关税，以及对外商投资企业的税收政策。通过这些税收政策，可起到调节我国国际收支的作用。

（3）信贷政策。除通过紧缩与放松信贷而对我国对外经济活动发生作用外，还通过对进口贸易与外商投资企业提供信贷的具体政策，来调节贸易收支和资本的输入。

（4）外汇管理，即通过对贸易外汇的管理、非贸易外汇的管理和资本项目外汇管理办法的实施，来调节我国的国际收支。

随着我国市场经济运行机制的完善与我国经济实力的增强，我国外汇管理将逐步放松直至取消，我国国际收支调节的手段将主要是汇率政策、税收政策和信贷政策。

【背景分析】

中国考虑调整国际收支平衡有关政策

中国有一定的贸易顺差，同时外汇积累上升比较快，因此，目前正考虑调整国际收支平衡有关政策，进一步扩大开放。

第一，中国积极实施"走出去"的发展战略，即明确支持各类企业在国外投资、开展业务，投资的手续、兑换及汇出变得相当简单。

第二，允许外商直接投资企业到国内资本市场上市融资。外国企业到中国投资是好事，但不见得要带那么多外汇资金，如果需要，在中国国内融资也是可以的。

第三，允许国际金融机构在国内发人民币债券。与上一条措施的考虑是一样的，欢迎国际金融机构来中国，但不一定要带那么多外汇来，人民币的融资渠道也是可以用的。

第四，允许跨国公司集中操作外汇资源。过去，跨国公司在各地分别注册子公司，而外汇不能实现统一操作。

第五，提高个人出国换汇的指导性限额标准。为方便各类出国旅行，个人出国换汇幅度提高到原来的2.5～3倍。消费支出超出限额的部分也可以补购汇。

第六，放宽出境携带外汇。

第七，移民、非居民的国内资产可以兑换汇出。过去股票、房产、股权投资等只允许将每年的收益兑换成外汇汇出，现在正在研究允许资产转移的操作办法。

第八，放宽经常项目下各类企业开立外汇账户以及对外汇账户的限额方面的管理。

我国经常项目外汇账户管理的改革历程

伴随着我国外汇管理体制改革的不断深化，经常项目外汇账户管理政策进行了多次调整。

一、1994 年外汇账户管理政策

在 1994 年年初的外汇管理体制改革中，我国建立了银行结售汇体制。对中资企业实行强制结售汇制度，中资企业的经常项目外汇收入，除经营境外承包工程、劳务技术合作及其他暂收待付项下的外汇允许开立经常项目外汇账户外，其他经常项目外汇收入均应当结汇，不能开立经常项目外汇账户保留。而对外商投资企业未实行强制结售汇管理，允许外商投资企业开立外汇账户，保留经常项目外汇收入。

二、1997 年经常项目外汇账户改革

为适应我国实现人民币经常项目可兑换的形势，1997 年 9 月，中国人民银行发布《境内外汇账户管理规定》和《关于允许中资企业保留一定限额外汇收入的通知》，国家外汇管理局发布《中资企业保留限额外汇收入操作规程》，对外汇账户管理政策进行了调整。为了便于管理，将经常项目外汇账户从功能上区分为外汇结算账户和外汇专用账户，并对不同性质的外汇账户实行不同的管理方式。

为了便利中资企业生产经营，这次账户改革允许符合一定条件的中资企业开立外汇结算账户，在限额内保留经常项目外汇收入。具体来说，年进出口总额在等值 3 000 万美元以上、注册资本在 1 000 万元人民币以上的有进出口经营权的外经贸公司，以及年进出口总额在 1 000 万美元以上、注册资本在 3 000 万元人民币以上的有进出口经营权的生产型企业，可以开立经常项目外汇结算账户，保留一定限额的外汇收入，其账户限额为本企业上年进出口总额的 15%。所有外商投资企业均可以开立外汇结算账户，其账户限额根据其实收资本情况和经常项目资金周转情况核定。

三、2001 年经常项目外汇账户改革

为适应我国即将加入世界贸易组织的形势，鼓励和扶持出口，增强企业的国际竞争力，国家外汇管理局于 2001 年 11 月发布《中资企业外汇结算账户管理实施细则》，放宽了中资企业外汇结算账户开立标准，允许年度出口收汇额在等值 200 万美元以上，且年度外汇支出额为等值 20 万美元以上，享有进出口经营权的中资企业开立外汇结算账户，保留一定限额外汇收入。中资企业外汇结算账户的最高限额，按照该企业上年度出口收汇累计额或外汇支出累计额中较小额的 25% 核定。外商投资企业外汇结算账户管理政策及限额核定标准不变。

四、2002 年经常项目外汇账户改革

2002 年 10 月，国家外汇管理局发布《境内机构经常项目外汇账户管理实施细则》，推出了新的经常项目外汇账户管理政策，取消了中资企业开立经常项目外汇账户的条件限制，统一了中外资企业账户管理政策，允许具有涉外经营权或有经常项目外汇收入的中资企业和外商投资企业开立经常项目外汇账户；将原有的外汇结算账户和外汇专用账户合并为经常项目外汇账户；对经常项目外汇账户实行统一的限额管理，按照其上年度经常项目外汇收入的20%核定账户限额，同时，按上年度经常项目外汇收入的25%核定地区总限额，对有特殊情况的境内机构，允许外汇分局在地区限额范围内对其账户限额予以调整。

由于取消了中资企业开立经常项目外汇账户的条件限制，企业开立账户的个数大幅增加。截至2003年6月，全国境内机构经常项目外汇账户达16万户，比2002年10月增加6万多户。

五、2003年进一步放开国际承包工程等暂收待付项下经常项目外汇账户限额

2002年的政策调整，取得了较好的效果，但也有部分企业反映，国际承包工程、国际劳务、国际海运及船代、货代以及国际招标等项下的资金往来较为频繁，所开立的经常项目外汇账户具有较强的暂收待付性质，但按照规定只能保留上年度经常项目外汇收入的20%，企业频繁到银行办理结汇和购汇所产生的手续费、汇兑差价等费用，会加大企业的经营成本，制约业务的正常开展。为此，2003年8月，国家外汇管理局发布《关于调整国际承包工程等项下的经常项目外汇账户管理政策有关问题的通知》，将国际承包工程及国际劳务项下、国际海运及船务运输代理和货物运输代理项下、国际招标项下、从境外收入外汇后需向其他境内机构或个人划转的暂收暂付项下的经常项目外汇账户，纳入有特殊来源和指定用途的经常项目外汇账户进行管理，账户限额按照其外汇收入的100%核定，即允许其外汇收入全额保留在外汇账户内。

2007年我国国际收支状况分析

2007年，我国经济呈现增长较快、结构优化、效益提高、民生改善的良好运行态势，开放型经济发展进入新阶段。国际收支交易规模持续扩大，继续呈现“双顺差”格局。

（一）国际收支运行环境

2007年，美国次贷危机对全球经济的影响逐步显现。发达经济体增长放缓，新兴市场经济体增长依然强劲。世界贸易平稳增长，美国贸易逆差状况有所改善，但全球贸易不平衡的问题依然突出，贸易和投资保护主义有所加剧。国际金融市场大幅调整，跨境资本流动活跃，美元持续贬值，国际食品和能源价格持续走高，通货膨胀压力上升。

2007年，中国经济保持增长较快、结构优化的良好态势。经济增长方式出现积极变化，消费超过投资成为拉动GDP增长的主要因素；固定资产投资结构有所改善；财政收入和企业利润增长较快，国民经济效益整体提高；进出口总额达2.2万亿美元，居世界第三位；吸引外商直接投资连续15年居发展中国家首位。但是，经济运行也面临货币信贷投放较多、物价上涨压力增大、固定资产投资总规模尤其

是房地产投资增速偏快、制造业产能过剩以及外贸顺差过大等突出问题。

2007 年，为统筹利用好国内国际两个市场、两种资源，国家加大涉外经济政策调整力度，这些政策措施对于缓解贸易顺差增长过快、国际收支不平衡矛盾等发挥了积极作用。但由于我国国际收支较大顺差是国内外多种复杂因素作用的结果，实现国际收支基本平衡将是一个长期、渐进的过程。

（二）国际收支的主要特点

2007 年，我国国际收支交易总规模为 4.3 万亿美元，较上年增长 30%。经常项目顺差继续扩大，由上年的 2 533 亿美元增加到 3 718 亿美元，已连续六年呈现较快增长；资本和金融项目顺差大幅增长，由上年的 67 亿美元增加到 735 亿美元。2007 年年末，国家外汇储备达到 15 282 亿美元。各主要项目呈现以下特点：

1. 货物贸易顺差再创历史新高，增速有所减缓

2007 年，按国际收支统计口径，货物贸易出口 12 200 亿美元，进口 9 046 亿美元，分别较上年增长 26%和 20%；顺差 3 154 亿美元，增长 45%。在国家一系列调整进出口结构、促进贸易平衡政策的影响下，货物贸易顺差增速比 2006 年下降了 17 个百分点。

2. 收益项目净流入显著增加

2007 年，收益项目净流入 257 亿美元，较上年增长 69%。其中，我国海外务工人员的劳务收入增长迅速，全年职工报酬净流入 43 亿美元，增长 118%。同时，由于我国对外投资规模持续扩大，全年投资收益净流入 213 亿美元，增长 62%。

3. 外国来华直接投资大幅增长

2007 年，我国经济发展保持良好势头，投资环境继续改善，对外资的吸引力仍然较强。按国际收支统计口径，2007 年，外国来华直接投资流入 1 496 亿美元，增长 73%。

4. 对外投资稳步推进，资金流出渠道进一步拓宽

2007 年，我国对外直接投资规模达 189 亿美元。随着合格境内机构投资者制度（QDII）的不断完善，合格境内机构投资者主体和代客境外理财产品范围进一步扩大，我国机构和个人对境外证券投资组合更加多样化，2007 年我国 QDII 项下对外投资汇出资金 329 亿美元。

5. 国家外汇储备继续快速增长

2007 年，国家外汇储备继续快速增长，年末达到 15 282 亿美元，比上年末增加 4 619 亿美元，超过 2005 年、2006 年两年的储备增加额之和。其中，货物贸易和直接投资顺差分别为 3 154 亿美元和 1 214 亿美元，对外汇储备增加的贡献率分别为 68%和 26%。

（三）国际收支运行评价

2007 年，我国国际收支交易总规模持续扩大，与同期 GDP 之比达到 132%，比 2006 年上升 6 个百分点。这表明我国参与国际经济合作和竞争的能力逐步增强，

对外开放程度进一步加深，同时也说明我国经济对外依存度继续提高，国际经济对我国的影响有所加大。具体可见下表。

2001—2007年国际收支顺差结构

单位：亿美元

项目	2001年	2002年	2003年	2004年	2005年	2006年	2007年
国际收支总顺差	522	677	986	1 794	2 238	2 599	4 453
经常项目差额	174	354	459	687	1 608	2 532	3 718
占总顺差比例	33%	52%	47%	38%	72%	97%	83%
资本和金融项目差额	348	323	527	1 107	630	67	735
占总顺差比例	67%	48%	53%	62%	28%	3%	17%

2007年，国际收支延续“双顺差”格局，顺差规模进一步扩大，经常项目顺差与同期GDP之比达到11.3%，比2006年上升1.8个百分点。国际收支不平衡已成为我国经济运行的突出问题和深层次矛盾之一，主要受国内外经济发展的长期性和结构性因素影响。

第一，国际收支不平衡是在经济全球化背景下，我国参与国际分工的必然结果。改革开放以来，我国日益良好的投资环境、相对低廉的劳动力等生产要素价格，促使跨国公司在全球分工布局中，逐步将加工制造环节向我国转移，带动了我国外资的流入和进出口顺差的增长。2007年，海关统计，我国外资企业的加工贸易进出口顺差为2 118亿美元，占全部进出口顺差的81%。

第二，国际收支不平衡是我国经济处于工业化、城镇化和国际化进程中的阶段性特征。现阶段，工业化步伐较快，投资需求较高，制造业产能迅速扩大。在城镇化进程中，农村大量劳动力向城市转移，增加了劳动力市场的供给，形成了一定的国际比较优势。

第三，国际收支不平衡是我国储蓄持续大于投资，国内需求相对不足的外在表现。与发达国家相比，我国居民收入尤其是农民收入仍处于相对较低的水平，再加上社会保障体制改革尚未完全到位，居民预防性储蓄较多，影响国内需求和消费水平提升到更高层次。此外，国内金融市场发育程度不高，也影响了国内储蓄向投资转化的效率。

第四，国际收支不平衡加剧也是跨境资本追求较高投资回报的结果。2007年，美国发生次贷危机，美联储连续降息以应对金融风险，美元贬值压力进一步加大，国际市场的投资风险也有所增加。在此情况下，我国人民币升值预期持续存在，本外币利差发生变化，人民币资产投资回报相对较高，国际资本流入的动力增加，国内银行、企业及个人将境外资产调回境内转化为人民币资产的倾向增强。

总的来看，未来一段时期，世界经济的全球化趋势不会明显改变，我国经济有望继续较快增长，国际收支可能仍将保持较大顺差。2008年，由于国际经济的各种风险和不确定性增加，国内经济也面临一定挑战，我国国际收支形势的复杂性增加。为此，需要密切关注国内外经济金融形势变化，及时分析各种因素对国际收支

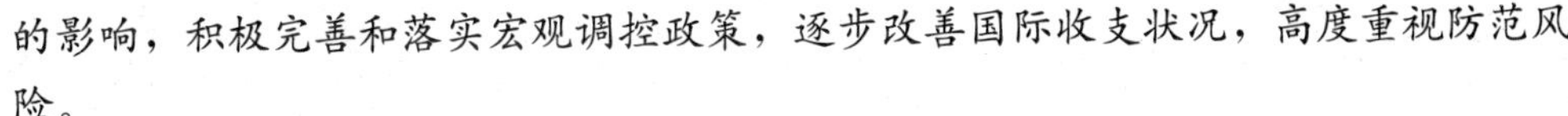

的影响，积极完善和落实宏观调控政策，逐步改善国际收支状况，高度重视防范风险。

资料来源：国家外汇管理局。

【本章小结】

1. 国际收支是一定时期内一经济体（通常指一国或者地区）与世界其他经济体之间的各项经济交易。是居民与非居民之间的经济交易，流量的概念。

2. 国际收支平衡表是按照复式簿记原理，以某一特定货币为计量单位，运用简明的表格形式总括地反映一经济体在特定时期内与世界其他经济体间发生的全部经济交易。国际收支平衡表的标准组成部分包括：经常账户，资本和金融账户，净误差与遗漏，总差额，储备与相关项目。

3. 国际收支平衡表的分析方法一般包括静态分析法、动态分析法和比较分析法。

4. 国际收支调节是编表国家在国际收支分析的基础上，根据本国经济发展的需要调节国际收支各个项目的差额和总额，达到一定目标的宏观行为过程。国际收支不平衡产生的原因有多种：周期性不平衡，收入性不平衡，结构性不平衡，货币性不平衡，偶发性不平衡。可以通过外汇缓冲政策、财政和货币政策、汇率政策、直接管制等方式进行调节。

5. 国际收支调节理论主要是用来说明一国国际收支的失衡原因和调节方法的理论。包括“物价—现金流动机制”理论、弹性分析理论、吸收分析理论、货币分析理论、国际收支的政策配合理论。

6. 我国的国际收支状况从改革开放以来逐步得以改善，目前处在一个良好的发展势头中。

【课堂讨论题】

国际收支长期、持续的巨额顺差是否对一国的对外经济始终有利？为什么？

第三章 国际储备

【要点提示】

- 国际储备的概念、结构和作用
- 国际储备的管理
- 我国的国际储备

从前面的学习中我们可以看到，国际收支不平衡是对外经济交往中常见的现象。这种不平衡的出现如果是顺差，会使其黄金、外汇储备增加；如果是逆差，该国则必须以黄金和外汇储备来弥补。国际储备一方面来自该国自有黄金和外汇的储备，另一方面来自向国外的借款。一国能向国外借款规模的大小和借款条件的优劣，一般与其黄金和外汇储备的规模有重要的联系。因此，每个国家都必须持有一定数额的黄金和外汇储备。黄金和外汇储备的形式多种多样，我们统称为国际储备。

第一节 国际储备概述

一、国际储备的概念和特征

（一）国际储备的概念

国际储备（International Reserves）是一国货币当局持有的、能随时用于弥补国际收支逆差、干预外汇市场，并且维持本币汇率稳定和作为对外偿债保证的各种形式的流动资产的总称。

在经济文献中，常常出现国际清偿能力（International Liquidity）的概念。它与国际储备概念不同。国际清偿能力是广义上的国际储备，一国的国际清偿能力，除包括该国货币当局持有的各种形式的国际储备之外，还包括该国在国外筹借资金的能力，即向外国政府或中央银行、国际金融组织和商业银行借款的能力。我们通常所说的国际储备是狭义上的国际储备，它仅是一国具有的、现实的对外清偿能力。而国际清偿能力则是该国具有的、现实的对外清偿能力和可能有的清偿能力的总和。

（二）国际储备的特征

国际储备具有如下的几个特征：

（1）官方持有性。作为国际储备的资产必须是一国货币当局所持有的，而不是其他机构或经济实体所持有的。所以，国际储备又被称为官方储备。

（2）良好的流动。用作国际储备的资产必须能随时动用或变为现金。

（3）广泛接受性。作为国际储备的资产，必须是在外汇市场上或在政府间清算国际收支差额时能被普遍接受的资产。表 3—1 是 1994—2003 年全球国际的储备情况。

表 3—1 全球国际储备 单位：百万 SDRs

	1994	1995	1996	1997	1998	1999	2000	2001	2002	2003
所有国家	892 214	1 022 920	1 177 190	1 296 370	1 281 920	1 404 890.0	1 584 650.0	1 737 320.0	1 881 470.0	2 146 360
工业化国家	460 703.0	514 120.0	574 982.0	603 336.0	573 898.0	615 970.0	678 204.0	710 855.0	749 487.0	836 967
欧元区	n. a.	n. a.	n. a.	n. a.	n. a.	201 185.0	199 971.0	201 031.0	195 644.0	163 653.0
发展中国家	431 511	508 802	602 206	693 039	708 024	788 920	906 445	1 026 470	1 131 990	1 309 390
中国内地	36 691	51 152	74 883	106 253	106 400	115 364	129 600	172 124	214 815	275 345

资料来源：IMF “International Financial Statistics Online”，（1 SDR ＝1. 44596 USD），2004。

二、国际储备的结构

国际储备的结构是随历史的发展而发展的。在第二次世界大战前，黄金与可兑换为黄金的外汇构成了各国的国际储备。目前，IMF 会员国的国际储备，一般可分为黄金储备、外汇储备、在 IMF 的储备头寸和特别提款权四种类型。

（一）黄金储备（Gold Reserves）

黄金储备是指一国货币当局持有的货币性黄金（Monetary Gold）。在典型的国际金本位制度（International Gold Standard System）下，黄金是很重要的国际储备形式。从 20 世纪 70 年代中期以来，IMF 实行黄金非货币化（Demonetizations of Gold）政策，即货币当局将其持有的黄金拍卖，而使货币用途的黄金转为非货币用途的黄金。然而，由于黄金是具有价值的实体，世界上并没有一个国家完全放弃和废除其黄金储备，甚至世界黄金储备的实物量都没有明显的变化。黄金储备至今仍是各国国际储备的一个重要组成部分。

但是按价值计算，目前黄金储备在 IMF 会员国国际储备总额中不足 5%，在各国的国际储备中已降为处于二线储备的地位。

世界各国计算黄金储备的方法有三种：按重量（盎司）计算；按黄金的价值计算，例如 1 盎司黄金＝35 特别提款权；按黄金的市场价格计算。

根据世界黄金协会（World Gold Council）的统计，截至 2007 年 12 月，世界黄金储备情况如表 3—2 所示。

表 3—2　　世界官方黄金储备一览（2007 年 12 月）

	吨	黄金占储备份额
1. 美国	8 133.5	77.9%
2. 德国	3 417.4	66.2%
3. 国际货币基金组织	3 217.3	n/a
4. 法国	2 622.3	56.2%
5. 意大利	2 451.8	67.6%
6. 瑞士	1 166.3	41.2%
7. 日本	765.2	2.0%
8. 荷兰	624.5	61.1%
9. 欧洲中央银行	604.7	26.1%
10. 中国内地	600.0	1.0%
11. 俄罗斯	438.2	2.5%
12. 中国台湾	423.3	3.8%
13. 波兰	382.6	92.0%
14. 印度	357.7	3.4%
15. 委内瑞拉	356.8	29.7%

续前表

	吨	黄金占储备份额
16. 英国	310.3	14.3%
17. 黎巴嫩	286.8	35.0%
18. 西班牙	281.6	38.7%
19. 奥地利	280.0	41.4%
20. 比利时	227.6	36.7%
附加资料:		
全球黄金总储备	29 697.7 吨	n/a
上述各国黄金储备	26 947.9 吨	90.5%
欧洲地区总储备	10 859.2 吨	60.8%

根据统计，到 2007 年年底，全球黄金外汇储备总量为 29 697.7 亿特别提款权，其中发达国家拥有 22 213.88 亿特别提款权，发展中国家拥有 7 483.82 亿特别提款权。在这些储备中，黄金储备占 12%，而在 20 世纪 80 年代初，黄金储备占全球金融储备的 50%左右。

与此同时，一度委靡不振的世界黄金市场形势更差，黄金昔日的辉煌黯然失色。各国中央银行和国际金融机构纷纷削减黄金储备是导致金价持续下跌的直接原因。继荷兰、比利时、阿根廷、澳大利亚和加拿大等国抛售黄金后，瑞士不仅将瑞士法郎同黄金脱钩，而且将出售相当于其一半黄金储备，即1 300吨金块。国际货币基金组织也计划将 300 亿美元黄金储备中的 10%变现。

黄金的价值何以发生如此大的变化？首先，黄金储备一向被用作防范通胀的手段，但目前全球经济进入低通胀时期，作为货币稳定标志的黄金的作用日益缩小。最近的几次金融危机没有导致金价上涨，这表明黄金作为“避风港”的地位已不复存在。其次，作为长期投资的工具，黄金收益率低于债券和股票等有价证券。此外，在电子交易时代，黄金作为国际清算手段的作用下降，而其储备成本却是非常高的。

事实上，自 1971 年美国放弃黄金官价后，黄金就丧失了在国际货币体系中的核心地位。从 20 世纪 80 年代开始，金价基本上一直走下坡路，迄今已从峰值回落了 60%。特别是 20 世纪 90 年代的 10 年，共有 6 700 吨作为官方储备的黄金在市场上抛售，加剧了金价的跌势。

一个国家的黄金储备多少与其国际支付能力及其货币的信誉已没有太大的联系。因而，越来越多的中央银行认为，与其让大量金块闲置在国库中，不如换成更具活力的储备和投资品种。欧洲国家拥有全球黄金储备的 40%，欧元的问世也进一步促使欧元区各国储备资产需求下降，欧洲央行计划将黄金储备下调到储备资产总量的 15%。2004 年 3 月，欧洲央行与欧盟成员国的中央银行达成协定，同意未来 5 年出售黄金储备总量不超过 2 500 吨，以避免过多影响国际黄金市场。与此同时，由于金价回升前景渺茫，黄金生产者往往低价出售期货，这就进一步抑制了人们对黄金价值的预期。

（二）外汇储备

外汇储备（Foreign Exchange Reserves）是一国货币当局持有的对外流动性资产，其主要形式为国外银行存款与外国政府债券。IMF 对外汇储备的解释为：它是货币行政当局以银行存款、财政部库存、长短期政府证券等形式所保有的，在国际收支逆差时可以使用的债权。外汇储备是当今国际储备的主体，它在国际储备中所占的比重远远超过其他储备形式。2007 年，外汇储备在 IMF 会员国国际储备总额中的比重为 85%以上。外汇储备在实际中会经常使用，而黄金储备很少使用。表 3—3 是 1998—2007 年全球外汇储备的变动情况。

表 3—3　　全球外汇储备情况　　单位：百万 SDRs

	1998	1999	2000	2001	2002	2003	2004	2005	2006	2007
所有国家	1 167 010	1 297 790	1 485 460	1 627 900	1 763 160	2 027 970	3 748 401	4 174 636	5 036 604	6 398 485
工业化国家	475 831.0	526 103.0	596 216.0	620 503.0	653 033.0	742 677.0	2 041 129	2 047 627	2 218 908	2 394 974
欧元区	n. a.	n. a.	166 111	167 802	165 440	158 741	389 473	359 233	411 081	484 406
发展中国家	691 183.0	771 691.0	889 241.0	1 007 400.0	1 110 130.0	1 285 290.0	1 707 272	2 127 009	2 817 695	4 003 511
中国	102 952	112 695	127 080	168 823	210 668	271 372	609 932	818 872	1 066 344	1 528 249

资料来源：IMF "International Financial Statistics Online"，2009。

外汇储备由各种能充当储备货币（Reserve Currency）的资产构成。一种货币能充当储备货币，必须具备 5 个基本特征：（1）必须是可兑换货币，即不受任何限制而随时可与其他货币进行兑换的货币。（2）必须为各国普遍接受，能随时转换成其他国家的购买力，或偿付国际债务。（3）价值相对稳定。（4）在国际货币体系中占有重要的地位。（5）供给数量能同国际贸易、国际投资乃至世界经济的发展相适应。

在第一次世界大战前，英镑是最主要的储备货币。在 20 世纪 30 年代，美元崛起，与英镑共享主要储备货币的地位。第二次世界大战后，美元是唯一在一定条件下可兑换成黄金的货币，处于"等同"黄金地位，成为各国外汇储备中最主要的储备货币。从 20 世纪 60 年代开始，美元由于频频发生危机，其储备货币地位逐渐下降，当时的马克、日元的储备货币地位却不断上升，从而形成储备货币多元化的局面。

在 20 世纪 90 年代，世界外汇储备结构发生了明显的变化，其主要特点是，美元所占的比重大幅度上升，而日元的比重明显下降，欧元已成为第二大储备货币。

据国际货币基金组织提供的统计数据，1991 年在世界各国的主要储备货币中，美元占 51.3%，到 1999 年这一比例上升到 68.4%，2000 年虽略有下降，但仍达 68.2%；日元所占的比重在 1991 年为 8.5%，到 1999 年下降到 5.5%，2000 年进而降至 5.3%；英镑的比重 1991 年为 3.3%，到 1999 年上升到 4%，但 2000 年又

降为 3.9%。

20 世纪 70 年代末，“一篮子货币”——欧洲货币单位（ECU）成为储备货币。1999 年 1 月起，欧元（EURO）取代欧洲货币单位开始成为一种新的储备货币。

欧洲单一货币欧元从一诞生便成为世界第二大储备货币。1999 年，即欧元正式启动的第一年，欧元在各国外汇储备中所占的比重即达到 12.5%，2000 年上升到 12.7%。

从总体上来看，发达国家更青睐美元，而发展中国家的欧元储备比重相对较大。2000 年，在发达国家的外汇储备中，美元占 73.3%，欧元占 10.2%，日元和英镑的比重分别为 6.5%和 2%；而在发展中国家的外汇储备中，美元占 64.3%，欧元占 14.6%，日元和英镑分别占 4.4%和 5.2%。

（三）在 IMF 的储备头寸

在 IMF 的储备头寸（Reserve Position in the Fund），亦称普通提款权（General Drawing Rights），它是指会员国在 IMF 的普通资金账户中可自由提取和使用的资产。一国在 IMF 的储备头寸包括：

1. 会员国向 IMF 认缴份额中 25%的黄金或可兑换货币部分

按照 IMF 的规定，会员国可自由提用这部分资金，无须经特殊批准，所以它是一国的国际储备资产。

2. IMF 为满足会员国借款需要而使用的本国货币

按照 IMF 的规定，会员国认缴份额的 75%可用本国货币缴纳。IMF 向其他会员国提供本国货币的贷款，会产生该会员国对 IMF 的债权。一国对 IMF 的债权，该国可无条件地提取并用于支付国际收支逆差。

3. IMF 向该国借款的净额，也构成该会员国对 IMF 的债权

普通提款权在 IMF 会员国国际储备资产总额中所占比重较小。到 2003 年年底，会员国的普通提款权总额为 665.08 亿特别提款权，仅占会员国国际储备资产总额的 3.1%。

在第二次世界大战后，外汇储备在 IMF 会员国国际储备总额中占有越来越大的比重，在 1950 年，它仅占 27.5%，到 2003 年年末已上升到 94.5%。

从国际货币基金组织的储备头寸的世界分布来看，储备头寸的分配呈现出明显的不平衡。工业化国家持有的在国际货币基金组织的储备头寸超过世界总量的 86%，而发展中国家所持有的在国际货币基金组织的储备头寸仅为 14%。即便从工业化国家之间来看，其分配也是极不均衡的。美国持有的在国际货币基金组织的储备头寸在工业化国家中所占比重超过 30%，而日本、德国、加拿大等工业化国家的持有量均不足 11%。从发展中国家来看，亚洲和中东分别占据 47%和 27%，而非洲、欧洲和西半球国家持有的在国际货币基金组织的储备头寸基本保持在发展中国家的 4%～14%之间。表 3—4 是 1994—2003 年 IMF 的储备头寸的世界分布情况。

表 3—4　　IMF 的储备头寸的世界分布情况　　单位：百万 SDRs

	1994	1995	1996	1997	1998	1999	2000	2001	2002	2003
所有国家	31 725.6	36 673.2	38 005.3	47 078.0	60 630.9	54 785.6	47 377.7	56 861.3	66 064.6	66 507.8
工业化国家	27 417.0	31 643.8	32 609.8	41 336.5	53 919.2	46 775.8	39 699.5	46 960.1	53 717.1	52 584.4
美国	8 240.8	9 854.7	10 733.8	13 393.4	17 124.1	13 092.9	11 377.3	14 219.0	16 166.5	15 164.9
发展中国家	4 308.6	5 029.5	5 395.4	5 741.5	6 711.7	8 009.8	7 678.1	9 901.1	12 347.5	13 923.4
中国内地	517.31	817.78	970.97	1 682.40	2 523.33	1 684.72	1 462.33	2 060.54	2 738.22	2 555.95

资料来源：IMF "International Financial Statistics Online"，(1 SDR =1.44596 USD)，2004。

(四) 特别提款权

国际储备中的特别提款权 (Special Drawing Rights，SDRs) 是该国在 IMF 特别提款权账户中的贷方余额，也称"纸黄金" (Paper Gold)。特别提款权是 IMF 在 1969 年 9 月创造的无形货币，作为会员国的账面资产，是会员国原有的普通提款权以外的提款权利。这种无形货币只能用于 IMF 会员国政府之间的结算，可同黄金、外汇一起作为国际储备，当国际收支逆差时，可用于会员国向其他会员国换取可兑换货币外汇，支付国际收支差额，偿还 IMF 的贷款，使用时必须先换成其他货币，不能直接用于贸易和非贸易支付。表 3—5 是 1994—2003 年 IMF 的特别提款权分配情况。

表 3—5　　IMF 的特别提款权分配情况　　单位：百万 SDRs

	1994	1995	1996	1997	1998	1999	2000	2001	2002	2003
所有国家	15 761.5	19 773.2	18 521.4	20 532.2	20 379.7	18 456.7	18 489.0	19 556.8	19 672.7	19 914.6
工业化国家	12 485.9	14 998.5	14 521.1	15 511.5	15 844.0	14 726.0	14 411.1	15 967.8	15 791.9	15 305.9
美国	6 876.43	7 424.77	7 171.50	7 431.46	7 530.17	7 538.96	8 088.47	8 580.44	8 948.51	8 504.64
发展中国家	3 275.6	4 774.7	4 000.4	5 020.7	4 535.7	3 730.7	4 077.9	3 589.0	3 880.8	4 608.8
中国内地	369.13	391.58	427.15	446.53	480.10	539.58	612.71	676.82	734.19	741.33

资料来源：IMF "International Financial Statistics Online"，(1 SDR =1.445 96USD)，2004。

在 20 世纪 50 年代末 60 年代初期，世界贸易增长十分迅速，但是国际储备十分短缺。为此，1969 年 10 月国际货币基金组织第 24 届年会通过了创立特别提款权的决议，并在 1970—1972 年进行了第一次 SDRs 分配，这是人类历史上第一次集体创设的虚拟资产。其分配的办法是：按照会员国向基金组织缴付的份额，进行无偿分配，作为会员国以外的、用以补充其储备资产的一种手段。在 1976 年 4 月通过的《国际货币基金组织第二次修正案》中提出的目标是：使特别提款权成为国际货币体系中的主要储备资产，进而以特别提款权取代黄金和储备货币的地位。1979—1981 年，国际货币基金组织又对特别提款权进行了第二次分配。基金组织曾明确规定要使特别提款权"成为国际货币制度中的主要储备资产"，但是进展很慢。至 1994 年年底，IMF 先后"发行"了 6 次特别提款权。基金组织已分配而尚未使用的 SDRs，构成一国国际储备资产的一部分。不过，纵观特别提款权创立 30

年以来的历史，可以发现，特别提款权占国际储备资产的比例很小，未能成为国际货币制度中的主要储备资产。

到2003年年底，会员国共持有199.15亿单位的特别提款权，占会员国国际储备总额的0.93%。从特别提款权的世界分布状况看，呈现出较大的不均衡性。工业化国家持有的特别提款权占世界总量的76.85%，发展中国家仅占23.13%，而美国一国的持有量就占工业化国家的55.56%。

客观地看，由于特别提款权只是一种记账单位，没有足够的经济或物质保证；特别提款权的总体规模偏小，使用范围十分狭窄（如只能在国际货币基金协定中规定或批准的业务与交易中使用），不能在国际贸易和国际金融活动中充当结算、支付手段；同时，特别提款权的分配是按照各成员国占国际货币基金组织的份额为基础的，这就使那些占基金份额少，而国际清偿力短缺的发展中国家获得的特别提款权的份额远远少于发达国家。因此，要想使特别提款权在国际储备中占据更为重要的地位，就必须对其进行进一步的完善和改进。

国际储备的上述四个组成部分分别在世界国际储备中的比重也极不平衡。20世纪90年代以来，储备头寸和特别提款权在国际储备中的比重不到5%，并且呈下降的趋势，而外汇储备的比重却一直在上升，占据绝对优势地位。

总的来看，现行国际储备体系的一个基本特征就是储备货币的多元化。一个国家在选择外汇储备的货币构成时，需要综合考虑多个方面的因素，如贸易和投资方式、汇率水平和汇率制度、国际金融市场走向等。这些因素的变化会直接影响本国的储备资产规模和货币结构。

三、国际储备的作用

国际储备作为衡量一个国家金融实力的主要标志，它的主要作用有：

（一）干预外汇市场，维持本币汇率稳定

一国货币当局可以用国际储备来干预外汇市场，影响外汇供求，将货币汇率维持在一国政府所希望的水平或有利于本国经济发展的水平上。当外汇汇率上升，本币汇率下跌，超出政府的目标界限时，货币当局将抛售外汇储备（增加外汇供给），购入本国货币，抑制本国货币的下跌，或使本国货币汇率上升；相反，当本币汇率上升时，就增加本币的供应，购买外汇，抑制外币汇率的下降。因此，国际储备是一国维持其货币汇率稳定的“干预资产”，它体现了一国干预外汇市场和维持汇率稳定的实力，是支持与加强本国货币信誉的物质基础。

（二）调节国际收支，弥补国际收支逆差

当一国发生短期的国际收支逆差，可以运用本国的国际储备来平衡，而不必采取调整国内经济与进出口贸易政策和宏观的财政和货币政策来进行纠正。即可以通过动用外汇储备、减少在IMF的储备头寸和特别提款权等手段来弥补国际收支逆差，

使经济不会遭受财政和货币政策所带来的冲击，有利于国内经济目标的实现。因此，国际储备可以为最后采取财政和货币政策调节国际收支起“缓冲器”的作用。

（三）作为向外借债的保证

国际储备可以充作向外借债、还债的信用保证。根据国际惯例，一国所持有的国际储备状况能集中反映该国的对外资信，也是国际银行贷款时评估该国风险的重要指标之一。也就是说，当一国拥有充足的国际储备时，可以提升它的资信等级，增强它的对外筹资能力。

第二节　国际储备的管理

国际储备管理是一国政府或货币当局根据一定时期内本国的国际收支状况和经济发展的要求，对国际储备的规模、结构和储备资产的使用进行计划、调整、控制，从而实现储备资产的规模适度化、结构最优化和使用高效化的整个过程。

一个国家的国际储备管理包括两个方面：一是国际储备规模的管理，以求得适度的储备水平；二是国际储备结构的管理，使储备资产的结构得以优化。通过国际储备管理，一方面可以维持一国国际收支的正常进行，另一方面可以提高一国国际储备的使用效率。

一、国际储备管理的目标和原则

（一）国际储备管理的一般目标和原则

国际储备管理的政策目标是服务于一国的总体经济发展战略需要，即在国际储备资产的积累水平、存放方式和使用方式上，有利于生产能力的优化配置、经济的适度增长和国际收支的平衡。因此，在上述的政策目标下，对国际储备，尤其是外汇储备进行管理时，一般要遵循以下原则：

第一，储备资产的安全性。即储备资产存放可靠、风险性小。因此要求各国在选择储备资产的存放国家和银行、币种及其汇率走势、信用工具时，要预先做好充分的风险评估。

第二，储备资产的流动性（Liquidity）。即储备资产要容易变现、灵活调用和稳定地供给使用。各国在安排储备资产的规模时，要根据本年度外汇支付的时间、金额和币种的结算，将储备资产（尤其是外汇资产）做短、中、长期的投资，做到既能使储备资产增值，又不影响使用。同时参照外汇市场上为支撑本国货币汇率而实行干预时所需的储备货币种类和规模，选择合理的储备货币结构。

第三，储备资产的盈利性。即尽可能地使储备资产的收益最大化。随着国际金融市场中的借贷方式和投资对象的不断丰富，金融工具的创新也层出不穷，这既给储备资产的运用和选择提供了更多的机会，同时也增加了储备资产管理的难度和复杂性。在选择金融工具时，既要考虑到利率水平，又要重视汇价风险。因此必须对储备资产的投放进行精心安排，使外汇储备存放于国外银行部分和投资于国外证券部分之间保持适当的比例，实现资产投放的最佳组合，以获得最佳效益。

在实际经济中，安全性、流动性和盈利性三者往往缺一不可，但是它们之间又相互排斥。例如，当要提高安全性时，必然要侧重于流动性大的短期存款，这样收益较小；当强调盈利时，就要将资产做长期的投资，这样流动性降低，风险较大。所以，国际储备资产的管理一定要综合权衡、统筹考虑。其总的原则是储备资产的规模应当能满足国际经济交易的需要，储备资产的存放方式应在确保安全性和保持适度流动性的前提下，尽可能地提高收益性。

（二）金融全球化与国际储备管理原则的新变化

早期国际储备理论的一个重要特点是十分强调国际储备的“务实”功能，即实实在在地用“真金白银”去满足进口、支付债务和干预外汇市场的需要。在这种观念下一般认为，适当的外汇储备规模应能满足这几个方面的需求：一是在没有任何外汇收入的情况下，现存外汇储备足以支付一定时期的进口；二是在没有任何外汇收入的情况下，足以让当局有能力支付短期债务；三是当汇率出现波动时，能有足够的外汇用来干预汇率，使之保持稳定。

金融全球化的迅速发展使传统国际储备管理指导思想发生重大变化。2001 年，国际货币基金组织通过了名为《国际储备管理指导》的文件，对于国际储备的新实践做出了总结。在该文件中，国际储备管理目标是：（1）有充分的外汇储备来达到一系列被定义的目标；（2）用谨慎原则来管理国际储备的流动性风险、市场风险和信用风险；（3）在流动性风险和其他风险的约束条件下，通过将国际储备投资于中长期金融工具而获得一个合理收入。

进一步说，外汇储备被定义的目标主要有：（1）支持货币政策与汇率管理政策的信心；（2）通过吸收货币危机的冲击以及缓和外部融资渠道的阻塞，来限制一国经济的外部脆弱性；（3）提供一国能够偿还外债的市场信心；（4）支持对国内货币的信心；（5）支持政府偿还外部债务与使用外汇的需要；（6）应付灾难和突发事件。

在该文件里，虽然诸如对付汇率波动、应付国际赤字支付等传统“务实”的国际储备管理目标仍然被提及，但是现在国际储备管理的重心在于“保持信心”。

二、国际储备规模的管理

（一）国际储备规模的含义

所谓国际储备规模，是指一国在一个时点上持有的国际储备额同一些经济指标的对比关系，例如：一国的国际储备额同该国的国内生产总值（GDP）之比，国际储备额同国际收支总差额之比，国际储备额同外债总额之比，国际储备额相当于几个月的进口额等。

（二）决定适度国际储备规模的因素

就一个国家来说，什么样的国际储备水平，才算是适度呢？目前没有一个普遍适用的统一标准。我们只能从一国对国际储备的需求及其供给两个方面进行分析。

1. 国际储备的需求

决定一国对国际储备需求量的因素主要有：

（1）持有国际储备的成本。国际储备是对国外实际资源的购买力，使用它们，就可以增加国内投资和加快经济的发展。因此，一国持有国际储备，实际是将这些实际资源储备起来，牺牲和放弃利用它们来加快本国经济发展的机会。这是一种经济效益的损失，是持有国际储备的机会成本（Opportunity Cost），也就是使用国外实际资源的投资收益率（Rate of Investment Income）的损失。它显示了一国持有国际储备所付出的代价。

但是一国持有的国际储备中生息的储备资产（在国外的银行存款和外国政府债券）还会有一定的利息收益。这样，一国持有国际储备的成本，便等于投资收益率与利息收益率之差。这个差额大，表明持有国际储备的成本高；差额小，则表明持有国际储备的成本低。受经济利益的制约，一国需求国际储备的数量，会同其持有的国际储备的成本成相反方向变化：持有国际储备的成本越高，国际储备的需求量越少；反之则越多。

（2）对外贸易状况。它包括一国的对外贸易在其国民经济中的地位与作用、贸易条件和出口商品在国际市场上的竞争力等。一个国家如果它的经济发展对进出口贸易的依赖程度较高，那么它需要较多的国际储备；相反，则需要较少的国际储备。一个在贸易条件上处于不利的地位、其出口商品又缺乏竞争力的国家，需要较多的国际储备；相反，则需要较少的国际储备。对外贸易状况是决定一个国家需要国际储备多少的重要因素，因为贸易收支是决定该国的国际收支状况的主要因素，而国际储备的最基本作用也是弥补国际收支逆差。

（3）在国际市场上的融资能力。如果一个国家有较高的信誉，能迅速获得国外资金，那么它的国际储备水平可低些。因为该国的国际清偿能力，不致因其储备水平较低而降低；相反，则需要较高水平的国际储备。但是，如果一国储备水平过低，就不具有较高水平的国际信誉，而其借用国外资金的能力也会降低。另外，靠借用国外资金来增大其储备额，当借款边际成本超过储备上的收益，借款会增加未来的偿债付款。

（4）应付各种因素对国际收支冲击的需要。一国在考虑对国际储备规模的需求时，还要注意到各种可能出现的因素对本国未来国际收支的冲击，否则可能陷于困境。因此，一国应该对这些冲击的类型和程度有正确的预测。例如，短期性冲击所

引发的暂时性国际收支逆差，可运用外汇储备资金来弥补；对长期性冲击引发的长期性国际收支逆差，则只能依靠经济调整，通过实施财政政策的调整，来实现国际收支的平衡。

对于冲击的程度，各种因素对一国国际收支冲击的概率和程度，影响着该国国际收支的稳定性，从而决定其对国际储备的需求量。各种因素对国际收支冲击的概率和程度越大，国际收支越不稳定，从而需要的储备就越多；相反，则需要较少的储备。

(5) 经济调整的强度与速度。一国实施经济调整来解决长期性的国际收支逆差，会引致国内经济的震荡。这种震荡的剧烈程度，和经济调整的强度与速度呈正相关性，即经济调整的强度与速度越高，经济震荡就越剧烈。但是，如在进行经济调整时也运用国际储备，则可以降低经济调整的强度与速度，从而能减轻经济震荡。这样，一国所需要国际储备的数量就和经济发展速度之间存有一定的关系：要使经济调整引起的震荡小，就需要较多的国际储备；反之，则需要较少的国际储备。

(6) 汇率制度与外汇政策的选择。在实行固定汇率制度和稳定汇率的外汇政策条件下，为干预外汇市场平抑汇率，对国际储备需要的数量较大；反之，则对国际储备需要的数量较小。另外，频繁干预外汇市场比偶尔干预外汇市场需要更多的国际储备，而旨在"目标区"的干预比修正性的干预需要更多的国际储备。

(7) 货币的国际地位。一国货币如果处于储备货币地位，它可以通过增加本国货币的对外负债来弥补国际收支逆差，而不需要较多的储备；相反，则需要较多的储备。

(8) 对外贸和外汇的管制程度。当一国发生国际收支逆差时，既不靠外汇资金来融通，也不靠实施经济调整来扭转，而是通过对外贸和外汇的直接管制来扩大外汇收入和限制外汇支出，从而实现国际收支的平衡。这些管制越严格，需要的储备就越少；管制越松，需要的储备就越多。

另外，一国的经济规模和发展速度也影响对国际储备的需求。经济发展越快、规模越大，则对外部市场和资源的依赖程度越大，因此就需要越多的国际储备。

从上述分析可以看到，确定一国对国际储备的需求量是很复杂的，但有一点是明确的：应将以上各因素综合起来考虑，只从某个因素来考虑是片面的。

由于确定一国国际储备需求量的复杂性，IMF曾采用几项客观标志，来反映一国国际储备不足和对国际储备需求量增加的情况：

(1) 持续实行高利率政策，这表明该国抑制资本外流和吸引外资内流，以增加储备和满足对储备的需要。

(2) 对国际经济交易加强限制，这主要是由于储备不足，而加强对国际贸易与资本国际流动的限制。

(3) 实施以增加储备为目标的经济政策，如奖励出口和限制进口、紧缩银根的政策等。

(4) 汇率的持续性不稳定。

(5) 储备增加的结构变化，例如一国储备的增加，主要来自于向国外的借款，则表明该国储备不足。

2. 国际储备的供给

一个国家的国际储备水平，不仅取决于它对国际储备的需要量，而且还取决于它的国际储备的供给数量。黄金储备、外汇储备、普通提款权和特别提款权这四种储备形式中，后面两项是一国不能主动增减的，因为它们都和会员国缴纳给IMF的份额紧密相连，份额又是以该国的经济实力为基础，在其经济实力无明显变化或IMF未调整份额的情况下，该国持有的普通提款权和特别提款权就不会增减。因此，一国国际储备的增减，主要取决于其黄金储备与外汇储备的增减。

(1) 黄金储备。一国黄金储备的增加，主要是通过黄金的国内外交易来实现。储备货币发行国如果用本国货币在国际市场购买黄金，该国的国际储备可随之扩大；非储备货币发行国只能用其外汇储备在国际市场购买黄金，其结果只能改变该国国际储备的构成，而不能扩大其国际储备。但是从黄金的国内交易来看，不论是储备货币发行国，还是非储备货币发行国，中央银行以本国货币在国内收购黄金，即所谓的“黄金货币化”，都可增大它们的黄金储备。不过靠这种办法来增大黄金储备量，受到黄金产量等条件的制约，有一定的限度。

(2) 外汇储备。一国增加其外汇储备有以下渠道：1) 国际收支顺差是增加外汇储备的根本渠道，经常账户的盈余是外汇储备最稳定的来源。而金融和资本账户具有借入储备特征，不稳定。因为长期资本项目收支顺差，如果没有新资本流入，发生外国资本抽回投资，收支顺差就将消失；而短期资本项目收支顺差更不稳定，因为短期资本具有转移不定的特性。2) 该国中央银行为阻止本国货币升值，而抛售本国货币，获得的外汇收入将计入外汇储备。3) 一国政府或中央银行向国外政府或国际银行的借款也可以作为国际储备。

(三) 外汇储备规模理论

1. 适度规模理论——进口比率法

由于影响适度国际储备量的因素众多而且复杂，存在大量不确定性因素，因此要精确衡量一国的最适度国际储备量是非常困难的。进口比率法是目前国际上普遍采用的一种简便易行的衡量方法。美国耶鲁大学的经济学家罗伯特·特里芬(R. Triffin)教授在其1960年出版的《黄金与美元危机》一书中总结了几十个国家的历史经验，并得出结论认为：一国的国际储备额应同其进口额保持一定的比例关系，这个比例关系应以40%为最高限，20%为最低限。一般认为，一国持有的国际储备应能满足其3个月的进口需要。按此计算，储备额对进口额的比率为25%。这就是所谓的储备进口比率法，储备进口比率法的优点是简明易行。

但是，储备进口比率法也有明显的缺点：第一，它在理论上存在缺陷，即：国

际储备的作用并非是支付进口，而是弥补国际收支逆差。第二，各国情况不同，例如，各国对持有国际储备的好处和付出的代价看法不同，各国在世界经济中所处的地位不同，等等。这些差异决定了各国储备政策的差异，因而各国对储备的需要量也就不同。所以，只用进口贸易这个单一指标作为决定各国国际储备需求数量的依据，显得有些依据不足。表3—6列明了非黄金储备与进口额的比率。

表3—6 **非黄金储备与进口额的比率** 单位：%

年份	1971	1981	1991	1993	1995	1997	1999	2000
发达国家	14.7	8.5	11.5	11.5	11	11.2	10.7	10.2
发展中国家	12.6	13	20.7	21.7	22	24.1	30.2	27.5
中国内地	—	11.9	35.6	11.3	30.4	52.2	49.5	42.5

资料来源：张莲英等：《国际金融学教程》，北京，经济管理出版社，2003。

2. 机会成本说

该学说是20世纪60年代末期由J. 阿格沃尔（J. Agaraual）等一些经济学家提出的。他们认为，持有外汇储备的机会成本就是国内投资的收益率。一国持有的储备超过国家的需要，就意味着一部分投资和消费的牺牲。因此，一国的储备需求是由其持有储备的边际成本和边际收益来决定。适度储备需求应是其持有储备的边际成本和边际收益达到均衡时的储备要求。

阿格沃尔模型仅考虑了出现国际收支逆差的影响及平衡收支所需储备，而未考虑正常进口支付用汇和偿债付汇要求。进口用汇与偿债付汇正是外汇储备最基本的需求源。此外，该模型也未考虑外汇储备在维持人们对一国经济发展和政治稳定的信心上所起的作用。随着经济全球化进程的加快，在人们心目中外汇储备作为经济保障的功能有所淡化，而维持社会公众信心的作用却有所增强。因此，这一方法不可避免地也存在着极大的局限性，但较之特里芬比例已有较大的改观。

3. 货币供应量决定论

这是货币主义学派布朗（Brown）和约翰逊（Herry Johnson）等经济学家提出的，他们在特里芬比率基础上分别提出国际储备与国际收支差额比率和国际储备与国内货币供给比率等，从货币供应角度来分析外汇储备规模适度问题。该理论认为，国际收支不平衡本质上是一种货币现象，当国内货币供应量超过国内需求时，多余的货币就会流向国外，从而引起现金余额的减少。所以，外汇储备的需求主要由国内货币供应量增减来决定。

4. 外债规模与储备存量之间的比例关系

这是20世纪80年代中期兴起的一种理论观点。此观点认为外债规模与储备之间应保持一定的正比例关系，即一国应把外汇储备维持在其外债总额的40%左右。很显然，这一方法与特里芬方法有着类似的局限性。

5. 综合考虑进口支付、外债还本付息和外商直接投资资金回流因素的比率方法

这一方法也是在20世纪80年代中、后期兴起，许多中国学者运用这一方法研究了中国外汇储备的适度规模问题。尽管这一方法非常简洁，但仍然无法得出最适度规模，因为进口支付、外债还本付息和外商直接投资资金回流因素三个方面只是外汇储备最基本的需求渠道，并未考虑外汇储备的其他功能，且比例的设定也较为主观。

三、国际储备结构管理的内容

一国持有的国际储备，除了在水平上要适度之外，在结构上也要合理，以确保流动性、收益性和安全性。国际储备结构管理是指如何使国际储备资产实现最佳的分布格局，使黄金储备、外汇储备、普通提款权和特别提款权之间，以及使外汇储备的各种储备货币之间保持合适的比例关系。

（一）黄金储备、外汇储备、普通提款权和特别提款权的结构管理

黄金储备、外汇储备、普通提款权和特别提款权结构管理的目标，是确保流动性和收益性的恰当结合。然而正如我们前面所述，在实际的经济生活中，流动性和收益性互相排斥。流动性很高的国外银行活期存款的收益性很低，甚至为零，因为发达国家银行对活期存款不付利息，或只付很少的利息；相反，外国政府长期债券虽然收益较高，但流动性却较低。这就需要在流动性与收益性之间进行权衡，兼顾二者。由于国际储备的主要作用是弥补国际收支逆差，因而在流动性与收益性二者中，各国货币当局更重视流动性。按照流动性的高低，西方经济学家和货币当局把储备资产划分为三级：

一级储备资产，富于流动性，但收益性较低，它包括活期存款、短期存款和短期政府债券。

二级储备资产，收益性高于一级储备，但流动性低于一级储备，如2～5年期的中期政府债券。

三级储备资产，收益性高于二级储备，但流动性低于二级储备，如长期政府债券。

普通提款权，由于会员国能随时从IMF提取和使用，所以类似一级储备。特别提款权，由于它只能用于其他方面的支付，须向IMF提出申请，并由IMF指定参与特别提款权账户的国家，提供申请国所需货币。显然，这个过程需要一定时日才能完成。因此，特别提款权可视为二级储备。而黄金储备，由于各国货币当局一般只在黄金市价对其有利时，才会转为储备货币，可视为三级储备。

一级储备用作为货币当局随时、直接用于弥补国际收支逆差和干预外汇市场的储备资产，即作为交易性储备（Transactional Reserves）。二级储备用作为补充性的流动资产。三级储备主要用于扩大储备资产的收益性。一国应当合理安排这三级

储备资产的结构，以做到在保护一定流动性的前提条件下，获取尽可能多的收益。

（二）外汇储备的货币结构管理

国际储备结构管理的另一至关重要的内容就是加强对国际储备中最重要的外汇储备的货币结构管理。外汇储备的货币结构管理是指合理地确定各种储备货币在一国外汇储备额中各自所占的比重。随着布雷顿森林体系的崩溃和浮动汇率制度取代固定汇率制度，产生了对各种储备货币的结构管理。在浮动汇率制下，由于没有汇率波动上下界限的规定，某种储备货币汇率急剧升跌，会使以该种储备货币表示的外汇储备资产的实际价值增加或减少，从而使这些储备资产的持有者增加收益或受到损失。因此，如何根据资产管理原则来合理安排外汇储备的币种结构，就成了各国货币当局面临的重要任务之一。

国际上通用的选择外汇储备的货币方式，是排除单一货币结构，实行以坚挺的货币为主的多元货币结构。目前，美元在国际储备货币中仍占主要地位，但其所占比重正逐渐下降；而日元、欧元等储备货币所占比重却逐渐增加。因此，各国大多根据保值程序需求，由数种不同货币组成本国的外汇储备倾向结构。外汇储备中多元化货币结构，可以保护外汇储备购买力相对稳定，以求在这些币种汇率有升有跌的情况下，大体保持平衡，防止个别货币币值剧跌而造成损失，提高外汇资产的保值和增值能力。

一般而言，各种货币在外汇储备的比例主要是参照下列条件而综合确定的：(1) 储备国对外贸易的国别、数量和付汇情况。(2) 各货币发行国的经济、金融状况以及汇率变动趋势。(3) 本国政府的政治、经济、外交动向等。

基于这些条件的综合考虑，各国确定外汇储备币种结构的基本原则是：(1) 储备货币的币种和数量要与对外支付的币种和数量保持大体平衡。对于基于日常弥补国际收支赤字和干预外汇市场需要的交易性储备而言，其货币构成应与弥补赤字和干预市场所需要用的货币构成保持一致；对于基于应付不可预测的、突发的内外冲击需要的预防性外汇储备而言，其货币构成应按“将鸡蛋放在不同篮子中”的分散原则进行投资。(2) 在外汇头寸上应尽可能多地持有汇价坚挺的硬货币储备，而尽可能少地持有汇价疲软的软货币储备，并要根据软硬货币的走势，及时调整和重新安排币种结构。(3) 储备货币一定要多元化，而切忌单一化，做到在一些货币贬值时遭受的损失，能从另一些货币升值带来的好处中得到补偿。

四、当前国际储备体系的新特点

（一）国际储备体系货币出现了多元化的发展态势

20 世纪 40—70 年代，美元是国际储备体系的中心。20 世纪 70 年代初开始，以美元为中心的国际货币体系崩溃。美国经济衰落，经济实力相对下落，美元在国际储备体系中的地位不断下降，西德、日本经济逐步恢复，经济实力上升，日元和德国马克的地位不断提高，一度形成了以美元为主、日元和马克并行的国际储备货币格局。随着1999年欧元的启动，以及当时日本经济的持续疲弱不振，欧元地位上升，20世纪90年代末期外汇储备货币的竞争主要表现为美元和欧元的竞争。

未来的国际储备体系，已经不太可能出现以前的英镑和美元独占鳌头的单一主导性货币，由一个国家的货币来充当国际性主导货币的现象已经成为历史。从中长期看，随着欧元影响力的不断扩大，欧元在国际储备中的地位会不断上升；特别提款权作为一种并不完整的货币形式，难有更大的发展；美元的地位将逐步下滑。这样，在国际货币体系中就将逐步形成美元和欧元并驾齐驱的货币结构。

欧元与美元之间的竞争是决定未来外汇储备货币结构调整的主导性力量。在欧元启动之前，尽管在欧洲货币集团内部已经形成了以德国马克为中心的格局，但是由于多种原因，德国马克依然不具备与美元竞争的实力。与美元、日元等相比，欧元将成为国际货币体系内最有竞争力的国际储备货币之一，欧元在国际货币体系内制衡美元的可能性大大提高。欧元产生以后，各国中央银行出于现实的需要，必然会持有一定的欧元金融资产，作为储备资产的一部分。另外，国际金融市场必然会引入以欧元计价的金融工具，国际贸易中也会更多地运用欧元作为结算货币，有关欧元的金融交易规模将不断扩大。

从欧元所赖以支持的经济体的相对规模，以及其在世界贸易中所占份额等角度看，欧元与美元相比存在着十分明显的优势。据统计，欧盟总产出占世界总产出的比例已经高于美国产出在世界份额中所占的比例。即使扣除欧盟内部之间发生的贸易额，欧盟的出口也高于美国的出口额。从这个意义上说，美元在外汇储备中的地位与美国经济在世界经济、对外贸易中的地位已经不相称。美元在外汇储备中的地位在未来必然会受到来自欧元的挑战。

（二）欧元不能改变当前和今后一段时期内美元所占据的主导性地位

欧元的出现无疑将直接冲击美元作为国际储备货币的主导地位。这是由欧元区的经济实力、政治经济影响等多个因素综合决定的。但是，应该看到，美元在国际金融体系中的统治地位是在过去半个多世纪中逐步形成和稳定下来的，欧元要挑战美元的主导地位尚需要一个过程。从1999年欧元运行的实际情况及其对美元的替代情况看，当前美元在与欧元的角逐中依然占据优势地位。

尽管支持欧元的经济实力十分强大，但是并不一定能够保证欧元国际影响的持续扩大。国际投资者具有使用美元的惯性。目前，全球有50%的贸易以美元结算，相当于美国全球贸易额的3倍。各国外汇储备的64%是美元，这一数字过去几十年来未发生太大变化。至于私人投资者、养老基金、共同基金以及保险公司的态度，将取决于欧元资产在市场中的表现。除非欧元给欧洲市场带来显著变化，否则人们不会转向持有欧元。

美元作为一种信誉良好的金融工具的地位，反映了美国作为政治和军事超级大国的地位。这一点，欧洲无法比拟。尽管欧元可以使在欧洲做生意的公司降低交易

费，为旅游者提供诸多方便，但其他方面的所谓优势目前为止还是不可能与美元同日而语的。

第三节　我国的国际储备

一、我国国际储备变化的特点

在我国恢复了在 IMF 的合法席位（1980 年 4 月 17 日）以后，同 IMF 的其他会员国一样，我国的国际储备也由黄金储备、外汇储备、在基金组织的储备头寸和特别提款权这四部分构成，并有以下几个特点：

（一）黄金储备的数量是稳定的

从改革开放以来，我国的黄金储备，除 1979 年和 1980 年为 1 280 万盎司外，到 2000 年的其余年份均为 1 267 万盎司。这表明我国执行稳定的黄金储备政策。加入 WTO 后，我国经济与世界经济更加紧密地融合在一起，对外贸易额和国际资本的流动都有大幅增加，为了加强我国经济的抗冲击能力，稳定中国的国际收支，我国的黄金储备额连续两年有所增加，2003 年后基本保持稳定。表 3—7 是 1999—2007 年我国黄金储备量的变化情况。

表 3—7　　**我国黄金储备量的变化**　　单位：万盎司

年份	1999	2000	2001	2002	2003	2004	2005	2006	2007
黄金储备	1 267	1 267	1 267	1 608	1 929	1 929	1 929	1 929	1 929

资料来源：中国人民银行网站。

（二）国际储备的构成变化

我国外汇储备由原来的国家外汇库存（即国家外汇储备）与中国银行外汇结存两部分构成，改为仅指国家外汇库存；外汇储备数量的增长既快速又曲折。表3—8是我国历年的外汇储备情况。

表 3—8　　**中国历年外汇储备**　　单位：亿美元

年份	储备	年份	储备	年份	储备	年份	储备
1950	1.57	1967	2.15	1984	82.20	2001	2 121.65
1951	0.45	1968	2.46	1985	26.44	2002	2 864.07
1952	1.08	1969	4.83	1986	20.72	2003	4 032.51
1953	0.90	1970	0.88	1987	29.23	2004	6 099.32
1954	0.88	1971	0.37	1988	33.72	2005	8 188.72
1955	1.80	1972	2.36	1989	55.50	2006	10 663.44

续前表

年份	储备	年份	储备	年份	储备	年份	储备
1956	1.17	1973	-0.81	1990	110.93	2007	15 282.49
1957	1.23	1974	0	1991	217.12		
1958	0.70	1975	1.83	1992	194.43		
1959	1.05	1976	5.81	1993	211.99		
1960	0.46	1977	9.52	1994	516.20		
1961	0.89	1978	1.67	1995	735.97		
1962	0.81	1979	8.40	1996	1 050.49		
1963	1.19	1980	-12.96	1997	1 398.90		
1964	1.66	1981	27.08	1998	1 449.59		
1965	1.05	1982	69.86	1999	1 546.75		
1966	2.11	1983	89.01	2000	1 655.74		

资料来源：国家外汇管理局网站。

在1979—1992年间，我国的外汇储备由国家外汇库存和中国银行外汇结存两部分构成。国家外汇库存是指国家通过中国银行购进与卖出外汇相抵之后的余额。中国银行外汇结存，实际是中国银行的运营资金，即：中国银行的自有外汇资金，加上它在国内外吸收的外汇存款与对外借款，再减去它在国内外的外汇贷款与投资之后的余额。因此，国家外汇库存实际是我国货币当局持有的对外债权，而中国银行的外汇结存则实际是该行的对外负债。为了和IMF关于外汇储备的规定保持一致，我国从1993年起将外汇储备的统计口径改为仅指国家外汇库存。

我国外汇储备不仅在构成上发生了急剧的变化，在数量的增长上也表现出迅猛和曲折的特点。在1979年时，国家外汇储备只有8.4亿美元，到1995年年底增长为735.97亿美元，年平均增长率高达32.3%，而到2003年时已达到4 032.51亿美元，比1995年又增加了近5倍。我国外汇储备的数量变化曾经过“三起三落”曲线形增长：第一次下降发生在1980年，降为-12.96亿美元；从1981年开始第一次上升，逐渐升为1983年的89.01亿美元；1984年开始第二次下降，逐渐降为1986年的20.72亿美元；1987年开始第二次回升，逐渐升为1991年的217.12亿美元；1992年发生第三次下降，降为194.43亿美元；从1993年开始增长迅猛。到2002年前，平均每年都有200亿美元的增幅，中国加入WTO后的第一年（即2002年），外汇储备就增加了743亿美元。

（三）在IMF的储备头寸和特别提款权在我国的国际储备中不占重要地位

这种状况是由以下两方面的原因形成的：（1）外汇储备在我国的国际储备中占有特别重要的地位，1995年6月所占比重高达96.5%，到2003年时已达98.56%。（2）目前我国经济实力不够强大，向IMF缴纳的份额也不多，从而决定了我国持有的在IMF的储备头寸与分配的特别提款权数量不大。这两项储备资产在我国国际储备总额中所占比重，1995年6月仅为2.4%。到2003年时，我国持有的在 IMF 的储备头寸和特别提款权在我国国际储备总额中所占比重分别为 0.93%和 0.27%，合计为 1.2%，呈下降趋势。

(四) 我国国际储备的作用正在日益全面化

长期以来，我国国际储备的作用只限于弥补国际收支逆差和充作偿还外债的保证，而不具有充作干预资产的作用。从 1994 年 1 月 1 日开始，我国实行以市场供求为基础的、单一的、有管理的浮动汇率制度后，中国人民银行开始通过向外汇市场吞吐外汇，来保持人民币汇率的基本稳定，我国的国际储备也具有了充作干预资产的作用。

二、我国国际储备的管理

我国国际储备的管理，主要是外汇储备的管理。从国际收支情况看，经常项目中货物、商品贸易的持续顺差与金融项目中直接投资的持续净流入，是构成我国国际储备增加的根本原因。两者相对而言，直接投资的影响更大。目前，我国政治环境稳定、又有廉价高质量的劳动力和广阔的市场前景，并且这些影响国际贸易和国际直接投资的主导因素在短期内不易发生重大变化，因而我们估计，在汇率水平不发生重大调整的前提下，国际储备持续增加的局面在相当长时期内还将持续。

(一) 外汇储备水平的管理

一国持有储备因有经济效益的损失而会付出代价，这种损失和代价会随储备水平的升高而增大。从这点看，我国储备水平不应过高。但是，我国储备水平也不应过低，否则，储备将难以满足需要。因此，我国外汇储备水平应维持在适度的水平上。

适度的储备水平，实际是个“区间”概念。它的下限，按照国际通用的标准，应不低于相当 3 个月进口的储备量。只有这样，才能满足弥补国际收支逆差、稳定人民币汇率和充作偿付外债保证的需要。适度外汇储备水平的上限，实际是“保险储备量”，应稍高于相当 3 个月进口需要的储备量。这样的“保险储备量”，既符合我国的国情，也充分考虑了应付各种因素对我国国际收支冲击的需要。

(二) 外汇储备结构的管理

1. 对外汇储备投资的管理

外汇储备投资管理的原则是，坚持外汇储备资产投资以安全性和流动性为主，适当兼顾盈利性。为此，要合理安排外汇储备资产投资的短期、中期和长期结构。

2. 外汇储备货币结构的管理

目前，我国外汇储备货币结构管理的原则，是实行储备货币的多元化，其结构则根据我国贸易赤字的货币结构和偿付外债本息的货币结构来确定，并随着这些货币在国际外汇市场上汇率的变化情况，在确保安全性和流动性的前提下，不断进行调整，以求保值。

【背景分析】

近年我国外汇储备高速增长的原因

近年来我国外汇储备高速增长，其成因可从国际收支和政策体制两个角度来分析：

一、国际收支角度

我国外汇储备增长受经常项目顺差和资本往来项目顺差双重影响。在经常项目中，主要有对外贸易、非贸易往来（包括货运、港口供应和服务、旅游和投资等）和无偿转让。对外贸易上，1994年以后我国一直保持顺差，特别是1997年顺差的增幅近230%；非贸易往来1993年之后由此前的顺差转为逆差，且每年的数额有所增加；无偿转让的内容主要有与国际组织往来，无偿援助和捐赠、侨汇及居民其他收入等，其值一直表现为顺差，且数额相对较小。因此，我国经常项目顺差的主要原因是对外贸易顺差。

资本往来项目中，主要有长期资本往来（包括直接投资，股票债券和各种中长期借贷款）和短期资本往来（包括短期贷款、延期收付款等）。近10年来，我国资本往来项目一直保持较大的顺差增幅，其措施主要是外商直接投资和举借外债。与经常项目顺差相比，资本往来项目的顺差占了绝大比重，已成为我国外汇储备大幅增长最主要的原因。由于经常项目顺差形成的债权性外汇储备具有良好的稳定性，而资本往来项目顺差形成的债务性储备是不稳定的，因此，我国外汇储备的来源结构存在一定的隐忧。

二、政策体制角度

(1) 外汇体制改革对外汇储备的影响。官方汇率与外汇调剂市场汇率的并轨致使人民币贬值，使出口增加，对外贸易出现顺差；《中华人民共和国外汇管理条例》实施，境内机构的经常项目外汇收入必须全部结汇，用汇须持有效凭证和商业单据购汇，且外汇指定银行的外汇结算周转实行比例幅度管理，超过周转头寸的外汇必须在外汇市场上卖出，这样，企业和外汇指定银行实际上独立处置外汇的权利，中央银行必须被动进行外汇吞吐，表现出外汇储备不断增长的情况；将外商投资企业纳入银行结售汇体系，也极大地增加了我国的外汇储备。

(2) 由于国内经济快速增长以及国家相继出台一系列鼓励出口政策，使我国在更大范围、更广领域和更高层次上参与国际经济技术和竞争，进一步扩大了商品和服务贸易；通过实施市场多元化战略，发挥我国的比较优势，巩固传统市场，开拓新兴市场，对外贸易保持高速增长，使外汇储备持续增加。

(3) 国家进一步吸引外商直接投资，提高利用外资的质量和水平。通过逐步开放服务领域、多种形式利用中长期国外投资、把利用外资与国内经济结构调整及国有企业改组改造结合起来、鼓励跨国公司投资农业、制造业和高新技术产业、改善投资环境、对外商投资实行国民待遇、提高法规和政策的透明度等，使国际资本看

好中国，促使我国外汇储备保持高速增长。

(4) 由于2001年以来我国在国际市场利率频繁变动之际连续9次调低境内美元存款利率、市场对人民币贬值预期明显改善以及国家要求境外上市公司的募股资金调回境内结汇从而增加了境内资本项目结汇等原因，使得境内企业和个人持汇意愿明显降低，也使外汇储备增长。

【本章小结】

1. 国际储备是一国货币当局持有的、能随时用于弥补国际收支逆差、干预外汇市场，并且维持本币汇率稳定和作为对外偿债保证的各种形式的流动资产的总称。一般可分为黄金储备、外汇储备、在IMF的储备头寸和特别提款权四种类型。它的主要作用有干预外汇市场，维持本币汇率稳定；调节国际收支，弥补国际收支逆差；作为向外借债的保证。

2. 国际储备管理是一国政府或货币当局根据一定时期内本国的国际收支状况和经济发展的要求，对国际储备的规模、结构和储备资产的使用进行计划、调整、控制，从而实现储备资产的规模适度化、结构最优化和使用高效化的整个过程。包括国际储备规模的管理和国际储备结构的管理两个方面。

3. 我国国际储备中黄金储备的数量稳定，国际储备的构成由原来的国家外汇库存（即国家外汇储备）与中国银行外汇结存两部分构成，改为仅指国家外汇库存。在IMF的储备头寸和特别提款权在我国的国际储备中不占重要地位；我国的国际储备已具有了充作干预资产的作用。

【课堂讨论题】

结合2008年以来的全球金融危机，谈谈一国的国际储备对抵御国际金融危机的作用。

第四章

外汇管制

【要点提示】

- 外汇管制的概念与目的
- 外汇管制的内容和措施
- 我国的外汇管理
- 人民币可兑换问题

对外汇汇率的确定，外汇的买卖、本国货币的可兑换等问题，有些国家特别是发达国家基本不加管制；而有些国家，特别是大多数发展中国家仍然实行较为严格的外汇管制措施，使国际商品与资本的自由流动受到一定的影响。对外汇管与不管、管多管少、用什么手段进行管理，关系到一国经济的安全保障问题。本章将主要阐述外汇管制的概念、外汇管制的主要内容、外汇管制的利弊以及我国外汇管制的演变过程和人民币的自由兑换问题。

第一节 外汇管制概述

外汇管制（Foreign Exchange Control）也称外汇管理，是指一个国家或地区为了平衡国际收支、维持其汇率的稳定或其他政治经济目的，对本国的外汇买卖、外汇汇率、外汇资金的来源与运用以及货币的兑换性等实行行政干预和管制。

一、外汇管制的演变

从外汇管制的演变过程来看，随着世界经济的发展，它经历了从无到有、从加强到放宽、从取消到恢复的反复过程，大致可以分为三个阶段。

（一）从第一次世界大战爆发到第二次世界大战结束时期的外汇管制

外汇管制是第一次世界大战的产物，产生于第一次世界大战后的纸币流通制度。第一次世界大战爆发以后，由于受战争的影响，不少参战国（如当时的英国、法国、德国和意大利等）都发生了巨额的国际收支逆差，它们本国货币的对外汇率发生了剧烈波动，引起了大量资本外逃，西方各国均不得不相继停止金币流通和黄金兑换，放弃金本位货币制度，实行纸币流通制度。为了集中外汇资财进行战争，防止资本外流和避免汇率剧烈波动，几乎所有参战国在战时都不准自由买卖外汇，禁止黄金输出，实行严格的外汇管制。

第一次世界大战结束后，随着经济的恢复和发展，西方各国进入了暂时的相对稳定时期，其货币信用也得到相应的提高，特别是为了扩大对外贸易、恢复和争夺海外市场，从 1923 年起它们先后建立起金块本位制和金汇兑本位制，国际金本位制得以延续。因此，这些国家原先实行的外汇管制都先后被取消，国际间外汇自由买卖和多边贸易与结算制度基本恢复。

1929—1933 年空前严重的经济危机使几乎所有的资本主义国家陷入困境。随着金本位制的彻底崩溃，纸币流通制度的流行，许多国家为了缓解危机重新恢复外汇管制。

第二次世界大战期间，各参战国为了应付巨额战争开支，实行比以往更严格的外汇管制。所采取的措施包括禁止汇率的自由浮动、禁止外汇的自由交易等。

这一阶段外汇管制的内容以资本收支项目为限，主要以防止资本外逃和投机为目的。

（二）第二次世界大战结束至 1958 年的外汇管制

第二次世界大战结束后，西欧各国遭受战争创伤，普遍面临外汇、黄金的短缺，为了恢复经济，不得不继续实行外汇管制。20世纪50年代以后，西欧各国及日本经济实力的相对增强，从1958年起，英国、法国、联邦德国、意大利、卢森堡、比利时、荷兰、西班牙、葡萄牙、瑞典、挪威、丹麦、奥地利、爱尔兰等14个国家采取了放宽外汇管制的措施，不同程度地恢复了有限度的货币自由兑换。这时的外汇管制不再是为了防止资本外逃，而是为了限制国际资本的流入。

（三）从1958年至今的外汇管制

进入20世纪60年代，资本主义国家兴起了贸易、资本自由化的浪潮，外汇管制进一步放松。1960年7月，日本也实行了部分货币的自由兑换。1979年10月，英国撤销了原有的外汇管理条例。

经过20世纪70年代世界经济和国际货币体系的动荡和调整，到20世纪80年代和90年代，主要资本主义国家基本上取消了外汇管制。1986年，法国解除了90%的外汇管理措施。1990年7月1日起，欧共体决定其成员国原则上完全取消外汇管制，但其中希腊、西班牙、葡萄牙、爱尔兰可以延期几年逐步取消外汇管制。

目前，西方国家已基本取消了外汇管制，亚洲新兴工业化国家和地区也相继放宽或放松了外汇管制，但是，大多数发展中国家仍然实行程度不同的外汇管制。

二、外汇管制的类型及目的

事实上，完全不受管制的自由外汇交易是不存在的。世界上所有国家都实行某种程度的外汇管制，区别只是管制松紧程度的不同。

（一）外汇管制的类型

无论是发达国家，还是发展中国家，以是否实行全面的或部分的外汇管制为标准，可分为三种类型：

1. 实行严格的外汇管制

即对国际收支的经常项目和资本与金融项目都实行严格控制，而且不实行自由浮动的汇率制度。这类国家和地区主要是广大发展中国家和目前仍然实行计划经济的国家，如印度、赞比亚、秘鲁、巴西等均属这一类，列入这一类型的国家大约有90个。这些国家实行严格的外汇管制的原因主要是经济不发达、出口创汇有限、缺乏外汇资金和市场机制不成熟等。

2. 实行部分外汇管制

即原则上对经常项目不加管制，但对资本项目的收支则仍加以不同程度的管制。它们多为经济较发达国家和新兴工业化国家、地区以及国际收支和经济状况较好的发展中国家，如中国，列入这一类型的国家和地区有20多个。这类国家经济比较发达，市场机制在经济活动中起主导作用，并已承诺了《国际货币基金协定》第八条款，即不对经常项目的收支加以限制，不采取有歧视性的差别汇率或多重汇

率。

3. 取消外汇管制

即准许本国和本地区货币自由兑换成其他国家和地区的货币，对经常项目和资本项目的收支都不加限制。属于这一类型的国家和地区也有20余个，主要是经济发达国家，如美国、德国等，以及科威特、沙特阿拉伯等石油生产国。这些国家的汇率一般为自由浮动制，货币也实现自由兑换。其经济发达，黄金和外汇储备充足，国际收支整体情况良好。

（二）外汇管制的目的

外汇管制是国际经济交往不平等和不十分发达的产物，反映了各国政府对本国对外经济活动的干预，也反映了各个国家之间的经济关系。纵观外汇管制演变的历史过程可以看出，一个国家是否实行外汇管制，采取什么样的管理措施，与其当时所处的政治经济环境和条件有关。不管是什么时期，凡是利用一般经济手段不能使国际收支和汇率稳定在符合本国利益的水平上时，该国就会采取外汇管制这种强制性手段，来达到平衡国际收支、保持汇率稳定、维护经济金融安全和促进本国经济发展的目的。

三、外汇管制的主要内容和措施

由于发达国家和发展中国家的条件不同、在国际经济关系中所处的地位不同，因此是否要实施外汇管制、管制的宽松程度及采取什么管制变法都会有所不同，但其外汇管制所涉及的基本内容是一致的。一国实行外汇管制的基本内容包括三个方面：外汇管制的机构、对象以及办法与措施。

（一）外汇管制的机构

外汇管制的机构是国家指定和授权进行外汇管理的机构。实行外汇管制的国家通常由政府授权中央银行作为管理机构，如在英国，外汇管理的职能由英格兰银行来行使。但有些国家则专门设立外汇管制的机构负责外汇管理工作，如意大利，专门设立了外汇管制的机构——外汇管理局，负责外汇管理工作。还有些国家的外汇管制工作由国家行政部门直接负责，如在日本，由大藏省负责外汇管理工作。

我国在1979年3月，由国务院批准设立了国家外汇管理局，并赋予其管理全国外汇的职能。中国国家外汇管理局根据具体管理职能的不同又设立了综合司、国际收支司、经常项目管理司、资本项目管理司、管理检查司等职能部门。

（二）外汇管制的对象

外汇管制的对象包括人、物、地区、行业和国别五个方面。

（三）外汇管制的办法与措施

外汇管制的办法与措施也就是如何进行外汇管制的问题。外汇管制通常是从数量管制和成本管制两方面入手。数量管制主要就是对外汇交易的数量进行限制，通常采用进出口结汇、外汇配给、进口许可证等方式对国际收支账户的各个项目进行管理。成本管制主要是采用复汇率制和本币高估的做法。

实行外汇管制的国家，一般是对外汇资金流出流入、货币兑换、汇率三方面采取一定的管制。

1. 外汇资金流出流入管制

（1）贸易外汇。

由于贸易外汇收支在一国的国际收支中所占的比重最大，所以对贸易外汇的管制是整个外汇管制的重要组成部分，也是整个外汇管制中最普遍与最复杂的一项管理内容。贸易外汇收支又包括进口外汇管制和出口外汇管制两方面。

一般实行外汇管制的国家首先对进口实行管制，凡进口企业所需的外汇须向外汇管制部门申请，经批准方能买汇。

对出口实行外汇管制的国家，一般都规定出口商所得外汇结售给指定银行。为了刺激出口，有些国家在税收、信贷、汇率等方面采取一系列优惠措施，同时对国内供应短缺的某些商品实行限量出口，也有一些国家按其与有关国家达成的协议，对某些产品的出口实行数量控制。

（2）非贸易外汇。

非贸易外汇收支涉及的范围较广，包括：运输费、保险费、佣金、股利、利息、专利费、许可证费、特许权使用费、技术劳务费、版权费、稿费、奖学金、留学生费用、驻外机构经费、旅游费和赡家汇款等。其中与贸易有关的从属费用，如运输费、保险费和佣金等，基本按贸易外汇管制办法处理，一般无须再通过核准手续，就可由指定银行供汇或收汇。其他各类非贸易外汇收支，都要向指定银行报告或得到其核准。实行非贸易外汇管制的目的在于集中非贸易外汇收入，限制相应的外汇支出。

（3）资本输出输入。

对资本输出输入的管制是常见的管制形式，它直接影响到一国的外汇供求和国际收支状况。因此，无论是发达国家还是发展中国家，都十分重视对资本项目下的外汇管理。

2. 货币兑换管制

开放经济中所进行的经济交易产生对货币进行兑换的需求，对货币兑换管制主要针对国际收支不同账户中的兑换条件进行限制，是外汇管制的核心所在。货币自由兑换通常有三层含义：一是经常项目可兑换，二是资本项目可兑换，三是货币完全可自由兑换。按照国际货币基金组织的规定，一国若能实现经常项目下货币可自由兑换，那么该国货币就被列为可兑换货币。

（1）经常项目可兑换，是指取消对经常项目外汇支付和转移的汇兑限制。《国际货币基金协定》第八条款规定：不得对国际间经常项目往来的对外支付和资金转

移施加限制；不得实行歧视性的货币措施或多重汇率；兑付外国持有的在经常交易中取得的本国货币。目前IMF的180个成员国（地区）中，接受第八条款的有150个国家（地区），我国于1996年正式接受该条款。

(2) 资本项目可兑换，是指取消对资本流出流入的汇兑限制。在国际货币基金组织协定第六条款中，区分了经常项目和资本项目的自由兑换，允许会员国运用必要的控制手段调节资本的转移，即成员国没有必须的义务来实施资本项目的可兑换。根据国际经验，大多数国家都是先实现经常项目下的兑换，再逐步创造条件，过渡到资本项目的可兑换。

(3) 货币完全自由兑换，是指取消对外汇交易的所有限制，任何一个货币持有者都可以按照市场汇率自由地把本币兑换成某一种国际货币。

对本国货币实施兑换管制，其内在原因一般有：外汇短缺、金融秩序混乱失控、国内外经济体制和价格体系差异较大等。货币兑换管制有其正面效应，但不可避免容易滋生腐败、贿赂等负面效应。

3. 汇率管制

汇率管制涉及汇率制度、汇率水平和汇率种类管理三个方面。汇率制度的相关内容参见第一章。汇率水平管理指汇率合理水平的确定和比价的调整，有直接和间接管理之分。直接管理汇率即一国政府或货币当局制定、调整和公布汇率。间接管理汇率即汇率由外汇市场供求关系决定，国家通过外汇市场买卖影响汇率水平。汇率种类管理中常见的是复汇率制度。直接管理汇率和复汇率常见于外汇管制比较严格的国家。

外汇管制除了上述三项主要内容以外，还常包括对黄金、现钞输出输入的管制等。在黄金、现钞输出入方面，除黄金饰物外，实行外汇管制的国家一般禁止私人输出黄金，法国等国家还禁止私人输入黄金，私人输出输入黄金的自由完全被取消，而由中央银行独家办理。另外，在外汇管制下，本币现钞的输出输入也受到管制，其原因主要是：本国现钞输出，一方面会用于商品进口；另一方面，又会导致本币汇率在国外市场下跌。因此，实行外汇管制的国家，对本国现钞的输出都规定明确的限额。至于现钞的输入，有的国家规定限额，有的则不加管制，但规定输入的现钞用于指定用途。

四、外汇管制的效果及影响

外汇管制作为一种经济政策，在实施过程中，既有一定的积极作用，同时又有一定的消极影响。

(一) 外汇管制的积极作用

1. 消除过度需求，调节收支失衡

面临国际收支逆差、外汇短缺时，外汇管制是平衡国际收支的最直接手段之一。政府可以通过配给供应等措施，在增加外汇供给的同时，压缩外汇需求，实现外部均衡。

2. 限制资本外逃，保持金融稳定

随着各国经济交往的密切，资本流动特别是大量短期资本的流动日益频繁，会破坏国内正常的货币流通和信贷投资活动，妨碍金融政策的实施。加强对资本的管理，有助于避免资本流动对国内经济的冲击。

3. 稳定本国汇率，抑制通货膨胀

存在巨额国际收支顺差、汇率趋于坚挺的国家，容易出现输入型通货膨胀。通过外汇管制，限制资本和商品的输入，可以隔绝国际通货膨胀，使国内物价和汇率保持稳定，保证国内经济和对外经济的正常进行。

4. 便于实行贸易上的差别待遇

一国实行外汇管制，对内而言，通过实行差别汇率或贴补政策，有利于鼓励出口，限制进口，增加外汇收入，减少外汇支出；对外而言，有利于实现其对各国贸易的差别待遇或作为国际间政府谈判的手段，还可通过签订清算协定，发展双边贸易以克服外汇短缺的困难。

5. 维护本币在国内的统一市场，不易受投机影响

实行外汇管制，可以分离本币与外币流通的直接联系，维持本币在国内流通领域的唯一地位，增强国内居民对本币的信心，抵御外部因素对本币的冲击。

6. 保护本国民族工业

发展中国家工业基础薄弱，如果不实行外汇管制及其他保护贸易政策，货币完全实行自由兑换，则发达国家的廉价商品就会大量涌入，从而使其民族工业遭到破坏与扼杀。实行外汇管制，一方面可管制或禁止那些可能摧残本国新兴工业产品的外国商品的输入，另一方面可鼓励进口必需的外国先进的技术设备和原材料，具有积极发展民族经济的意义。

7. 增加本币信用，稳定物价

实行外汇管制，可集中外汇资财，节约外汇支出，一定程度上可以提高货币的对外价值，增强本国货币的信用，加强一国的国际经济地位。另外，货币对外表现为汇率，对内表现为物价。当一国主要消费物资和生活必需品价格上涨过于剧烈时，通过外汇管制对其进口所需外汇给予充分供应，或按优惠汇率结售，则可增加货源，抑制物价水平上涨，保持物价的稳定。因此，外汇管制虽直接作用于汇率，但对稳定物价也有相当作用，可避免或减轻国外通货膨胀对国内物价的冲击。

（二）外汇管制的弊端

1. 阻碍国际贸易的正常发展

在外汇管制下，外汇的自由买卖和自由支付受到限制，影响了国际间多边结算，抑制贸易活动。外汇管制措施还容易加剧国家间的矛盾和摩擦，破坏正常的国际贸易秩序。

2. 价格机制失效，资源难以合理配置

一国如果对进出口贸易与资本流动进行管制，会使一国内商品市场和资本市场与国际相分离，国内价格体系和国际价格体系相脱节。这使一国不能充分参加国际分工和利用国际贸易中的比较利益原则来发展本国经济，资源不能有效地分配和利用。资金有盈余的国家，不能将其资金顺利调出；而急需资金的国家又不能得到所需的资金，资金不能在国际间有效流动，国际资金的使用效率大大降低。

3. 易于滋生腐败等寻租行为，效率低下

在外汇管制背景下，外汇黑市不可避免，潜在的利润产生种种寻租行为。外汇管制面临一系列较为复杂的行政管理问题，而且寻租过程发生的种种成本就是资源浪费，可能会降低外汇管制的效率。

第二节 我国的外汇管理

一、我国外汇管理的发展过程

我国是发展中国家，新中国成立以来一直实行比较严格的外汇管制。根据不同历史时期经济发展状况，我国外汇管理体制大体经历了国民经济恢复时期、计划经济时期、经济转轨时期和1994年开始建立社会主义市场经济至今四个阶段。

（一）国民经济恢复时期（1949—1952年）我国的外汇管理

新中国成立初期，国内通货膨胀严重，外汇资金极度短缺，金融秩序十分混乱，为了尽快恢复和发展经济，中央人民政府指定中国人民银行为外汇管理机关，颁布了《外汇分配事业暂行办法》，规定全国的外汇收入一律由中央人民政府财经委员会统一掌握、分配和使用。外汇分配的原则是：先中央后地方，先工业后商业，先公后私。这一时期外汇管理的主要任务是：建立独立自主的外汇管理制度和汇价制度；取缔西方列强在华的经济、金融特权，禁止外币流通，建立人民币统一市场，确定人民币法定货币的地位；管理华商和外商指定银行；扶植出口；鼓励侨汇。这一时期的外汇管理制度有效地稳定了物价，肃清了在国内流通的外币，国家外汇收入大增，为国民经济的恢复和发展创造了条件。

（二）计划经济时期（1953—1978年）我国的外汇管理

1953年起我国进入全面计划经济时期，外汇管理制度实行“集中管理，统一经营”的方针。主要是：（1）外汇收支由国家计划委员会全权负责，以收定支。一切外汇收入必须交售国家，需用外汇由国家按计划分配或批给，外汇业务由中国银行垄断经营。（2）1958年实行外汇留成制度，允许地方外贸企业以外汇额度的方式留存出口收汇的6%，用汇时，可持额度到银行按官方汇率用人民币购买。

这种外汇管理制度适应了当时高度集中的指令性计划经济体制，有效地维护了我国的外汇收支，但是计划经济管得过死，其弊端逐渐显现。

(三)经济转型时期(1979—1993年)我国的外汇管理

1979年以后，为了适应对外开放和经济体制改革，我国外汇管理体制也进行了改革，建立了对资本输出、输入的外汇管理制度，最突出的内容就是建立外汇留成制与外汇调剂市场。

1. 实行外汇留成制度

为了改革统收统支的外汇分配制度，调动创汇单位的积极性，扩大外汇收入，改进外汇资源分配，我国从1979年开始实行外汇留成办法：在外汇由国家集中管理、统一平衡、保证重点的同时，实行贸易和非贸易外汇留成，区别不同情况，适当留给创汇的地方和企业一定比例的外汇，以解决发展生产、扩大业务所需要的物资进口。

2. 建立和发展外汇调剂市场

在实行外汇留成制度的基础上，产生了调剂外汇的需要。1980年10月起，中国银行开办外汇调剂业务，允许持有留成外汇的单位把多余的外汇额度转让给缺汇的单位。之后，调剂外汇的对象和范围逐步扩大，由国营企业和集体企业的留成外汇，扩大到外商投资企业的外汇、国外捐赠的外汇和国内居民的外汇。调剂外汇的汇率，在由国家规定的官方汇率的基础上加一定的幅度。

3. 改革人民币汇率制度

(1) 实行贸易内部结算价和对外公布汇率双重汇率制度。1981年，我国制定了一个贸易外汇内部结算价，按当时全国出口商品平均换汇成本加10%利润计算，定为1美元合2.8元人民币，适用于进出口贸易的结算。同时继续公布官方汇率，1美元合1.5元人民币，沿用原来的“一篮子货币”计算和调整，用于非贸易外汇的结算。两个汇率对鼓励出口和照顾非贸易利益起到了一定作用，但在使用范围上出现了混乱，给外汇核算和外汇管理带来不少复杂的问题。

(2) 根据国内外物价变化调整官方汇率。改革开放以后，我国对物价进行改革，逐步放松价格管制，物价出现不断上涨的局面。为使人民币汇率同物价的变化相适应，发挥其调节国际收支的作用，1985—1990年，我国根据国内物价的变化，多次大幅度调整汇率，由1985年1月1日的1美元合2.8元人民币，逐步调整至1990年11月17日的1美元合5.22元人民币。

(3) 实行官方汇率和外汇调剂市场汇率并存的汇率制度。为配合对外贸易、推行承包制、取消财政补贴，1988年3月起，我国各地先后设立了外汇调剂中心，外汇调剂量逐步增加，形成了官方汇率和调剂市场汇率并存的汇率制度。从1991年4月9日起，我国对官方汇率的调整由以前大幅度、一次性调整的方式转为逐步、缓慢调整的方式，即实行有管理的浮动，至1990年年底调至1美元合5.72元

人民币，比1990年11月17日下调了9%。同时，放开外汇调剂市场汇率，让其随市场供求状况浮动，汇率波动较大。在国家加强宏观调控和中国人民银行入市干预下，1993年年底人民币汇率下调到1美元合8.72元人民币。

4. 允许多种金融机构经营外汇业务

1979年前，外汇业务由中国银行统一经营。为适应改革开放以后的新形势，在外汇业务领域中引入竞争机制，改革外汇业务经营机制，我国允许各专业银行业务交叉，并批准设立了多家地方商业银行和一批非银行金融机构经营外汇业务；允许外资金融机构设立营业机构，经营外汇业务，形成了多种金融机构参与外汇业务的格局。

5. 放宽对境内居民的外汇管理

个人存放在国内的外汇，准许持有和存入银行，但不准私自买卖和私自携带出境。对个人收入的外汇，视不同情况，允许按一定比例或全额留存外汇。从1985年起，对境外汇给国内居民的汇款或从境外携入的外汇，准许全部保留，在银行开立存款账户。1991年11月起允许个人所有的外汇参与外汇调剂。个人出国探亲、移居出境、去外国留学、赡养国外亲属需用外汇，可以凭出境证件和有关证明向国家外汇管理局申请，经批准后卖给一定数额的外汇，但批汇标准较低。

6. 外汇兑换券的发行和管理

为了便利旅客，防止外币在国内流通和套汇、套购物资，1980年4月1日起，中国银行发行外汇兑换券，外汇券以人民币为面额。外国人、华侨、港澳台同胞、外国使领馆、代表团人员可以用外汇按银行外汇牌价兑换成外汇券并须用外汇券在旅馆、饭店、指定的商店、飞机场购买商品和支付劳务、服务费用。

（四）建立社会主义市场经济至今（1994年至今）我国的外汇管理

1993年11月14日，党的十四届三中全会通过的《中共中央关于建立社会主义市场经济体制若干问题的决定》中明确要求，“改革外汇管理体制，建立以市场供求为基础的、有管理的浮动汇率制度和统一规范的外汇市场，逐步使人民币成为可兑换货币”。这为外汇管理体制进一步改革明确了方向。1994年至今，围绕外汇体制改革的目标，按照预定改革步骤，我国外汇管理体制主要进行了以下改革：

1. 1994年对外汇体制进行重大改革，实行人民币经常项目下有条件可兑换

（1）实行银行结售汇制度，取消外汇上缴和留成，取消用汇的指令性计划和审批。从1994年1月1日起，取消各类外汇留成、上缴和额度管理制度，对境内机构经常项目下的外汇收支实行银行结汇和售汇制度。银行结售汇制度是一国为集中外汇以保证外汇的供给，境内机构经常项目外汇收入，除国家规定准许保留的外汇可以在外汇指定银行开立外汇账户外，都须按照挂牌汇率卖给外汇指定银行；在经常项下需用外汇的单位或个人，由外汇指定银行按挂牌汇率卖出所需外汇。

(2) 汇率并轨，实行以市场供求为基础的、单一的、有管理的浮动汇率制度。1994年1月1日，人民币官方汇率与市场汇率并轨，实行以市场供求为基础的、单一的、有管理的浮动汇率制，并轨时的人民币汇率为1美元合8.70元人民币。人民币汇率由市场供求形成，中国人民银行公布每日汇率，外汇买卖允许在一定幅度内浮动。

(3) 建立统一规范有效的外汇市场。从1994年1月1日起，中资企业退出外汇调剂中心，外汇指定银行成为外汇交易的主体。1994年4月1日，银行间外汇市场——中国外汇交易中心在上海成立，连通全国所有分中心，4月4日起中国外汇交易中心系统正式运营，采用会员制、实行撮合成交集中清算制度，并体现价格优先、时间优先原则。中国人民银行根据宏观经济政策目标，对外汇市场进行必要的干预，以调节市场供求，保持人民币汇率的稳定。

(4) 对外商投资企业外汇管理政策保持不变。为体现国家政策的连续性，1994年在对境内机构实行银行结售汇制度时，对外商投资企业的外汇收支仍维持原来办法，准许保留外汇，外商投资企业的外汇买卖仍须委托外汇指定银行通过当地外汇调剂中心办理，统一按照银行间外汇市场的汇率结算。

(5) 禁止在境内以外币计价、结算和流通。1994年1月1日，中国重申取消境内外币计价结算，禁止外币境内流通和私自买卖外汇，停止发行外汇兑换券。对于市场流通的外汇兑换券，允许继续使用到1994年12月31日，并于1995年6月30日前可以到中国银行兑换美元或结汇成人民币。

通过上述各项改革，1994年我国顺利地实现了人民币经常项目有条件可兑换。

2. 1996年取消经常项目下尚存的其他汇兑限制，12月1日宣布实现人民币经常项目可兑换

将外商投资企业外汇买卖纳入银行结售汇体系。提高居民用汇标准，扩大供汇范围。取消尚存的经常性用汇的限制。1996年，我国还取消了出入境展览、招商等非贸易、非经营性用汇的限制，并允许驻华机构及来华人员在境内购买的自用物品、设备、用具等出售后所得人民币款项可以兑换外汇汇出。

经过上述改革后，我国取消了所有经常性国际支付和转移的限制，达到了《国际货币基金协定》第八条款的要求。1996年12月1日，我国正式宣布接受该条款，实现人民币经常项目完全可兑换。

至此，我国初步建立了适应社会主义市场经济的外汇管理体制，并不断得到完善和巩固。1998年以来，在亚洲金融危机影响蔓延深化的背景下，针对逃、套、骗汇和外汇非法交易活动比较突出的情况，在坚持改革开放和人民币经常项目可兑换的前提下，我国不断完善外汇管理法规，加大外汇执法力度，保证守法经营，打击非法资金流动，维护了人民币汇率稳定和正常的外汇收支秩序。

二、中国现行的外汇管理框架

(一) 实现人民币经常项目可兑换

1. 经常项目下外汇收入实行银行结汇制度

境内机构经常项目下的外汇收入，除国家规定准许保留的外汇可以在外汇指定银行开立外汇账户外，都须及时调回境内，按市场汇率卖给外汇指定银行。凡经有关管理部门核准或备案，具有涉外经营权或有经常项目外汇收入的境内机构（含外商投资企业），经注册所在地国家外汇管理局及其分支局批准均可开立经常项目外汇账户，在核定的最高金额内保留经常项目外汇收入。

2. 取消经常项目外汇支付限制

境内机构经常项目用汇，可以按照市场汇率凭相应的有效凭证用人民币向外汇指定银行购汇或从其外汇账户上对外支付。佣金等超过一定比例或数额，经外汇管理局进行真实性审核后，可以在银行办理兑付。个人因私用汇，标准以内的可以凭有效凭证直接到银行办理，超过标准的可以持有效凭证到外汇管理局进行真实性审核后到银行购汇。

3. 实行进出口收付汇核销制度

1991 年 1 月 1 日，我国开始实行出口收汇核销制度；1994 年 8 月 1 日开始，又实行了进口付汇核销制度。出口收汇核销是指货物出口后，由外汇管理局对相应的出口收汇进行核销；进口付汇核销是指进口货款支付后，由外汇管理局对相应的到货进行核销。

4. 通过进出口报关单联网核查系统进行贸易真实性审核

1999 年 1 月 1 日，海关、外汇指定银行和外汇管理局之间的进出口报关单联网核查系统正式启动，大大便利了企业进出口项下结、售、付汇的真实性审核，提高了工作效率。

(二) 严格管理资本项目外汇

根据外汇体制改革的总体部署和长远目标，我国资本项目外汇收支管理的基本原则是：在取消经常项目汇兑限制的同时，完善资本项目外汇管理，逐步创造条件，有序地推进人民币在资本项目下可兑换。在上述总原则下，目前我国对于资本项目外汇还进行严格管理并执行三个共同原则：一是除国务院另有规定外，资本项目外汇收入均需调回境内；二是境内机构（包括外商投资企业）的资本项目下外汇收入均应在银行开立外汇专用账户，外商投资项下外汇资本金结汇可持相应材料直接到外汇管理局授权的外汇指定银行办理，其他资本项下外汇收入经外汇管理部门批准后才能卖给外汇指定银行；三是除外汇指定银行部分项目外，资本项目下的购汇和对外支付，均须经过外汇管理部门的核准，持核准件方可在银行办理售付汇。现阶段，我国国际收支资本项目中主要是对外借债、外商来华直接投资和对境外直接投资三种形式。

（三）不断改进人民币汇率形成机制

1994年1月1日汇率并轨后，我国开始实行以市场供求为基础的、单一的、有管理的浮动汇率制。中国人民银行按照前一营业日银行间外汇市场形成的加权平均汇率，公布人民币对美元、欧元、港元、日元四种货币的市场交易中间价。银行间外汇市场人民币对美元买卖价可以在中国人民银行公布的市场交易中间价上下0.3%的幅度内浮动，对港元和日元的买卖可以在中国人民银行公布的市场交易中间价上下1%的幅度内浮动，对欧元的买卖可以在中国人民银行公布的市场交易中间价上下10%的幅度内浮动。外汇指定银行在规定的浮动范围内确定挂牌汇率，对客户买卖外汇。各银行挂牌的美元现汇买卖价不得超过中国人民银行公布的市场交易中间价上下0.17%，欧元、港元、日元现汇买卖价不得超过中国人民银行公布的市场交易中间价的1%。四种货币以外的其他外币汇率，则按美元市场交易中间价，参照国际市场外汇行市套算中间汇率，买卖汇率之间的差价不得超过中间汇率的0.5%。

（四）不断完善国际收支宏观管理体系

国际收支是一国对外经济活动的综合反映，国际收支平衡表是对一定时期内一国国际收支活动的综合记录，是宏观经济决策的重要依据。我国从1980年开始试编国际收支平衡表，1982年开始对外公布国际收支平衡表，1996年开始实行新的《国际收支统计申报办法》。在1996年推出通过金融机构进行国际收支间接申报的基础上，1997年又推出了直接投资、证券投资、金融机构对外资产负债及损益、汇兑等四项申报工作。国际收支统计申报和分析预测在中国宏观经济调控体系中发挥了重要的作用。

（五）加强对金融机构外汇业务的监督和管理

建立银行间外汇市场和实现经常项目可兑换后，经常项目的外汇收支基本上直接到外汇指定银行办理；资本项目的外汇收支经外汇管理部门批准或核准后，也在外汇指定银行办理。银行在办理结售汇业务中，必须严格按照规定审核有关凭证，防止资本项目下的外汇收支混入经常项目结售汇，防止不法分子通过结售汇渠道骗购外汇。1994年以来，加强了对金融机构外汇业务经营中执行外汇管理政策的监管、检查和处罚，并建立了相应的管理制度和办法。

（六）逐步建立适应社会主义市场经济的外汇管理法规体系

改革三十多年来，我国逐步建立起了适应社会主义市场经济的外汇管理法规体系，并且根据我国国情和外汇管理工作实践，不断充实、完善外汇管理法规，逐步建立健全“科学、合理、有效”的外汇管理法规体系，对于保证经常项目外汇自由兑换、对资本项目外汇进行有效控制、加强国际收支宏观调控和维护外汇市场正常运行起着重要的法制保障作用。

我国外汇管理体制改革的长远目标是实现人民币完全可兑换。目前人民币在资

本项目下是有严格限制的可兑换。从国际经验来看，实现资本项目可兑换需要具备一定的前提条件，而我国当前的国情和经济实际决定了人民币资本项目可兑换还将是一个中长期的渐进过程。同时，实现资本项目可兑换是一个系统工程，涉及各种金融活动领域和大量的非金融机构，需要各部门共同参与，各项改革配套到位，逐步从有严格限制的可兑换过渡到较宽松限制的可兑换，再到基本取消限制的可兑换，最终实现包括资本项目可兑换在内的人民币完全可兑换，促进国民经济健康发展。

第三节　人民币可兑换

一、货币可兑换

（一）货币可兑换的含义

从一般意义上说，货币可兑换是指在外汇市场上，能自由地用本国货币购买（兑换）某种外国货币，或用某种外国货币购买（兑换）本国货币。居民可以自由选择和持有货币资产，本币和外汇资金对外支付和转移不受限制，各种货币资产的国内、国外转移也不设立限制条件，不征收相应的税收或实行补贴。这样一种状态，是建立在市场完全透明、交易完全公平公正的基础之上的，可以说是一种理想的或理论上的货币可兑换。但现实生活中，大多数国家对货币的自由兑换进行了一定限制，从而形成了不同含义的货币可兑换。

一国货币的可兑换是针对外汇管制而言的，根据一国对外汇收支实施限制的不同，货币可兑换可分为经常账户下的可兑换和资本与金融账户下的可兑换。如果一国对经常账户和资本与金融账户下的对外收支都取消了限制，则该国货币实现了完全可兑换。

货币可兑换，一般要经历限制兑换、有条件可兑换、经常项目可兑换、完全可兑换（即经常项目可兑换再加上资本项目可兑换）和货币国际化等几个过程。需要明确的是：一国货币完全可兑换与一国货币国际化是两个不同性质的概念。一国货币实现了完全可兑换并不等于该国货币成为国际上可自由兑换的国际货币。一国的政府或中央银行通过取消各种对经常账户和资本账户的限制，就实现了本国货币的可兑换；而按照国际货币基金组织 1976 年 4 月 30 日颁布的《国际货币基金协定》第三十条 F 款的规定，只有当该国货币：(1) 在事实上被广泛地用于对国际交易的支付；(2) 在主要的外汇市场上普遍进行交易，才能成为可自由兑换的国际化货币。

按照《国际货币基金协定》的基本精神，各成员国必须消除货币兑换中的国别障碍，实现可兑换的基本要求，即一国政府或中央银行接受《国际货币基金协定》中规定的各项义务。由于规模庞大的国际资本运动对各国、特别是对发展中国家的经济会造成严重的冲击，因此，国际货币基金组织在该协定中对资本账户的可兑换做出了较宽松的规定，而对经常账户的可兑换则做出了较严格和具体的安排。

（二）货币自由兑换的条件

一国货币要成功地实行自由兑换，尤其是包括资本项目的自由兑换，必须基本达到以下几项条件：

1. 良好的宏观经济状况

一国货币实现完全自由兑换后，商品与资本跨国流动的加剧会给该国宏观经济带来多方面的冲击，这在客观上要求宏观经济具有应对各种冲击的能力。良好的宏观经济状况主要表现在以下几个方面：

（1）宏观经济运行较平稳。不存在严重通货膨胀和经济过热现象，也不存在高失业率问题，财政赤字处于可控制范围之内，金融业稳健运行，无巨额不良资产，金融秩序良好。

（2）有发达的市场体系。各要素市场的价格应能充分反映真实供求状况，能对市场上各种要素的变动做出灵敏和快速的反应。金融市场上金融工具品种齐全，市场交易活跃而又规范有序，各种利率的形成和变动能够反映不同的融资供求关系。

（3）政府有较强的宏观调控能力。货币的自由兑换要求政府能够及时、准确地运用各种政策工具对经济进行调控，以应付各种复杂的局面。同时政府通过完善的金融监管体系，运用先进的监管手段，能够对金融运行实施严格的监管。

（4）拥有干预外汇市场和平衡国际收支所需的充足的国际清偿手段。国际清偿手段主要包括外汇储备和筹措国外资金的能力。在实行货币兑换时，为了应付随时可能发生的兑换要求，维持外汇市场和汇率的相对稳定，必须有充足的国际清偿手段和从国外获得融资的能力。如果在一定的名义汇率或处于某个特定范围内的名义汇率的条件下，实行货币的自由兑换，就必须有相当的外汇储备或有能力向国外取得信贷，以支持市场信用。

2. 健全的微观经济主体

货币的自由兑换使微观经济主体面临的来自国内、国际同类企业的竞争变得更加激烈，而企业的生存发展状况直接影响货币自由兑换的基础和规模。这就要求货币兑换国的微观经济主体如银行、企业能对市场价格作出迅速反应。企业应不断加快技术改造与新产品开发的步伐，努力提高产品的科技含量，增强产品在市场上特别是在国际市场上的竞争能力。对商业银行而言，必须稳健经营，提高资本充足率，严格控制不良资产。

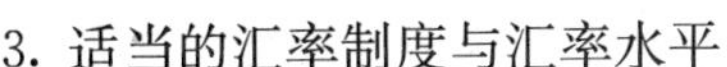

3. 适当的汇率制度与汇率水平

无论采取何种汇率安排，实际汇率必须有利于保持中期国际收支的持续稳定。适当的汇率，就是能够客观、真实地反映市场供求状况并能起到调节国际收支作用，从而正确引导外汇资金合理配置的汇率。高估的汇率不利于对外竞争，会造成国际收支的困难。定值过低的汇率又会使国民经济需要进口的商品过于昂贵，造成投资、生产的困难。这些不平衡，反过来都会对国民经济产生不稳定的影响。一般来说，在货币可以自由兑换的情况下，选择具有更多浮动汇率特征的汇率制度更为合适。

4. 健全的货币管理机制

健全的货币管理机制至少有两层含义：一是中央银行具有制定货币政策的权威性或独立性；二是中央银行必须拥有有效的货币政策工具来控制货币供给量。如果中央银行没有强有力的宏观调控能力，就不可能有有效的汇率管理。

5. 完善的金融市场

金融市场尤其是发达的货币市场，不仅是中央银行进行公开市场操作，通过改变货币供应量操纵汇率，或在干预外汇市场后进行“冲销性操作”，抵消储备变动对货币基数影响的前提，也是直接而灵活地调节外汇供求和汇率的场所。如果货币市场出现超额需求时，中央银行可通过提高短期利率，把资金从外汇市场吸引到货币市场，抵消货币市场的超额需求。

6. 较强的经济实力和合理的开放状态

货币自由兑换必须有强大的国力作支撑。一国经济结构合理，产品具有较强的国际竞争力，经济能够保持较高的增长速度，就有实力应对因货币自由兑换可能带来的金融风险，有能力控制实行货币自由兑换可能造成的负面影响。另外，合理的对外经济开放态势，既是形成外汇市场的必要前提，又是货币自由兑换得以顺利进行的必要前提。但是合理的开放状态并非开放程度越高越好，而是应与一国经济的发展水平和经济体制相适应，否则盲目地提高开放程度，货币自由兑换可能带来的风险越大，甚至由此酿成经济危机。

（三）货币自由兑换的利弊分析

1. 经常项目下货币自由兑换的利弊分析

经常项目自由兑换的有利之处主要有：由于简化进口手续，相对降低了进口成本和增加了进口商品和劳务的种类而使消费者直接受益；使国内的生产者直接面对国际、国内两个市场，有利于调动其生产积极性，强化其竞争能力和提高国内生产效率和劳动生产率；有利于生产要素的合理流动和国内资源的优化组合，从而提高整个社会的效益等。

经常项目自由兑换的不利之处主要有：

（1）短时期资源配置的扭曲。实行可自由兑换要求短期实际汇率低于其较长期均衡汇率水平。这可以提高进口的相对价格，但如果投资者不能准确预测到实际汇率的变动情况，则会对资源配置产生扭曲的影响。

(2) 货币替代和资本外逃。所谓货币替代，指该国货币与外币相互替代，会引起国内货币存量的动荡不定，影响货币政策目标的实施，使货币政策操作复杂化。所谓资本外逃，指在实行自由兑换后，如果该国通货膨胀率上升或经济、政局不稳定，易引起资本外流，这会削弱一国的经济积累基础，阻碍该国经济的发展。

(3) 造成经济政策目标的冲突，特别是内部平衡与外部平衡的冲突。例如，建立可兑换性，保持经常项目平衡，就意味着汇率不稳定性加剧；或者当局受到更大压力来采取政策措施，以保持对外收支稳定，而不是保持国内经济的稳定。

(4) 引起通货膨胀和经济周期的国际传递。在一个开放经济的国度里实行货币自由兑换，会加大通货膨胀和经济周期国际传递的力度和幅度。例如、甲国货币(若为储备货币) 流入乙国，乙国的货币准备就会增加，其货币供应量也会随之扩大；乙国货币 (若为储备货币) 流出，乙国货币供应量减少，为维持汇率稳定而发行的货币又会增加国际储备总量，从而不仅出现通货膨胀的国际传递，还会导致世界性通货膨胀的潜在压力。

2. 资本项目自由兑换的利弊分析

资本项目自由兑换的有利之处主要有：有利于增加直接投资及引入有关管理和技术资源；居民可以借助于资本外流来追求更高的预期收益，并在各种不稳定情况下使其资产构成多样化。

资本项目自由兑换的不利之处主要有：引起资本外逃，短期资本的波动容易引起宏观经济不稳定，加剧改革中出现的困难，直接影响社会的稳定；对外债管理不好，容易造成债务危机；对金融体系的运作缺乏监管，容易造成金融风险增加；对外资利用不好、不合理，容易造成对外资的严重依赖，不利于民族工业的发展。

二、人民币可兑换

人民币可兑换问题是20世纪90年代以来讨论的比较热烈的问题，在国内外都引起了比较大的关注。作为我国外汇管理的核心，对人民币可兑换性的制度改革在90年代中期取得了突破性的进展。

(一) 人民币自由兑换的进程

对人民币可兑换性的控制可划分为下面四个阶段：

1. 高度集中控制时期 (1979年以前)

这一时期对人民币自由兑换的控制是同当时高度集中的计划经济体制相一致的。这一阶段的主要特征是：一切外汇收支由国家管理，一切外汇业务由中国银行经营，国家对外汇实行全面的计划管理，统收统支。

2. 向市场化过渡时期 (1979—1993年)

随着经济体制改革的深入，这段时期内对人民币兑换的控制开始放松。1979

年开始实行外汇留成制度。所谓外汇留成制度就是出口企业将出口收入的外汇卖给国家后，可按规定的比例获得一定的外汇额度留成归其支配。用汇时，用汇单位用人民币配以额度，按国家公布的外汇牌价购买外汇对外支付。实行外汇额度留成之后，创汇企业和用汇企业之间产生了调剂外汇余缺的需要。与此相适应，1980 年建立了外汇调剂市场，在这一市场上汇率可根据供求状况变动。

外汇留成制度的实施极大地调动了企业和地方的对外贸易的积极性，在推动人民币向可兑换货币方向发展上起了重要作用。但是，经常项目下的支付用汇仍有一部分需要计划审批，由外汇留成导致多重汇率出现，因此它与人民币经常项目下的自由兑换还有较大的差距。

3. 经常项目有条件可兑换时期（1994—1996 年）

在推进人民币经常项目可兑换中，这一阶段的主要工作有两项：

一是按照《国际货币基金协定》的各成员国不得实行歧视性货币政策或多重汇率制度的要求，于 1994 年 1 月 1 日实现了人民币汇率的并轨，实行以市场供求为基础的、单一的、有管理的浮动汇率制度。

二是实行经常项目人民币的有条件的可兑换。所谓有条件的可兑换是指：一方面，对中资企业实行银行结售汇制度，即中资企业所得外汇收入必须无条件地卖给外汇指定银行（强制性结汇）；它们的经常项目的外汇需求须凭交易凭证到外汇指定银行兑付（有条件的售汇）。这样就使绝大部分经常项目交易的用汇和资金转移不再受到限制。另一方面，又存在着若干经常项目汇兑限制。

4. 经常项目完全可兑换时期（1996 年 12 月 1 日至今）

这一阶段实现了经常项目的人民币完全可兑换。这主要体现在三个重要文件上：1996 年 1 月 29 日，中国人民银行颁布了《中华人民共和国外汇管理条例》。1996 年 5 月 13 日，国家外汇管理局发布了《境内居民因私兑换外汇办法》，从 7 月 1 日起正式实施。1996 年 6 月 20 日中国人民银行颁布了《结汇、售汇及付汇管理规定》，将外商投资企业纳入银行结售汇体系。

实现经常项目可兑换后，对经常项目下的外汇收支的管理仍然存在。与此同时，我国还对资本项目实行较严格的管制，基本原则是“管理从紧”，严格审批和登记一切资本输出、输入，鼓励外商直接投资，严格控制外债规模、结构、目的和流向，对本国资本输出实行严格管理。

（二）实现人民币经常项目可兑换对我国经济的影响

1. 扩大了对外开放领域，增强了国际竞争能力

随着我国对外开放的深入发展，国际社会对我国能否取消经常项目的外汇管制、实现人民币经常项目的可兑换十分关注。国际货币基金组织在每年来华进行磋商时，都把取消与第八条款要求不符合的外汇管制列为磋商的重点之一。从 1994 年以来，我国进出口贸易额快速增长，外汇储备节节上升，有效地支持了我国经济的快速成长。

2. 改善了国内投资环境，利用外资规模迅速扩大

在实现人民币经常项目可兑换后，把外商企业纳入银行结售汇体系，不仅取消了他们进口用汇的限制，也取消了对外汇不平衡的外商企业利润汇出的限制，同时还允许外商企业根据核定的外汇结算账户最高金额，保留一部分现汇。实行人民币经常项目可兑换之后，增强了外商投资信心，减少了投资风险，我国的投资环境对外商投资的吸引力上升，我国利用外资金额从1994年的928.1亿美元上升到1999年的1 518.3亿美元。流入的外资加快了我国经济发展和产业结构的调整。

3. 加快了我国经济的市场化进程，推动金融服务业的发展

实行经常项目可兑换之后，银行、保险、证券和其他服务业都出现了新的市场机遇，同时也要求我国的金融服务业改善经营质量，提高服务水平，增强竞争能力。国家对经济的宏观调控也加大了间接调控的空间和力度，汇率成为经济调控的重要杠杆。外汇交易和外汇收支的风险管理，成为市场运行状况的检验标志，有效地促进国内企业加强应变能力、加速产品结构的调整、提高管理水平、加快经营机制的转变。

当然，实行人民币经常项目可兑换之后，在经济运行和外汇市场中也出现了一些负面的影响，如逃汇、套汇、骗汇、洗钱、隐性外债和恶性竞争等，为此，国家不得不付出更多的监管成本，在财政、贸易、外汇储备和金融秩序等方面也受到了一些影响。

（三）人民币资本项目实现可兑换

在1996年12月我国实现了人民币经常项目可兑换。进入21世纪后，逐步实现资本项目的可兑换成为外汇制度改革的战略目标。

我国人民币资本项目如何实现可兑换，需要从我国经济实际出发，吸取国外可借鉴的经验教训，采取审慎的姿态，在健全的金融体系和有效的金融监管下，有步骤地进行；需要掌握资本项目可兑换的程序和速度，以减少潜在的风险，保持经济金融的稳定。

改革开放以来，我国综合经济实力有了相当大的提高，国内经济市场化程度达到了一定水平；投资和储蓄达到一定规模，公众对通货膨胀预期渐趋成熟；现代企业制度（含金融企业）取得了突破性的进展，企业管理外债和对外投资的能力增强；金融市场特别是证券市场的运行规则及其管理方式逐步采用国际惯例；国际收支和外汇储备较为稳定；银行、证券、保险的监管体制已经正常运行，具有较强的调控国际收支、防止国际资本冲击、维护人民币汇率稳定的管理能力，开放资本项目已具备了一定条件，也产生了一定的内在需求。人民币资本项目可兑换的实现也同经常项目可兑换的实现一样，比较好的选择是循序渐进，分阶段推进。

【案例分析】

外汇管制过松——冰岛“国家破产”的原因之一

冰岛共和国是北大西洋中的一个岛国，简称冰岛，人口不到32万。2005年，冰岛人均国内生产总值达到54 975美元，位居世界第三。除了人均国内生产总值高之外，冰岛还是世界上第二长寿的国家，同时拥有世界排名第一的人类发展指数，被誉为“世界上最幸福国家”。

到2008年9月底，冰岛银行业的总负债达到3 503亿克朗，加上在英国吸纳的至少65亿英镑存款，已经超过了冰岛央行3 748亿克朗的官方外汇储备。冰岛人均负债40多万美元。2008年10月，冰岛总理宣布，冰岛面临“国家破产”的危险，成为本次金融危机中首个面临“破产”的经济发达国家。

冰岛选择的经济发展模式，就是利用高利率和低管制的开放金融环境吸引海外资本，然后投入高收益的金融项目，进而在全球资本流动增值链中获利。这种依托国际信贷市场的杠杆式发展，收益高但风险也大。全球化带来了全球资本的流动，一个国家可以搏杀于全球资本市场，参与金融利益的分成，并攀上全球金融生态链的高端，但前提是有足够强大的实体经济做支撑。从经济规模看，冰岛并不具备这种实力。此外，冰岛还把发展经济的筹码过多地押在了虚拟经济上，忽视了实体经济的发展。

冰岛工业基础薄弱，除渔产品和旅游业之外，主要依靠加工业和纺织业。从1991年开始，冰岛政府着手进行市场改革，2000年左右冰岛政府开始酝酿扩大银行的自主权，逐步放宽了对金融业的监管。由于冰岛人口有限，发展空间不大，一些银行家们便把眼光投向海外，到国际金融市场上大肆借贷、扩张。就像其他欧美国家一样，冰岛投资者的大部分资金，也都拆借于国际金融市场，而且多数还是短期借贷。这意味着，投资者需要不断地借新债来还旧债。

多年来，冰岛央行一直以打击通货膨胀为主要政策目标，因此通胀一上升，就以提升利率回应，导致冰岛基准利率节节攀升，达到了惊人的15.5%。如此高的利率不但吸引了国际外汇炒家的大量热钱，导致冰岛克朗不断升值，给冰岛民众以财富升值的假象，也变相鼓励了冰岛投资者到国际市场上以外币借债，然后以本币（即冰岛克朗）还债的做法。到2007年年底，冰岛银行业的负债规模已经达到了整个国家GDP的10倍。

【本章小结】

1. 外汇管制也称外汇管理，是指一个国家或地区为了平衡国际收支、维持其汇率的稳定或其他政治经济目的，对本国的外汇买卖、外汇汇率、外汇资金的来源与运用以及货币的兑换性等实行行政干预和管制。

2. 外汇管制主要内容是对外汇资金流出流入、货币兑换、汇率三方面以及对黄金、现钞的输出输入的管制。

3. 我国的外汇管理大体经历了国民经济恢复时期、计划经济时期、经济转型时期和1994年至今四个阶段。我国外汇管理体制改革的长远目标是实现人民币完全可兑换。

4. 货币实现自由兑换的条件有：良好的宏观经济状况；健全的微观经济主体；适当的汇率制度与汇率水平；健全的货币管理机制；较强的经济实力和合理的开放状态。

5. 货币可兑换，一般要经历限制兑换、有条件可兑换、经常项目可兑换、完全可兑换（即经常项目可兑换再加上资本项目可兑换）和货币国际化几个过程。我国于1996年年底已实现人民币经常项目可兑换，目前人民币在资本项目下是有严格限制的可兑换。

【课堂讨论题】

请分析我国现有外汇管理体制的优势与不足。

第五章

国际货币制度

【要点提示】

- 国际货币制度
- 国际金本位制度
- 布雷顿森林体系
- 牙买加体系
- 欧洲货币体系

国际货币制度是与国际经济发展水平相适应的。一个好的国际货币制度，它的汇率机制应该稳定而灵活，能使任何一个国家在纠正国际收支时付出最小的代价；它的资信也应该是最好的，并且能够提供最适度的国际储备，而不至于引起国际性的通货紧缩或通货膨胀，因而能够有效地促进国际贸易和国际投资的发展，使得世界各国均可从国际经贸活动中获得好处。

当一种国际货币制度的汇率机制过于僵化或过于动荡，就会使国际间的经贸往来失去活力和公正；当它的国际储备资产严重不足或严重贬值而引发全球性的生产过剩或通货膨胀的信用危机时，对该种国际货币制度的变革就不可避免。一种国际货币制度的产生、发展和崩溃都与汇率的调节机制、提供国际储备资产的适度性及国际货币的信誉有关。从19世纪世界经济体系形成以来，人类经历过三种不同的国际货币制度，即金本位制度、布雷顿森林体系和国际浮动汇率制。这一章里我们将介绍一百多年来世界经济发展过程中的国际货币制度的变迁情况。

第一节　国际货币制度概述

一、国际货币制度的含义

国际货币制度（International Monetary System）亦称国际货币体系，是指在国际经贸往来中，对各国货币间的兑换、汇率制度、国际收支的调节、储备资产的构成等问题，依据某些共同的习惯、惯例或某些协议、规章等做出的总体安排及落实这些安排的各种机构和组织。

一种国际货币制度应包括以下内容：一是汇率制度，即各国货币间汇率的确定与变化机制。二是国际收支的调节方式，即当出现国际收支不平衡时，各国政府应采取什么方法弥补该缺口，各国政策措施如何互相协调。三是国际货币和国际储备资产的确定，即为满足国际支付和调节国际收支的需要，以什么作为国际货币用于国际支付以及一国应持有的储备资产总额和构成。四是各国货币的可兑换性与国际结算原则，指一国货币能否自由兑换，在结算国家间债权债务时采取什么样的结算方式，对支付是否加以限制等。在上述内容中，汇率制度居于核心内容，它制约着国际货币制度的其他方面，反映了一定时间内国际货币制度的特征。

国际货币制度是伴随着以货币为媒介的国际经贸活动而产生的。由于早期的国际经贸往来主要是以贵金属货币为媒介的，因此，国际货币制度主要是依靠贵金属货币的成色、重量及约定俗成的做法自然形成的。随着现代市场经济和信用纸币的兴起，以现代信用货币为媒介的国际经贸往来不断增长，国际货币制度逐渐成为各经济实体在国际经贸活动中共同遵守的协议、规章、法律及维持货币秩序的协调与监督系统。因此，国际货币制度作为一个有组织的整体，可以是体制或惯例逐步发展并最终得到公认的结果，也可以是通过国际会议确立的。从历史发展过程看，国际金本位制是一种自发形成的国际货币制度；布雷顿森林体系则是一种通过国际会议建立起来的国际货币制度；而牙买加体系是继布雷顿森林体系之后的现行国际货币体系。

二、国际货币制度的类型

一种货币制度的类型可以依据国际储备资产形式、汇率制度及货币合作程度三

种标准来划分。

按国际储备资产形式的标准划分，国际货币制度可分为金本位制和信用本位制两大类，其中可根据黄金和信用纸币充当国际储备资产及国际货币的作用程度细分为金本位制、金块本位制、金汇兑本位制及与黄金没有任何联系的信用本位制等。从19世纪到第一次世界大战爆发，国际通行的货币制度是金本位制；第一次世界大战后至20世纪30年代大危机爆发，国际通行的货币制度是金块本位制；其后至第二次世界大战结束以及1944—1973年通行的布雷顿森林体系是金汇兑本位制；1976年至现在通行的国际货币制度是信用本位制。

按汇率制度的标准划分，国际货币制度可分为固定汇率制度、浮动汇率制度及介于二者之间的中间汇率制度三大类，其中固定汇率制可细分为以贵金属货币规范的固定汇率制度（金本位制）和人为制定的固定汇率制度（布雷顿森林体系）；中间汇率制度可细分为可调节的钉住汇率制度、爬行钉住汇率制度、有管理的浮动汇率制度等；浮动汇率制被视为自由浮动的汇率制度等。

按照货币合作程度的标准划分，国际货币制度可分为单一货币制度和多元货币制度两大类，国际金本位制（亦称英镑本位制时代）、布雷顿森林体系（美元本位制时代）实施的都是以某一国家的货币充当国际货币的单一货币制度。信用本位制实施以来，特别是欧元的诞生标志着国际货币制度进入了多元货币制度的时代。

上述国际货币制度类型的划分标准不是孤立的，而是互相联系的。

三、国际货币制度的作用

如同一国的国内经济需要以该国货币为媒介才能正常运转一样，世界经济也必须以世界货币为媒介才能正常运转。如果说世界货币是维持世界经济正常运转的经济血液，国际货币制度正是这种血液循环系统。从历史的发展过程来看，现代国际货币制度大致经历了三个发展阶段：第一阶段是国际金本位制时期，第二阶段是布雷顿森林体系时期，第三阶段是牙买加体系时期。不同历史时期的国际货币制度在不同的阶段都发挥了重要的作用：

第一，建立了相对稳定的汇率机制，很大程度上防止了不公平的货币竞争性贬值。

第二，确定了国际收支的调节机制与各国可遵守的调节政策，为各国纠正国际收支失衡状况提供了基础，确保了各国经济及世界经济的均衡发展。

第三，创造了多元化的储备资产，为国际经济的发展提供了足够的清偿力，同时借此抵御区域性或全球性金融危机。

第四，确定国际清算、国际支付和国际投资的手段、形式和数量，为世界经济的发展及各国经贸往来的需要提供必要和充足的国际货币，并规定国际货币与各国货币相互往来的准则，包括国际货币与各国货币的比价和兑换方式的确定等。

第五，建立国际货币金融事务的协调、监督和执行机构以维护国际货币制度的权威性，促进各国经济政策的协调。在统一的国际货币制度框架内，各国都要遵守一定的共同准则，任何损人利己的行为都会遭到国际间的指责，因而各国经济政策在一定程度上可以得到协调与相互谅解。当然任何一种国际货币制度都会有其缺陷，因此国际货币制度仍然需要改革，并在此基础上继续发展。

第二节　国际金本位制度

第二次世界大战以前的国际货币制度主要是国际金本位制度（International Gold Standard System），它是以黄金为本位货币并作为货币发行基础而发挥世界货币职能的国际货币制度。国际金本位制大约形成于19世纪末期，在1929—1933年世界经济危机爆发后结束。尽管英国早在1816年就实行了金本位制，但直到1880年欧美主要国家才普遍通过相关法案实行金本位制。这样在各国之间就自发形成了一个统一而松散的国际货币体系——国际金本位制。

一、国际金本位制度的基本原则

在国际金本位制下，各国国内的货币供给和货币流通都是根据本国的情况自主制定自己的法令，并没有一个统一的规则。但由于各国都实施统一的金本位货币制度，在国际经贸往来中，各国都遵守着一些共同的原则。这些原则构成了国际金本位货币制度的基础。

第一，各国货币当局都规定本国货币的含金量，国际间的货币兑换都以货币的含金量为基础。货币的形式通常是金币和纸币兼用，金币的含金量是由重量和成色决定的，纸币的含金量是由货币当局以法律形式规定的。

第二，各国货币当局允许金币和纸币按照官价自由地向当局兑换黄金，并且对私人的进口、出口及持有黄金不加任何限制。

第三，各国的货币供给与黄金的流量相一致，并且对国际收支差额引起黄金流出流入所产生的货币供给减少和增加不采取任何措施加以冲销。即一国若流出1盎司黄金，该国的货币供给就要减少相当于1盎司黄金的货币量。反之，一国若流入1盎司黄金，该国的货币供给就要增加相当于1盎司黄金的货币量。

第四，各国的黄金可以自由进出口，黄金作为国际支付手段和流通手段被各国普遍接受和普遍遵守。

二、国际金本位制度的运行机制

金本位制下国际收支可以实现自动调节，即英国经济学家休谟提出的“物价—黄金流动机制”。在金本位下，一国国际收支逆差意味着本国黄金的净输出，从而国内黄金储备下降，货币供给减少，物价水平下降。物价水平下降后，本国商品在国际市场上的竞争能力增强，外国商品在本国市场上竞争能力减弱，于是出口增加、进口减少，国际收支改善。同样，当出现国际收支顺差时，由于顺差引起的黄金净流入会扩大国内货币供给，造成物价水平上升，使出口减少、进口增加，顺差趋于消失。

货币以银行活期存款的形式出现后，国际贸易结算便发生了革命，贸易双方可以不必只依靠直接运送黄金进行结算。于是，在国际金本位制下，国际贸易获得了两种结算方式：一种是通过银行之间转让活期存款的汇款方式，一种是直接运送黄金的方式。对于进出口商来说，究竟采取哪种结算方式，取决于两种结算方式在进出口价格上的竞争力。当市场汇率对当事人有利时，就利用外汇办理国际结算；当市场汇率对当事人不利时，就改而采用按法定汇率购买黄金进而输出输入黄金的方法。于是产生了黄金输入点和黄金输出点，汇率的波动也就限制在黄金输入点与黄金输出点之间的非常狭小的范围内，形成一种客观的严格规范的固定汇率制度。

金本位制的运行机制说明，在金本位制度下，国际经济的秩序是以黄金生产的自然约束力调节世界各国价格水平这一机制来加以维持的，国际收支的失衡是以世界各国价格水平充分具有弹性与黄金生产的自然约束二者的合力来加以调整的。由于各国国际收支逆差的调节是以本国的货币紧缩、物价下跌和失业增加为代价的，金本位制使各国经济的自主性自觉地服从于国际经济的稳定性。在国际金本位制度下，各国都把对外平衡即国际收支平衡和汇率稳定作为经济政策的首要目标，而把国内平衡放在次要地位，使国内经济目标从属于外部经济目标，这样有利于各国经济政策的协调，但这种协调是以牺牲国内利益为代价。很明显，这是一种用牺牲国内经济的方法维持国际货币制度运行的机制。

三、国际金本位制度的类型

按照货币与黄金联系程度不同国际金本位制可分为三种类型：金币本位制、金块本位制和金汇兑本位制。

（一）金币本位制

金币本位制（Gold Specie Standard）是以黄金作为金属货币进行流通的货币制度，是19世纪后半期至1914年期间资本主义各国普遍实行的一种货币制度。

在金币本位制下，黄金作为货币商品具有一般商品和特殊商品的双重性质。在商品交换中以其自身价值衡量商品的价值，从而使金币本位制度具有“三个自由”的特点：金币可以自由铸造、纸币可以自由兑换成金币或等量黄金、黄金可以自由输出输入国境。在金币本位制下，各国政府以法律形式规定货币含金量，各国货币按其含金量的实际价值进行兑换；黄金作为国际支付手段可以自由地输出输入国境，具有自动调节汇率的作用，因而形成一种健全而稳定的国际货币制度，促进了统一的世界市场的形成和资本主义经济的发展。

第一次世界大战爆发后，各帝国主义国家军费开支猛增，经济陷入困境，为防止黄金外流，纷纷禁止金币的自由铸造、自由兑换、自由输出入，使金币本位制的“三个自由”的原则均遭到破坏，最终导致金币本位制的彻底崩溃。

（二）金块本位制

金块本位制（Gold Bullion Standard）是以黄金作为准备金，以有法定含金量的价值符号作为流通手段的货币制度。

第一次世界大战结束后，国际金融界处于一片混乱之中，汇率波动很大，一些资本主义国家受到通货膨胀、物价上涨的冲击，世界货币体系重建问题引起各国的重视。由于黄金短缺且分配极不均衡，恢复金币本位制已不可能。为了建立新的、稳定的国际经济秩序，1925年英国首先实行了金块本位制，一些资本主义国家也纷纷实行了这一制度。

在金块本位制下，货币单位仍然规定含金量，但国家不铸造金币，只发行纸币，市面上没有金币流通；黄金只作为货币发行的准备金集中于中央银行，其输出输入由中央银行掌管，禁止私人输出黄金；纸币兑换黄金受到数量上的限制。金块本位制实际上是一种残缺不全的金本位制，本质上更像金汇兑本位制，它保持了同黄金的联系，又使黄金的使用得到了节约。但这种金块本位制并没有存在多久，在1929—1933年世界性经济危机的冲击下很快就崩溃了。

（三）金汇兑本位制

金汇兑本位制（Gold Exchange Standard）又称为“虚金本位制”。其特点是：国内不流通金币，只流通有法定含金量的纸币，纸币不能直接兑换黄金，只能兑换外汇，然后兑换黄金。实际上是一国货币以另一个采用金本位（金块本位）制国家的货币为发行标准，用法律的形式规定二者的固定比价，并在实施金本位（金块本位）制的国家存放外汇和黄金作为准备金的货币制度，体现了货币弱国对货币强国、经济小国对经济大国的依附关系。

四、国际金本位制的崩溃与货币集团的形成

国际金本位制是一种比较稳定的货币制度，在当时的经济条件下，它对各国汇率的稳定，国际贸易、资本流动的发展，各国及世界经济的发展，起到了积极的作用。但随着世界经济总体规模的扩展，各国经济实力差异的扩大以及国际金本位制

自身存在的缺点，使得其越来越不适应世界经济的发展，并最终走向崩溃。

第一次世界大战的爆发，破坏了金本位的三自由原则，战争成为国际金本位制走向崩溃的导火索。与此同时，纸币的发行日益增多，黄金兑换日趋困难，黄金的输出入受到越来越多的限制。世界黄金产量跟不上世界经济增长，使得世界经济的发展受到世界货币数量不足的制约，也使国际金本位制的物质基础发生动摇。从这个意义上说，作为世界货币的黄金产量赶不上世界经济规模的增长是金本位制崩溃的根本原因。由于各资本主义国家发展的不平衡和经济实力差异悬殊，较发达的国家通过贸易顺差的持续积累和特权的占有，不断地积累黄金，使黄金存量分布极不均衡。到1913年，英国、美国、法国、德国、俄国五个国家的黄金存量达到了世界黄金存量的2/3，这就使其他国家的金本位制难以维持，世界各国统一的货币体系遭到破坏。

1929年爆发了空前严重的世界性经济危机。由于经济危机的影响，英国的国际收支出现困难，各国纷纷向英国兑换黄金，使英国难以应付，终于被迫在1931年9月21日正式废止金本位制。美国1933年3月在大量银行倒闭和黄金外流的情况下，也不得不停止兑换黄金和禁止黄金输出，从而放弃了金本位制。随后，在1935年3月到1936年9月，先后又有比利时、法国、荷兰、瑞士、意大利宣布货币编制，放弃金本位制。至此，国际金本位制宣告彻底崩溃。

国际金本位制崩溃后，各资本主义大国为了维护各自的势力范围和原有的殖民体系，增强同其他资本主义国家的竞争力，便在各自原有的势力范围的基础上分别建立了相互对立的货币集团，如英镑集团、美元集团、法郎集团。

第三节 布雷顿森林体系

一、布雷顿森林体系的建立

布雷顿森林体系建立有其历史背景。

首先，国际金本位制崩溃后，20世纪30年代中后期国际货币关系一片混乱，各国国际收支严重失衡，各国货币汇率极端不稳，外汇管制普遍加强，各货币集团之间的矛盾斗争也非常尖锐，外汇战、贸易战、货币战接连不断。这些问题严重阻碍了国际贸易的发展和国际货币金融活动的开展，创建新的、相对稳定的国际货币体系已迫在眉睫。在第二次世界大战的硝烟尚未散去之时，如何建立战后新的、稳定的货币体系问题已开始酝酿。

其次，由于第二次世界大战的爆发，各国之间的经济、政治实力对比发生了巨大变化。后起之秀的美国在战争结束时，其工业制成品占全球的一半；对外贸易额占世界贸易总额的1/3以上；国外投资急剧增长，成为世界最大的债权国；黄金储备从1938年的145.1亿美元增加到1945年的200.8亿美元，约占资本主义世界黄金储备的59%。美国已成为世界最大的债权国和经济实力最雄厚的国家，这为建立美元的霸权地位创造了必要的条件。与此相反，英国在战争期间受到了巨大的创伤，经济遭到严重破坏。出口额不到战前水平的1/3，国外资产损失达40亿美元以上，对外债务则高达120亿美元，黄金储备降至百万美元。尽管如此，英镑区和帝国特惠制仍然存在，国际贸易的40%左右仍用英镑结算，英镑仍然是一种主要的国际储备货币，伦敦仍旧是国际金融的一个重要中心，当时只有英国尚存与美国讨价还价的能力。

在这样的背景下，美英两国分别开始了关于二战后国际货币体系的研究。经过多次酝酿，美、英两国政府于1943年4月7日分别在华盛顿和伦敦提出了均从本国利益出发设计的新国际货币体系的各自方案，即美国的“怀特计划”和英国的“凯恩斯计划”。

二、布雷顿森林体系的主要内容

布雷顿森林体系建立了会员国之间货币平价和固定汇率制，实行双挂钩制度，即美元与黄金挂钩、各国货币与美元挂钩的制度。双挂钩制度是布雷顿森林体系的核心内容，其具体内容如下：

（一）建立了一个永久性的国际金融机构——国际货币基金组织

国际货币基金组织（IMF）是二战后国际货币制度的核心，旨在促进国际货币合作。其宗旨是：在汇率政策、经常项目的支付和货币的可兑换性等问题上，确定国际性的行为规则，为会员国国际收支不平衡提高资金融通，在一定程度上维持着国际金融形势的稳定。

（二）以美元作为最主要的国际储备货币，实行美元—黄金本位制

在布雷顿森林体系下，美元取代黄金成为主要的国际储备资产。美元与黄金直接挂钩，保持1盎司等于35美元的黄金官价，美国保证各国政府或中央银行随时可用美元按官价向美国兑换黄金，这表明布雷顿森林体系实际上是一种国际金汇兑本位制。同时，其他各成员国有干预市场、维持黄金官价的义务。这种制度安排使美元成为一种关键货币，国际储备和国际清算支付手段主要依赖美元，各国中央银行通过持有美元保持国际储备。

（三）实行可调整的钉住汇率制

布雷顿森林体系下的汇率制度安排是一种双挂钩制度，即美元直接与黄金挂钩，其他国家的货币与美元挂钩，规定与美元的比价，从而间接与黄金挂钩，各国货币均与美元保持固定汇率，这种双挂钩制度构成了布雷顿森林体系的两大支柱。IMF协定规定，成员国中央银行有义务通过外汇市场交易保证汇率波动幅度维持

在平价上下1%以内，但在出现国际收支根本性不平衡时，可以较大幅度地调整汇率。在平价10%以内的汇率变动需通知IMF，超过10%的汇率调整则需IMF批准，所以称作可调整的固定汇率制。

（四）IMF向国际收支赤字国提供短期资金融通

IMF协定规定会员国份额的25%以黄金或可兑换黄金的货币缴纳，其余部分（份额的75%）则以本国货币缴纳。会员国在需要国际储备时，可用本国货币向IMF按规定程序购买一定数额的外汇，将来在规定的期限内以用黄金或外汇购回本币的方式偿还借用的外汇资金。会员国认缴的份额越大，投票权也就越大，同时借款能力也就越强。由于第二次世界大战结束之时，大部分国家国际储备存量有限，所以IMF基本上是由美国控制。

（五）制定了稀缺货币条款（Scare-Currency Clause）

当一国国际收支持续盈余，并且该国货币在IMF的库存下降到其份额的75%以下时，IMF可将该国货币宣布为“稀缺货币”。于是IMF可按赤字国家的需要实行限额分配，其他国家有权对“稀缺货币”采取临时性兑换限制，或限制进口该国的商品和劳务。这一条款的设置是希望盈余国主动承担调整国际收支的责任。但是这个条款并未真正得到实施。

（六）取消对经常账户的外汇管制，允许对国际资本流动进行限制

IMF协定规定会员国不得限制经常项目的支付，不得采取歧视性的货币措施，要在兑换性的基础上实行多边支付。但有三种情况可以例外：(1) IMF不允许成员国政府在经常项目交易中限制外汇的买卖，但容许对资本移动实施外汇管制。(2) 会员国在处于战后过渡时期的情况下，可以延迟履行货币可兑换性的义务。IMF当初希望废除经常项目外汇管制的过渡时期不超过5年，但实际上直到1958年末主要工业化国家才取消了经常账户的外汇管制，实现了货币的自由兑换。(3) 会员国有权对“稀缺货币”采取暂时性的兑换限制。

综上所述，布雷顿森林体系的核心就是国际货币基金组织的管理、协调和监督，实行双挂钩制度以及所采取的维持固定汇率的措施。双挂钩制度构成支撑这一体系的两大支柱，而国际货币基金组织是这一体系正常运转的中心。

三、布雷顿森林体系的历史评价

（一）布雷顿森林体系的积极意义

第一，在第二次世界大战后黄金生产增长缓慢的情况下，确立美元等同于黄金的地位，把美元作为唯一的主要储备资产，弥补了国际储备的不足，在一定程度上解决了国际清偿能力短缺问题。

第二，可调整的钉住汇率制度使汇率相对稳定，缓解了成员国之间在国际经济交往中的矛盾，这对二战后恢复与发展各国乃至世界经济、稳定各国间的经贸合作起到了重大的推动作用。

第三，统一的国际货币金融组织机构的建立，有利于国际磋商与货币金融合作，在建立多边支付体系和稳定国际金融局势等方面起到了积极作用；基金组织采取的多种贷款形式，使逆差国仍有可能继续进行商品国际交换，从而暂缓其所面对的国际收支危机。

第四，布雷顿森林体系要求会员国逐步放弃外汇管制政策，从而促进了各国经济、世界贸易和国际金融的自由化以及由此带来的繁荣。在IMF的推动和监督下，发达国家率先放开贸易管制，实现本国货币在国际收支经常项目下的自由兑换。20世纪50年代末期，西方国家认为它们已经有了足够的美元储备，既可保证用本币进行交易又可以维持它们所选择的货币平价。到1958年底，西欧各国都恢复了经常项目的可兑换性（日元在1964年恢复了经常项目的可兑换性），即只要与商品和服务的国际贸易相关，外汇可以自由买卖。20世纪80年代，许多发展中国家也相继实现本国货币在国际收支经常项目下的自由兑换。

20世纪60年代中后期，发达国家开始逐步放开资本项目的管制，即取消对买卖外国金融资产或外国股票投资的限制，实现本币的完全自由兑换。20世纪90年代，一些发展中国家也开始放开资本项目的管制。这一举措成为20世纪80—90年代全球性金融自由化、国际化浪潮的前奏，促进了规模庞大的现代国际金融市场的形成，为世界贸易规模的扩大、国际间资本要素的自由流动，提供了雄厚的资金基础，推动了国际经济的发展。

第二次世界大战后，持续近20年的资本主义国家经济的高速发展，正是得益于这一国际货币体系的优势。布雷顿森林体系鼎盛时期也被称为资本主义发展的第二个“黄金时代”。

（二）布雷顿森林体系的内在矛盾

尽管布雷顿森林体系对二战后的世界经济发展产生了重要的推动作用，但是在这个体系中也存在着难以化解的矛盾。

1. 美元高估的内在矛盾

布雷顿森林体系的最大特征是美元同黄金挂钩。为建立美元的霸主地位，美国倚仗自身强大的经济实力，以1942年美元兑黄金的价格，即1美元＝0.888 671克黄金作为法定汇价。美国低估了黄金价格，高估了美元价格，在最初就埋下了美元贬值的隐患。在布雷顿森林体系的制度结构中，美元的官定汇率不能变动，随着美元的实际价格离美元的黄金价格越来越远，美元高估也越来越严重。这种情况使美国商品以外币表示的出口价格进一步提高，美元高估多少，美国出口商品的价格就抬高多少，使得美国商品的国际竞争力持续下降。与此同时，随着西欧各国及日本经济实力的增强，美国在世界经济中的垄断地位逐步削弱。

上述原因使美国的国际收支逆差不断积累，内在矛盾不断积累。美元高估的正效应，使美元建立了自己的霸主地位；但美元高估的负效应，也使得其竞争对手的

经济增长率和就业稳步增长，经济实力不断增强，国际收支的贸易顺差持续增长。

2. 国际收支调节机制的内在矛盾

在布雷顿森林体系下，各国不能有效地利用汇率杠杆调节国际收支。为了稳定汇率，在国际收支失衡时，只能靠政府参与外汇市场的买卖来调节。通过卖出外汇调节外汇升值，买入外汇来调节外汇贬值。这两种调节方式有其各自的内在矛盾。

（1）外汇升值调节的内在矛盾：当外汇具有升值趋势，且超过法定上限价格时，政府便介入外汇市场，以低于市场价格的法定汇价的上限价格大量售出外汇、购入本币，改变外汇市场上的供求力量，即增加外汇的供给，减少外汇的需求，从而使汇率限定在法定汇价之内。这种调节方式的困难在于：

1）外汇升值的调节要求政府必须持有足以改变外汇市场供求力量的、充足的外汇储备，一旦外汇需求的力量超出一国外汇储备的力量，这种干预就不会奏效，甚至会使本国的外汇储备丧失殆尽。如果政府没有充足的外汇储备，当外汇升值时，政府就必须借入外汇干预市场，否则就得放弃干预，而这又不符合布雷顿森林体系要求各国政府有责任和义务干预外汇市场的规定。政府的对外举债会进一步加大外汇升值和本币贬值的压力，使国际收支失衡陷入恶性循环。

2）如果法定汇价本身已经严重背离市场价格，实际外汇汇率已经升值，本币汇率已经贬值，而政府又必须遵循布雷顿森林体系的规定维持名义汇率不变时，则必然出现本币汇价的高估。这将直接抑制本国的对外贸易，在对外贸易中逆差进一步扩大，还会引发通货紧缩。

（2）外汇贬值调节的内在矛盾：当外汇具有贬值趋势，且低于法定下限价格时，政府便介入外汇市场，以高于市场价格的法定汇价的下限价格大量售出本币、购入外币，改变外汇市场上的供求力量，即增加本币的供给，减少外汇市场对本币的需求，从而使汇率限定在法定汇价之内。这种调节方式的困难在于：

1）外币贬值的调节方式是售出本币，由于本币是由本国中央银行创造的信用货币，同外汇升值的调节方式相比，其来源相对容易。然而，如果短期内投放大量的本币，来抑制外币贬值和本币升值，可能会引发通货膨胀。如果不加以干预，一方面不符合布雷顿森林体系的规则，另一方面会使外汇贬值加剧，从而使本币升值国家遭受国际储备资产缩水的损失。

2）如果法定汇价已严重背离市场价格，实际外汇汇率已严重贬值，本币汇率严重升值，而政府又必须遵循布雷顿森林体系的规定，维持名义汇率不变，这时本币升值国家就必须大量买进贬值的外汇，从而使该国的外汇储备不断积累。而外汇储备的不断积累，又会进一步加剧本币升值、外币贬值的压力，形成越干预外汇储备越多、本币越趋于升值、外币越趋于贬值的恶性循环。

可见，布雷顿森林体系下汇率调节机制的内在矛盾在于，调节的结果与调节的初衷出现对立。

3. “特里芬难题”所揭示的内在矛盾

早在1960年，美国经济学家特里芬（R. Triffin）在其《黄金与美元危机》一书中就指出，布雷顿森林体系把一国货币美元作为主要的国际储备资产，在第二次世界大战后黄金生产增长缓慢的情况下，各国的国际储备资产的供给完全取决于美国的国际收支状况，由此便形成一个内在的、不可克服的矛盾：若美国的国际收支保持顺差，则会出现各国的国际储备不足，不能满足国际贸易发展需要的状况；若美国国际收支保持逆差，国际储备资产过剩，美元在市场上的信用就难以保持稳定，就会发生美元危机，从而危及整个国际货币制度。这种难以解决的内在矛盾即"特里芬难题"，决定了布雷顿森林体系的内在非稳定性和崩溃的必然性。"特里芬难题"不仅一针见血地揭示了布雷顿森林体系的内在矛盾，也揭示了由一国货币担任世界货币职能的国际货币制度的内在矛盾。

4. 金融纪律约束的内在矛盾

在布雷顿森林体系下，除了美国之外，世界上所有加入这一体制的成员国都必须严格地遵守该体制所规定的金融纪律，都必须参与国际市场的竞争，并在竞争中取胜才能获得国际储备资产；美国却可以倚仗美元的霸权地位不遵守金融纪律，可以超量发行美元，偿还对外债务、实施对外援助、支付战争经费，而在布雷顿森林体系内却缺少对美元的监督机制。

布雷顿森林体系的内在矛盾及其不可克服性，在后来20多年的运行过程中不断被加深，最终导致该体系的全面崩溃。

四、布雷顿森林体系的崩溃

布雷顿森林体系实际上是以美元为中心的国际货币体系，因此，美元的地位对该体系有着决定性的影响。第二次世界大战后，美元经历了一个从美元荒到美元灾的过程，布雷顿森林体系就是伴随着美元地位的这种变化而走向崩溃的。

（一）美元危机爆发的过程

美元危机是指由于美元国际信用下降而发生的抛售美元抢购黄金及其他国家货币，而使美元汇率下跌、黄金价格及其他国家货币汇率上涨的状况或风潮。

布雷顿森林体系崩溃的过程实际上是二战后美元危机的过程。1960年10月，爆发了二战后第一次美元危机。国际金融市场上大量抢购黄金，抛售美元，伦敦黄金市场价格暴涨至1盎司黄金卖41.5美元，高出黄金官价近20%。为了平息美元危机、维持黄金官价和美元的对外汇价，美国不得不向英格兰银行借用黄金供应市场，平抑汇价，缓解危机。至此，二战后初期的"美元荒"转化为"美元灾"，美元在国际货币体系中充当清算货币、世界货币、储备货币和干预货币的地位受到威胁。

1968年3月爆发了第二次美元危机。由于美国黄金储备短期内的急剧流失，半个月内流失量达14亿美元，巴黎市场金价涨到44美元一盎司，而伦敦市场黄金

日交易量达到350吨～400吨，迫使西欧大多数黄金市场停止交易，伦敦证券市场、外汇市场和黄金市场被迫关闭。同年3月6日，美国与相关国家召开紧急会议，宣布解散黄金总库，实行黄金双价制，美元变相贬值，同时提议建立特别提款权。

1971年5月国际金融市场的美元危机再起，出现抛售美元、抢购黄金和联邦德国马克、瑞士法郎、日元等坚挺货币的浪潮，并且没有任何减缓的迹象。同年8月15日尼克松政府宣布实行“新经济政策”，不仅停止履行美元兑换黄金的义务，而且加强商品进口管制，对进口商品征收10%的附加税，美国的做法引起其他国家的不满和国际金融市场的混乱。同年12月18日，十国集团举行会议，达成“史密森协议”，决定美元官价贬值7.89%，金价升至38美元一盎司。但这一举措并未阻止美元危机的继续爆发。

1972年2月，第四次美元危机爆发。抢购黄金和联邦德国马克及日元的风潮袭击了整个西方国际金融市场，导致各国外汇市场纷纷关闭。

1973年2月第五次美元危机爆发，迫使西方各国外汇市场再度关闭。1973年2月12日美国被迫宣布美元官价再度贬值10%，金价升至42.22美元一盎司。但这时，各国已不愿再继续履行干预外汇市场的义务，纷纷实行浮动汇率，从而宣告布雷顿森林体系的全面瓦解。多次的美元危机，已从根本上破坏了布雷顿森林体系双挂钩制度的基础，从而导致了布雷顿森林体系的彻底崩溃。

（二）挽救布雷顿森林体系危机的措施

布雷顿森林体系的正常运转必须具备三个条件：首先，美国国际收支保持顺差，美元对外价值稳定；其次，美国有充足的黄金储备，以保持美元对黄金的有限可兑换性；最后，黄金价格维持在官价水平。为了缓解美元危机，美国与同盟国、IMF等围绕这三个核心问题不断地采取措施，力图维持布雷顿森林体系的正常运行。

1. 达成稳定汇率的“君子协定”

第一次美元危机后，1961年3月16日，在瑞士巴塞尔出席国际清算银行例会的英国、联邦德国、法国、意大利、荷兰、比利时、瑞士、瑞典等国的中央银行代表达成一个“君子协定”。主要内容是，各国中央银行应竭力在外汇市场上相互支持，以维持汇率稳定；如果某国货币发生危机，其他国家应通过协商采取支援措施，以维持该国货币价值，并在必要时向该国提供黄金外汇贷款，以保证国际固定汇率制继续正常运转。

2. 建立黄金总库

黄金总库是指在1961年12月，美国与欧洲七国（英国、联邦德国、法国、意大利、瑞士、荷兰、比利时）为维持黄金官价和美元地位、美元汇率的稳定而共同建立的一个由价值2.7亿美元黄金构成的黄金储备账户。在黄金总库的承担份额中，美国承担50%，联邦德国为11%，英、法、意各国为9.3%，瑞、荷、比各国为3.7%，指定英格兰银行为总库代理机构。当金价上涨则卖出黄金，金价下跌则买入黄金，以使金价稳定在35美元一盎司的官价水平上。每月结算出买卖净额，由8国按照股份比例分摊。

3. 签订货币互换协定

货币互换协定是在1962年3月由美国联邦储备银行分别与西方14国的中央银行签订的关于互换一定量的对方货币，用以干预外汇市场、稳定美元汇率的协定。最初的协定总额为117亿美元，1973年7月扩大为197亿美元。

4. 签订借款总协定

借款总协定是由“十国集团”各国分别向国际货币基金组织提供备用贷款的特别协议，于1962年10月生效。

1961年9月，美国和英国为了使美元和英镑走出危机，向IMF建议把IMF的贷款额度增加60亿美元。同年11月，美、英、法、意、比、荷、日、加、瑞典、联邦德国10国在巴黎举行会议，决定成立十国集团（因在巴黎开会亦称“巴黎俱乐部”），并达成了“借款总协定”的协议。协议规定：IMF在国际短期资金发生巨额流动，可能引发国际金融危机时，可从这十个国家借入额度为60亿美元的资金，贷给发生货币危机的成员国，以稳定该国货币。各国提供资金的分配比例美国为最多20亿美元，英国和联邦德国为各10亿美元，其余各国5.5亿到1亿美元不等，瑞士虽不是十国成员，也单独提供2亿美元，因而其资金总金额为62亿美元。

5. 实行黄金双价制

黄金双价制是国际货币基金组织对会员国买卖黄金所规定实行的两种价格制度。由于1968年3月爆发的第二次美元危机迫使西欧大多数黄金市场停止交易，所以美国与黄金总库各参加国召开紧急会议，决定废除黄金总库，实行黄金双价制。35美元一盎司的官价只限于会员国政府或中央银行向美国兑换黄金时使用，黄金市场上的金价则由市场供求关系自行决定。从此，国际黄金市场出现双重价格，美元变相贬值并未解决美元危机，而美国黄金储备的流失却大大增加。

6. 创建特别提款权

特别提款权是由国际货币基金组织创设，分配给会员国使用的一种新的国际储备货币单位。

特别提款权的创立有利于维护以美元为中心的国际货币制度。由于特别提款权是根据会员国在基金组织的份额按比例分配的，而美国在基金组织所占的份额最大，因而分到的特别提款权最多。这就等于增加了美国的黄金外汇储备，提高了美国应付国际收支逆差的能力。同时，当外国政府或中央银行用其持有的美元向美国兑换黄金时，美国可以动用特别提款权，从而减少其黄金储备的大量流失。而且，由于特别提款权只限于政府持有，因此国际间的清算仍必须使用美元，从而使美元仍能保持其国际支付手段的中心地位。

7. 达成史密森协定

为了挽救布雷顿森林体系，消除因 1971 年 5 月以来的美元危机及尼克松政府“新经济政策”造成的国际金融秩序的混乱，同年 12 月 18 日，美国、英国、法国、联邦德国、意大利、日本、荷兰、加拿大、比利时、瑞士 10 个国家的财政部长和中央银行行长在美国首都华盛顿的史密森学会大厦举行会议，就汇率和汇率波幅的调整以及美国应采取的措施达成了协议。

以上一系列挽救美元、挽救布雷顿森林体系的措施，在一定程度上使国际金融危机得到缓解，使布雷顿森林体系的寿命得以延长。然而，当这个体制的框架已不能化解激化了的内在矛盾时，这个体制的最终崩溃是不可避免的。

第四节　牙买加体系

一、牙买加体系的确立

自布雷顿森林体系瓦解后，国际货币金融局势一直处在动荡之中，世界各国都在不断探寻国际货币制度改革的新方案，渴望建立起新的国际货币体系，从而结束这种混乱局面。为此，国际货币基金组织在 1972 年 7 月成立了“国际货币制度改革和有关问题委员会”（由 11 个主要工业国和 9 个发展中国家组成，又称“二十国委员会”），专门商讨国际货币制度的改革问题。经多次开会，该委员会于 1974 年 6 月提出了一份“国际货币制度改革大纲”，对有关汇率、黄金、储备资产、国际收支等问题提出了一些原则性建议，并建议国际货币基金组织在“二十国委员会”解散后另设新机构，继续探讨有关国际货币制度改革问题。国际货币基金组织根据这个建议，于 1974 年 10 月设立了“国际货币制度临时委员会”，简称“临时委员会”。“临时委员会”于 1976 年 1 月在牙买加首都金斯敦召开了第五次会议，就汇率制度、黄金问题、扩大基金组织贷款额度等问题达成协议，即“牙买加协议”(Jamaica Agreement)。同年 4 月国际货币基金组织理事会通过《国际货币基金协定第二次修正案》，1978 年 4 月 1 日该修正案正式生效，从此国际货币体系进入了一个新的阶段——牙买加体系。

二、牙买加体系的主要内容

牙买加体系放弃了布雷顿森林体系下的双挂钩制度，但保留了布雷顿森林体系下的国际货币基金组织，并且加强了该组织的作用。牙买加协议的主要内容包

括:

(一)浮动汇率合法化

牙买加协议正式认可了浮动汇率制的合法化。IMF成员国可根据本国的情况自由选择汇率制度，可以是某种形式的固定汇率制度，也可以是浮动汇率制度。但会员国的汇率政策必须接受IMF的监督，并与IMF协商，以确保有秩序的汇率安排和避免操纵汇率来谋取不公平的竞争利益。这从法律上认可了已经实施多年的浮动汇率制度，但并未放弃恢复固定汇率制的打算。协定规定实行浮动汇率的成员国，根据经济条件应逐步恢复固定汇率制度，且不得采取损人利己的货币贬值措施，在将来世界经济出现稳定局面后，经IMF总投票权85%以上多数票通过，可以恢复“实行一个稳定但可调整的平价”的固定汇率制度。

(二)黄金非货币化

废除原有协定中的黄金条款，取消黄金官价，实行黄金非货币化。从此各成员国中央银行之间不再以官价买卖黄金，允许黄金价格随市场供求变化自由波动；取消成员国相互之间以及成员国与国际货币基金组织之间用黄金清算债权债务的义务，各成员国原来须以黄金缴纳的基金份额改以外汇缴纳。国际货币基金组织对所持有的黄金逐步加以处理，将其持有黄金总额的1/6(约2 500万盎司)按市场价格出售，其超于官价(每盎司42.22美元)的部分成立信托基金，用于援助发展中国家，另将1/6按官价归还各成员国，其余部分约1亿盎司，根据总投票权的85%以上做出的决定处理，向市场出售或由各会员国购回。

(三)提高特别提款权(SDRs)的国际储备地位

修订特别提款权的有关条款，规定会员国之间的特别提款权交易和转移不需要IMF的特殊规定，以使特别提款权逐步取代黄金和美元而成为国际货币制度的主要储备资产。参加特别提款权账户的会员国，可以用特别提款权作为各国货币定价标准，可以用特别提款权偿还IMF的债务，也可以用特别提款权作为偿还债务的担保。

(四)增加成员国在基金组织的基金份额

各成员国对IMF所缴纳的基本份额由原来的292.11亿特别提款权增至390.33亿特别提款权，增加33.6%。另外，在增加总份额的同时，各成员国的份额比例也有所调整，主要石油输出国的比重提高一倍，即由5%增至10%，其他发展中国家维持不变，主要工业国家除联邦德国、日本略有增加外，其余略有减少。基金份额的增加，有助于提高IMF的融资能力。

(五)扩大对发展中国家的资金融通

IMF用出售黄金所得收益设立“信托基金”(Trust Fund)，以优惠条件向发展中国家提供贷款或援助，帮助他们改善国际收支。此外，还扩大了IMF信贷部分贷款(又称“普通信用贷款”，GRA)的额度，由占会员国份额的100%提高到145%；“出口补偿贷款”(Compensatory Financing Facility)的额度，由50%提高

到 75%。

牙买加体系与布雷顿森林体系的差别主要表现在：汇率制度多样化，黄金非货币化，国际储备货币多元化三方面。虽然牙买加协议对汇率和黄金等问题很大程度上仅是对已存事实的法律追认，但却是国际货币关系发展的历史性选择。

三、牙买加体系存在的问题

牙买加体系是世界经济动荡、多变和发展不平衡的产物，在实现内外均衡问题上的制度安排比较灵活，从而使其具有较强的适应性，对世界经济发展的推动作用相当明显。但是，牙买加体系也并不是包治百病的灵丹妙药，随着世界经济的不断发展，该体系存在的问题也逐步显露出来。

（一）浮动汇率制度下，汇率浮动使经济发展的不确定性加强

在布雷顿森林体系下汇率变动被限制在相对狭小的范围内，而在牙买加体系下汇率极易出现“过度浮动”。汇率剧烈、频繁的波动，从多方面增加了世界经济发展的变数，从而给世界经济发展带来不利的影响。首先，汇率剧烈波动使进出口商难以核算成本和利润，外汇风险加大，不利于国际贸易的发展。其次，汇率剧烈波动助长了外汇投机活动，外汇投机商乘机倒卖外汇牟取暴利，可能导致银行倒闭，进而引发国际金融市场的动荡和混乱。最后，汇率剧烈波动使国际信贷关系也要承担汇率风险，不是债权方蒙受损失，就是使债务方负担加重，从而可能引发或加重债务危机，严重影响国际信用的发展。

（二）国际储备多元化，缺乏稳定统一的价值标准

在国际货币格局错综复杂的情况下，储备货币多样化而且价值标准不统一，本身就是不确定的因素，易使国际金融市场上的汇率风险加大。汇率风险加大易促使短期资本在国际间频繁流动，从而增加各国国际金融和储备资产管理的难度，也使国际清偿力总量供应的调控更加困难，最终可能危及世界经济的健康发展。

（三）国际收支调节机制不甚健全，存在国际收支危机隐患

牙买加体系下，主要运用汇率调整、利率调整、资金弥补等方式调节国际收支的失衡。但由于浮动汇率机制因加大了投机因素而使汇率调整方式运转失灵，利率机制的运用常常对经济发展产生副作用，加之 IMF 的贷款能力有限，同时又无力指导和监督顺差国和逆差国双方对称地调节国际收支，致使国际收支失衡成为一种常态。从 1973 年以来，国际收支失衡的局面一直没有起色，还日趋严重。顺差国储备猛增，成为重要的资本输出国，甚至成为最大的债权国；而逆差国却储备锐减、债台高筑，特别是发展中国家，只得靠外债来应付赤字，甚至成为重债国。作为超级大国和执行世界货币角色的美国，长期持有难以调节的巨额贸易赤字，这反映了牙买加体系深层的内在矛盾和潜在的不稳定性。

总之，牙买加体系在汇率机制、国际储备、国际收支调节等方面存在种种缺陷，这些缺陷成为世界经济发展的障碍。20世纪90年代以来不断爆发的金融危机事件，实质上也是现行国际货币制度、国际金融体系的危机，是现行国际货币制度内在矛盾激化的表现形态。尽管各国政府和许多经济学家提出了改革国际货币体系的种种方案和建议，但事实上要真正建立一种公平合理、稳定有序的国际货币体系还有很长的路要走。

第五节　欧洲货币体系

一、欧洲货币体系的形成

1972—1973年，欧洲货币体系出现之前，欧共体实行的汇率制度被称为“蛇洞体制”，这一体制的出现是同布雷顿森林体系的崩溃联系在一起的。所谓“蛇”是指欧共体成员国内部的汇率波动幅度，即为稳定欧共体内部各国间的汇价而将汇率波动幅度限定在±1.125%内，所以“蛇”的粗细直径为2.25%。由于2.25%在4.5%之内，恰似洞中蠕动的蛇，所以被称为“蛇洞体系”。这种“蛇洞体制”和“蛇自由蠕动体制”的创造，兼收并蓄了固定汇率制度和浮动汇率制度的优点，使欧共体成员国既保持了同美元自由浮动的灵活性，又保证了区域内汇率的稳定，从而促进了欧共体内部生产要素的流动，促进了区域内贸易和投资的发展及经济和货币一体化的进程。

经过1972—1973年的“蛇洞体系”和1973—1979年的“蛇自由蠕动体系”的实践，欧洲货币体系推出的时机逐渐成熟。1978年4月欧共体首脑会议在哥本哈根召开，会上提出了建立欧洲货币体系（European Monetary System，EMS）创议，同年12月5日欧共体各国首脑在布鲁塞尔达成协议，决定于1979年1月1日正式建立欧洲货币体系，但因法、德两国当时在农产品贸易补偿制度上发生争执，又延迟到1979年3月13日才正式成立。最初参加的有法国、联邦德国、意大利、荷兰、比利时、卢森堡、爱尔兰和丹麦8个国家，虽然英国暂不加入，但英格兰银行却参加了欧洲货币基金，并按规定的比例认缴黄金和美元储备。此后，希腊于1981年加入，西班牙、葡萄牙于1986年加入，英国于1990年加入。

二、欧洲货币体系的主要内容

欧洲货币体系主要包括三方面内容：

（一）创建欧洲货币单位（ECU）

要建立一个对内稳定、对外灵活的汇率制度，需要有一个各成员国都能接受的、客观的计价单位，这种计价单位既不能使用美元，也不能用某一成员国的货币，于是人们创造了“欧洲货币单位”，并且使其成为欧洲货币体系的核心。

欧洲货币单位是欧共体各国货币组成的一揽子货币。各成员国货币所占权重，按各国在共同体内部的贸易额和国民生产总值所占比重大小来计算，并用加权平均法逐日计算欧洲货币单位的币值。成员国货币在欧洲货币单位中所占的权重每隔5年调整一次，但若其中任何一种货币的比重变化超过25%时，则整体构成可随时调整。可见，从这个意义上说，欧洲货币体系是一种在成员国范围内固定的、可调整的汇率制度。

有了欧洲货币单位，也就有了区域内各成员国金融当局进行结算的手段；有了作为中心汇率的计算标准；有了政府介入外汇市场的干预标准；有了作为区域内货币的对外汇率，可以计算一个欧洲货币单位同美元、日元、瑞士法郎及区域外其他货币的比价。可见，欧洲货币单位虽然还不是一种标准的国际区域货币，但却是一种新型的国际区域货币的雏形。

（二）建立汇率机制（ERM）

具体做法是让成员国以欧洲货币单位为中心，确定每个成员国货币对欧洲货币单位的中心汇率，据此建立起各成员国货币间的中心汇率，各成员国货币相互之间的汇率只能在中心汇率上、下浮动，波动幅度不超过中心汇率±2.25%（英国和意大利因当时经济情况比较困难，其汇率波幅可扩大到与中心汇率差价的±6%），在这个范围内汇率由外汇市场的供求决定，一旦超出规定限度，该国的中央银行有责任和义务介入外汇市场进行干预，以维持区域内各国间汇率的稳定。如果把这些中心汇率列出表来就可形成一个类似格式或网状的结构，因而称之为平价网体系。由于“平价网”是以欧洲货币单位为中心而不是以美元为中心，所以，各国央行在干预中所使用的货币原则上是参加欧洲货币体系的货币而不是美元，从而摆脱了对美元的过分依赖，削弱了美元在欧洲货币市场上的作用。

（三）建立欧洲货币基金（EMF）

欧洲货币基金集中欧共体9国20%的黄金外汇储备作为共同体的共同储备，拥有远远高于原欧洲货币合作基金的实力。考虑到各国国际储备的变动及黄金、美元价格的波动，欧洲货币基金在滚动的基础上，每3个月重新调整一次。基金的主要目的是保证欧洲货币体系的正常运转，一方面，加强干预外汇市场的力量，打击投机活动，稳定成员国货币间的汇率和维持汇率联合浮动；另一方面，向成员国提供信贷支持，平衡国际收支。

第六节 国际货币制度的发展趋势

一、国际货币制度变革的目标

从国际货币制度的总体发展趋势来看，它的长远目标是创立一种既不依赖黄金，又不依附于单一国家的、统一的世界货币，这是国际货币制度发展的必然趋势。20世纪70年代，国际货币基金组织创立的“特别提款权”（SDR）及“欧洲货币单位”（ECU）的出现，打破了美元一统天下的格局。前者无疑是既脱离黄金本位，又不依附于单一国家经济实力的、统一的世界货币的雏形；后者则是统一的世界货币形成过程中，必然要经历的“国际区域货币”的发展阶段。

ECU经过30年的发展已演变为一种崭新的国际区域货币。欧元的出现标志着国际货币制度演进到一个新的历史阶段——国际区域货币创立及几种国际区域货币并存的发展阶段。作为国际区域货币的“欧元”，未来的发展道路也许坎坷不平，然而其诞生无疑是国际货币制度发展史上的一个里程碑。

但是，创立统一的既不依赖黄金，又不依附于某一强国的世界货币还为时过早，条件尚不具备。因为统一的世界货币，需要以高度一体化的世界经济、统一的世界政府、全球性的中央银行为发行的基础，很显然这是一个相当遥远的目标。经济全球化的发展规律和各国国民经济相对独立化的运行规律，将会在相当长的历史时期内相互影响、相互作用。

二、国际区域货币——欧元对牙买加体系内在矛盾的化解

作为国际区域货币的先驱——欧元的诞生，在一定程度上化解了现行国际货币体系的内在矛盾。

（一）对汇率波动与波幅失控矛盾的化解

由于欧洲经济同盟国之间流通统一的货币，成员国内部的货币兑换已不复存在，因此，成员国内部或者区域内各国间由货币兑换带来的汇率波动风险、汇率调节与汇率波幅失控的矛盾也随之消失。

（二）对资本自由流动与监管失控矛盾的化解

由统一的欧元流通版图构成的“欧元经济区”、“统一的欧洲大市场”，使欧元区成为可以同世界一流强国美国经济规模相媲美的世界最大的经济联合体，其整体抵抗国际游资冲击的能力大大增强。因此，将会使资本在国际间自由流动与国际游

资监管失控的矛盾得到缓解。

（三）对世界货币双重角色矛盾的化解

如果我们把欧元区扩大为一个世界，那么，欧元就是统一的、既不依赖于黄金又不依赖于单一国家的世界货币。因此，在国际区域货币的流通版图内，由货币双重角色带来的矛盾也会迎刃而解。

欧元作为一种国际区域货币，是在区域内各成员国主权相对独立的情况下共同流通的统一货币，这本身就是一个史无前例的伟大创举。与此同时，这种国家主权的相对独立和货币一体化的不对称性，也会给欧元的发展及自身的竞争力带来许多麻烦和不利之处，欧元的发展之路也许不会一帆风顺，但它的诞生代表着国际货币体系的发展趋势。

三、国际区域货币合作模式

货币一体化是开放经济市场、真正实现一体化的必要前提，在统一世界货币的形成过程中，必然要经历国际区域货币的发展阶段。从已有的国际区域货币合作的实践和发展趋势看，国际区域货币合作已经和正在形成三种独具特色的合作模式，即货币同盟的欧元模式、货币替代的美元模式、“10＋3”的东亚货币合作模式。

（一）货币同盟的欧元模式

欧元的诞生走的是一条从初级的经贸合作到高级的货币合作之路。

初级的合作形态是政府间就某种具有战略意义的商品进行联营。1951 年，法、德、意、荷、比、卢等西欧六国签订《巴黎条约》，建立了欧洲煤钢共同体，首先在煤和钢两个生产部门实行具有明显的超国家调节的一体化经营，为日后全面的经济一体化奠定了基础。

中级的合作形态是建立经济共同体，促进生产要素在成员国间的自由流动。1955 年 6 月，上述六国外长会聚意大利的墨西纳，通过了《墨西纳协议》，决定将经济一体化经营从煤和钢的领域扩大到其他部门，建立欧洲经济共同体。1957 年 3 月，上述六国的政府首脑在罗马正式签署欧洲经济共同体条约和欧洲原子能共同体条约，二者合称为《罗马条约》，并于 1958 年 1 月 1 日经六国议会批准生效，标志着欧洲经济共同体的诞生。1986 年 2 月，欧共体各国签订《单一欧洲法案》，确定在 1992 年底以前建立区域内的统一大市场，实现商品、劳务、资本、技术、人力等生产要素的自由流动。

高级的合作形态是建立经济合作区内的货币合作体系，直至创建区域内的统一货币。货币合作成为各种国际经贸合作中最高级的合作形态，也是一种必然的经济合作形态。随着布雷顿森林体系的崩溃，国际金融危机和汇率剧烈波动对各国经济造成的冲击越来越大。为了寻求开放经济的最大效益和最小代价，欧共体周边国家加入欧共体的愿望越来越强烈。1973 年，英国、爱尔兰、丹麦正式加入其中，80

年代希腊、葡萄牙和西班牙相继加入，欧共体增至12个国家。1993年，欧共体演进为欧洲联盟。1995年，瑞典、芬兰、奥地利被正式接纳为成员国，欧盟扩大为15国。2004年5月1日中东欧的10个国家正式加入欧盟，使欧盟在原有15国基础上扩大到25国。

在经济同盟规模不断扩大的同时，为促进经济合作、规避汇率风险、降低交易成本的货币一体化进程不断向前推进，1991年12月10日，欧共体在荷兰马斯特里赫特召开欧洲理事会，通过《马斯特里赫特条约》，决定最迟于1999年1月1日建立欧洲单一货币同盟。1999年1月1日，欧元正式启动。2002年1月1日欧元正式流通，2002年7月1日欧元区11国各自的货币退出流通。欧洲的实践预示着国际区域经济合作的目标将走向国际经贸合作的高级形态——国际间的货币合作及国际区域经济的货币一体化。

（二）货币替代的美元模式

美元模式是主权国家放弃本币发行与流通，而以美元取而代之的货币替代模式。

由于货币替代的程度不同，货币替代可分为三个层次：一是为避免本币贬值，而将本币换成美元储存起来，以减少损失；二是为了国际间的购买、支付、储备、投资、投机等目的而将本币兑换成美元，并长期地持有美元；三是在主权国家内完全放弃本币，流通美元。前两个层次构成了本币加外币的开放经济的货币供给，是一种部分的美元替代。第三个层次是一种完全的美元替代。这里所表述的美元模式是第三个层次的货币替代，主要是指拉美一些国家的货币美元化及这种美元化的趋势。

（三）东亚货币合作模式

同欧元模式相比，东亚货币合作意向的形成，更多地是为了规避开放经济的风险。1997年9月，东亚金融危机爆发不久，日本率先提出建立亚洲货币基金的设想，主张与其他东亚国家、地区共同筹资1 000亿美元，用以解救深陷危机之中的东亚各国。对区域内的各宏观经济主体的国际收支失衡和资金短缺的问题，实施“亚洲化”的援助贷款方案。这一构想最终因美国和IMF的反对而流产。为了控制和影响亚洲，美国不愿看到任何一个亚洲国家成为亚洲区域经济的领袖。IMF则希望能够直接帮助东亚国家摆脱危机，同时能够贯彻IMF的改革理念和政策主张。由于美国的阻挠和IMF“药方”的失灵，东亚国家开始启动新的合作模式。

2000年5月，在泰国清迈召开的东盟10国和中、日、韩三国财长会议上通过了《清迈协议》，要求在“10＋3”范围内建立双边货币互换网，以帮助成员国解决短期国际收支问题，稳定金融市场。2001年9月，日本、韩国、泰国和马来西亚4国正式签署了为规避金融风险的“货币互换协定”。

2000年11月，在文莱举行的亚太经济论坛首脑会议上，日、韩等国人士就“东亚货币”的可行性进行了深入的探讨。2001年1月，在日本召开的亚欧25国

财长会议上，日本和法国联合发出倡议，呼吁亚洲国家采纳一种不受美元支配的货币体系，以避免金融危机。

随着“10＋3”模式的启动和发展，对东亚货币合作一向持反对意见的美国和IMF也开始改变立场。美国采取了默认的态度，IMF则表示赞同建立亚洲货币基金的构想。

【本章小结】

1. 国际货币制度主要包括汇率制度、国际收支的调节方式、国际储备资产和国际结算原则几项内容。

2. 在国际金本位制下，采取固定汇率制度，黄金是唯一的储备资产和最后的国际结算手段，国际收支不平衡的调节机制是“物价—黄金流动机制”。国际金本位制是世界经济体系形成中出现的第一个国际货币制度，在第二次世界大战爆发前崩溃。

3. 布雷顿森林体系下的汇率制度是可调整的固定汇率制，美元是实际上的国际储备货币，国际收支失衡采取IMF提供信贷资金或调整汇率平价的办法来解决。布雷顿森林体系最主要的缺陷在于信心和清偿力之间的矛盾。

4. 牙买加协议是信用本位国际货币制度的开端。在牙买加体系下，国际货币制度开始向浮动汇率制度过渡，但政府一般并不允许汇率完全自由浮动，仍不断干预外汇市场；形成多元化的国际储备货币，对国际收支不平衡的调节也更灵活。

5. 欧洲货币体系是区域货币合作、避免汇率大幅波动的不利影响的典范。亚洲货币合作模式的选择有待于进一步探讨。

【课堂讨论题】

结合欧洲货币体系的经验，谈谈你对亚洲货币合作的看法。

第六章 即期和远期外汇交易

【要点提示】

- 外汇市场
- 即期外汇交易
- 远期外汇交易

外汇交易一般是通过外汇市场，以外汇银行为中心在各有关市场参与者之间进行的买卖活动。外汇交易的类型有很多，其中即期外汇交易和远期外汇交易是外汇市场上的基本交易形式，被称为传统外汇交易形式。随着国际金融的发展，金融工具创新层出不穷，20 世纪 70 年代后出现了很多外汇交易创新形式，如外汇期货交易、外汇期权交易等。然而传统外汇交易形式无论在交易总量上，还是在每笔交易的平均额上，都远远超过外汇交易创新形式。本章首先介绍了外汇市场的有关知识，然后详细讲述了即期外汇交易和远期外汇交易的基本原理及应用。

第一节 外汇市场概述

一、外汇市场的概念

外汇市场（Foreign Exchange Market）是进行外汇买卖的场所或交易网络，是国际金融市场的重要组成部分。与通常的商品买卖不同，外汇买卖实际上是货币兑换的行为，即把一种货币兑换成另一种货币。

20 世纪 90 年代以来，国际间商品、劳务和资本的流动日益频繁，各国之间的经济交往不断形成外汇的供给和需求，外汇的供给和需求导致外汇交易，从而形成外汇市场。随着全球经济一体化程度的提高和各国经济开放程度的扩大，外汇市场在一国经济和国际经济中开始扮演越来越重要的角色。

二、外汇市场的类型

外汇市场根据不同标准划分，有这样几种类型：

（一）按是否有固定的交易场所划分

1. 有形外汇市场

有形外汇市场，又称为大陆式外汇市场，是指有固定的外汇交易场所，外汇交易的参与人可以在规定的时间内到交易场所进行交易。

欧洲大陆国家的外汇市场多数采用这种交易方式。较典型的有法兰克福、巴黎、阿姆斯特丹、米兰等外汇市场。有形的外汇市场是早期形成的外汇市场，在交易所内进行的外汇交易项目一般仅限于形成客户交易的公定汇率，或调整交易各方即期外汇交易的余缺。实际的外汇交易大部分还是在有形市场之外进行。

2. 无形外汇市场

无形外汇市场，又称为英美式外汇市场，是指没有固定的交易场所，也没有固定的开盘、收盘时间，从事外汇买卖的银行、经纪人和客户通过电话、电报、电传以及专业交易系统及因特网等外汇交易工具达成交易，无须面对面进行买卖交易。

伦敦、纽约、东京、苏黎世等外汇市场都是无形市场。由于伦敦、纽约、东京是目前世界上三大外汇市场，所以，一般意义上，人们通常所说的外汇市场都是指这种抽象的无形外汇市场，即一个连接所有市场参与者、全天 24 小时运作的国际外汇交易市场。

（二）按交易的参与者划分

1. 外汇批发市场

外汇批发市场，又称狭义的外汇市场，是指银行之间进行外汇交易的市场，所以也叫同业市场。包括同一外汇市场上各银行之间的外汇交易；不同市场上各银行之间的外汇交易；中央银行同商业银行之间的外汇交易；各国中央银行之间的外汇交易。商业银行之间进行外汇交易的目的是为了平衡外汇头寸或为了进行外汇投机。中央银行参与外汇交易则是为了稳定本国货币的汇率或调节国际收支。银行间外汇交易通常采用直接交易和间接交易两种方式。前者是指在各银行间直接进行的外汇交易，后者是指以外汇经纪人为中介所进行的外汇交易。同业市场的交易金额大，每笔至少100万美元，通常在100万～500万美元之间。银行同业间的外汇交易占外汇市场交易总额的90%以上，因此称为批发市场。

2. 外汇零售市场

外汇零售市场是指银行和客户之间进行外汇交易的市场，包括银行同进出口商、一般金融交易者、资金跨国汇赠者等进行的外汇交易。相对于同业市场，这个市场的交易规模较小。

外汇批发市场和外汇零售市场共同构成了广义的外汇市场。通常人们所说的外汇市场是指狭义的外汇市场。

（三）按交易的期限划分

1. 即期外汇市场

即期外汇市场是指外汇交易达成后，买卖双方须在2个营业日之内办理交割手续的市场。即期外汇市场是外汇市场最重要的组成部分，其主要作用是在最短时间实现不同货币的交易和结算，完成国际购买力的转移。

2. 远期外汇市场

远期外汇市场是指外汇交易达成并签订契约，买卖双方按照契约的规定，在将来某个时日办理交割活动的市场。远期外汇市场的主要功能是规避汇率变动的风险、固定进出口毛利和国际借贷的成本以及进行大规模的外汇投机。

有关即期外汇交易和远期外汇交易的详细内容将在本章后两节展开。

（四）按外汇交易活动的范围划分

1. 国际外汇市场

国际外汇市场是指交易的参与者、交易的类型、币种和数量基本上都不受限制的外汇市场。即发达的、基本上完全自由的外汇交易市场，不受所在国金融管制，实行货币自由兑换并允许各国外汇供需方自由进行外汇买卖的市场。其基本特征是：（1）交易的参与者可以是本国的供需方，也可以是外国凭借现代通信设备参与的交易方；（2）交易货币包括多种国际上可自由兑换的货币，可以是本国货币和外国货币之间的自由交易，也可以是外国货币和第三国货币之间的自由交易。世界上著名的国际外汇市场有：纽约、伦敦、东京、法兰克福、新加坡、苏黎世、香港等。

2. 国内外汇市场

国内外汇市场是指本国金融管制较严的外汇市场。这种市场一般是发展中国家

的外汇市场。其基本特征是：(1) 交易的参与者只限于居民；(2) 交易货币只限于本币同少数几种外币间的交易。

从国际金融发展来看，发达的国际外汇市场都是从国内外汇市场发展起来的。世界重要的外汇市场都是由于本国经济实力强，本国货币充当国际贸易结算货币而发展和壮大起来的。随着本国货币在国际经济中的地位不断提高，更多的国家会逐渐放松和解除金融管制，从而使本国国内外汇市场演变为国际外汇市场。

三、外汇市场的参与者

外汇交易的参与者可以具体归纳为以下四类：

(一) 商业银行

商业银行是外汇市场的作市商，也是外汇市场的主要参与者，它们既可以以自己的名义参与交易，也可以代客户进行交易。它们所报出的价格是双向报价，当市场上其他参与人询价时，银行既提供买价也提供卖价，其他参与人可以通过交易系统或图形数据了解不同银行的报价，在交易中进行选择。商业银行不但为客户提供了完整的外汇交易服务，同时还进行银行之间的外汇交易，以调整自身在外汇市场中的供求状况，买卖多余的外汇头寸，并利用市场价格的暂时失衡参与外汇投机交易。事实上，外汇市场的绝大多数交易发生在外汇银行之间，因此说，商业银行是外汇市场的中心参与人。

(二) 中央银行

中央银行是外汇市场的参与者和调控者，它除了代表政府为完成国际支付，偶尔与大商业银行和国际金融组织进行外汇交易活动外，主要是通过一些经济手段和货币政策措施，对外汇市场进行干预和调控，以维持市场的稳定和经济的正常运行。如：通过买入或卖出外汇来支持某种货币升值或贬值，干预市场，稳定汇率。有时出于外汇储备管理的目的而参与外汇交易。中央银行中最活跃的是美国联邦储备银行、德意志联邦银行、日本银行、英格兰银行、法兰西银行和瑞士国家银行。

(三) 外汇经纪人

外汇经纪人是经所在国中央银行批准，专门在外汇市场上从事外汇买卖、传达交易信息的中介者。他们与银行和顾客都有着十分密切的联系。虽然他们不能报出自己的汇率，但是他们可以通过电信网络将商业银行报出的汇率传递给有交易需求的市场参与者。由于外汇经纪人同各外汇银行都有较密切的联系，而且熟悉外汇行市和外汇供求状况，因此外汇银行往往通过他们作为中介达成交易。成交后，外汇经纪人通知买卖双方，由买入银行向卖出银行发出成交书，卖出银行向买入银行指定的机构付汇，他们自己则收取相应的佣金。

外汇经纪人对于外汇市场的中小参与者特别重要，因为中小参与者通过其他渠道很难获得有竞争力的价格。因此在外汇市场上，外汇经纪人十分活跃。通过经纪人完成的交易大约占总外汇交易的40%。

（四）客户

在外汇市场中，凡是在银行进行外汇交易的公司或个人，都是外汇银行的客户，包括进出口商、外汇投资者、投机者、借贷者和其他外汇供求者。这类参与人对外汇有实际的供求。其他外汇供求者还包括由于运输、保险、旅游、留学、单方面汇兑、国际有价证券买卖、外债本息收付等交易而产生的外汇供求者。

上述外汇交易的主要参与者，可以组成三对交易组合：银行与银行之间（包括国内银行、国外银行和中央银行）、银行与客户之间、银行与经纪人之间的外汇交易。在此基础上，外汇市场的结构可分为两个层次：第一个层次是银行同业市场，这一市场的交易金额一般都比较大；第二个层次是银行与客户之间的交易市场，这一市场的交易往往就在银行的柜面上进行。

四、外汇市场上的交易工具

外汇交易大都借助先进的交易设备在无形外汇市场完成，不受交易场所的限制。在无形外汇市场中，买卖双方的交易员分布于不同国家和地区的外汇市场，需要使用交易工具迅速成交。目前全世界运用最广泛的外汇交易工具有以下几种：路透交易系统、德励财经终端、环球金融电讯网（SWIFT）、自动匹配系统（AMS）、电话、电传等。

（一）路透交易系统（Reuter Dealing System）

路透交易系统是路透通讯社提供的外汇交易通信工具，操作十分简便，包括：控制器、键盘、荧光屏、打印机等。用户通过邮电部门，将自己的终端机与路透交易机连接上后，交易员只需启动机器，通过键盘输入自己的终端密码，即可呼叫全世界参加路透社交易系统的2 000多家银行，进行外汇交易。该系统所有银行均用四个英文字母代号，如中国银行总行代码BCDD、中国建设银行上海分行代号PCSI、汉华银行香港分行代号MHTK。交易员若想与某银行进行交易，在键盘上输入对方银行的代号，叫通后即可询价、还价、成交。双方的交易过程可全部显示在终端机的荧屏上，交易完毕后，通过打印机打印出来，作为交易双方的文字记录，充当交易合同和成交依据。

路透社拥有多种新闻记者，散布在世界各地的金融中心、银行、证券、商品交易所、外汇市场上，负责采集政治、经济、金融、商品、贸易、股票、债券等各种信息。路透社而且拥有世界上最大的私人租用卫星和通信网络。路透社终端提供的金融服务包括：即时信息服务、显示即时汇率行情、汇率走势分析、技术图表分析、外汇买卖等。使用路透交易系统的优点是简易而高效，可依市场汇率变动即时把握机会。

（二）德励财经终端（Telerate System）

德励财经终端是德国的德励财经咨询有限公司提供的全球性金融网络，它以即时同步方式，通过通信卫星，24 小时为用户提供全球最新的经济和金融信息。参与德励财经终端的专家系统，包括全世界各大交易中心、数千家外汇银行、经纪商、证券公司和研究机构。

该终端为用户提供外汇、证券、期货、商品等方面的价格行情，还有图表分析、市场评论、走势预测等，信息内容广泛，达 6 000 多页，绘图资料最长可达 19 年。

（三）环球银行同业金融电讯协会系统

环球银行同业金融电讯协会全称为：Society for Worldwide Interbank Financial Telecommunications，简称 SWIFT。它是一个国际银行同业间非营利性的国际合作组织。总部设在比利时布鲁塞尔，该组织成立于 1973 年，董事会为最高权力机构。它是一个可与各种计算机连续作业的通信网络系统，其环球计算机数据通讯网分别在荷兰和美国设有运行中心，在各会员国设有地区处理站。SWIFT 共有四个运行中心，其中一个正式运行，另外三个备用。该系统于 1977 年投入运行后，到现在已发展为一个覆盖世界上 170 多个国家、联结 6 000 多家金融机构、日处理报文 350 多万笔的金融通信网络，具有低成本、安全、迅速、电文标准化等特点，用于全世界银行间信息传递、资金调拨，其费用大大低于电报、电传，其功能几乎可以完全取代电报作业。我国的中国银行、工商银行、农业银行、建设银行、人民银行、交通银行等都加入了 SWIFT 系统，交通银行总行已在全国交行系统推广并普及了 SWIFT 系统。

（四）自动匹配系统

自动匹配系统（Automated Matching System，简称 AMS）是指将各个有关的电脑终端连接起来的网络。银行的交易员将外汇交易订单内容（数量、价格、买入或卖出指令等）键入自己的电脑终端，后来输入的买入订单（或卖出订单）与先前输入但仍未成交的卖出订单（或买入订单），按价格进行配对。假定这种买卖一致的价格是系统中可得到的最好价格，则自动加以配对。买卖订单配对时，在交易规模上不一定非得相同。几份规模较小的订单可以与一份规模较大的订单进行匹配。

当新输入的交易订单不能与先前输入但未成交的订单匹配时，AMS 将会在整个系统范围内传送新订单的交易数量、价格和交易方向。其他 AMS 的使用者如果接受这份交易订单的话，可以直接按下“我/买入”（Mine/Buy）或者“你/出售”（Your/Sell）按钮，由一个传送键加以证实。先前已键入但未能成交的交易订单可以被撤销，这一指令可以通过临时性或持久使用的某些键入命令来执行。在 AMS 系统中，交易者的信用限度被记录在系统中。AMS 也只允许那些交易对手方认为拥有足够信用限度的交易商发出的交易订单进行配对交易。

AMS 目前仅在即期外汇市场上应用，比较活跃的交易也仅限于几种。国际清算银行对外汇市场的调查资料表明，在伦敦、纽约、东京，AMS 所完成的交易量仅占总量的6%左右。

目前正在应用的AMS系统有两种：一是路透交易系统，二是电子经纪服务系统（Electronic Broking Service，简称EBS）。

(五) 外汇交易的其他通信系统

1. 电话交易系统

在外汇市场中，银行越来越多的交易通过经纪人来完成，电话成为其联络成交的常用工具，而银行同业间的直接交易和银行与客户间的交易有许多也通过电话来进行。国外银行交易室都装有电话交易系统。这种系统的特点是备有直线和中继线两条线路。直线又称热线（Hot Line），指两方面通话的专用线路。任何一方只要按下按钮，对方的拨号灯立即点亮，指示对方呼叫。只要接收一方按钮，线路立即接通，可以通话，非常快捷方便。每一家银行的外汇交易室都有与众多银行的交易室连接的直线热线电话。中继线即一般电话，主要用于联系没有连接直线的用户。为保障自身的安全，避免成交后的纠纷，许多银行不惜花费巨资改善录音系统，如配备多通道语音记录仪。

多通道语音记录仪相当于电话录音机。外汇交易室一般装有16通道、32通道或更多通道的多通道话音记录仪，可以把电话交易的内容原原本本地记录下来，供查询和解决争议用。32通道的电话录音机，可以同时录下32个电话，录音时间长达24小时，并可以准确地查询具体发生在几点几分几秒的交易对话位置，而且仅在电话交谈时才启动，谈话一结束，仪器立即停止工作。上述种种优异的性能，均是一般录音机办不到的。

2. 电传机

外汇交易员通过联网电传机呼叫交易银行，请示报价和进行交易，电传交易记录是双方交易的文字凭证。电传在二十年前还是外汇市场交易中的常用工具，但在卫星通信技术十分发达的今天，由于通过电传获得报价的速度慢，其作为主要交易工具的地位逐渐被路透交易系统和电话所替代。但在一些大银行的交易室中，仍配有电传机以备用于与一些小银行或客户报价成交。

3. 袖珍汇率接收机

目前各个金融市场都有一种接收汇率的袖珍接收机。它可以随时随地显示即时汇率，跟中文的BP机相似。香港许多外汇交易室的主管和交易员都配有袖珍接收机，无论身在何处，均可以收到即时汇率，以便即时作出投资决策。

五、外汇市场的交易规则

国际外汇市场上在长期的外汇交易中形成了一些约定俗成、人们共同遵守的习惯和做法，逐渐被外汇交易参与者认可为规则，在外汇交易中普遍使用。下面列出几种主要的规则：

（一）外汇交易中的报价规则

一是以美元为中心报价。通常，几乎全部的外汇交易价格均采用以某种货币对美元的买入价或卖出价的形式报出，除非有特殊说明。二是所报出的价格为交易中双方兑换货币的成交价格。银行在报出该价格时要同时报出买入价（Bid Price）和卖出价（Offer Price），即双价制。值得注意的是，报出的汇价通常由两部分构成：大数（Big Figure）和小数（Small Figure）。大多数的汇价，以其小数点后第二位以前的数据值为大数，其后的数据值为小数，如英镑兑美元汇价：GPY/USD 为 1.588 8/92，其中 1.58 为大数，88/92 为小数。仅有少数几个汇价，其整数部分为大数，小数部分为小数，如日元兑美元汇价：USD/JPY 为 93.35/45，其中 93 为大数，35/45 为小数。一般在一个交易日内，因外汇市场上汇率波动不大，外汇交易员为了节省时间力求简捷，只报汇率的最后两位数，能让熟悉行情的客户明白就可以了。如马克兑美元汇率只报出 38/42，至于前面大数可省略不报。

（二）使用统一的标价方法规则

汇率的标价方法有直接标价法、间接标价法之分。为使交易迅速、顺利地进行，交易各方使用统一的标价方法，即除英镑、澳大利亚元、新西兰元和欧元采用间接标价法以外，其他交易货币一律采用直接标价法。

（三）交易额规则

通常以 100 万美元为单位进行买卖。如交易中 One Dollar 表示 100 万美元，Five Dollar 表示 500 万美元。如果交易额低于 100 万美元，应预先说明是小额的，然后再报出具体金额。

（四）交易双方必须恪守信用规则

共同遵守“一言为定”的原则和“我的话就是合同”的惯例，交易一经成交不得反悔、变更或要求注销。

（五）交易术语规范化规则

迅速变化着的汇率要求交易双方以最短的时间达成一项交易协议。因此，交易员们为节省时间常使用简语或行话，如买入可用 Bid，Buy，Pay，Taking，Mine；卖出可用 Offer，Sell，Giving，Yours 等；我卖给你 500 万美元，可用 Five Yours。

第二节 即期外汇交易

一、即期外汇交易的概念

即期外汇交易（Spot Exchange Transaction）亦称“现汇交易”，是指买卖双方以固定价格成交，并在当日或两个营业日内办理交割的外汇交易。所谓交割(Delivery)，是买卖双方实际办理资金的收付，即买方付款、卖方付汇。交割日期即为交割日或起息日。

即期外汇交易是外汇市场上最常见、最普遍的外汇交易形式，这类外汇买卖占全部外汇交易量的70%以上。其在外汇市场上的基本作用是：解决临时性付款需求带来的货币兑换问题，实现货币购买力的转移，满足银行同业调整各种货币头寸的货币兑换需求，进行外汇投机等。即期外汇交易的价格即即期汇率。即期汇率是其他外汇交易的基础。交割期限是区分即期外汇交易和远期外汇交易的标准之一。

关于即期外汇交易，需注意以下两个问题：

(一)即期外汇交易交割时间的确定

一般来说，国际外汇市场上两个营业日内交割的交易都视为即期交易（除非特别指定日期的)。这里营业日（Working Day）是指两种交易货币的发行国各自都营业的日子。通常即期交易的交割日有三种情况：

1. 标准交割日

是指在成交后第二个营业日交割，如果遇上任何一方的非营业日，则向后顺延到下一个营业日。但交割日顺延不能跨月。目前外汇市场上大多数即期外汇交易都采取这种方式。

2. 次日交割

是指在成交后的第一个营业日进行交割。如遇上非营业日，则向后推迟到下一个营业日。一些国家因时差关系采用这种方式。

3. 当日交割

是指在成交当日进行交割的即期外汇买卖。一些外汇市场美元兑换本币的交易(T/T）可以在成交当日进行交割。

以香港外汇市场为例，对不同货币的即期外汇交易采用不同的交割时间。港元对美元的即期外汇交易在成交当天进行交割；而港元对日元、新加坡元、马来西亚林吉特、澳大利亚元则在成交的次日进行交割；除此以外的其他货币则在成交后的第二个营业日进行交割。

依照国际惯例，即期外汇交易遵循“价值抵偿原则”，即一项外汇合同项下交易双方必须在同一时间进行交割，以免任何一方因交割时间不同蒙受损失。

(二)即期外汇交易的结算方式

即期外汇交易的结算方式有信汇、票汇和电汇三种。信汇和票汇的应用较少，大部分交易是采用电汇方式。在电汇方式下，买卖双方首先通过电话达成交易，然后用电传予以确认。而银行同业间各种货币的结算则是利用SWIFT电讯系统，通过交易双方的分行或代理行进行，最终以有关交易货币的银行存款的增减或划拨为标志。

二、即期外汇交易的报价

即期外汇交易的报价伴随国际通信设备的日益完善走向成熟。由于全世界各大外汇市场已由国际卫星通信网络紧密地联系在一起，外汇交易已经完全打破了地域界限，因此参与外汇市场报价的银行都以统一的方式进行报价。

（一）外汇市场上的报价者与询价者

在众多的外汇市场参与者中，商业银行是专门从事货币资金业务的机构，外汇交易是它们的一项重要业务，因而在外汇市场上，它们在人员、信息、技术等方面具有其他机构无可比拟的优势，从而能为随时前来询价的其他银行、公司、企业、个人和中央银行提供各种货币的汇率，并承诺以此汇率与之成交。在外汇市场上，把提供汇率的银行称为报价者（Price Maker），把向报价者索取即期汇率，并与报价者成交的其他银行、外汇经纪商、公司、个人和中央银行等，称为询价者（Price Hitter）。

（二）即期外汇交易报价的规则

1. 双向报价

外汇市场上，一般采用双向报价（Two Way Price）方式，即报价银行在报价时同时报出买入价和卖出价。买入价是银行愿意以此价格买入标的货币的汇率，卖出价是银行愿意以此价格卖出标的货币的汇率，买入价与卖出价之间的价差为中介银行的盈利。在一般报价中，无论什么货币银行一般均报出前小后大的一对价格。例如某一银行的即期报价为：

1USD＝HKD7.752 0/40

1GPY＝USD1.595 0/70

2. 买入价与卖出价表现位置不同

外汇市场上，报价银行同时报出买入价和卖出价，一般表现为前小后大的两个价格。

我们在第一章介绍过，在不同标价法下买入价和卖出价的位置不同。在直接标价法下，银行报出的外汇汇率是买入价在前，卖出价在后。在间接标价法下，卖出价在前，买入价在后。事实上，在国际外汇市场上，前后两个价格分别是两种货币的买入价和卖出价。

以上述汇率为例：某银行报价为即期汇率1USD/HKD＝7.752 0/7.754 0。

那么对USD来说7.752 0为买入价，即银行买入1美元付出7.752 0港元；7.754 0为卖出价，即银行卖出1美元收入7.754 0港元。相反对HKD来说7.752 0为卖出价，即银行卖出7.752 0港元收入1美元；7.754 0为买入价，即银行买入7.754 0港元付出1美元。

另外针对银行和客户这样不同的角色，买价和卖价的表现也不同。银行买进1

美元，支付7.7520港元；卖出1美元，得到7.7540港元。不过，从顾客角度来看，就正好相反了，7.7520对银行来说是美元的买入价，对顾客来说是卖出价；7.7540对银行来说是美元的卖出价，对顾客来说则是买入价。总之，银行的买入价就是顾客的卖价，银行的卖出价反而是顾客的买价。

在即期外汇交易中，对于一笔即期外汇买卖应该取哪一个汇率，有以下三个基本原则：

（1）银行贱买贵卖，客户贱卖贵买原则。外汇的买入价和卖出价都是从对银行有利的角度制定的。客户以美元买入英镑，银行应以较高的价格卖出英镑，较低价格买入美元。而客户的角度恰好和银行相反。

（2）每个汇率的左边数字是买入基准货币的价格，右边数字是卖出基准货币的价格。在汇价1GPY＝USD1.5950/70中，英镑是基准货币，美元是标价货币。

（3）直接标价法和间接标价法的外汇买入价和卖出价恰好相反。从美国来看，汇价1GPY＝USD1.5950/70是直接标价法，银行卖出外汇英镑，因而采用卖出价，即右边的数字。从英国角度来看，它是间接标价法，客户一美元兑换英镑，对银行来说是买入外汇付出本币，因而应采用买入价，即右边的数字。

不难看出，这三种分析方法的结论是一致的，因此只要掌握了一种方法，即可作出正确的选择。这三条原则适用于任何外汇买卖双方。无论是银行和银行之间，还是客户与银行之间。因为对报出外汇价格的一方，外汇买卖是为赚取汇差，他不会因为要求买卖的对象不同而不赚取利润，所以和报价方进行交易的一方就要承受一些汇差损失。

3. 美元为中心的报价原则

国际外汇市场上，除特殊标明外，所有询问或报出的外汇价格都是与美元直接挂钩的，是以美元对其他主要货币的汇率为标准的，即采用美元为中心的报价方法。当外汇交易员询问日元或瑞士法郎的标价时，他实际上是指美元兑日元或美元兑瑞士法郎的汇率。甚至人们只要说Spot Paris（即期巴黎）或Spot Cable（即期电报），对方便知道是即期美元兑法国法郎的汇率或即期英镑兑美元的汇率。

4. 交叉汇率的计算方法

正因为外汇市场以美元为中心报价，所以在两种非美元货币之间的外汇交易中就得通过美元与这两种货币的汇率计算出两个非美元货币之间的汇率。通过套算得出的汇率即交叉汇率。交叉汇率的套算一般有三种情况：一是两种货币都采用直接标价法；二是两种货币都采用间接标价法；三是一种货币采用直接标价法，而另一种货币采用间接标价法。

（1）两种货币都采用直接标价法，其汇率的套算是交叉相除，见表6—1。

表 6—1

USD/JPY	93.35/93.55
USD/HKD	7.752 0/7.754 0
交叉相除	
交叉汇率 HKD/JPY	12.038 9/12.067 9

即交叉汇率 HKD/JPY 为：93.35÷7.754 0=12.038 9，93.55÷7.752 0=12.067 9。

（2）两种货币都采用间接标价法，其汇率的套算也是交叉相除，见表 6—2。

表 6—2

GBP/USD	1.595 0/1.597 0
EUR/USD	1.382 6/1.383 6
交叉相除	
交叉汇率 GBP/EUR	1.152 8/1.155 1

即交叉汇率 GBP/USD 为：1.595 0÷1.383 6=1.152 8，1.597 0÷1.382 6=1.1551。

（3）一种货币采用直接标价法，另一种货币采用间接标价法，汇率的套算应为同边相乘，见表 6—3。

表 6—3

GBP/USD	1.595 0/70
USD/JPY	93.35/93.55
同边相乘	
交叉汇率 GBP/JPY	148.89/149.40

即交叉汇率 GBP/JPY 为：1.595 0×93.35=148.89，1.597 0×93.55=149.40。

三、即期外汇交易的操作

（一）即期外汇交易的业务部门

通常从事外汇业务的西方商业银行，都设有专门经营即期外汇业务的机构，即外汇交易部。按照业务对象可分为：客盘交易部和同业交易部。所谓客盘交易部是指专门经营本银行与一般客户间外汇买卖业务的部门。同业交易部是指经营银行间同业外汇交易业务的部门。客盘交易部按业务分工又可拆出几个分支，如结算交易部、货币交易部等。结算交易部则是专门负责信用证项下外汇结算业务的部门。货币交易部是从事货币兑换、汇出汇入汇款、外汇投资、代客户理财等业务的部门。具体构架可见图 6—1。

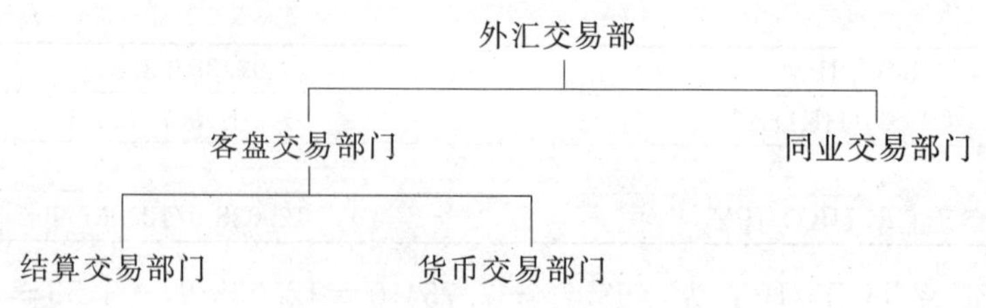

图6—1 即期外汇交易业务部门

银行外汇交易部一般拥有由国内和国际线路的电话、电传、外汇交易终端机等组成的高效、迅捷的国际通信网络。同时，还拥有电子计算机系统提供的全球各大外汇市场的汇率行情走势，世界主要金融中心的股票行情等金融消息，路透社、BBC等国际性新闻媒体的财经评论及政治军事信息等，供交易参与者决策时参考。

(二) 客盘外汇交易业务

客盘交易业务是指外汇银行与一般客户间的外汇买卖业务。这里，客户指的是除银行以外所有的公司、企业和个人，即银行以外的所有外汇交易参与者。银行与客户的即期外汇交易可以在两个方向上进行：一是银行向客户买进外汇，按即期汇率付出本币或其他外币；二是银行向客户卖出外汇，按即期汇率购进本币或其他外币。银行与客户的即期外汇交易的主要方式有以下五种：

1. 货币兑换

即客户因某种需要，将一种货币兑换成另一种货币，这就涉及客户与银行之间的即期外汇交易。银行与客户按即期外汇汇率折算，交割标的货币。可能是银行买入外汇付出本币或其他外汇，也可能是银行卖出外汇收进本币或其他外汇。

2. 汇出汇款

客户需要对国外支付外币时，可先向银行支付本币，再委托银行向国外的收款人汇款。银行接受委托后，便通知收款人所在地银行从本行的外币结算账户中借记汇款金额，支付给收款人。实际上是客户向银行买入外汇、银行卖出外汇的一种即期外汇交易。例如：美国某债务人向英国债权人偿还100万英镑债务，要求其开户银行电汇这笔款项。若当时即期汇率GBP1＝USD1.595 0/70，则该银行借记美国国债务人159.7万美元，并通知英方债权人所在地银行借记本行英镑账户100万英镑，贷记在英债权人账户上。在这笔即期外汇交易中，美国银行卖出100万英镑，买进159.7万美元。

这种汇出汇款在国际结算中可分为顺汇和逆汇。顺汇是汇款人委托银行，通过国外分支行或代理行将款项付给收款人的一种支付方式。逆汇则是由收款人（债权人）出票，通过银行委托其国外分支行或代理行向付款人收取汇票上所列款项的一种支付方式。

3. 汇入汇款

客户从国外收到外币汇款后，通过结汇卖给银行，得到本币款项。汇入汇款实

际上是客户卖出外汇，银行买入外汇的即期外汇交易。例如：美国某债权人要求英国债务人偿还 100 万英镑的债务，委托其开户银行电汇通知收取这笔款项。若当时即期汇率 GBP1=USD1.595 0/70，则该银行贷记美国债权人 159.5 万美元，并通知英方债务人所在地银行贷记本行英镑账户 100 万英镑，借记在英债务人账户上。在这笔即期外汇交易中，美国银行买进 100 万英镑，卖出 159.5 万美元。

4. 出口收汇与进口付汇（信用证结算）

出口收汇：出口商发货后，开具以外币计价的汇票附在跟单信用证项下交银行议付，收回相应的本币货款。这相当于议付行做了一笔买入外汇的即期外汇交易。

进口付汇：进口商的开证行收到出口商开出的附有合格单证的即期汇票，将以外币计价的进口货款支付给出口商后，向进口商提示汇票，请其按即期付款条件支付本币。进口商以本币向银行支付进口货款。实际上是进口商作为客户向开证行买了一笔即期外汇，开证行则卖出了一笔即期外汇的交易。

5. 外汇投资

客户除了商业性的需要和银行进行外汇交易外，也可以将外汇作为一种投资工具，如同股票、债券一样，进行外汇投资。外汇投资分实盘外汇买卖和虚盘外汇买卖。外汇投资的具体方法是：客户先在有关银行或公司开立一外汇买卖账户，并存入一定的保证金。如果是实盘外汇买卖，其保证金的比例为 100%，并不可透支；若是虚盘外汇买卖，交 2%～10%的保证金后，客户便可以买卖数倍于保证金的外汇。客户的一切交易均显示在账户中，投资损失由保证金抵补，客户利用外汇汇率的波动来赚取利润。买进后必须卖出，卖出后必须补进，才算一个完整的交易回合，外汇买卖之间的差额即为客户的汇差损益。从银行的角度来看，银行接受客户的委托，按银行的即期汇率，为客户把一种本币兑换成另一种外币的业务，属于即期外汇交易。我国目前按国家有关政策规定，个人只能进行实盘外汇买卖，还不能进行虚盘外汇买卖。

（三）银行同业外汇交易业务

1. 同业即期外汇交易概述

银行在每个营业日不断向客户买入和卖出外汇时，很难做到买入量等于卖出量。不是买入多于卖出，称作超买（Overbought）或多头（Long Position）；就是卖出多于买入，称作超卖（Oversold）或空头（Short Position）。无论是超买还是超卖都会形成外汇敞口，遭受汇率变动的风险。因此，银行必须进行“外汇抛补”交易，这也叫平盘。处于超买的多头地位的银行，为防止该种外汇汇率下跌，需将余额及时卖出；处于超卖空头地位的银行，为了防止该种外汇汇率上升，需将短缺的外汇头寸及时补进。而一些银行超买多头时，总有另一些银行处于空头地位，它们在银行同业市场上相互交易，平衡头寸，即形成了银行与银行之间的即期外汇交易。

同业交易一般由银行内部的资金部门或外汇交易部门在外汇交易室，通过路透交易机、德励财经交易机、电传机、电话机等完成。具体的每一项外汇交易由交易室中的交易员进行。在各外汇银行中，专门负责外汇交易的职员称外汇交易员。包括主任交易员（或首席交易员）、高级交易员、初级交易员和实习交易员等。在大的外汇银行，一名交易员通常负责一种或几种货币的交易，分为“GBP交易员”、“CHF交易员”、“EUR交易员”、“JPY交易员”、“USD交易员”等。交易室中配备着各种先进的通信工具，例如：路透社计算机终端将屏幕分割成不同的版面，在这些版面上分别提供各主要银行的报价，世界上最新的政治、经济新闻，主要发达国家如美国的主要经济指标如货币供应量、失业率、物价指数、开工率、进出口贸易额等，各主要货币汇率的走势图、技术分析等等。美联社的计算机终端分别提供世界最新的政治、经济新闻，主要货币汇率走势的各种技术分析图表，主要货币汇率走势的预测分析等。每年向路透社、美联社交付一定的费用，就可以得到以上信息。每个交易员通过一组电话和经纪人、电传公司、国外银行保持密切联系，并通过电话、电传、路透社交易系统等询问交易刚结束或正在进行交易的国外其他外汇市场的汇率行情，订出本行的开盘汇率，在此后一天的交易中，根据本行在每种货币上是处于多头还是空头地位，不断地调整本行报出的汇率，并对其他银行的报价和询价做出反应。

如果市场行情变动不定，难以预测，同业交易员要积极平盘，以免由于不慎造成严重亏蚀。但是，如果同业交易员根据一定的分析判断，认定某种外汇的价格将看涨或看跌，也可以推迟平盘，但要遵守平盘的最高头寸额度的规定。

同业交易员由于推迟或不能平盘而造成某些外汇头寸的剩余或亏缺，则要从外汇部门负责市场短期资金拆放的交易员那里拆进或拆出外汇资金。因此，推迟平盘除了考虑汇率变动的因素外，还要考虑市场利率的高低和变动因素。否则，在外汇市场上赚取的利润，有可能被过高或过低的短期拆借利率吃掉，交易员对此必须有充分的估算。

2. 同业即期外汇交易的程序

（1）询价。在有外汇交易需求时，询价银行向报价行询问汇率，内容包括交易货币、交割日、金额和交易类型等。

（2）报价。报价银行报出询价行标的货币的汇率。应同时报出买卖价，可以只报最后两位数。

（3）成交。询价银行首先表示买卖金额，然后由报价银行出价承诺。

（4）确认。报价银行的外汇交易员说出“Ok done”（成交了）以后，为保证交易不出差错，交易双方必须互相证实。交易双方银行应相互证实买卖货币的名称、汇率、具体金额、交割日及结算办法等。此外，外汇交易一经成交，双方不得反悔、更改或取消。

（5）交割。这是外汇交易的最后一个程序，也是最重要的一个环节，是交易双方各自按对方当事人的要求将卖出的货币及时准确地划入对方指定的银行存款账户

中的处理过程。

3. 即期外汇交易应注意的问题

(1) 选择交易对象。选择资信良好、作风正派、与本行关系较好的报价银行作为交易对象。在具体业务操作中，应选择那些报出的汇率买卖差价较小、报价及还价速度快、服务水平高的报价银行作为交易对象，争取较好的交易价格，降低交易成本，保证交易取得成功。

(2) 报出自己银行的名称（询价银行），以便让报价银行知道交易对手是谁，并决定交易对策。

(3) 外汇交易员在进行外汇交易时，应展示优异的专业技能和良好的职业道德。具体操盘时，要深谙交易技巧，避免违背行业惯例和现行的法律规范，树立良好的职业形象。

(四) 外汇经纪人与即期外汇交易

外汇经纪人也称外汇经纪商，是专门从事外汇买卖中介业务，赚取佣金的职业外汇交易参与者。外汇经纪人一般掌握广泛的信息网络，同时与多家银行保持业务往来。当一家银行找到外汇经纪人进行即期外汇交易时，经纪人往往能够提供市场上当前最好的价格，并告知开价银行意在买入或卖出，而且在交易达成前绝不暴露他代为报价的银行，但成交后又会尽力把相关信息通报给他的客户。在国际外汇市场上，一个活跃的外汇经纪人，可能会参与全球范围数以千计客户在外汇市场上的交易。目前全球经纪业务网络覆盖各大金融中心，包括伦敦、纽约、东京、新加坡、悉尼、新西兰、香港、巴林等。

经纪人介入的即期外汇交易，通常有三种情况：

1. 银行向经纪人询价

银行根据自己的需要或客户订单，通过路透交易机、电传或电话直接呼叫，请经纪人报价，报价后银行若觉得合适当即拍板，决定买入或卖出某种外汇及其金额，交易便告成功。此后，经纪人通知银行，这笔交易是哪一家银行做成的，双方相互交付货币，经纪人开出佣金收取通知书。

2. 经纪人主动报价

外汇经纪人确定客户银行后，无偿在该行的外汇交易室安装通信设备，并主动频繁地向银行报价，一旦银行觉得经纪人的报价对自己有利或符合自己的某种需要，便表示买入或卖出。因此，经纪人报的价都是实价。具体操作：经纪人从已经收到的报价中，选出最高买入价和最低卖出价匹配起来，组成一种交易价差最小的综合性双向报价，它可能由不同银行的买卖价构成，然后经纪人向其客户通报这种综合报价，这种报价是市场上最好的价格，是最具竞争的报价。

3. 订单配对

银行或客户订下买卖基准，通过电话、电传或计算机自动匹配系统（AMS）等把订单交给经纪人，外汇经纪人根据众多订单的要求，把交易条件相符的买方订单和卖方订单配对，分别向交易双方开出交易确认书，其内容包括：交易货币种类、买方、卖方、交易数额、汇率、交割日、交易银行和账号等。经纪人还开出交易佣金收取通知单。

通过经纪人达成交易的优点是：可以使交易双方得到最好的成交价格和保密性。首先，各银行分别将汇率报给经纪人，通过经纪人的组合，再得到的汇率，是当时市场上最好的汇率。同时，各行还省去了分别向其他银行询价比较的时间。其次，双方银行在成交前可以保持匿名状态，对那些交易金额巨大的大银行而言非常重要。因为，一笔巨大金额的外汇交易，可能改变外汇银行的市场报价，影响其竞争力。而通过经纪人进行交易，交易双方不发生直接接触，任何一方事先不可能知道经纪人正代表谁进行交易，有利于达成比较公平的交易。另外，经纪人并不是消极被动的代理人，通过经纪人的积极工作，加速了市场交易的进程。

第三节　远期外汇交易

一、远期外汇交易的概念

远期外汇交易（Forward Exchange Transactions）亦称“期汇交易”，即预约购买与预约卖出外汇的业务，是指外汇买卖双方达成交易后即签订外汇交易合同，在合同中规定买卖外汇的币种、数额、汇率和将来交割的时间，到合同约定的日期办理交割的外汇交易。通常外汇交易达成后两个营业日以后进行交割的外汇买卖都属远期外汇交易范畴，可以是以日计算的3天、7天、15天交割的；最常见的是按月计算的，如：1个月、2个月、3个月、6个月、9个月和12个月交割的。

按照外汇交易合同中对交割日期规定的不同，远期外汇交易可分三大类。

（一）固定交割日期的远期外汇交易

是指在外汇交易合同中，明确规定某一确定日期为履行外汇买卖的交割日，既不能提前也不能推迟。例如：A银行与B银行在某年1月25日，签订一项三个月期的美元兑换日元的固定交割日期外汇交易合同，并约定汇率为1美元=95.27日元，交割日期为4月25日。那么，A银行和B银行必须在4月25日这一天，同时按对方的要求将卖出的货币划入对方指定的账户。如一方提前交割，另一方既不需提前交割，也不需因对方提前交割而支付利息。但如一方延迟交割，则另一方可向其收取迟付利息。

（二）确定交割月份的远期外汇交易

这种类型的远期外汇交易的特点是：在外汇交易合同中，只规定某一月份为履

行外汇买卖的交割日，不规定具体的交割日期，即从这一月份中的第一天到与达成交易日相对应的那一天之间都可以作为履行外汇买卖的交割日。如，C银行和D银行某年2月15日通过电传达成一项两个月期选择交割日的美元兑换欧元的远期外汇交易合同，约定8月份交割，汇率为1美元=1.586 5欧元。则从8月1日到8月15日中间的任何一个营业日，C银行都可以要求D银行按约定汇率进行交割，将卖出货币划入对方指定的账户。

（三）未确定交割日期的远期外汇交易

是指在外汇交易合同规定，交易双方可将签订远期外汇合同后的第三天到约定期满日之间的任何一天作为履行外汇买卖的交割日。这种合同与前一种类似，是一种选择交割日期的远期外汇交易，只是这种交易选择的时间范围更宽。如E银行与F银行某年3月8日签订一项未确定交割日期的远期外汇交易合同，三个月期满，那么E银行可在3月11日到6月8日期间的任何一个营业日要求F银行按合同交割。

值得注意的是，无论签订的是哪种远期外汇合同，交割日的确定都要遵循："节假日顺延"和"不跨月"的原则。

节假日顺延，与即期交易日中的"节假日顺延"含义相同。

不跨月是指远期外汇交割日遇上节假日顺延时，不能跨过交割日所在月份。假如两个月的远期外汇交易的成交日是5月28日，即期交割日为7月30日。而两个月期对应的7月30日、31日均不是营业日，则交割日不能顺延，否则就跨过7月份了。因此，按此规则，这笔远期外汇的交割日应退回到7月29日，如果7月29日仍为节假日，则再退回到7月28日，以此类推。

二、远期汇率的报价

在实际外汇交易中，银行远期汇率也采用双向报价方式。根据国际惯例通常有两种远期汇率报价方法。

（一）直接报出远期外汇的实际汇率

直接报价方式也叫全额报价，或称直接远期汇率、完全远期汇率，即直接报出远期买卖价的全部数字。这种报价方法一目了然，银行对客户的报价通常采用这种方法。

日本和瑞士等国采用这种方式，比如美元对瑞士法郎的即期汇率和远期汇率可以表示为：

	即期汇率	3个月远期汇率
USD/CHF	1.092 0/1.094 5	1.135 5/1.137 5

采用这种报价方法的国家已经越来越少。

（二）点数或币值报价法

即报出即期汇率和升贴水的点数或币制来代替远期汇率。这是因为，由于市场供求关系的变化，即期汇率的波动非常频繁，而远期差价的升贴水相对来说，变化不那么大，因此外汇交易员报出升贴水后，进行远期交易的专业人员，只要根据当时的即期汇率和升贴水数，就可以轻易得出他所需要的远期汇率。这样，银行方面可以省去许多计算远期汇率的麻烦。在远期外汇市场上更多的是点数报价法，银行同业间交易基本上是点数报价法。表 6—4 是国际外汇市场的报价摘录。

表 6—4

项目	即期汇率	1 个月汇水	3 个月汇水
USD/CHF（用点数表示）	1.118 0/1.119 2	20/30	40/51
USD/JPY（用点数表示）	93.45/93.45	70/60	140/135
GBP/USD（用币值表示）	1.595 0/1.597 0V	0.80/0.90 分	1.50/1.60 分

这里涉及远期外汇市场的升水、贴水和平价三个专业术语。升水（At Premium）表示远期汇率大于即期汇率；贴水（At Discount）表示远期汇率小于即期汇率，平价（At Par）表示远期汇率等于即期汇率。用这种方法来表明远期差价，要确切知道远期实际汇率，就需要进行计算。

在实际报价中，银行同时报出买入和卖出价，银行报出的远期差价的点数，一般不注明升水、贴水或“＋”、“－”号。外汇交易员是如何判断每一种货币远期差价表示的是升水还是贴水，又如何计算出远期汇率呢？

一般从银行角度看，一种货币的买入汇率要低于卖出汇率。因此，如果报价中出现前面的点数大于后面的点数，例如 140/135，则表示贴水，远期汇率应从即期汇率中减掉；如果后面的数字较大，例如 135/140，则表示升水，应与即期汇率相加。在不同的汇率标价方法下，远期汇率的计算方法不同，下面将分三种情况介绍。

1. 直接标价法下远期汇率的计算

假如某日瑞士苏黎世某银行美元与欧元的即期汇率和 1、2、3 个月的远期差价如表 6—5 所示。

表 6—5

USD/CHF	Buying（买入价）	Sell（卖出价）
Spot Rate	1.089 0	1.094 0
1 mth	95	100
2 mths	195	200
3 mths	295	300

在直接标价法下，对于基准货币而言，前面较小的数字为买入价，后面较大的数字为卖出价；银行是“买低卖高”，如果报出的升、贴水点数也是前小后大，外汇交易员就可以得出结论：这是一个升水的远期差价，表明远期汇率高于即期汇率，那么在计算远期汇率时使用加法。相反如果报出的点数前大后小，则是一个贴水的远期差价；表明远期汇率低于即期汇率，在计算时使用减法。基本规则是：在

直接标价法下，远期差价前小后大往上加，前大后小往下减。

上述 1、2、3 个月美元远期汇率的计算结果如表 6—6 所示。

表 6—6

USD/CHF	Buying（买入价）	Selling（卖出价）
Spot Rate	1.089 0	1.094 0
1 mth	1.098 5	1.104 0
2 mths	1.108 5	1.114 0
3 mths	1.118 5	1.124 0

2. 间接标价法下远期汇率的计算

在间接标价法下，情况正好与上述相反。

假如英国某银行美元与英镑的即期汇率和 1、2、3 个月的远期差价如表 6—7 所示。

表 6—7

GBP/USD	Selling（卖出价）	Buying（买入价）
Spot Rate	1.595 0	1.597 0
1 mth	40	30
2 mths	60	50
3 mths	90	80

在间接标价法下，前面较小的数字为卖出价，后面较大的数字为买入价，如果报出的远期差价前小后大，这是一个贴水的远期差价，在计算远期汇率时使用加法。如果远期差价前大后小，则是一个升水的远期差价，在计算远期汇率时使用减法。基本原则是：在间接标价法下，对基准货币而言，远期差价前小后大往上加，前大后下往下减。

上述 1、2、3 个月的远期汇率计算结果如表 6—8 所示。

表 6—8

GBP/USD	Selling（卖出价）	Buying（买入价）
Spot Rate	1.595 0	1.597 0
1 mth	1.591 0	1.594 0
2 mths	1.589 0	1.592 0
3 mths	1.586 0	1.589 0

3. 境外外汇市场远期汇率的计算

在境外外汇市场上，采取的标价法既非直接标价法，又非一般的间接标价法，所有货币皆为外汇，银行又不说明远期差价表示的是升水还是贴水，此时，如何得出远期汇率呢?

假如瑞士某银行报出的 EUR 汇率为：

Spot Rate：USD1＝EUR0.711 0/0.716 0

情况 A　　6个月　　250/290

情况 B　　6个月　　290/250

在此标价中，美元是基准货币，欧元是标价货币。远期差价前小后大（情况A)，说明标价中的基准货币美元升水，即：

远期汇率＝即期汇率＋点数

若远期差价前大后小（情况B)，说明标价中的基准货币美元贴水，即：

远期汇率＝即期汇率－点数

基准货币升水，标价货币贴水；基准货币贴水，则标价货币升水。即期汇率到底是加上还是减去点数来构成直接的远期汇率，基本原则是：检查远期差价点数的大小顺序。如果远期差价前小后大，加上点数；如果远期差价前大后小，减去点数。

三、影响远期汇率升、贴水的因素

远期外汇汇率是在即期汇率的基础上用加减升水和贴水的方式来计算的。两种货币的远期汇率究竟是升水还是贴水，主要取决于这两种货币供求关系和利率水平。

（一）供求因素

外汇是一种特殊商品，如供不应求，就会升水；供过于求，就会贴水。影响远期外汇供求的因素很多，诸如国际政治、经济形势的变化，国际经济交易的消长，国际收支的变化，通货膨胀与利率的变化，政府的经济政策，人们对外汇市场的预期等。

（二）利息率因素

远期汇率是升水还是贴水，同两种货币发行国的利息率有重要的关系。说明远期汇率与利息率的关系亦即远期汇率决定的理论，是“利率平价理论”或称“远期汇率理论”，该理论已在第一章进行了介绍。这里再通过计算进一步说明远期汇率升、贴水与利息率的关系。

假定：英国伦敦市场的即期汇率为1GBP＝USD1.595 0，英镑年利率为9.5%，美元年利率为7%。一客户售给英国银行3个月远期10 000英镑，买远期美元。签约3个月后，英国银行必须付给客户美元。为履约，英国银行是买进即期美元存放，还是合约到期时再买进美元？按照经营外汇业务的原则，英国银行如卖出远期美元较多，就应以一定数量的英镑买进相应数额的现汇美元。由于英镑的利率较高，人们会以美元换成英镑存放。因此，为履行这笔交易，英国银行只能用10 000英镑购买即期美元存在美国纽约的银行，以备3个月后向顾客交割。这样，英国银行就会发生利息损失10 000×(9.5%－7%)×3/12＝62.5英镑。英国银行自然会把这笔损失转嫁到客户身上，即客户须支付10 062.5英镑才能买到3个月

远期美元 15 950 美元。那么，1 英镑能买到多少 3 个月远期美元呢？

GBP10 062.5：USD15 950＝GBP1：USDx

x＝1.585 0

这样，伦敦外汇市场 3 个月远期美元的汇率就应该是 GBP1＝USD1.585 0，即美元升水 100 点（1 美分），而远期英镑贴水 100 点（1 便士）。

远期汇率、升水或贴水（远期汇水）的计算公式如下：

$$\text{远期汇率}=\text{即期汇率}\times\frac{1+\dfrac{\text{标价货币利率}\times\text{实际天数}}{\text{标价货币利率计算的基础天数}}}{1+\dfrac{\text{基准货币利率}\times\text{实际天数}}{\text{基准货币利率计算的基础天数}}}$$

$$\text{远期汇水}=\text{即期汇率}\times\left(\frac{1+\dfrac{\text{标价货币利率}\times\text{实际天数}}{\text{标价货币利率计算的基础天数}}}{1+\dfrac{\text{基准货币利率}\times\text{实际天数}}{\text{基准货币利率计算的基础天数}}}-1\right)$$

将上例相应数值代入公式，得：

$$\text{英镑远期汇率}=1.595\,0\times\frac{1+\dfrac{7\%\times 90}{360}}{1+\dfrac{9.5\%\times 90}{360}}=1.585\,0$$

$$\text{英镑远期汇水}=1.595\,0\times\left(\frac{1+\dfrac{7\%\times 90}{360}}{1+\dfrac{9.5\%\times 90}{360}}-1\right)=0.01$$

利率平价理论方程式推导和实际计算都表明：在其他因素不变的情况下，利率对远期汇率的影响是：利率高的货币，其远期汇率会贴水；利率低的货币，其远期汇率会升水。远期汇率的升、贴水率大约等于两种货币短期利率的差额。

必须指出，利率较高的货币其远期汇率表现为贴水；利率较低的货币其远期汇率表现为升水，这只是在一般情况下。在固定汇率制度下，有时某些国家实现货币法定贬值或升值政策；在浮动汇率制度下，前述远期外汇供求的因素都会对远期汇率的波动产生影响。不过，这些因素的影响无法以数字计算。有时这些影响会造成远期汇率的升、贴水数字很大，远期汇率与即期汇率的差异完全超过两地利率水平的差异，与利率差异没有直接关系。

四、远期外汇交易的操作

远期外汇交易的操作与即期外汇交易的操作基本相似，也是经询价、报价、协商后成交。但不同的是成交后签订远期外汇合同。远期外汇合同的内容包括：交易双方全称、交易货币种类、交易货币金额大小写、成交汇率、交易期限和交割日期。合同一经签订，双方必须履行，不能违约。若到期不能及时交割，违约方将承担由此而产生的一切损失。

人们从事期汇交易的具体目的可能多种多样，但其主要动机归纳起来，主要是套期保值或投机获利。

（一）套期保值，规避汇率风险

远期外汇交易是国际上最常用的避免外汇风险的方法。从事国际贸易的进出口商预计将来某一时间要支付或收入一笔外汇时，事先通过远期外汇业务买入或卖出等金额的远期外汇，固定贸易的外汇成本和收益以避免因汇率波动而造成经济损失。

例如：瑞士某一出口公司，某年3月1日与美国进口商签订出口合同，出口商品价值108.9万瑞士法郎，以美元计价付款，合同期限三个月，6月1日付款提货，按当时即期汇率USD/CHF＝1.089 0/10算，价值100万美元。但瑞士公司预测美元有贬值趋势，为避免汇率变动带来的风险，瑞士公司以签约当时的远期汇率卖出未来将收入的100万美元。若当时三个月远期美元汇水80/70，则三个月远期汇率为：1美元＝1.081 0/40，按此价格计算，无论汇率如何变化，6月1日该公司可收回100万×1.081＝108.1万瑞士法郎。和原预计的出口收入108.9万瑞士法郎比，少收入0.8万瑞士法郎。但如果不做这笔远期外汇交易，如果6月1日美元贬值为1美元＝1.039 0/10，按此汇率100万美元只能收回107.9万瑞士法郎，瑞士公司将比原计划少收入1万瑞士法郎。

再如：美国一进口商从日本进口一批价值10亿日元的货物，10月15日签订进口合同，合同期限为2个月，12月15日付款提货。10月15日外汇行情：即期汇率：USD/JPY＝93.40/50，2个月汇水为17/15，即：远期汇率为USD/JPY＝93.23/35。美国公司据此预算支出货款：1/93.40 × 1 000 000 000 ＝ USD 10 706 638.1。但美国公司预测两个月后外汇行情有可能涨为USD/JPY＝92.00/10，到时支付成本将高达1/92.00×1 000 000 000＝USD 10 869 565.2。于是决定运用远期外汇交易套期保值。在10月15签订进口合同的同时，签订远期外汇合同买进将要支付的10亿日元，1/93.23×1 000 000 000＝USD10 726 161.1，实际等于将美元支付成本固定了。如果正像美国公司预测的那样，该公司将因套期保值节省USD 143 404.1。

进出口商同外汇银行进行远期外汇买卖后就将汇率风险转嫁给了外汇银行。从事外汇业务的银行，也可以通过远期外汇市场调整外汇持有额和资金结构。外汇银行在买卖某种外汇时，或是买入大于卖出（多头），或是卖出大于买入（空头），这样外汇银行就处于汇率变动的风险中。此时外汇银行可以通过远期外汇交易来规避外汇风险。银行应将超卖部分的远期外汇买入，超买部分的远期外汇卖出。

（二）投机获利

与套期保值为了避免汇率变动风险而轧平对外债权债务的头寸不同，外汇投机（Exchange Speculation）是指根据对汇率变动的预测，有意持有外汇的多头或空

头，希望利用汇率变化从中牟取利润。外汇投机交易包括买空或卖空两种情况。当投机者预期某种货币如英镑汇率将下浮，就在期汇市场卖出远期英镑，到期如果英镑汇率下跌，投机者就按下跌的汇率买进英镑现汇来交割英镑期汇，赚取投机利润。这种先卖后买的投机交易称为卖空。当投机者预期某种货币如欧元汇率将上浮，则买进远期欧元，到期若欧元汇率上升，就可以按上升后的汇率卖出欧元现汇，用以交割欧元期汇，赚取投机利润。这种先买后卖的投机交易，称为买空。投机的实质是指持有外汇多头或空头。由此，那些不轧平外汇头寸进行套期保值的银行、进出口商等也属投机者之列。顾客通过外汇交易将汇率变动的风险转嫁给银行后，如果银行认为未来的汇率变动对其头寸有利，因此不将各种货币、各种交割期限的现汇和期汇头寸轧平，也是在进行外汇投机，希望从汇率变动中获利。

【本章小结】

1. 外汇市场是进行外汇买卖的场所或交易网络，是国际金融市场的重要组成部分。外汇市场的主要参与人有商业银行、中央银行、外汇经纪人和客户。在外汇交易中有约定俗成的惯例和规则。

2. 即期外汇交易是外汇市场上最基本的外汇交易活动。目前广泛使用的通信与信息工具有以下几种：路透交易系统、德励财经终端、自动匹配系统、电话、电传等。

3. 远期外汇交易是指在两个营业日后交割的外汇交易。针对不同的交易对象，远期外汇交易可以达到避险、保值和投机盈利等目的。

【课堂讨论题】

商业银行、中央银行和企业公司在运用远期外汇交易为本部门服务时有何区别？

第七章

套汇、套利和掉期交易

【要点提示】

- 套汇交易的概念、类型和套算规则
- 套利交易的概念、形式及其操作
- 掉期交易的概念、类型、报价及其应用

国际经济交易的需求产生了货币的兑换，形成了不同类型的外汇交易。迄今为止，外汇交易经历了两个发展阶段：第一阶段为传统的外汇交易，它以即期外汇交易和远期外汇交易为主；第二阶段为创新的外汇交易，它是于20世纪70年代中期在传统外汇交易的基础上发展起来的，主要有外汇期货、外汇期权和货币互换交易。目前，传统的外汇交易与创新的外汇交易同时都在市场上运行。在第六章的基础上，本章将进一步着重介绍传统外汇交易中的套汇交易、套利交易和掉期交易的基本原理及其应用。

第一节 套汇交易

一、套汇交易的概念

套汇交易（Arbitrage Transaction），是指套汇者利用不同地点、不同交割期限存在的汇率差异，进行贱买贵卖以获取差价利润的外汇交易活动。

利用同一种货币在不同市场的汇率差异进行的套汇称作地点套汇（Space Arbitrage），利用同一种货币在不同交割期限的汇率差异进行的套汇称作时间套汇（Time Arbitrage）。前面一章所讨论的利用远期外汇市场与短期外汇市场的差价进行的“买空”和“卖空”都属于时间套汇的范畴。在此我们仅讨论地点套汇。

由于现代社会发达的信息技术，信息传递几乎实现瞬时到达，从而使资金调拨极为迅速，各外汇市场的汇率非常接近。但是，有的时候，由于外汇供求或其他关系的变动，在信息交流不充分的情况下，不同外汇市场的汇率也可以在很短暂的时间内，存在相对较大的差异，从而引起套汇活动。

当不同外汇市场出现短暂的汇率差异时，套汇者就会在汇率较低的市场上买进一种货币，然后在汇率较高的市场上卖出该种货币，从中赚取差价利益。套汇交易是外汇投机的方式之一，具有很强的投机性。

大量套汇活动发生后，汇率低的外汇市场上，货币的需求会大大增加，从而使货币的汇率上升；汇率高的外汇市场上，货币的供给大大增加，从而使货币的汇率下降。因此，套汇活动的结果是各个市场上的汇率差异很快消失，套汇活动也随之趋于终止。套汇交易本身起到了熨平汇率波动的功能。

一般说来，要进行套汇必须具备三个条件：（1）不同外汇市场的汇率存在差异；（2）套汇者必须拥有一定数量的资金，且在主要外汇市场拥有分支机构或代理行；（3）套汇者必须具备一定的技术和经验，能够判断各外汇市场汇率变动及趋势，并根据预测采取行动。

套汇交易的参与者众多，但是，其主体是拥有雄厚资金的金融或非金融机构，比如大商业银行是最大的套汇投机者。他们在国外主要金融市场上都设有分支机构或代理行，又在经济情报上占有优势，可以通过国际通信网络快捷迅速地调拨头寸。他们套汇的额度一般都较大，即使在不同市场上汇率差异较小的情况下，也可获得颇丰的利润。由于汇率出现较大差异的时间很短暂，故套汇业务一般都利用电汇，以捕捉最佳套汇时间。

二、套汇的类型

套汇业务一般可以分为直接套汇和间接套汇。

(一) 直接套汇

直接套汇 (Direct Arbitrage)，是指套汇者利用某种货币在两个不同地点的外汇市场上同一时间的汇率差异，同时在这两个外汇市场上买卖同一种货币，以赚取汇率差额的外汇交易活动。它是地点套汇的最简单形式，通常所说的套汇一般都是指这种套汇，又称两角套汇 (Two Points Arbitrage)，或称两点套汇、两地套汇。其交易准则是：在汇率较低的市场买进，同时在汇率较高的市场卖出，亦称“贱买贵卖”。

例如，在某一天，纽约外汇市场和法兰克福外汇市场上，欧元对美元的汇率如下：

纽约　　　EUR1＝USD1.339 5/10

法兰克福　EUR1＝USD1.335 0/70

由于两地欧元与美元的汇价不一致，从而产生了套汇机会。显然在法兰克福汇市，欧元便宜，而在纽约汇市欧元贵一些。因此，根据贱买贵卖原则，在法兰克福外汇市场上买入欧元，在纽约外汇市场上卖出欧元，即可获得价差收益。具体如下：

套汇者在法兰克福外汇市场按 EUR1＝USD1.337 0 的汇率，用 133.7 万美元买进 100 万欧元，同时电汇至纽约，在纽约外汇市场上按 EUR1＝USD1.339 5 的汇率卖出 100 万欧元，得到 133.95 万美元，这样，套汇者通过上述外汇买卖，可以获得毛利为 133.95 万美元－133.70 万美元＝0.25 万美元。如果电传等套汇费用为 0.05 万美元，则该套汇者净赚 2 000 美元。

需要注意的是，套汇业务要花费电传费用、佣金等套汇费用，套汇毛利必须大于套汇费用，套汇者才可赚取利润；否则，套汇者无利可图，甚至会受损。上述套汇活动可一直进行下去，直到两地欧元与美元的汇率差距消失或很接近为止。然后又会产生新的汇差，又进行新的套汇活动。

由于从事直接套汇的交易商带有不同的目的，因而直接套汇可以分为积极套汇和消极套汇两种。积极套汇属于一种完全以赚取汇率差额为目的的套汇活动。前述例子就属于积极套汇。与积极套汇相对的是消极套汇，它是因自身资金国际转移的需要或以此为主要目的而利用两地不平衡的市场汇率，客观上套汇获利的活动，在一定程度上可以降低汇兑成本。例如，某人在纽约拥有一笔美元，因外汇投资的需要，要电汇 100 万英镑至伦敦，当天汇率为：

伦敦：GPB1＝USD1.502 5

纽约：GPB1＝USD1.500 5

这时他有两种选择：一是指示在纽约的委托代理人在纽约市场上购入伦敦付款

的英镑；二是指示在伦敦的委托代理人出售纽约付款的美元。这两种方法均能达到美元兑换为英镑，使资金转移到伦敦的目的，但两者有优劣之分：

从纽约对伦敦电汇顺汇，美元资金减少 150.05 万美元，英镑资金增加 100 万英镑。

从伦敦对纽约电汇逆汇，英镑资金增加 100 万英镑，美元资金减少 150.25 万美元。

显然，第二种办法即从伦敦对纽约电汇逆汇，不如第一种方法即从纽约对伦敦电汇顺汇，两种方法相差 2 000 美元，比较结果是第一种汇兑方式资金成本较低、客观上套汇获利。

（二）间接套汇

间接套汇（Indirect Arbitrage），是指套汇者利用三个不同外汇市场在同一时刻存在的汇率差异，同时在三地市场上贱买贵卖以赚取汇差利润的外汇交易活动。它是地点套汇的间接形式，又称三角套汇（Three Points Arbitrage）或称三点套汇、三地套汇。

例如，同一时刻，在纽约、东京、法兰克福外汇市场上的汇率如下：

纽约　　　USD/JPY＝98.75

东京　　　EUR/JPY＝132.80

法兰克福　EUR/USD＝1.340 5

套汇者可在法兰克福外汇市场上，将 100 万美元卖出，买进 74.60 万欧元，同时在东京市场上以欧元换回9 906.88万日元，并且在纽约市场上将日元售出，换成 100.32 万美元。通过三地套汇，套汇人可获得 3 200 美元的利润。

间接套汇较直接套汇复杂，主要表现为：投资者不能直接观察出有无汇率差异、存不存在套汇机会，而且套汇方案也要进行比较后才能确定。因而进行这种外汇交易，须按下述步骤来进行：

仍以上例中纽约、东京、法兰克福外汇市场的汇率为例，投资者以 100 万美元套汇。

第一步：判明是否存在套汇机会。判明 3 个外汇市场是否存在套汇机会的方法有两种：

第一种方法：统一标价法，即将 3 个外汇市场上以不同标价方法表示的汇率，都换算为同一种标价方法（直接标价法或间接标价法），并将标准货币的单位都统一为 1，然后将各个汇率值相乘。如果乘积是 1，表明不存在套汇机会；如果乘积不是 1，则表明存在套汇机会。

因纽约、法兰克福均采用间接标价法，而东京用的是直接标价法，则将东京也换成间接标价法（亦可将纽约、法兰克福换成直接标价法）

$$\text{JPY/EUR}=\left(\frac{1}{132.80}\right)$$

三地外汇市场汇率值的乘积是：

$$98.75\times\left(\frac{1}{132.80}\right)\times1.3405=0.9968\neq1$$

这表明，在这3个外汇市场间存在着套汇机会。

第二种方法：用交叉汇率的方法也可判断有无套汇机会。交叉汇率法将在后面另行介绍。

本例中，为简便起见，套汇汇率假设为中间汇率，只需直接将东京与纽约的两种标价相除，得出：EUR/USD＝132.80/98.75＝1.344 8

与法兰克福外汇市场比较存在汇率差，故有套汇机会。

第二步：选择套汇路线。套汇者最初持有的货币为初始投放货币。本例中的美元套汇者有两种途径可选择：

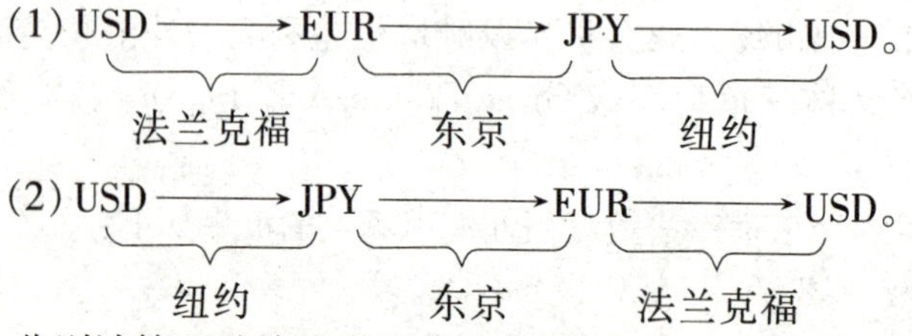

分别计算两种路线套汇收益如下：

（1）以100万美元在法兰克福市场换回74.60万欧元，在东京市场上用74.60万欧元可换回9 906.88万日元，在纽约市场上卖出9 906.88万日元，可得100.32万美元，除去100万美元的投资，该套汇者以100万美元在上述3个外汇市场进行间接套汇所获毛利为0.32万美元。

（2）以100万美元在纽约市场上购买日元9 875万，在东京市场上用9 875万日元可换回74.36万欧元，在法兰克福外汇市场上再用74.36万欧元可换回99.68万美元，此种套汇是亏本的，故应选择第一种套汇路线。

需要说明：第一，这里未计套汇费用，套汇获利的条件仍然是套汇费用小于套汇毛利。第二，这里讲的方法同样适用多于3个市场的多角套汇（Multiple-Point Arbitrage）。

三、套汇汇率的计算规则及其应用

在前面间接套汇的例子中，我们所采用的套汇汇率均假设为中间汇率，但现实的套汇交易中，汇率均表现为买入汇率和卖出汇率，因此套汇者在实际交易中，将会损失一定的汇率差。在双向报价的情况下，套汇的计算会复杂一点。

一般说来，在间接套汇中最关键的问题就是交叉汇率的计算，即要能根据两个市场上三种货币间的汇率关系推算出第三个市场上三种货币间的汇率关系。

若某个市场上的实际汇率与套算出来的汇率不一致，就可从事三角甚至多角套

汇活动。下面就介绍用交叉汇率的方法来判断有无套汇机会。现针对不同标价情况下的汇率，给出套汇汇率的计算规则及其应用。

（一）如果两个即期汇率都是以美元作为单位货币

如果两个即期汇率都是以美元作为单位货币（即直接标价法），那么套汇汇率为交叉相除。

例如某日路透社交易机显示的纽约、东京、香港三地市场的汇率为：

东京　USD/JPY=93.60/93.70

纽约　USD/HKD=7.798 5/7.799 5

香港　HKD/JPY=12.984 5/12.994 5

具体计算为：因为东京、纽约市场两个即期汇率都是以美元作为单位货币（美元标价法），非美元货币之间的买卖就得通过美元汇率进行套算，这种通过套算得出的汇率即是交叉汇率。下面我们来看为什么这时的汇率要交叉相除。

首先，如果一进出口公司以港币购买日元，即抛售港币买进美元，再抛售美元买入日元，这样得到港币对日元的汇价。因此，抛出港币买进美元时，应该采用1USD＝HKD7.799 5，抛售美元买入日元时，采用1USD＝JYP93.60。所以银行接受港币卖出日元的汇率是：

1USD＝HKD7.799 5

1USD＝JYP93.60

所以，1HKD＝93.60/7.799 5＝12.000 7。这就是银行向该进出口公司出售日元的价格。相反，如果该公司要求以日元购买港币，则汇率是：1HKD＝93.70/7.798 5＝12.015 1。所以，银行港币对日元的汇率为HKD/JPY＝12.000 7/12.015 1。即：

港币买入价＝93.60/7.799 5＝12.000 7

港币卖出价＝93.70/7.798 5＝12.015 1

HKD/JPY＝12.000 7/12.015 1

这时再与香港外汇市场比较，发现存在汇率差，因此有套汇机会。

可见，如果两个即期汇率同为直接标价时，汇率套算是交叉相除。

$$\text{HKD/JPY}=\frac{\text{USD/JPY}}{\text{USD/HKD}} \quad \text{或} \quad \text{JPY/HKD}=\frac{\text{USD/HKD}}{\text{USD/JPY}}$$

同样，假定投资者以100万美元套汇，该套汇者有两种路线可选择：

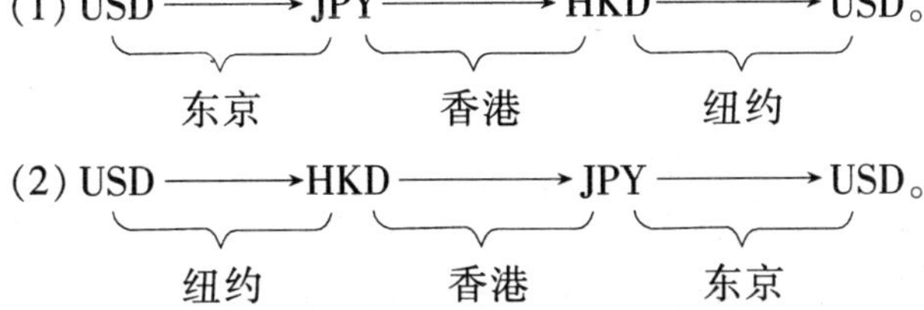

(1) 以 100 万美元在东京市场上购买日元 9 360 万（100×93.60），在香港市场上用日元换回港币，可换回 720.30 万港币（9 360÷12.994 5），在纽约外汇市场上换回美元，可换回 92.35 万美元（720.30÷7.799 5），此种套汇是亏本的。

(2) 以 100 万美元在纽约市场上购买 779.85 万港币（100×7.798 5），在香港市场上用港币换回日元，可换回 10 125.96 万日元（779.85×12.984 5），在东京外汇市场上换回美元，可换回 108.07 万美元（10 125.96÷93.70），除去 100 万美元的投资，不计费用可获得收益 8.07 万美元。

故该套汇者应选择第二种套汇路线。

(二) 如果两个即期汇率都以美元作为计价货币

如果两个即期汇率都以美元作为计价货币（间接标价），那么套汇汇率也为交叉相除。

例如某日，法兰克福、纽约、伦敦三地市场的汇率为：

法兰克福　EUR/USD=1.346 0/1.347 0

纽约　GBP/USD=1.514 5/1.515 5

伦敦　GBP/EUR=1.236 5/1.237 5

具体计算为：因为法兰克福、纽约市场两个即期汇率都是以美元作为计价货币，所以应该是交叉相除。即：

英镑买入价＝1.514 5/1.347 0＝1.124 3

英镑卖出价＝1.515 5/1.346 0＝1.125 9

GBP/EUR＝1.124 3/1.125 9

与伦敦外汇市场比较存在汇率差，故有套汇机会。

假定以 100 万美元套汇，套汇者选择有利的套汇路线后，可用 100 万美元首先在纽约市场换回 65.98 万英镑（100÷1.515 5），然后在伦敦外汇市场卖出英镑可得 81.58 万欧元（65.98×1.236 5），最后在法兰克福外汇市场卖出欧元，可得到 109.81 万美元（81.58×1.346 0），除去 100 万美元的投资，不计费用可获得套汇收益 9.81 万美元。

(三) 如果一个即期汇率以美元作为单位货币，另一个以美元作为计价货币

如果一个即期汇率以美元作为单位货币（直接标价），另一个即期汇率以美元作为计价货币（间接标价），我们可以推得套汇汇率为同边相乘。

例如某日，苏黎世、纽约、伦敦三地市场的汇率为：

苏黎世　USD/CHF＝1.126 2/1.127 2

纽约　GBP/USD＝1.514 5/1.515 5

伦敦　GBP/CHF＝1.806 6/1.807 6

具体计算为：因为在苏黎世、纽约市场上的两个即期汇率，一个以美元作为计

价货币，一个以美元作为单位货币，所以应该是同边相乘。则：

英镑买入价＝1.126 2×1.514 5＝1.705 6

英镑卖出价＝1.127 2×1.515 5＝1.708 3

GBP/CHF＝1.705 6/1.708 3

与伦敦外汇市场的汇率比较存在汇率差，故有套汇机会。

假定以100万美元套汇，套汇者可用100万美元首先在纽约市场购买65.98万英镑（100÷1.515 5），然后在伦敦外汇市场用英镑换瑞士法郎，可换回119.20万瑞士法郎（65.98×1.806 6），最后在苏黎世外汇市场卖出瑞士法郎，可得到105.75万美元（119.20÷1.127 2），除去100万美元的投资，不计费用可获得套汇收益5.75万美元。

第二节 套利交易

一、套利交易的概念

套利交易（Interest Arbitrage Transaction），亦译为“利息套汇交易”，是指套利者利用不同国家或地区短期利率的差异，将资金从利率较低的国家或地区转移到利率较高的国家或地区进行投资，以获取利差的外汇交易活动。当不同国家或地区之间的短期利率存在差异时，就可能引起套利活动。

例如：美国金融市场上的短期利率为年息8%，而德国为10%，于是套利者在美国以年息8%借入一笔美元资金，买进即期欧元汇到德国金融市场，这样就可得到年息2%的利差收益（当然还要支付一些费用）。其中，当将美元兑换成欧元汇往德国时，还要承担欧元汇率波动的风险。因此，在美国购进欧元现汇进行套利时，常常需要做一笔远期外汇买卖，即同时在美国售出与这笔美元等值的欧元期汇，以避免欧元汇率波动的风险。

从上例可以看出：套利活动是以有关国家对货币的兑换和资金的转移不加限制为前提；不同国家货币市场上利率的差异是就具有可比性的同一性质或同一类金融工具的名义利率而言；套利活动涉及的投资是短期性质的，期限一般不超过一年。

套利活动是利用不同货币市场利率的差异赚取利差利润，套汇活动是利用不同外汇市场上汇率差异赚取汇差利润。套利与套汇一样，都是外汇市场上重要的交易活动，都具有一定的投机性。汇率波动过小而利率差很大的情况下，套利的收益相对较高；反之，当汇率波动过大而利率差别很小的情况下，套利的收益相对较低。

由于目前各国外汇市场联系十分密切，一有套利机会，大银行或大公司便会迅速投入大量资金到利率较高的国家。套利活动将外汇市场与货币市场紧密联系在一起。

二、套利交易的形式

套利交易按套利者在套利时是否做反方向交易轧平头寸，可分为无抛补套利和抛补套利。

(一) 无抛补套利

无抛补套利（Uncovered Interest Arbitrage)，是指投资者将资金从利率较低的国家或地区转移到利率较高的国家或地区进行投资，以获取利差，而不采取反向交易轧平头寸的交易活动。

例如：假设日本东京金融市场年利率为3%，美国纽约金融市场年利率为6%，美元/日元的即期汇率为94.50/95.00。为了谋取利差，一日本投资者欲将9 500万日元转到美国市场投资1年。在这种情况下，该日本投资者可以这样进行投资选择：

假设不套利，1年后在日本可获投资本利和为：

9 500万×(1+3%)=9 785万(日元)

假设套利，先将日元按即期汇率兑换成美元，再投资到美国套取利差，则9 500万日元折美元为9 500万÷95.00=100万美元。1年后投资美元收到的本利和为：

100万×(1+6%)=106万(美元)

如果汇率不变，1年后可换回：

106万×94.50=10 017万(日元)

由此可见，在不考虑汇率变动的情况下，套利要比不套利多收入：

10 017万−9 785万=232万(日元)

但是，一般情况下，一年后汇率都会有所波动，或升水或贴水，因此，当日本投资者把在美国获得的美元收益换回日元时，将面临比较大的不确定性，有遭受汇差损失或获得额外汇差收益的可能。

无抛补套利是一种纯粹的套利行为，具有极强的投机性。套利者只着眼利差，而不顾及汇率的变动，是无抛补套利的特点。

假如：一年后，美元相对日元升值，美元/日元=95.50/00，则：

106万×95.50=10 123万(日元)

该日本投资者不仅获得利差，而且还获得了更大的汇差收益，获利总额是：

10 123万−9 785万=338万(日元)

但是如果一年后，美元相对日元贬值，比如：

(1) 美元/日元=92.50/00，则：

106万×92.50=9 805万(日元)

该日本投资者遭受了汇差损失，但利差收益仍大于汇差损失，仍可获得20万

日元的利润。

(2) 美元/日元=91.50/00，则：

106 万×91.50=9 699 万(日元)

该投资者虽然获得了利差，但在汇差上遭受了比较大的损失，套利的结果不仅不获利，还损失了 9 785 万−9 699 万=86 万（日元）。

我们可以看出，只有当两国利率差异率大于高利率货币的汇率下跌幅度时，进行无抛补套利才能获利。

而且，进行无抛补型套利活动时，利率高的货币远期汇率的贴水程度对套利者的收益产生极大的影响。可见，这种纯粹的套利行为面临着汇率变动不确定性所带来的风险。在同一种货币之间，单纯逐利没有问题；在两种或多种货币之间，如果对汇率变动很有把握，也可以去套利。但是，在大多数情况下，投资者对投资期内的汇率变动是没有把握的。为了避免汇率在投资期内向不利方向变动带来的损失，投资者往往采取的是抛补套利。

(二) 抛补套利

抛补套利（Covered Interest Arbitrage)，是指投资者在即期外汇市场上将利率较低的国家的货币变为利率较高国家的货币，为避免汇率在投资期内向不利方向变动带来的损失，在套利的同时，进行掉期交易，即在远期外汇市场上卖出利率较高国家的货币，收进利率较低国家的货币。

例如上例，假设一年期美元/日元的远期汇率为 93.00/93.50，日本投资者进行抛补套利。

首先将日元按即期汇率兑换成美元，再投资到美国套取利差，100 万美元投资到美国收回本利和为 106 万美元，按汇率不变可折合日元 10 017 万日元。

该投资者同时进行掉期交易，卖 106 万美元期货，预收 106 万×93.00=9 858 万（日元）

掉期成本=10 017 万−9 858 万=159 万(日元)

则投资到美国的资金在扣除掉期成本后实际收益比在日本市场上多收入：

10 017 万−159 万−9 785 万=73 万(日元)

该投资者做抛补套利虽然比作无抛补套利（在汇率稳定的前提下）少收入 159 万日元，但这种套利已经不再存在任何的外汇汇率风险。

抛补套利是一种重要的投资和避险手段。它实际上是无抛补套利和掉期相结合的一种交易。它的好处在于套利者既可获得利率差额，又可避免汇率波动的风险。但是，掉期要支付一定的掉期成本。为了便于比较，常采用掉期成本年率这个指标衡量掉期成本的大小。因为掉期成本取决于即期汇率和远期汇率的差额，即两种货币之间的升贴水程度，所以掉期成本年率可以用远期汇率的升贴水年率来表示，亦可以用 12 个月掉期率表示。掉期率（Swap Rate or Swap Point）是以基本点表示的远期汇率与即期汇率之间的差额，即以基本点表示的远期升水额或贴水额。掉期成本年率的计算将在下一节中介绍。

进行抛补套利需要考虑掉期成本年率与利率差异率的关系问题。在套利日，如果掉期成本年率大于两种货币市场的利率差，说明抛补套利成本太高，无利可图；如果掉期成本年率小于两种货币市场的利率差，说明利差没有完全被掉期成本抵消，尚有套利利润，可以进行抛补套利活动。直到两者相等，套利活动终止，外汇市场与货币市场处于均衡状态。

三、远期汇率与利率的关系

远期汇率与利率的关系极为紧密，在其他条件不变的情况下，一种货币对另一种货币是升水还是贴水，升水或贴水的具体数字以及升水或贴水的年率，受两种货币之间的利息率水平与即期汇率的直接影响。

（一）远期汇率是升水还是贴水，受利息率水平所制约

在其他条件不变的情况下，利率低的国家的货币的远期汇率会升水，利率高的国家的货币的远期汇率会贴水。为什么一定会发生这种情况呢？我们用套利活动来解释。由于存在两地利差，套利者总要买进即期高利率货币，卖出即期低利率货币，同时为了避免汇率波动的风险，必然要卖出远期高利率货币，买进远期低利率货币。这样必然导致高利率货币贴水，低利率货币升水。

（二）利率平价说

按照利率平价理论，在没有交易成本的情况下，远期外汇的升贴水率必定等于两地的利率差额。此时货币市场与外汇市场趋于平衡状态，套利活动即行停止。下面简要说明利率平价说。

假设在直接标价法下，本国利率为 I_a，外国利率为 I_b，S 为即期汇率，F 为远期汇率。那么，本国投资者在国内用一单位本币投资，可获得本利和 $1+I_a$。若该投资者将这一单位本币换成外币在国外投资，则可获得本利和 $\frac{1}{S}(1+I_b)$。为了避免汇率风险，该投资者利用远期外汇市场进行套期保值，将在国外的投资本利和 $\frac{1}{S}(1+I_b)$ 换成本币，本币额为 $\frac{1}{S}(1+I_b)\times F$。套利活动将使在国内投资和在国外投资的本利和趋于一致，即 $1+I_a=\frac{1}{S}(1+I_b)\times F$。经整理可得到如下推导：

$$\frac{F}{S}=\frac{1+I_a}{1+I_b} \tag{7—1}$$

（7—1）式两边各减去1，可得

$$\frac{F-S}{S}=\frac{I_a-I_b}{1+I_b} \tag{7—2}$$

再将（7—2）式变形，可得

$$\left(\frac{F-S}{S}\right)+\left(\frac{F-S}{S}\right)\times I_b=I_a-I_b \tag{7—3}$$

因为$\frac{F-S}{S}$和 I_b 均为百分数，其乘积的数值很小，可忽略不计，故

$$\frac{F-S}{S}\approx I_a-I_b \tag{7—4}$$

显然，在（7—4）式中，如本国的利率水平高于外国，即 $I_a>I_b$，则 $F>S$，远期外汇汇率为升水，$\frac{F-S}{S}$为升水率；如本国的利率水平低于外国，即 $I_a<I_b$，则$F<S$，远期外汇汇率为贴水，$\frac{F-S}{S}$为贴水率。

（7—4）式表明外汇远期汇率的升、贴水率大约等于两地的利率差额。这就是利率平价（Interest Rate Parity）。

利率平价理论并不能完全解释远期汇率对即期汇率的升贴水率。在正常的情况下，两种货币的利率差是决定货币升、贴水及其数值大小的主要因素，但不是唯一的因素。有时，由于国际政治经济形势的变化、货币所在国实施的汇率政策、中央银行对外汇市场的干预以及投机者的投机活动，往往造成远期汇率的升贴水数字很大，完全背离两地利率水平的差异，与利率差异没有直接关系。

（三）远期汇率升水、贴水的具体数字

即掉期率可从两种货币利率差与即期汇率中推导出来。掉期率的计算有两种不同的方式，一种以利率差的观念为计算基础，另一种以利率平价理论的观念作为计算基础。

1. 以利率差的观念为计算基础

掉期率实际上是两种货币在某一特定期间内互相交换使用的成本。在不受限制的货币市场与外汇市场，两种货币交换使用的成本就是两种货币的利率差。

计算公式为：

$$\text{升贴水数值}=\text{即期汇率}\times\text{两种货币利率差}\times\frac{\text{月数}}{12}$$

$$\text{掉期率}=\text{即期汇率}\times(\text{报价货币利率}-\text{基准货币利率})\times\frac{\text{月数}}{12}$$

例如：假设英镑/美元的即期汇率为 1.575 0，纽约市场利率为 1.25%，伦敦市场利率为 3.75%，问：

（1）三个月后，美元远期汇率升水还是贴水？

（2）三个月期英镑/美元的掉期率为多少？

解：（1）因为美元利率低于英镑，三个月后美元远期汇率为升水。

（2）$\frac{\text{三个月期英镑}}{\text{美元的掉期率}}=\text{即期汇率}\times(\text{报价货币利率}-\text{基准货币利率})\times\frac{\text{月数}}{12}$

$$=1.575\,0\times(1.25\%-3.75\%)\times\frac{3}{12}$$

$=-0.0098$(98point)

三个月期英镑/美元的掉期率为 98 点（掉期率为负，表示基准货币英镑为贴水，报价货币美元为升水）。

2. 以利率平价理论为计算基础

根据前述对利率平价理论推导中的（7—1）式：$\dfrac{F}{S}=\dfrac{1+I_a}{1+I_b}$

$$\text{远期汇率}=\text{即期汇率}\times\frac{1+\text{报价货币利率}\times\left(\dfrac{\text{月数}}{12}\right)}{1+\text{基准货币利率}\times\left(\dfrac{\text{月数}}{12}\right)}$$

掉期率=远期汇率－即期汇率

仍以上例为例，计算三个月期英镑/美元的掉期率。

解：
$$\text{英镑/美元的远期汇率}=\text{即期汇率}\times\frac{1+\text{报价货币利率}\times\left(\dfrac{\text{月数}}{12}\right)}{1+\text{基准货币利率}\times\left(\dfrac{\text{月数}}{12}\right)}$$
$$=1.5750\times\frac{1+1.25\%\times\dfrac{3}{12}}{1+3.75\%\times\dfrac{3}{12}}$$
$$=1.5652$$

$$\text{英镑/美元的掉期率}=\text{远期汇率}-\text{即期汇率}$$
$$=1.5652-1.5750$$
$$=-0.0098\ (98\text{Point})$$

即三个月期英镑/美元的掉期率为 98 点。

3. 不规则天数的掉期率

在国际外汇市场上的掉期率报价，通常以规则天数计算，即为一个月的整数倍。但有时客户会提出在某一具体日期交割，这些交易期限往往会是一些不规则天数。这时需要用规则天数的掉期率计算出不规则天数的掉期率。

一种常用的计算方法是平均天数法。其计算过程可以按如下步骤进行：

（1）找出最接近不规则天数的前后两个规则天数的掉期率。

（2）以该掉期率除以两个交割日之间的天数，得到每一天的掉期率。

（3）将不规则天数交割日与前一个规则天数交割日之间的天数，乘以所求得的每一天掉期率，得到不规则天数的掉期率。

例如：一客户欲承做即期至 8 月 13 日的掉期交易，即期为 7 月 20 日，Spot/1Month 的掉期率为 60 点，1 个月的到期日为 8 月 20 日，7 月 20 日至 8 月 20 日共 31 天，60/31=1.935 5，为平均每天的掉期率。7 月 20 日至 8 月 13 日共 24 天，1.935 5×24=46.45，故此不规则天数的掉期率为 46.45。

（四）升水或贴水的年率

即掉期成本年率，也可从即期汇率与升水或贴水的具体数字中推导计算。为了同利率比较，需要计算掉期成本年率。

掉期成本年率的公式可以这样推导：

$$\text{掉期成本年率(或升贴水年率)}=\frac{\dfrac{\text{升水或贴水具体数字}}{\text{即期汇率}}}{\dfrac{\text{远期月数}}{12}}\times 100\%$$

$$=\frac{\text{升水或贴水具体数字}}{\text{即期汇率}}\times\frac{12}{\text{远期月数}}\times 100\%$$

四、套利交易的操作

现举例说明套利交易的操作过程。

例如：假设美国市场利率为8%，英国市场利率为12%。如果外汇行市为即期汇率GBP1=USD1.574 0/1.575 0，3个月期英镑贴水为0.010 0美元/0.005 0美元，那么投资者能否套利，如套利能获利多少？

（一）进行套利可行性分析

要判断套利是否可行，只要看高利率货币的贴水率是否小于两地利差。

首先算出英镑贴水年率（掉期成本年率），与利率差（4%）进行比较：

$$\text{掉期成本年率}=\frac{\text{贴水数字}}{\text{即期汇率}}\times\frac{12}{\text{远期月数}}\times 100\%$$

$$=\frac{0.01}{1.575\ 0}\times\frac{12}{3}\times 100\%$$

$$=2.54\%<4\%$$

说明市场失衡，套利可能性存在，可以套利获益。

（二）套利步骤

（1）按8%的利率借入美元。

（2）用美元买入英镑现汇，投资到英国市场；同时卖出3个月英镑期汇。

（3）到期抛补后获得收益。

（三）进行套利计算

假设投资者借入100万美元套利。

在美国市场按GPB/USD=1.575 0汇率以100万美元买入英镑：$\frac{100}{1.575\ 0}=$ 63.49万英镑，将其存入英国的银行，3个月后可获本息 $63.49\times\left(1+12\%\times\frac{3}{12}\right)=$ 65.40万英镑，同时卖出3个月期的英镑65.40万，可换成65.40×（1.574 0－

0.01)=102.28 万美元。而借入 100 万美元需付出本利 $100\times\left(1+8\%\times\frac{3}{12}\right)=102$ 万美元。故投资者可获套利净利润 2 800 美元。

第三节　掉期交易

一、掉期交易的概念与类型

（一）掉期交易的概念

掉期交易（Swap Transaction）是外汇交易者在买进或卖出一种交割期限、一定数额的某种货币的同时，卖出或买进另一种交割期限、相同数额的同种货币的外汇交易活动。

作为一种复合性的外汇买卖，掉期交易具有下述特点：（1）买和卖的交易同时进行；（2）买卖的货币种类相同，金额相等；（3）买卖货币的交割日不同。正因为如此，掉期交易不会改变交易者的外汇持有额，改变的只是交易者所持有外汇的期限结构，故名“掉期”。

进行掉期交易的目的，主要是为了轧平外汇头寸，以避免汇率变动造成损失；同时也可以通过掉期交易，贱买贵卖，从而获得买卖差价的收益。

（二）掉期交易的类型

1. 按照掉期交易的买卖对象划分

（1）纯粹的掉期交易。是指两笔期限不同的交易都是与同一个对手进行的。比如，甲既向乙购买了某种即期货币，又向乙出售了该种远期货币。它是掉期交易的主要形式。

（2）配合的掉期交易。是指两笔期限不同的交易是与不同对手分别进行的。比如，甲向乙购买了某种即期货币，同时又向丙出售了该种远期货币。这种形式的掉期交易并不多见。

2. 按照掉期交易的买卖性质划分

（1）买/卖掉期交易。是指买入某货币的即期，卖出某货币的远期；或者买入某货币较短期的远期，卖出较长期限的远期。

（2）卖/买掉期交易。是指卖出某些货币的即期，买入某货币的远期；或者卖出某些货币较短期限的远期，买入较长期限的远期。

3. 按照掉期交易的交割期限划分

（1）即期对远期的掉期交易（Spot-forward Swaps）。

它是指买进或卖出某种即期外汇的同时，卖出或买进同种货币的远期外汇。它是最常见的一种掉期交易形式，交割期限大多为 1 个星期、1 个月、2 个月、3 个月、6 个月。

在短期资本输出输入中，将一种货币调换成另一种货币，通常采用这种掉期形式，即卖出现汇，补进期汇，或买进现汇，卖出期汇。例如：美国一家银行某日向客户按 EUR/USD=1.345 0 的汇率卖出 200 万欧元，收入 269 万美元，为防止将来欧元升值，或美元贬值，就在卖出欧元的同时，又买进 3 个月的远期欧元，其汇率为 EUR/USD=1.346 0，虽然卖出了即期欧元，但同时又补进了远期欧元，这家银行的欧元、美元头寸结构不变。虽然如果欧元实际汇率远期贴水将会损失一定的欧元，但这种损失是维持银行正常币种结构的必要成本，同时还可能从美元较高的利率和现汇的买卖差价中得到补偿。

(2) 即期对即期的掉期交易（Spot-spot Swaps）。

它是指买进或卖出一笔即期外汇的同时，卖出或买进币种相同、金额相等的另一笔即期外汇，但具体交割日不同。这一类型的掉期交易常见的有：

1) 隔夜交易（O/N，Over-night）：前一个交割日是交易日当天，后一个交割日是明天，即交易日后的第一个工作日，也称今日对明日掉期。

2) 隔日交易（T/N，Tom-next）：前一个交割日是明天，即交易日后的第一个工作日，后一个交割日是交易日后的第二个工作日，也称明日对次日的掉期。

隔夜交易和隔日交易的时间跨度虽然都是一个交易日，但它们的第一个交割日和第二个交割日都是不同的。

这类掉期交易主要用于大银行之间的交易，目的在于避免同业拆借过程中存在的汇率风险。

(3) 远期对远期的掉期交易（Forward-forward Swaps）。

它是指对不同交割期限的期汇做货币和金额相同而方向相反的两个交易，这种掉期形式只是偶尔使用。

比如一个交易员在买进 100 万 60 天远期英镑的同时，又卖出 100 万 90 天远期英镑，这个交易方式即为远期对远期的掉期交易。由于远期对远期交易形式可以使银行及时利用较为有利的汇率时机，在汇率变动中获利，因此这种掉期形式越来越受重视。

假如一家美国银行现有两笔业务：3 个月后要向外支付 100 万英镑，该银行担心届时英镑汇率上涨而需支付更多的美元去购买英镑；1 个月后将收到 100 万英镑，该银行又担心英镑汇率下跌而蒙受损失。

假定当时外汇市场即期汇率与远期汇率为：

即期汇率	GBP/USD=1.575 0/60
1 个月期远期汇率	GBP/USD=1.574 0/50
3 个月期远期汇率	GBP/USD=1.488 0/90

这时，该银行有两种掉期交易方法：

第一种：进行两次即期对远期的掉期交易，即首先买入100万英镑的3个月远期（汇率为1.489 0)，随即卖出100万英镑的即期（汇率为1.575 0)，每英镑的收益差价为（1.575 0－1.489 0）0.086 0美元。同时，将1个月后将要收到的英镑，先在远期市场上卖出（期限1个月，汇率1.5740美元)，随即买进100万英镑的即期（汇率为1.576 0美元)，这样每英镑亏0.002 0美元。两笔交易合计：每英镑可获收益0.084 0美元，100万英镑掉期交易可获收益8.4万美元。

第二种：直接进行远期对远期的掉期交易。即买入3个月的远期英镑（汇率为1.489 0美元)，再卖出1个月的远期英镑（汇率为1.574 0美元)，每英镑可获收益0.085 0美元，100万英镑掉期交易可收益8.5万美元。相比之下，第二种交易较为合算。

从上例可以看出：掉期交易实质上也是一种套期保值的做法。但与一般的套期保值又有两点不同：一是掉期的第二笔交易须与第一笔交易同时进行，而一般套期保值交易第二笔交易发生在第一笔交易之后；二是掉期的两笔交易金额完全相同，而一般套期保值交易金额第二笔金额可以小于第一笔。

二、掉期交易的报价

日本和瑞士等国常采用直接报价方式，即直接完整地报出不同期限远期外汇买卖实际成交的买入价和卖出价。目前，世界各地外汇市场所广泛采用的是掉期率报价方式。掉期交易中，即期汇率的水平不是最重要的，最重要的是掉期率。在掉期交易中，即期汇率与一般即期外汇交易中的报价方法相同。但是，远期汇率的报价方法与一般的远期外汇交易有所不同，采用的是掉期率报价方式，即报出远期汇率和即期汇率差异的点数（远期升贴水数)。

而且，报价者对于掉期率的报价采用双向报价的方式，银行在报掉期率时用基本点（point）来表示买入价和卖出价。买入价表示报价方愿意卖出即期基准货币及买入远期基准货币的报价，也表示询价者买入即期基准货币及卖出远期基准货币的报价；卖出价表示报价方愿意买入即期基准货币及卖出远期基准货币的报价，也表示询价者卖出即期基准货币及买入远期基准货币的报价。

一般情况下，报价者只报掉期率，并不会指明是升水（At premium）或贴水(At Discount)，那么，如何判断升水还是贴水?

首先，若掉期率是按左小右大的顺序排列，则代表基本货币升水而标价货币贴水，即掉期率为正。从即期汇率中加上掉期率即为远期汇率。

其次，若掉期率是按左大右小的顺序排列，则代表基本货币贴水而标价货币升水，即掉期率为负。从即期汇率中减去掉期率即为远期汇率。

例如美国某银行报价：

即期汇率　　EUR/USD=1.343 8/48

掉期率　　Spot/1 Month　100/90

如果交易双方确定按 100 点的价位成交，同时确定 EUR/USD=1.343 8 为即期汇率水平。

因为一个月期掉期率 100/90 为左大右小顺序排列，故从即期汇率中减去掉期率即为远期汇率：1.343 8−0.010 0=1.333 8，从而确定远期汇率为 EUR/USD=1.333 8。由于按 100 点价位成交是按买入价成交。故报价方在即期按EUR/USD=1.343 8 卖出欧元买入美元，在远期按 EUR/USD=1.333 8 买入欧元卖出美元。询价方交易方向相反。

如果交易双方确定按 90 的价位成交，同时确定 EUR/USD=1.343 8 为即期汇率水平，从中减去掉期率，1.343 8−0.0090=1.334 8 即为远期汇率。

由于是按卖出价成交，因此报价方在即期按 EUR/USD=1.343 8 买入欧元卖出美元，在远期按 EUR/USD=1.334 8 卖出欧元买入美元。询价方交易方向相反。

一般说来，双方确定的即期汇率水平对资金收付没有太大影响，只要不偏离市场水平，交易双方同意即可。在上例中，也可将即期汇率水平确定为 EUR/USD=1.344 8。这在掉期交易中都是可以接受的。

三、外汇掉期交易的应用

掉期交易是联系外汇市场交易和货币市场操作的桥梁。进行掉期交易的目的，主要是为了轧平外汇头寸，以避免汇率变动造成的损失，或者调整资金的期限结构，同时也可以通过掉期交易，贱买贵卖，获得买卖差价的收益。由于一般企业机构和银行各自身份的不同，从事掉期交易的目的也有所不同。

(一) 客户掉期交易的应用

1. 转换货币种类以求保值

比如，某企业持有港元，但需 3 个月后支付 100 万美元，为避免 3 个月后港元贬值或美元升值，该企业可在即期外汇市场以港元买进 100 万美元，同时卖出 3 个月远期美元 100 万，收进港元。

2. 通过掉期交易使远期外汇交易展期或提前到期

例如，德国某出口商与美国某进口商于 7 月 20 日签订贸易合同，定于 10 月 20 日收付 350 万美元货款。为防止汇率风险，德商同银行签订卖出 3 个月远期美元合同。但由于某种原因，德商须将交货日期推迟 1 个月，这样，到 11 月 20 日德商才能收进美元货款。为固定交易成本，德商于 10 月 20 日在即期外汇市场以欧元买进美元，同时在远期外汇市场又卖出 1 个月远期美元，收进欧元。这样，德商通过掉期交易就达到了将原来远期外汇合同展期的目的。

另外，通过掉期交易，还可使远期外汇交易提前到期。仍沿用上例，德商由于某种原因，提前于9月20日交货，并同时收入美元货款。这时，德商欲通过掉期交易将于10月20日到期的、卖出远期美元的合同，提前到9月20日交割，其做法是：在即期外汇市场，卖出美元收进欧元；同时，在远期外汇市场，买入1个月远期美元。

3. 利用汇率与利率的差异进行掉期交易来获取投机利润

(1) 利用汇率变动进行掉期交易来获取投机利润。比如已知外汇市场行情为：即期汇率GBP/USD=1.5750/60，1个月掉期率为20/30。表明英镑的远期汇率为升水，某美国投机者可以在卖出即期英镑的同时，买进1个月远期英镑。当英镑期汇真的升水时，投机者再卖出远期英镑，从而获利。

(2) 与套利相结合来盈利。例如，欧元的6个月远期利率高于瑞士法郎，瑞士一投机者可在即期外汇市场以瑞士法郎买进欧元，存入欧洲某银行。同时，他再在远期外汇市场卖出6个月远期欧元收进瑞士法郎。6个月后，该投机者可稳获利息差额收入。

(二) 银行掉期交易的应用

1. 轧平货币的现金流量

银行的资金流量由于时间上的差距产生流量不平衡情况，即在不同时点上形成资金缺口。银行为了弥补资金缺口从事掉期交易，不但可以平衡资金流量，而且不影响外汇头寸。

例如：某银行分别承做了四笔外汇交易：

(1) 买入即期美元200万。

(2) 卖出即期美元400万。

(3) 买入3个月远期美元300万。

(4) 卖出3个月远期美元100万。

该银行外汇头寸在数量上已经轧平，但是资金流量在时间上存在明显缺口。为了规避资金缺口可能带来的利率风险，可以承做一笔即期对远期掉期交易：买入即期美元200万，卖出3个月远期美元200万，从而平衡资金流量。

2. 调整外汇交易的交割日

银行在承做外汇交易时，时常有客户提出要求，把交割日提前或推迟，从而造成资金流动的不平衡。为应付这一情况，银行可运用掉期交易对交割日进行调整，并重新确定汇率水平。

例如：一美国出口商在7月份预计10月1日将收到一笔日元货款，并按3个月远期汇率水平USD/JPY=90.60与银行做了一笔3个月远期外汇买卖，买入美元卖出日元，起息日为10月1日。但后来出口商获知对方将推迟付款，在11月1日才能收到这笔货款。于是美国出口商向银行提出要求，将远期外汇买卖的起息日由10月1日推延到11月1日。

为满足客户的要求，银行通过一笔1个月掉期交易：买入即期日元，卖出即期美元；同时卖出1个月远期日元，收进美元。将10月1日的头寸转换到11月1

日，掉期率为贴水25，银行将原来的汇率水平90.60，按掉期率调整为90.35。

3. 消除各种外汇交易产生的风险头寸

银行与客户单独进行很多的即期、远期外汇交易，虽然由于客户与银行的交易有各种各样的金额、期限、方向，能在一定程度上相互抵消，但总会有承担汇率的风险寸头暴露。采用掉期交易抵补头寸具有很好的适用性和灵活性。

例如：某银行3个月远期美元超买100万，6个月远期美元超卖100万，银行对多头、空头分别进行抵补，需要很多笔交易，付出较高成本，而如果承做一笔3个月对6个月的远期掉期交易：卖出3个月美元期汇100万，同时买入6个月美元期汇100万，能以一笔交易和较低费用实现抵补。

【本章小结】

1. 套汇交易是指套汇者利用不同地点、不同交割期限存在的汇率差异，进行贱买贵卖，以获取差价利润的交易活动。套汇可分为直接套汇和间接套汇。主要目的是防范汇率风险和获得套汇收益。

2. 套利交易是指套利者利用不同国家或地区短期利率的差异，将资金从利率较低的国家或地区转移到利率较高的国家或地区进行投资，以获取利差的外汇活动。套利可分为无抛补套利和抛补套利。抛补套利要考虑掉期成本因素。

3. 掉期交易是指外汇交易者买进或卖出一种交割期限、一定数额的某种货币的同时，卖出或买进另一种交割期限、相同数额的同种货币的外汇交易活动。其目的是轧平外汇头寸，防止由于汇率变动所带来的损失。

【课堂讨论题】

在信息高度发达的当今社会，世界各地金融信息都保持同步，在这种背景下传统外汇交易中的套汇、套利和掉期交易是否还能发挥原有的功能？

第八章 外汇期货和期权

【要点提示】

- 外汇期货市场的组织结构和经济功能
- 外汇期货合约的规格和交易的规则
- 参与外汇期货交易的步骤和策略
- 外汇期权市场的构成和功能
- 外汇期权合约的规格和交易的规则
- 外汇期权的价格、定价模型和行情表
- 外汇期权交易的操作策略

随着金融自由化和金融创新的发展，外汇交易也在不断创新和发展。在传统外汇交易的基础上，1972 年 5 月，芝加哥商业交易所（CME）开设交易分部——国际货币市场（IMM），从而开始了外汇期货交易；1982 年 11 月，加拿大蒙特利尔股票交易所率先推出了外汇期权交易。随后，外汇期货和外汇期权交易在世界范围内得到迅速的发展。目前，这两种新型外汇交易形式在国际金融市场中的地位越来越重要。这一章，我们将从理论与操作的角度，有重点地对外汇期货和外汇期权的基础知识作一些简要的介绍。

第一节　外汇期货

一、期货、金融期货和外汇期货

（一）期货和现代期货市场的产生与发展

1. 期货和期货交易的概念

所谓期货（Futures），就是一种可以转让的标准化的合约。所谓期货交易，是指买卖双方在期货交易所，通过标准化的期货合约来买卖远期商品的交易。期货合约的买卖双方，只要先付一定比例的保证金，就可以买进或卖出一定数量的标准化的期货合约。这种期货合约成交后，可以在期货交易所转手买卖。在转手买卖时，同样，不需要交足货款或交出现货，只要按规定缴付一定比例的履约保证金就可以成交。

2. 现代期货市场的产生与发展

现代期货市场产生于19世纪的美国芝加哥。1848年由82位商人发起组建了世界上第一家期货交易所——芝加哥期货交易所。它的建立标志着具有现代意义的期货市场的产生。

芝加哥期货交易所成立后，确立了许多现代期货交易的规则与方法，并于1865年推出了标准化期货合约上市交易。与以前的远期合同相比，这种期货合约对交易的商品数量、品质、交货时间、地点和程序等都作了统一而明确的规定。与此同时，该交易所开始实行期货合约交易的履约保证金制度，用以消除交易双方不能履约而产生的各种问题。

美国既是现代期货交易的发源地，也是期货市场发展最快的国家，继芝加哥期货交易所之后，又成立了其他一些期货交易所。

英国也是现代期货交易发展较快的国家。1876年在英国成立的伦敦金属交易所，主要从事铝、铜、铅、锌、镍、银等商品期货的交易，是著名的国际金属期货交易中心。

19世纪末到20世纪70年代，现代期货交易在世界范围内获得了很大的发展。在这个时期，欧洲大陆、加拿大、日本等国家和地区先后成立了许多期货交易所，推动了现代期货交易在世界各地的发展。

20世纪70年代以后为期货交易不断创新的时期。在这个时期，不仅出现了与传统的商品期货交易不同的、全新的金融期货交易，而且把期权交易引进期货交易之中。

(二) 金融期货和外汇期货交易

1. 金融期货及其产生

金融期货（Financial Futures）是一种以各种金融工具、金融衍生产品作为标的物的标准化期货合约。

所谓金融期货交易，是指买卖双方在有组织的、集中的期货交易所内，以公开竞价的方式达成的、承诺在将来某一特定时期和日期，以事先约定的价格交付某种标准数量的、特定的金融工具和金融衍生产品的契约或合约。这种契约或合约在金融期货交易中，既是交易的标的物，又是交易的载体。作为交易的标的物，标准化的金融期货合约，可视为是一种特殊的商品；作为交易的载体，标准化的金融期货合约，则应视为一种期货合同。

金融期货交易也是发源于美国芝加哥。1972年5月16日，芝加哥商业交易所（Chicago Merchandize Exchange，CME）开设交易分部——国际货币市场（International Monetary Market，IMM），把商品期货交易的经验运用在外汇交易上，首次推出了英镑、联邦德国马克、日元、瑞士法郎、法国法郎、澳大利亚元这六种货币期货合约上市，从此开始了金融期货、外汇期货交易。IMM的建立，标志着世界上第一个金融期货交易所——外汇期货交易所的诞生，并推动了金融期货交易在全球各地的发展。

2. 外汇期货及与远期外汇的联系与区别

(1) 外汇期货的概念。

外汇期货（Foreign Exchange Futures），即外币期货（Foreign Currency Futures），又叫货币期货（Currency Futures），是指以外汇（外币或货币）作为标的物的一种金融期货合约。它是在国际金融市场剧烈动荡，各国货币之间的汇率大起大落的背景下产生的。

外汇期货交易，即外币期货交易，又称货币期货交易，是指在有组织的期货交易所内，以公开叫价的方式进行的外汇期货合约的买卖活动。外汇期货合约是由交易双方签订的约定在未来某一时间以成交时所确定的价格交收一定数量的某种外汇（外币或货币）的标准化合约。

目前，外汇期货市场已发展成为全球性的市场。其发展初衷是为了套期保值，而众多的外汇期货投机者和套利者涌入这个市场则是为了投机获利，同时也为这一市场的发展带来了勃勃生机。

(2) 外汇期货交易与远期外汇交易的联系与区别。

外汇期货交易与远期外汇交易既有区别，又有联系。

它们之间的联系主要表现在：

第一，它们都是以外汇（外币、货币），作为交易的客体。

第二，它们都是通过合约（合同）的形式，把买入和卖出外汇的汇率固定下来。

第三，它们都是由交易双方协商在未来某一时间，按一定条件和价格交收一定金额的某种外币。

第四，它们都是为了防范或转移风险，以求保值或作为投机与套利的手段。

它们之间的区别主要是：

第一，外汇期货合约是一种高度标准化的合约，严格把交易数量加以标准化；远期外汇合同则是由交易双方商定的，交易数量由交易双方自定。

第二，外汇期货交易是在集中的、有组织的期货交易所的会员之间，在交易所内运用公开叫价的方式实现交易，竞争性很强，其交易的时间由交易所统一规定；远期外汇交易是在场外银行同业间、银行与经纪人或一般客户之间进行，交易价格由交易双方各自报出，利用现代化的通讯手段和计算机网络实现交易，交易时间不受限制。

第三，外汇期货交易的买卖双方都必须向交易所的结算部门缴纳保证金；远期外汇交易不需要交保证金，一般以客户自身的信用作为履约的保证。

第四，外汇期货交易必须在当日营业终止时进行结算，所以盈亏每天都有发生；远期外汇交易，只有到合同规定的结算日才进行结算，到结算日盈亏才能发生。

第五，外汇期货合约未到交割期，可以转让，流动性强；远期外汇合同，是由交易双方直接签订的，不能转让。

二、外汇期货市场的组织结构和经济功能

外汇期货市场是在市场经济发展过程中，围绕外汇期货合约的交易活动而形成的一种金融衍生产品交易市场。它有其独特的组织结构和特殊的经济功能。

（一）外汇期货市场的组织结构

外汇期货市场由外汇期货交易所、期货结算所、期货经纪公司和外汇期货参与者所构成。

1. 外汇期货交易所

外汇期货交易所是专门为外汇期货交易提供交易场所和所需各种设施、制定和执行外汇期货交易的规章制度、组织和管理外汇期货交易活动的公共组织，它本身并不参与期货交易，一般也不以营利为目的。

外汇期货交易所采取会员制的组织结构，是一种会员制的团体机构。其会员有两种，一种是自营商，一种是纪经商。会员中又有正式会员和非正式会员（准会员）之分，都不是终身制，可以申请加入和退出。会员既有权利，也有义务。为了维持正常营业所需费用等项开支，期货交易所要向其会员收取会费和期货合约交易费等项费用。

外汇期货交易所有极其严格的组织管理。第一，进入期货交易所的经纪公司、法人组织、个人会员与团体会员，都必须经过严格的考核，才能成为期货交易所的

正式会员；第二，在期货交易所交易大厅的工作者、经纪商、期货交易顾问、经纪代理人等，均须登记注册，经过批准获得执照，才能取得在期货交易所充当从业人员的资格；第三，期货交易合约的交易程序必须标准化，并严格执行期货交易的保证金制度等，以维护交易双方正当的权利与义务，确保外汇期货交易正常、有序地进行。

目前，世界上最有影响的外汇期货交易所是美国芝加哥国际货币市场、中美洲商品交易所和英国伦敦国际金融期货交易所。这三家外汇期货交易所的交易内容，包括欧元、英镑、加元、日元、瑞士法郎和澳大利亚元期货。

2. 外汇期货交易结算所

每一家外汇期货交易所都要指定一个结算所负责外汇期货合约交易的登记和结算工作。结算所可以是外汇期货交易所的附属机构，也可以是独立的组织，或者为外汇期货交易所的全体或部分会员所拥有。它同样采取会员制，对会员资格的审查也很严格。结算所会员从外汇期货交易所的会员中产生。也就是说，只有外汇期货交易所的会员，才能成为结算所的会员。作为结算所的会员，必须有雄厚的资本、良好的金融信誉，并向结算所缴纳一笔现款作为外汇期货合约交易结算的保证金。如出现亏损，必须随时补充保证金。

外汇期货交易结算所的主要任务是每日将所有外汇期货交易参与者在期货交易所内完成的外汇期货合约买卖进行财务清算和平衡，以保持外汇期货市场在财务上的健全和统一。这也就是说，所有参与外汇期货合约买卖的交易者的清单，必须由外汇期货交易结算所进行中介处理。在外汇期货交易中，期货交易结算所起着重要作用，它对在外汇期货市场进行外汇期货合约买卖的买方充当卖方角色，对卖方则充当买方角色，承担未平仓外汇期货合约的财务责任。所谓未平仓外汇期货合约，是指客户手中所持有的已买入或已卖出的外汇期货合约。

外汇期货交易结算所在内部机构设置上有自己的特色，在其最高行政负责人——总裁下，设有期货交易登记部、结算部、信息部和经济财务部等业务与职能部门，为外汇期货交易服务。

3. 外汇期货交易经纪商——经纪公司

如上所述，期货交易所实行的是会员制。其会员有两种，一是自营商，另一种是经纪商。经纪商本身并不买卖外汇期货合约，而只是众多的客户参与外汇期货交易的中介组织。它的基本职能是接受那些不拥有期货交易所会员资格的客户的委托，代表客户在期货交易所里下达指令，从事外汇期货交易，征收并单列客户履约保证金，提供基本会计记录，传递市场信息和从事市场研究，对客户交易提供咨询服务，并从客户那里收取佣金以作为其收入。因此，国际上又把期货经纪商叫做期货佣金商（Futures Commission Merchant）。

期货交易所对外汇期货交易经纪商（经纪公司和经纪人），一般都要进行严格的管理。期货交易所专门设有经纪人资格委员会，对经纪商进行周密的审核和严格

的考试。一般来说，一个合格的经纪商（经纪公司和经纪人），必须具有雄厚的财力、良好的信誉、扎实的专业知识和丰富的交易经验。否则，就不能充当外汇期货交易的中介和桥梁。

4. 外汇期货交易的参与者

外汇期货交易的参与者，是指在外汇期货市场进行投资的机构和个人，他们是外汇期货市场投资的主体，直接或委托经纪商参与外汇期货合约的买卖，承担汇价波动的风险。按照参与外汇期货交易的目的和操作方式的不同来分，外汇期货市场的参与者可分为套期保值者、投机者和套利者三大类。

（1）套期保值者。

外汇期货交易的套期保值者（Hedgers），是指那些把外汇期货市场当作转移外汇风险的场所，在外汇现货市场买进或卖出某种外汇（外币）的同时，在外汇期货市场卖出或买进数量相等、方向相反的某种外汇（外币），以期以一个市场的盈利来抵补另一个市场的亏损的交易者。这类交易者进入外汇期货市场的目的不是为了盈利，而是为了回避外汇风险，以保证其经营活动正常有效地进行。他们是外汇期货市场的主要参与者。

（2）投机者。

外汇期货交易的投机者（Speculators），是指那些利用外汇期货市场上外汇期货合约的价格变动，通过低买高卖或高卖低买的买空卖空操作，来赚取外汇差价，以获取利润的交易者。对这类外汇期货市场的参与者可从不同角度进行分类，从交易量的大小来分，可分为大投机者和小投机者；从操作策略来分，可分为多头投机者和空头投机者；从交易方式来分，可分为一般交易者（即在买进或卖出外汇期货合约后，通常将合约持有数日、数周或数月以上，待合约价格变到对其有利时，再将合约对冲）、当日交易者（即只进行当日的外汇期货合约买卖活动，只关心当天外汇行情变化，随时将期货合约结清）和抢帽子交易者（即为自身交易的专业人员，所采用的方法是利用微小的价格波动来赚取每张外汇期货合约的微利，其每次买卖的合约数量都相当大）。不论哪类投机者，其参与外汇期货交易的主要目的都在于获得利润。

（3）套利者。

外汇期货交易的套利者（Arbitragurs）与单纯的投机不同，他们是利用外汇期货市场本身的机会，寻求价差利润的一种期货投机交易者。他们往往利用同种外汇期货合约在不同交割月份之间、不同市场之间，或在同一交割月份、同一市场的不同外汇期货合约之间暂时存在的不合理的价格关系，通过同时买进或卖出数量相等、方向相反的外汇期货合约，以赚取价差利润。套利者一般不关心外汇期货合约的绝对价格水平，只关注外汇期货合约之间的价差。

（二）外汇期货市场的经济功能

外汇期货市场具有套期保值、价格发现和投机三大基本经济功能。

1. 套期保值功能

套期保值是外汇期货市场首要的经济功能。所谓套期保值（Hedging），是指交易者为回避或减少外汇风险，而在外汇期货市场建立与其外汇现货市场相反的头寸部位，并在外汇期货合约到期日前实行对冲以结清头寸部位的交易方式。利用套期保值的交易方式之所以可以回避或减少外汇风险，是因为在一般情况下，外汇期货价格与外汇现货价格是呈同一方向变动的，现货市场与期货市场的价格随期货合约到期日的临近而趋向一致。交易者在外汇期货市场建立了与现货市场相反的部位之后，若汇价发生变动，则他必然在一个市场受损，而在另一个市场获利，以获利补亏损，即可达到套期保值的目的。

2. 价格发现功能

价格发现是外汇期货市场的另一个重要经济功能。所谓价格发现（Price Discovery），是指外汇期货合约的价格，只有在外汇期货市场买卖双方相互作用的过程中，才能发现，才能形成。因此，价格发现又叫价格形成（Price Formation）。外汇期货市场之所以具有价格发现、价格形成的功能，是因为外汇期货市场集中了许多买者、卖者，这些买者与卖者通过公开喊价、讨价还价的方式形成的外汇期货合约的价格，是反映当时外汇期货合约供求平衡的价格。它综合地反映了外汇期货市场上许多买者和卖者对当时和以后某一时间对各种上市外汇期货合约价格的观点。这种通过竞争形成的外汇期货合约的价格被期货交易所记录下来后，迅速地传播到世界各地，不仅给外汇现货市场提供了重要的参考依据，而且促进了世界外汇期货价格的形成。

3. 投机功能

投机也是外汇期货市场的经济功能之一。所谓投机（Speculation），是指期限较短、风险较高、可获暴利的活动。投机者（Speculator）就是从事投机活动的人。外汇期货市场上的投机者，是指那些自认为可以正确预测外汇汇率的未来走势，甘愿利用自己的资金，不断地买进和卖出外汇期货合约，希望从汇价的经常变化中获得利润的机构和个人。外汇期货市场之所以具有投机的功能，是因为参与外汇期货交易活动所要缴纳的保证金比较低，一般为外汇期货合约总价值的10%，这就为投机者提供了以小额资金获取巨额利润的机会。投机者总要千方百计地把握这种以小本谋大利的机会，通过买空或卖空外汇期货合约进入外汇期货市场进行投机活动。

三、外汇期货合约的规格和外汇期货合约交易的主要规则

（一）外汇期货合约的规格

外汇期货合约是一种标准化的、受法律约束的、规定在将来某一特定的时间和地点交收某一特定数量外汇（外币）的合约。除交易价格是在交易中以公开竞争的

方式形成的以外，该合约对币种、交易单位、最小变动价位、每日价格最大波动限制、合约月份、交易时间、最后交易日、交割日期和交易地点等内容都作了标准化的规定。外汇期货合约的规格是每个学习者和外汇期货交易者应当了解和掌握的。

不同的期货交易所的外汇期货合约的规格不尽相同，但其基本要素相同。美国芝加哥商业交易所国际货币市场（IMM）是世界上最早、最有影响的外汇期货市场。下面以 IMM 的外汇期货交易为例，对外汇期货合约的规格作一些具体说明。

IMM 对上市的各种货币的期货合约一般都有 9 项规定，如表 8—1 所示。

表 8—1　　IMM 外汇期货合约的规格

<table>
<tr><th colspan="2">币种</th><th>澳元</th><th>英镑</th><th>加元</th><th>欧元</th><th>日元</th><th>瑞士法郎</th></tr>
<tr><td colspan="2">交易单位</td><td>100 000</td><td>62 500</td><td>100 000</td><td>125 000</td><td>12 500 000</td><td>125 000</td></tr>
<tr><td colspan="2">最小变动价位</td><td>0.000 1
($10)</td><td>0.000 1
($6.25)</td><td>0.000 1
($10)</td><td>0.000 1
($12.5)</td><td>0.000 001
($12.5)</td><td>0.000 1
($12.5)</td></tr>
<tr><td rowspan="2">每日价格
波动限制</td><td>芝加哥时间
7:20—7:35</td><td>150 点
($1 500)</td><td>400 点
($2 500)</td><td>100 点
($1 000)</td><td>150 点
($1 875)</td><td>150 点
($1 875)</td><td>150 点
($1 875)</td></tr>
<tr><td>7:35 后</td><td>无</td><td>无</td><td>无</td><td>无</td><td>无</td><td>无</td></tr>
<tr><td colspan="2">合约月份</td><td colspan="6">3 个月、6 个月、9 个月、12 个月及现货月份</td></tr>
<tr><td colspan="2">交易时间</td><td colspan="6">芝加哥时间上午 7:20—下午 2:00，到期合约最后交易的时间截至上午 9:16</td></tr>
<tr><td colspan="2">最后交易日</td><td colspan="6">合约月份的第三个星期三往回数的第二个营业日上午 9:16</td></tr>
<tr><td colspan="2">交割日期</td><td colspan="6">合约月份的第三个星期三</td></tr>
<tr><td colspan="2">交割地点</td><td colspan="6">结算所指定的货币发行国银行</td></tr>
</table>

资料来源：美国芝加哥商业交易所国际货币市场。

1. 币种（Monetary Kinds）

币种，是指在 IMM 上市交易的各种货币，包括：澳元、英镑、加元、欧元、日元和瑞士法郎。

2. 交易单位（Trading Unit）

交易单位，是指 IMM 对每一份货币期货合约所规定的特定数量。其中：澳元期货合约的交易单位为 100 000 澳元，英镑期货合约的交易单位为 62 500 英镑，加元期货合约的交易单位为 100 000 加元，欧元期货合约的交易单位为 125 000 欧元，日元期货合约的交易单位为 12 500 000 日元，瑞士法郎期货合约的交易单位为 125 000瑞士法郎。

3. 最小变动价位（Minimum Price Change）

最小变动价位，是指 IMM 规定的，在外汇期货合约交易中，每一次价格变动的最小幅度。它通常用点（Point）来表示。所谓点，是指外汇市场所报出的外汇汇率中小数点之后的最后一位数字。每个点为万分之一，即 0.000 1，称为 1 个点。在 IMM 上市交易的澳元、英镑、加元、欧元、瑞士法郎这五种货币同美元的汇率均报至小数点以后的第4位数，只有日元同美元的汇率报至小数点以后第6位数。外汇期货的最小变动价位，是指每一单位标的货币的汇率变动一次的最小幅度。这一最小幅度与交易单位的乘积就是每份外汇期货合约最小变动价位。就欧元而言，IMM规定其最小变动价位为1个点，即0.000 1美元，而欧元期货合约的交易单位为125 000欧元，因此，每份欧元期货合约的每一次的最小变动价位应为12.5美元（125 000×0.000 1美元）。

4. 每日价格波动限制（Daily Price Limit）

在外汇期货的交易中，价格一般是由交易双方在期货市场上通过公开喊价、讨价还价的方式所决定。但是，为了防止外汇期货价格波动幅度过大，并引起外汇期货交易的混乱，给外汇期货交易者带来太大的损失，IMM对外汇期货合约的每日价格波动的最大幅度做出一定的限制，这种限制就叫每日价格波动限制。外汇期货合约的每日价格波动限制也是以一定的点数来表示。IMM对上市交易的六种货币期货，分别规定了每日价格波动限制，其中澳元为150点（＄1 500），英镑为400点（＄2 500），加元为100点（＄1 000），欧元为150点（＄1 875），日元为150点（＄1 875），瑞士法郎为150点（＄1 875）。但IMM对各种货币期货所规定的每日价格波动限制只适用于开市后的15分钟，而15分钟以后则不再有任何限制。

5. 合约月份（Contract Months）

合约月份，是指IMM所规定的外汇期货合约到期交收的月份。IMM上市交易的六种货币到期交收的月份都为3个月、6个月、9个月和12个月及现货月份。

6. 交易时间（Trading Hours）

交易时间，是指IMM规定的外汇期货合约在每一交易日（营业日），可以进行交易的具体时间。IMM的交易时间为芝加哥时间上午7:20—下午2:00，到期合约最后交易时间截至上午9:16。

7. 最后交易日（Last Trading Day）

最后交易日，是指IMM规定的外汇期货合约在到期月份中的最后一个交易日，即从合约月份第三个星期三往回数的第二个交易日上午9:16。

8. 交割日期（Delivery Day）

交割日期，是指IMM规定的到期而未平仓的外汇期货合约进行实际交割清算的日期——合约月份的第三个星期三。

9. 交割地点（Delivery Place）

交割地点，是结算所指定的货币发行国的某个银行。

综上所述，不难看出，IMM对其上市的各种货币的期货合约都有9个方面的规定。其中，币种、交易单位、最小变动价位和每日价格波动限制这四个方面的内容，因货币的不同而作了不同的规定。而合约月份、交易时间、最后交易日、交割日期和交割地点这五个方面的内容均未因各种货币的不同而有不同的规定。从IMM外汇期货合约的规格的基本内容，我们还可清楚地看出外汇期货合约标准化

的性质和外汇期货合约交易严格的规则。

（二）外汇期货合约交易的主要规章制度

为保证外汇期货交易正常有序地进行，IMM 制定了一套规章制度。这些规章制度主要是：

1. 外汇期货合约交易的保证金制度

期货交易所规定，期货交易的参与者，无论是买方，还是卖方，在进行外汇期货交易时，都必须存入一定数额的履约保证金。期货交易所之所以能够为在交易所内达成的外汇期货合约提供担保，正是因为它要求所有进入市场交易的会员必须开立保证金账户，向交易所缴纳履约保证金。

外汇期货交易中的保证金分为初始保证金和追加保证金。初始保证金（Initial Margin），是指外汇期货交易开始时，即交易者下单时，按交易所规定的比例存入其保证金账户的那部分资金。追加保证金（Additional Margin），则是指交易者在持仓期间因价格变动而发生亏损，使其保证金账户的余额减少到规定的维持保证金以下时所必须补交的保证金。所谓维持保证金（Maintenance Margin），是指期货交易所规定的交易者在其保证金账户中所必须保有的最低余额的保证金。

当外汇期货交易者按规定缴足初始保证金，并买进或卖出一定数量的外汇期货合约后，期货市场的结算单位将根据每日结算价格，计算每一交易者未平仓部位（即交易者手头持有的多头或空头的合约）的盈亏金额，并增减其保证金账户的余额。若有盈利，使保证金账户的余额超过规定的初始保证金，交易者可提走盈余部分；若有亏损，使保证金账户的余额减少到维持保证金以下，交易者就必须按交易所要求追加保证金。否则，期货结算所将强行处置其未平仓部位。这是因为，长期以来期货结算所实行的是无负债结算制度。外汇期货市场也正是通过这一制度来确保外汇期货交易双方的履约和控制投机活动。

外汇期货交易的初始保证金和维持保证金的额度，一般只占外汇期货合约总值的很小比例，通常不足10%。保证金制度的这一特点决定了外汇期货合约交易是一种以小搏大的投资形式，只要外汇期货市场价格出现微小波动，交易者就有可能获得较高的投资收益，也有可能遭受较大的资本损失。正因为外汇期货交易是一种高收益和高风险并存的交易形式，所以期货交易所规定，所有参与外汇期货交易的买方和卖方在进入外汇期货市场时就必须开立保证金账户，按规定比例缴纳保证金。这种保证金制度的作用有三个：一是可以防止交易者违约；二是可以控制交易者投机；三是期货市场每日结算制度的基础。

2. 外汇期货合约的价格制度和报价方式

（1）外汇期货合约交易的价格制度。

外汇期货合约交易的价格制度，主要是指公开喊价制度和价格报告制度。

1）公开喊价制度。

为了确保外汇期货合约交易的公开，确保期货市场的竞争性，期货交易所实行公开喊价制度。

所谓公开喊价制度，是指外汇期货合约的价格，由交易双方在期货交易所的交易场上通过公开叫价的方式决定。这就保证了在场的交易者能够获得公平竞争的买卖机会，保证了外汇期货合约的价格是通过公平竞争形成的。其具体做法是，由代表众多的买方和卖方的场内经纪人围聚在期货交易所大厅的各个交易场上，以公开喊价的方式，喊出自己要买和要卖的外汇期货合约的数量和价格，寻找交易对象并进行竞价、讨价还价，一旦买卖双方在交易数量和价格上达成一致，就可以在外汇期货交易场上成交，然后，传到外汇期货交易场外。

2）价格报告制度。

所谓价格报告制度，是指在期货交易所内达成的外汇期货合约的价格，必须向期货交易所的会员报告，并公之于众。与此同时，期货交易所也向其会员提供其他期货交易所最新达成的外汇期货合约的价格。另外，场内经纪人也有义务提醒期货交易所内的价格报告员及时准确地记录场内达成的外汇期货合约的交易及价格。所有这些报告制度，为所有参与外汇期货交易的人提供了公开了解各种外汇期货合约价格的机会，从而有效地防止了在期货交易所通过公开竞争形成的价格成为少数人掌握的秘密信息。

（2）外汇期货合约的报价方式。

外汇期货合约的交易者在下单交易前，一般都得根据当时、当地外汇期货市场的行情做出自己的决策，这就需要密切关注外汇期货交易的行情表。为了看懂外汇期货交易的行情表，首先必须了解外汇期货合约的报价方法。

外汇期货合约的价格一般是用美元来表示，即用每一单位外币折合多少美元来报价（通常被称为美元标价法），并采取小数的形式，小数点后一般是四位数，但日元例外。日元期货虽以四位数形式报价，实际上省略了两位数，如报价为0.924 1，则实际价格为0.009 241。

3. 外汇期货合约交易的委托书制度

外汇期货合约交易实行交易委托书制度。外汇期货合约交易委托书，包括买入或卖出、期货交易所名称、交易标的物、合约数量、交易价格、交割月份及委托书的有效期限等项内容。客户欲买卖外汇期货合约，必须向期货交易所的会员——经纪公司，下达买进或卖出一定数量的外汇期货合约的委托书，也叫订单（Order）。按照交易者所设定的价格，外汇期货合约的订单，主要有市价订单、限价订单、停损订单、到价转市价订单四种。其中：

市价订单（Market Order），是指不限定成交价的订单。经纪人接到这种订单后，可按当时最有利的市场价格成交。此种订单的优点是一定能成交；缺点是成交价格不一定理想。因此，它只是在交易者急需买进时才被使用。

限价订单（Limit Order），是指将成交价限定在交易者可以接受的或更好价格的订单。一般而言，交易者在下达此种买进订单时，其限定的价格应低于当时的市

价；而在交易者下达这种卖出订单时，其限定的价格应高于当时的市价。这种订单的优点是交易者可将成交价格控制在自己可以接受的范围之内；缺点是很难成交，甚至根本无法成交。

停损订单（Stop Loss Order），是指交易者将可能发生的损失控制在一定价格水平之内，以免遭受进一步损失的订单。这种订单设有特定的价格，一旦价格下降到特定的价格水平时，该订单就立即自动转化为市价订单。一般而言，买入订单设定的价格略高于市价；卖出订单设定的价格则略低于市价。只要市价达到交易者这种停损订单设定的价格水平时，经纪人就会以当时的市价成交，以免客户遭受损失。

到价转市价订单（Market if Touched Order）。这种订单与停损订单相似。但二者所设定的价格正好相反。到价转市价订单，买入时所设定的价格水平低于当时的市价；卖出时所设定的价格水平则高于当时的市价。当市场价格上涨或下跌到所设定的价格时，就会自动地转化为市价订单。

四、参与外汇期货交易的步骤和策略

（一）参与外汇期货交易的步骤

对个人投资者来说，参与外汇期货交易，一般说来，要经过以下几个步骤：

1. 选择外汇期货经纪公司

外汇期货交易是通过在期货交易所内买卖标准化的外汇期货合约进行的。如前所述，外汇期货交易所实行的是会员制度，只有具有外汇期货交易所会员资格的经纪公司和经纪人，才能进入外汇期货市场买卖外汇期货合约。如果本身不是外汇期货交易所的会员，又想参与外汇期货交易，作为第一步，就得选择一家拥有外汇期货交易所会员资格、资金雄厚、信誉良好、设备先进、收费合理、经纪人素质优秀的经纪公司，代为进场进行外汇期货合约的交易。

2. 选择买卖对象，制定投资规划

在选定了经纪公司和经纪人之后，作为第二步，就要选择买卖对象，制定投资规划。在选择买卖对象——外汇期货品种时，一般说来，宜选择那些热门的、具有可靠信息的外汇期货来买卖。在选定了外汇期货买卖对象后，接下来要做的事情，就是制定一份切实可行的投资规划。一般说来，投资规划应包括投资对象、投资金额、投资策略、盈亏计划等方面的内容。

3. 开立外汇期货账户，缴纳履约保证金

在选定了经纪公司，选定了买卖对象，制定了投资规划之后，作为第三步，就要与经纪公司或经纪人签订委托代理从事外汇期货交易的协议，明确与经纪公司或经纪人之间的权利与义务，开立外汇期货账户，按规定向经纪公司缴纳期货交易保证金。在这一步骤完成之后，就具备了参与外汇期货交易的资格，可以开始外汇期货合约的投资了。在外汇期货的投资中要取得成功，获得丰厚的投资利润，就要研究市场，摸透行情，把握时机，讲究操作策略。

（二）外汇期货交易的操作策略

外汇期货交易的操作策略，主要有以下三种：

1. 外汇期货交易的套期保值策略

外汇期货交易的套期保值策略，是指交易者将外汇期货交易与外汇现货交易结合起来，在期货市场买进（或卖出）与现货市场数量相当、但交易方向相反的外汇期货合约，以期在未来某一时间通过卖出（或买进）外汇期货合约而补偿和冲抵因现货市场汇价变动所带来的损失的一种策略。外汇期货交易套期保值的目的就是最大限度地减少汇价波动风险所带来的损失。这种风险转移机制使得外汇期货合约成为控制交易成本和保护实际利润不可缺少的一部分。

外汇期货套期保值有多头套期保值、空头套期保值和交叉套期保值三种做法。

（1）多头套期保值。

多头套期保值（Long Hedge），又称买入套期保值（Buying Hedge），是指套期保值者首先买进外汇期货合约，即买多，持有多头头寸，来保护他在外汇现货市场的空头头寸，以避免汇价上涨所带来的风险。如果买进外汇期货合约后，汇价下跌，虽然外汇期货交易受到损失，但相应的外汇现货交易却可以获得盈利；如果买入外汇期货合约后，汇价上涨，外汇现货交易虽然发生亏损，但外汇期货交易却可获得盈利，从而对冲了外汇现货交易的亏损。这种多头套期保值一般应用于在未来某日期将发生外汇支出的场合，如从国外进口商品、出国旅游、跨国公司的母公司向其设在外国的子公司供应资金以及债务人到期偿还贷款等。

假设6月8日，美国福特公司从德国进口价值125 000欧元的货物，3个月后支付货款。为防止3个月后欧元升值，而使进口成本增加，该公司便买入1份9月份到期的欧元期货合约，面值为125 000欧元，价格为＄1.230 0/1欧元。3个月后，欧元果然升值，则其交易过程和结果如表8—2所示。

表8—2

现货市场	期货市场
6月8日 现汇汇率：1.220 0美元/欧元，125 000欧元折合＄152 500（125 000×1.220 0美元）	6月8日 买入1份9月份到期的欧元期货合约（开仓） 价格：1.230 0美元/欧元 总价值：＄153 750（1×125 000×1.230 0）
9月9日 现汇汇率：1.230 0美元/欧元 125 000欧元折合＄153 750（125 000×1.230 0美元）	9月9日 卖出1份9月份到期的欧元期货合约（平仓） 价格：1.245 0美元/欧元 总价值：＄155 625（1×125 000×1.245 0）
结果 损失：＄1 250（153 750－152 500）	结果 盈利：＄1 875（155 625－153 750）

该美国公司，由于欧元升值，为支付125 000欧元的货款需多支出1 250美元，

即在现货市场上成本增加了 1 250 美元。但由于做了套期保值，在期货市场上盈利 1 875 美元，减去其在现货市场上的损失 1 250 美元，净盈利 625 美元。

(2) 空头套期保值。

空头套期保值（Short Hedge），又称卖出套期保值（Selling Hedge），是指套期保值者，首先卖出外汇期货合约，即卖空，持有空头头寸，来保护其在现货市场的多头头寸，以避免汇率下跌所带来的损失。如果买进外汇现货后，汇价下跌，虽然外汇现货交易会受到损失，但相应的外汇期货合约部位可获得盈利。要是买进外汇现货后，汇价上涨，外汇期货合约部位发生亏损，但外汇现货交易却可以获得盈利。这就使得套期保值者可以利用外汇期货市场的价格锁定外汇现货市场价格的变化，从而将外汇市场的汇价风险转移到外汇期货交易的投机者身上。这种空头套期保值一般应用于在未来某个日期有外汇收入的公司、银行和个人。如向国外出口商品、提供服务、收回到期对外贷款等。

假设 6 月 12 日，美国 IBM 公司向加拿大出口价值 1 000 000 加元的货物，3 个月后以加元结算货款。为了防止 3 个月后加元贬值带来损失，于是该公司便以 0.758 2 美元/1 加元的价格卖出 10 份 9 月份到期的加元期货合约（每份 100 000 加元）避险。如果到期加元果然贬值，则其交易过程和结果如表 8—3 所示。

表 8—3

现货市场	期货市场
6 月 12 日 现汇汇率：0.758 3 美元/加元 1 000 000 加元折合＄758 300 (1 000 000×0.758 3)	6 月 12 日 卖出 10 份 9 月份到期加元期货合约（开仓） 价格：0.758 2 美元/加元 总价值：＄758 200（10×100 000×0.758 2）
9 月 13 日 现汇汇率：0.756 3 美元/加元 1 000 000 加元折合＄756 300	9 月 13 日 买入 10 份 9 月份到期加元期货合约（平仓） 价格：0.756 0 美元/加元 总价值：＄756 000（10×100 000×0.756 0）
结果 损失：＄2 000（758 300－756 300）	结果 盈利＄2 200（758 200－756 000）

该 IBM 公司由于加元贬值在现货市场上损失了 2 000 美元，但由于做了套期保值在期货市场上却盈利了 2 200 美元。期货市场的盈利不仅弥补了现货市场的损失，并且净盈利 200 美元，实际上收回货款＄758 500（756 300 美元＋2 200 美元）。

(3) 交叉套期保值。

交叉套期保值（Cross Hedge），是指利用相关的两种外汇（外币）期货合约为一种外汇现货保值。这种交叉套期保值，一般应用于某些情况下，虽然存在外汇风险，但没有合适的外汇期货合约可供交易者直接用来进行套期保值，也就是说，当要为某种外汇现货标的物进行保值时，在没有相对应的同一品种的外汇期货合约的情况下，就可以用两种相关的外汇期货合约为外汇现货标的物进行交叉套期保值，从而避免或减少由于汇率的变动所带来的损失。

假设日本某公司向加拿大出口一批货物，预计3个月后将收进5 000 000加元的货款，如果在这3个月中，加元对日元汇率下跌，则该日本公司收到这5 000 000加元后，只能兑换到较少的日元。为了避免这种加元贬值风险，这家日本公司应利用外汇期货交易进行套期保值。可是，目前的外汇期货市场，一般只有各种外币对美元的期货合约，很少有两种非美元货币之间的外汇期货合约，从而也就没有以日元兑换加元或以加元兑换日元的期货合约可供该日本公司用来进行直接的套期保值。这样，这家日本公司只有通过加元期货合约和日元期货合约实行交叉套期保值。作为一种套期保值的策略，交叉套期保值可使交易者灵活地选择外汇期货合约，为与其相对应的和具有内在关联性的外汇现货交易进行套期保值，回避外汇风险。

上述三种套期保值策略，就它们的实质而言，都是要通过外汇期货交易而使一个市场的盈利弥补另一个市场的亏损，从而避免或减少由于汇率的变动而给交易者所带来的损失。但要达到避险和减少外汇风险的目的，在外汇期货的套期保值交易中，对冲操作很重要，基差不可忽视。这里我们不再详细介绍对冲和基差的概念，大家可以参考其他有关教材。

2. 外汇期货交易的投机策略

外汇期货交易的投机策略，是指交易者没有实际的外汇需求，也没有外币债权、债务需要保值，而是根据其对外汇期货行情的预测，低价时买入，高价时卖出，单纯期望从外汇期货合约价格的变动中获取利润的一种期货交易策略。它有多头投机（Long Speculation）和空头投机（Short Speculation）之分。

（1）外汇期货的多头投机。

外汇期货的多头投机，是指投机者预测外汇期货价格将要上涨，因而买进外汇期货合约，等到价格上涨后卖出平仓获利。

（2）外汇期货的空头投机。

外汇期货的空头投机，是指投机者预测外汇期货的价格将要下跌，因而卖出外汇期货，待价格下跌后买入平仓获利。

以上两种投机的实现，都涉及平仓的问题。所谓平仓（Liquidation），即结束早前从事的交易盘，又称“清盘结算”，是指交易者通过买进（卖出）相同交割月份的外汇期货合约来了结原来卖出（买进）的合约，或根据外汇期货合约的规定交收现货商品，平仓一般是通过结算所进行。

3. 外汇期货交易的套利策略

外汇期货交易的套利（Arbitrage）策略，是指套利者利用暂时存在的不合理的价格关系，通过买进和卖出相同或相关的外汇期货合约而赚取价差的交易策略。这里所说的不合理的价格关系，大体上有三种情况：（1）同一市场、同种外汇期货

合约在不同交割月份之间的不合理价格关系；(2) 同种外汇期货合约在不同市场之间的不合理价格关系；(3) 同一市场、同一交割月份的不同外汇期货合约之间的不合理价格关系。这些不合理的价格关系，一般只存在于一个较短的时间之中，通过套利者的套利活动会得到矫正。

外汇期货交易中的套利又有跨月份套利、跨市场套利、跨币种套利这样三种做法。这里不再详述。

综上所述，不难看出，套利也是一种投机。但与单纯的投机者不同，套利者是利用外汇期货市场本身出现的机会，在不同的时间、不同的空间、不同的币种之间寻求价差（相对价格的差异）获利的一种投机者。

第二节 外汇期权

一、期权、金融期权和外汇期权

(一) 期权

所谓期权（Option），又称期货合约选择权，是指一种能在未来某一特定时间内按协定价格（即敲定价格）买进或卖出一定数量的、特定的标的物的权利。期权交易就是这样一种权利的交易，即在期权买卖双方之间建立一种权利与义务的关系。期权的买方由于向卖方支付了一定数额的期权费（权利金），而单方面地享有在期权有效期内，在市场价格有利于自己时，执行买进或卖出的权利；而在市场价格不利于自己时，则放弃执行期权。期权的卖方则由于收取了买方付给的期权费，而单方面地承担了在期权有效期内，如果期权的买方提出行使其买进或卖出期权时，必须按期权合约规定的时间和协定价格履行卖出或买进期权的义务。

期权交易的历史悠久。据考证，历史上最早的期权交易萌芽于公元前1200年。那时的古希腊和古腓尼基国的交易者为了应付贸易上突然的或意外的运输需要，要向大船东交付一笔保证金或垫付资金，以便在必要时，有权从大船东那里得到必要舱位，确保及时交货。尽管这不同于今天的期权交易，但这种做法已经蕴涵了期权交易的最初的思想，并被沿袭下来。后来，在古希腊、古罗马出现了期权交易的雏形。到了十七八世纪，在欧美一些国家农产品期权交易已相当流行，并于19世纪被引入了金融领域，开始了股票期权交易。但那时的股票期权交易是分散地、零星地在店头市场进行，品种单一，规模很小，手段落后，效率低下，还不具有现代期权交易的意义。

现代期权交易，开始于集中性的、有组织的期权交易所的建立。为了满足投资者对期权交易日益增长的需求，特别是对股票期权交易的需求，1973 年 4 月 26 日，世界上第一个期权交易所芝加哥期权市场宣告成立，从此开始了场内金融期权交易。

（二）金融期权及其品种

1. 金融期权的概念

所谓金融期权（Financial Options），是指在将来某一特定的时间内以协定价格买进或卖出某种特定数量的金融商品或金融期货合约的权利。而金融期权交易则是这种权利的买卖活动。在金融期权交易中，期权的购买者向期权的出售者支付一定的期权费后，就获得了金融期权合约赋予的在期权合约所规定的某一特定时间以事先约定的价格（协定价格）向期权出售者买进或卖出一定数量的某种金融商品或金融期货合约的权利。对金融期权的买者来说，金融期权合约赋予他的只有权利没有义务，在合约的有效期内，他既可在合约到期日或之前行使合约赋予的权利，也可放弃而不行使合约赋予的权利，甚至转让给第三者。在金融期权交易中，期权的出售者在收取了期权购买者所支付的一定的期权费后，就承担了在该期权合约的有效时间内或期权合约所规定的某一特定履约日，只要期权购买者要求行使其权利，则期权的出卖者就应无条件履行期权合约所规定的义务。对金融期权的卖者来说，金融期权合约赋予他的只有义务没有权利。在期权合约的有效期内，他必须随时准备无条件地履行金融期权合约规定的义务。

2. 金融期权的品种

期权交易被引入金融市场，首先是从场外交易的股票期权开始。自 1973 年美国芝加哥建立集中性的金融期权市场以来，其他各种金融工具也相继作为期权合约的标价物，实行期权交易。随着金融期权交易的迅速发展，金融期权的品种也越来越多，不仅各种现货金融商品作为金融期权合约的标的物，而且各种金融期货合约也被用来作为金融期权合约的标的物。因此，根据标的物的性质，金融期权有现货期权和期货期权之分。现货期权是以各种金融工具本身作为期权合约的标的物的期权，如股票期权（Stock Option）、利率期权（Interest Rate Option）、指数期权（Index Option）、外币期权（Foreign Currency Option）等。期货期权（Option on Futures）是以各种金融期货合约作为期权合约的标的物的期权，如利率期货期权、股价指数期货期权和外汇（货币）期货期权等。下面，仅就外汇（外币）期权作一些介绍。

（三）外汇期权及其分类

1. 外汇期权的概念

外汇期权（Foreign Exchange Option），又称外币期权（Foreign Currency Option），是指在未来某一特定时间以协定价格买入或卖出某种特定数量的外币或外汇期货合约的权利。而所谓外汇期权交易则是这种权利的买卖活动。在外汇期权交易中，外汇期权合约的持有人，即外汇期权买方，由于向卖方支付了期权费（权利

金）而享有在合约到期日或之前，当市场行情有利时，有权买进或卖出该种外汇资产或外汇期货合约，如果市场行情不利时，则不行使期权，放弃买卖该种外汇资产或外汇期货合约。而外汇期权的卖方，由于收取了买方支付的期权费，则有义务在买方要求履约行使期权时，卖出或买入该种外汇资产或外汇期货合约。

外汇期权交易产生于加拿大。1982 年 11 月，加拿大蒙特利尔股票交易所率先推出了美元对加元的期权交易。同年 12 月，美国费城证券交易所推出了英镑期权交易。此后，外汇期权交易得到了迅速的发展。目前，外汇期权交易的标的物有澳元、英镑、加元、欧元、日元、瑞士法郎六种货币的外汇现货期权；有澳元、英镑、加元、欧元、日元和瑞士法郎六种货币的外汇期货期权。

2. 外汇期权的分类

外汇期权可按不同标准，从不同的角度进行分类。

（1）按外汇期权的标的物来分，外汇期权有外汇现货期权和外汇期货期权。

外汇现货期权（Option on Foreign Exchange Spots），是指以某种外币（货币）作为标的物的期权，如英镑期权、欧元期权等。

外汇期货期权（Option on Foreign Exchange Futures），是指以某种外汇（货币）期货合约作为标的物的期权，如以澳元期货合约、加元期货合约等作为标的物的期权。

（2）按外汇期权买卖的方式来分，外汇期权有看涨期权、看跌期权、双向期权。

看涨期权（Calls Option），又称买入期权、多头期权，它是指外汇期权的买方有权按协定价格（Strick Price，又称敲定价格、执行价格或履约价格）在期权到期日或之前，享有向期权出售者买进相关外汇期货合约的权利，而不承担必须买进的义务。

看跌期权（Puts Option），又称卖出期权、空头期权，它是指外汇期权的买方有权按协定价格，在期权合约的有效期内，享有向期权出售者卖出相关外汇期货合约的权利，但不必负有卖出的义务。

双向期权，又称双重期权（Double Option），是指外汇期权的买方，在同一时间内，以同一协定价格同时买入看涨期权和看跌期权。这种双向期权费虽比单一期权费高，但获利机会要高于单独购入任何一种类型的单一看涨期权或看跌期权。

（3）按外汇期权的最后交易日与履约日的不同来分，外汇期权可分为欧式期权和美式期权。

欧式期权（European Option），是指外汇期权合约的买方只有在期权合约的到期日，才有权选择是否执行期权。

美式期权（American Option），是指外汇期权合约的买方，有权在期权合约到期日前任何一个交易日决定是否执行期权。它比欧式期权灵活，期权费比欧式期权高。

（4）按外汇期权交易的场所来分，外汇期权可分为场内期权和场外期权。

场内期权（Exchange-Traded Option），又称交易所交易期权或交易所上市期权，是指在集中性外汇期权交易所进行的标准化的外汇期权合约的交易。其交易数量、协定价格、到期日以及履约时间均由交易所统一规定。

场外期权（Over-the-Counter Option）简称 OTC Option，又称柜台式期权，或店头市场期权，是指在非集中性的交易场所进行的非标准化的外汇期权合约的交易。其交易数量、协定价格、到期日及履约时间等均由期权交易双方自由议定。

（5）按外汇期权的卖者在出售看涨期权时，是否拥有该期权合约所规定的标的资产来分，外汇期权可分为有担保看涨期权和无担保看涨期权。

有担保看涨期权（Covered Call），是指期权合约的卖者，在出售外汇看涨期权合约时，实际拥有该期权合约所规定的标的外汇资产，并将它作为履约保证存放于经纪人处。对于期权合约的卖者来说，卖出这种有担保看涨期权，可免交保证金，其潜在损失只限于他购进标的资产的价格与期权合约协定价格之间的差额，其损失是有限的。

无担保看涨期权（Naked Call），则是指期权合约的卖者，在出售外汇看涨期权合约时，并不拥有该期权合约所规定的标的外汇资产。对于期权合约的卖者来说，卖出这种无担保看涨期权时，必须向经纪人缴纳保证金，在期权合约的买者要求执行该期权合约时，他必须以任何可能的市场价格购进标的资产，并以较低的协定价格卖给期权购买者，其潜在损失较大。

以上所介绍的只是几种常用的期权分类方法。在实际生活中，根据分析的需要还可以从另外一些角度对外汇期权进行分类。

二、外汇期权交易的功能

外汇期权交易的功能，主要有两个：一是避险保值；二是投机功能。

（一）外汇期权交易的避险保值功能

运用外汇期权交易保值的原理与运用外汇期货保值的原理是相同的，都是通过避免和减少外汇汇率波动风险而达到保值的目的。它在国际贸易中运用得较多。在进出口业务中，为了防止汇率变动可能产生的不利影响，可以利用外汇期权交易防范风险。

（二）外汇期权交易的投机功能

外汇期权交易还具有投机功能。一般而言，当投机者预期汇率趋涨时，做多头投机交易，即购入外汇买权（看涨期权）；当投机者预期汇率趋跌时，做空头投机交易，即购入外汇卖权（看跌期权）。

三、外汇期权交易的主要操作策略

参加外汇期权交易，要获得成功，就应密切关注外汇期权市场的动向，研究市场行情，把握进场时机，讲究操作策略。那么在外汇期权交易中有些什么操作策略呢？概括起来讲，在外汇期权交易中主要有套期保值、价差套利、对敲和合成四种操作策略可供外汇期权交易的参与者选用。现介绍其中两种：

（一）外汇期权交易的套期保值策略

外汇期权交易的套期保值策略与外汇期货交易的套期保值策略的原理是一样的，都是通过避免或减少风险而使最终结果更加确定。两者的主要区别在于如果投资者错误地预测了市场价格的走势，当市场价格波动的幅度较大时，外汇期货套期保值者有可能面临较大的亏损，而外汇期权套期保值者则能把亏损限制在不超过他购买期权所支付的期权费的范围之内，期权费能规避汇率行情不利的风险。

外汇期权交易的套期保值策略有买进外汇看涨期权套期保值、买进外汇看跌期权套期保值、卖出外汇看涨期权套期保值和卖出外汇看跌期权套期保值这样四个具体操作策略。

1. 买进外汇看涨期权套期保值

在外汇期权交易中，当外汇期权的购买者预期标的外汇资产的市场汇价将上涨时，他就可以买进该标的外汇资产的看涨期权。如果该标的外汇资产的市场汇价果然上涨了，涨到了外汇期权合约的协定价格之上时，则该投资者就可执行期权，从中获利。至于获利多少，则要由该标的外汇资产的市场汇价上涨的幅度而定。反之，要是该标的外汇资产的市场汇价不涨反跌，跌到该标的外汇资产的协定价格之下，此时，该购买者将放弃行使期权，其损失不会超过他购买期权时所支付的期权费。这种损失不大，而且是已知的。

2. 买进外汇看跌期权套期保值

在外汇期权交易中，当外汇期权的购买者预期标的外汇资产的市场汇价将下跌时，他就可以买进该标的外汇资产的看跌期权。日后，如果该标的外汇资产的市场汇价真的下跌了，跌到了协定汇价之下，则该购买者将行使期权，他会以较高的协定汇价卖出他所持有的该种外汇期权，这样，他就避免了市场汇价下跌的损失。要是该投资者并不持有标的外汇资产，则在标的外汇资产市场价格下跌时，他可以以较低的市场价格买入标的外汇资产，以较高的协定价格卖出标的外汇资产，从中获利。至于获利多少，则要由标的外汇资产的市场汇价下跌幅度而定。反之，要是标的外汇资产的市场汇价不跌反涨，则该投资者就不会执行期权，即便如此，该投资者所蒙受的损失也是有限的，其最大损失也不会超过其买进外汇看跌期权时所支付的期权费。

3. 卖出外汇看涨期权套期保值

在外汇期权交易中，当外汇期权的出卖者预期标的外汇资产的市场汇价将下跌时，他就卖出外汇看涨期权收取期权费。如果标的外汇资产的汇价果真下跌了，并且下跌到标的外汇资产的协定价格之下，这时外汇看涨期权的购买者将放弃执行期权；即使标的外汇资产的市场汇价高于协定价格，从而外汇期权购买者决定执行期权，只要标的外汇资产的市场价格低于协定价格加期权费之和，则外汇期权的出卖者，仍然有利可图，只不过利润少一点而已（小于他所收取的期权费）。可见，对外汇看涨期权的出售者来说，其最大利润就是他出售期权时所收取的期权费；其最大损失则要由标的外汇资产的市场汇价的上涨幅度而定。从理论上讲，这种损失是无限的。但是一般情况下，外汇看涨期权的出卖者发生大量损失的概率较小，而获得小幅度的利润的概率往往较大。

4. 卖出外汇看跌期权套期保值

在外汇期权交易中，当外汇期权的出卖者预期市场汇价看涨，他就卖出外汇看跌期权。从获利的角度来讲，卖出外汇看跌期权与卖出外汇看涨期权一样，其最大利润是所收取的期权费。如果标的外汇资产的市场汇价，果然如卖方所预期的那样是上涨了，外汇期权的购买者将放弃期权，于是外汇期权的出卖者将获利。反之，如果标的外汇资产的市场汇价不涨反跌，跌到外汇期权的协定价格以下，这时外汇期权的购买者将执行期权，该期权的卖方将蒙受损失，市场价格越低，其损失越大。

外汇期权交易的套期保值策略如表8—4所示。

表8—4　外汇期权交易的套期保值策略一览表

	买进看涨期权	买进看跌期权	卖出看涨期权	卖出看跌期权
期权费	付	付	收	收
保证金	无	无	有	有
对外汇期权行情的判断	看涨	看跌	看跌	看涨
最大盈利	无上限	协定价格减期权费	期权费收入	期权费收入
最大损失	期权费支出	期权费支出	无上限	协定价格减期权费
盈亏平衡点	协定价格加期权费	协定价格减期权费	协定价格加期权费	协定价格减期权费

（二）外汇期权交易中的价差套利策略

外汇期权交易的价差套利策略，是指套利者在外汇期权市场买入一个外汇期权的同时，卖出一个标的物和到期日都相同，但协定价格不同的外汇期权，利用两个期权不同的协定价格，赚取价差收益的一种外汇期权交易策略。它可分为两类：

1. 利用价格波动差异套利

在外汇期权交易中，利用价格波动差异套利，即利用价格价差（Price Spread）套利，又称垂直价差（Vertical Spread）套利。所谓垂直价差，是指套利者在买进一个外汇期权的同时，卖出另一个外汇期权，这两个期权同属一个垂直系列，具有

相同的标的物、相同的到期日，但却有着不同的协定价格。其盈亏来自于这两个期权的内在价值不同和期权费不同。这种垂直价差套利策略有牛市看涨期权价差套利、熊市看涨期权价差套利、牛市看跌期权价差套利、熊市看跌期权价差套利之分。现分述如下：

（1）牛市看涨期权价差套利。

在外汇期权交易中，牛市看涨期权价差套利，是指套利者在买入一个协定价格较低的外汇看涨期权的同时，卖出一个标的物和到期日都相同，但协定价格较高的外汇看涨期权，利用两个期权的协定价格之差进行套利。在这种牛市外汇看涨期权的价差交易中，套利者所能获得的最大利润，是两个外汇看涨期权的协定价格之差减去两个外汇看涨期权的期权费之差；而套利者所面临的最大损失，则是两个外汇看涨期权的期权费之差。

（2）熊市看涨期权价差套利。

在外汇期权交易中，熊市看涨期权价差套利，是指套利者在买入一个协定价格较高的外汇看涨期权的同时，卖出一个标的物和到期日都相同，但协定价格较低的外汇看涨期权，利用两个期权的协定价格之差进行套利。它是牛市看涨期权价差套利的反向操作。在一般情况下，在这种熊市外汇看涨期权的价差交易中，套利者所能获得的最大利润，是期初所取得的期权费的净收入；而套利者可能遭受的最大损失，仅限于两个外汇看涨期权的协定价格之差减去期权费净收入之后的差额。

（3）牛市看跌期权价差套利。

在外汇期权交易中，牛市看跌期权价差套利，是指套利者在买入一个协定价格较低的外汇看跌期权的同时，卖出一个标的物和到期日都相同，但协定价格较高的外汇看跌期权，利用两个期权的协定价格之差进行套利。在这种牛市外汇看跌期权的价差交易中，由于套利者买入的是一个协定价格较低的外汇看跌期权，而卖出的是一个协定价格较高的外汇看跌期权，因而他支付的期权费必然小于他所收取的期权费，从而表现为期权费的期初净收入。这种净收入是套利者从事这种牛市看跌期权可能获得的最大利润；而套利者在这种价差交易中将面临损失，则是期权市场价格跌到低于协定价格或更低的时候。

（4）熊市看跌期权价差套利。

在外汇期权交易中，熊市看跌期权价差套利，是指套利者在买入一个协定价格较高的外汇看跌期权的同时，卖出一个标的物和到期日都相同，但协定价格较低的外汇看跌期权，利用两个期权的协定价格之差进行套利。它是牛市看跌期权价差套利的反向操作。套利者在外汇期权的交易中之所以要进行这种熊市外汇看跌期权价差的套利操作，主要是因为他预期外汇期权的标的物的市场价格将有温和的下跌，通过这种操作，在市场价格下跌时，有利可图。反之，在市场价格上涨时，则就会蒙受损失。

2. 利用外汇期权合约不同到期日套利

利用外汇期权合约的不同到期日套利，即时间价差（Time Spread）套利，又称水平价差（Horizontal Spread）套利，是指套利者买进离到期日较远的外汇期权合约（即远期外汇期权），同时卖出数量相同、协定价格相同但离到期日较近的外汇期权合约（即近期外汇期权），以获取利润的外汇期权交易策略。这种水平价差交易策略之所以可以获利，主要是因为外汇远期期权与外汇近期期权有不同的时间价值的衰减速度。在一般情况下，外汇近期期权的时间价值衰减的速度更快。这是因为外汇期权的时间价值是外汇期权合约的剩余期限的非线性函数。随着外汇期权合约履约日期越来越临近，外汇期权的时间价值将以越来越快的速度衰减。所以，外汇期权的套利者通常是在卖出近期外汇期权合约的同时，买进远期外汇期权合约。

在外汇期权交易中，这种水平价差策略适用于套利者预期外汇期权合约的市场价格比较稳定或市场价格略有升降的场合。当预期外汇期权合约的市场价格将稳中有升时，运用看涨期权进行套利交易；而在预期外汇期权合约的市场价格将稳中有降时，运用看跌期权进行套利交易成功的机会很大。只有当外汇期权标的物的市场价格大幅度的上升或下降时，利用水平价差的套利者才会遭受损失。但是其损失仅限于他买进外汇期权合约所支付的期权费。

【本章小结】

1. 外汇期货、外汇期权是在国际金融创新的过程中在传统的外汇交易的基础上产生的两种金融衍生产品，即两种新型外汇交易形式。

2. 外汇期货，即外币期货，又叫货币期货，是指以外汇（外汇或货币）作为标的物的一种金融期货合约。外汇期货交易，是指在集中的有组织的期货交易所内，以公开竞价的方式进行的外汇期货合约的买卖活动。

3. 外汇期货市场是在市场经济的发展过程中，围绕着外汇期货合约的交易活动而形成的一种新的金融衍生产品的交易市场。这个市场由外汇期货交易所、期货结算所、期货经纪公司和期货参与者所构成。它具有套期保值、价格发现和投机三大经济功能。

4. 为保证外汇期货交易健康有序地进行，外汇期货交易所制定了一系列交易规章，包括外汇期货合约交易的保证金制度、外汇期货交易的价格制度与报价方式、外汇期货交易的委托书制度和无负债结算制度，并要求外汇期货交易的参与者遵照执行。

5. 参与外汇期货交易的步骤是：(1) 选择外汇期货交易经纪公司；(2) 选择买卖行家、制定投资计划；(3) 开立外汇期货账户，缴纳履约保证金。在这些步骤

完成之后，就具备了参与外汇期货交易的资格，可以开始外汇期货合约的投资了。在外汇期货投资中要取得成功，就要研究市场，摸透行情，把握时机，讲究操作策略。外汇期货交易的策略，主要有套期保值策略、投机策略和套利策略。

6. 期权，又称期货合约的选择权，是指一种能在未来某一特定时间内按协定价格买进或卖出一定数量的特定的标的物的权利。期权交易就是这样一种特定权利的交易。期权交易，早已有之。但现代期权交易，则开始于20世纪70年代，世界上第一个期权交易所——芝加哥期权交易所的建立。从此，开始了金融期权的交易。

7. 所谓金融期权，是指在将来某一特定时间内以协定价格买入或卖出某种特定数量的金融商品或金融期货合约的权利。而金融期权交易则是这种权利的买卖活动。金融期权的品种很多，外汇期权只是其中的一种。

8. 所谓外汇期权，是指以某种外币或外汇（货币）期货合约作为标的物的一种期权交易形式。外汇期权可按不同的标准，从不同的角度进行分类。与外汇期货交易相比，外汇期权交易具有自己的特点。

9. 外汇期权市场，是指进行外汇期权合约交易的场所。它由场内市场和场外市场构成。场内外汇期权市场主要由外汇期权交易所、外汇期权经纪公司、外汇期权造市者、外汇期权参与者和外汇期权清算公司所组成。其主要经济功能是套期保值和投机。

10. 外汇期权合约是一种以某种外汇（货币）或外汇（外币）期货合约作为标的物的标准化的、受法律约束的合约。为了保证外汇期权合约交易的正常进行，外汇期权交易所同样制定了一些规章制度和交易准则，包括：(1) 外汇期权交易的保证金制度；(2) 外汇期权交易的头寸限额制度；(3) 外汇期权交易的对冲与履约制度；(4) 外汇期权交易的清算制度等，要求外汇期权交易者遵照执行。

11. 参与外汇期权交易要密切关注外汇期权市场的动向，认真研究市场行情，恰当把握进场时机，讲究操作策略。可供外汇期权参与者选择的操作策略，主要有套期保值策略、价差套利策略、对敲策略和合成策略。

【课堂讨论题】

外汇期货、期权交易的经济优势和风险是什么？应当如何规避风险？

第九章 外汇风险管理

【要点提示】

- 外汇风险的概念、种类及构成
- 外汇风险管理的概念、原则和策略
- 外汇风险管理的一般方法和综合措施

1973 年主要发达国家实行浮动汇率制度以后，汇率波动频繁，大大增加了对外经济活动的外汇风险。在从事对外贸易、投资、借贷等活动中，如果疏于采取必要的防止外汇风险的措施，会给企业带来严重的后果。在掌握外汇汇率基本理论知识的基础上，本章将着重分析外汇风险的基本概念、防止外汇风险的一般方法与综合措施，以便在投资融资和进出口业务中有针对性地结合本身情况加以具体运用，以减少风险，提高企业的经济效益。

第一节 外汇风险

汇率变动对经济领域的影响具有不确定性，广义而言，这种不确定性就是所谓的外汇风险。狭义的外汇风险是指汇率变动对微观企业的影响，这里提到的企业不仅指外经贸等涉外企业，而且指从事涉外业务的金融、非金融机构和个人。本章中的外汇风险及其管理是针对狭义的外汇风险而言的。

一、外汇风险的概念和种类

（一）外汇风险的概念

外汇风险（Foreign Exchange Risk）也称汇率风险，是指在一定时期的国际经济交易中，由于有关货币汇率发生变动，使得以外币计价的资产（或负债）以本币衡量的价值发生涨跌变化的可能性。

对外币资产或负债所有者来说，外汇风险可能产生两个不确定性的结果：或是遭受损失（Loss），或是获得收益（Gain）。但外汇风险仅指风险承担者因汇价波动而承受损失的可能性。应当注意的是，风险和损失不是同一个概念。风险是一种对未来的预期，而损失是对已发生事件结果的具体描述；只要存在导致损失的可能性，我们就可以认为存在着风险，但是只有当风险实际发生后，才可以称之为损失。风险不是必然导致损失，在某种特定的场合下，甚至可能带来收益。风险的承担者包括政府、企业、银行、个人及其他部门。

从国际外汇市场外汇买卖的角度来看，买卖盈亏未能抵消的那部分，就面临着汇率波动的风险。人们通常把这部分承受外汇风险的外币金额称为“受险部分”或“外汇敞口”（Foreign Exchange Exposure）。直接受险部分，是指经济实体和个人参与以外币计价结算的国际经济交易而产生的外汇风险，其金额是确定的；间接受险部分，是指因汇率变动、经济状况变化及经济结构变化的间接影响，使那些不使用外汇的部门及个人也承担风险，承担风险的金额是不确定的。

（二）外汇风险的种类

根据外汇风险发生的时间，外汇交易者面临的风险基本可以分为三类：在经营活动结果中的风险为会计风险；在交易活动中的风险为交易风险；预期经营收益的风险为经济风险。

1. 会计风险

会计风险（Accounting Exposure）又称转换风险，是指在进行会计处理和对以外币计价的债权和债务进行财务决算时，由于汇率变动而引起资产负债表中的外汇项目金额变动，出现账面损益差异的风险。例如，香港某跨国公司在M国有一家分公司，该分公司2001年12月31日的资产负债表如表9—1所示。

表9—1　　2001年12月31日M国分公司资产负债表　货币单位：M国货币千元

资产	金额	负债和所有者权益	金额
现金	40 000	负债	100 000
应收账款	60 000	权益	160 000
厂房及设备	120 000		
存货	40 000		
合计	260 000	合计	260 000

该跨国公司在准备编制合并财务报表时，先要按某个特定汇率将该资产负债表折算为以港币计价的资产负债表。假定采用现行汇率，当天汇率是HD＄1.00＝M＄1.50，那么折算后的资产负债表如表9—2所示。

表9—2　　2002年1月1日M国分公司资产负债表　货币单位：M国货币千元

资产	金额	负债和所有者权益	金额
现金	26 666	负债	66 666
应收账款	40 000	权益	106 666
厂房及设备	80 000		
存货	26 666		
合计	173 332	合计	173 332

假如2002年1月1日，汇率变为HD＄1.00＝M＄1.25，那么折算后的资产负债表如表9—3所示。

表9—3　　2002年1月1日M国分公司资产负债表　货币单位：M国货币千元

资产	金额	负债和所有者权益	金额
现金	32 000	负债	80 000
应收账款	48 000	权益	128 000
厂房及设备	96 000		
存货	32 000		
合计	208 000	合计	208 000

这是一个比较简单的例子。从上述两个资产负债表可以看出，由于汇率的变动，资产由173 332港币增到208 000港币。

企业的会计风险在会计上暴露无遗，是最明显的一种外汇风险。

2. 交易风险

交易风险（Transaction Exposure）又称结算风险，是指在以外币计价的交易活动中，由于该种货币与本国货币的汇率发生波动而引起的应收资产与应付债务价值变化的风险。风险于交易约定生效之时产生，至买卖的实际交割日终了。交易风

险有以下几种：

（1）商业信用基础上的交易风险。

这是指以商业信用方式购买或销售以外币计价的商品或劳务时，在货物装运或劳务提供后，而货款或劳务费用尚未收支这一期间，外汇汇率变化所发生的风险。其中最主要的是涉及企业有以外币标价的应收款或应付款。

假如美国一家企业在往来账上把一批商品售给瑞士进口商，价值26万瑞士法郎（CHF），付款期限为60天。成交时的即期汇率为＄1＝CHF1.300 0，按这个汇率美国出口商收款时可得20万美元，但由于汇率可能发生变化，美国出口商可能得不到20万美元，由此就产生了交易风险。

假如收款时的汇率为＄1＝CHF1.400 0，这时美国出口商兑换CHF260 000只能得到185 714美元，比成交时预期额少14 286美元（20 000－185 714）。

如果收款时汇率为＄1＝CHF1.200 0，则美国出口商会收到216 667美元，比预期多16 667美元。

由此可见，交易风险结果是不确定的，它既有可能招致亏损，也有可能增加收益。当然从交易的某一方来说，这种风险可以避免，而实质上它只是从一方转移到另一方。如在上例中，美国出口商可以用美元计价收款，以避免交易风险。不过，如果对方不愿以美元成交，就可能做不成这笔生意。即使瑞士进口商愿用美元成交，交易风险仍未消除，只是被转移给瑞士进口商一方罢了。

（2）外币计价基础上的风险。

指贷出或借入以外币偿还的资金，在债权债务未清偿前所存在的风险。

例如，英国B公司在1971年借入SF100 000 000，按当时的即期汇率兑换则为￡10 130 000，在10年后该贷款到期时，汇率已发生变化，B公司只偿还本金就达￡22 730 000，为原借款额的两倍多。

（3）期汇交易中的交易风险。

指在期汇交易中，由于合同的远期汇率与合同到期日的即期汇率不一致，而使交易的一方按远期汇率换入（或付出）的货币数额多于或少于按即期汇率换入（或付出）的货币数额而发生的风险。

交易风险是涉外企业最常见的一种外汇风险。

3. 经济风险

经济风险（Economic Exposure）也称经营风险，是指由于各种原因使汇率出乎意料地发生变化，从而导致从事国际业务的企业未来收益可能发生变化的一种潜在风险。

汇率变动通过影响企业的生产成本、销售价格，最终引起企业收益的变化。

对经济风险的分析是一种几率分析，是企业从整体上进行预测、规划和分析的过程。经济风险的分析在很大程度上取决于公司的预测能力，而预测的准确程度将直接影响该公司在融资、销售和生产等方面的战略决策。

对于一个企业来说，经济风险比交易风险和会计风险更为重要，因为其影响是长期性的，而交易风险和会计风险的影响是一次性的。

二、外汇风险的构成因素及其之间的关系

（一）外汇风险的构成因素

外汇风险一般包括本币、外币和时间三个要素，三者缺一不可。

如果一个国际企业在其对外交易中只使用本币计价结算而不使用外币，则这个企业在对外交易中不会有外汇风险，因为它不涉及本币与外币之间的兑换，所以也就不存在汇率变动对它的影响。

一个国际企业在对外交易中，某一金额交易的应收或应付外币账款可能在交易发生后就能进行清算，并且立即进行本币与外币的兑换。对于这种情形，由于不存在时间因素，因此这笔交易不会有外汇风险。不过，现实中这种情况不多。

一个国际企业在对外交易中，其应收或应付外币款项的时间长短（或称时间结构）对其面临的外汇风险的大小有正向的影响。时间越长，汇率在这个期间波动的可能性就越大，外汇风险相应就越大。反之，时间越短，在这个期间汇率波动的可能性就越小，外汇风险相对较小。

从时间越长、外汇风险越大这个角度来分析，外汇风险包括时间风险和价值风险两大部分。改变时间结构，如缩短一笔外币债权债务的收取或偿付时间，可以减少外汇风险，但不能消除价值风险，因为本币与外币折算的汇率波动风险还是存在的。

（二）外汇风险构成因素之间的关系

一个国际企业有一笔未结算而敞着口的外汇收支，一定会同时呈现出本币、外币和时间三个要素。这三个要素关系复杂，构成不同的外汇风险形式。要消除不同的外汇风险，就必须采取不同的方法，具体分析要素之间的关系，从而简化内容、消除风险。

三、影响外汇风险的主要因素

从外汇风险的定义中不难看出，汇率波动是形成外汇风险的首要原因，影响汇率波动的因素就是影响外汇风险的因素。影响外汇风险的因素有经济因素和非经济因素，而且彼此之间相互联系、相互制约。以下就几个重要因素加以分析。

（一）国际收支对外汇风险的影响

国际收支状况是一国对外经济活动的综合反映，是影响外汇风险变动的主导要素。国际浮动汇率体系的建立，使外汇汇率的变动主要是以外汇市场的供求关系为依据，而这种供求关系的变化通常又取决于该国的国际收支差额水平。该国的国际

收支出现顺差，就会引起外国对该国货币的需求增长，从而使得顺差国货币的汇率上升；反之，当该国的国际收支出现逆差，就会引起该国对外国货币的需求增长，从而使逆差国的货币汇率下浮。

（二）利率水平对外汇风险的影响

利率对汇率的影响是通过不同国家的利率差异引起资金特别是投机资金的流动而发生作用的。当一国信贷紧缩时，利率上升，从而增强该国货币对本国和外国投资者的吸引力，引起资本流入，导致本国货币汇率回升；相反，利率下降，引起资本外流，导致汇率回落。

（三）政府干预或其他政治因素对外汇风险的影响

浮动汇率制度被广泛应用后，各国政府都希望通过自动调节保证汇率的稳定。但是，由于各国经济发展水平和国际收支的不平衡、通货膨胀和经济停滞等原因，外汇市场始终动荡不定。各国政府为了维护本国利益，往往进行政府干预，其形式包括：调整货币和财政政策；通过政府出面的劝说和引导影响交易心理；政府直接入市干预；与别国政府联合干预；等等。

除了出于经济目的的政府干预外，政局不稳、政变或政治突发事件都可能影响汇率的波动。

（四）投机对外汇风险的影响

目前在外汇市场上存在着大量的投机资金，这些巨额的游资伺机进行投机活动，当投机资金达到一定规模时就可能掀起风浪，使外汇风险增加。

第二节 外汇风险管理

一、外汇风险管理概述

（一）外汇风险管理的含义

外汇风险管理，就是对外汇风险的特性以及影响因素进行识别与测定，并设计和选择防止和减少损失发生的处理方案，以最小成本达到风险管理的最佳效果。外汇风险管理的基本程序是：进行汇率预测；进行风险识别和测定；设计、比较、选择风险防范措施；实施风险防范措施。

为风险管理而进行的汇率预测是风险识别和测定的基础，也为设计、比较、选择风险防范措施提供了必要的前提。

风险的识别和测定是指识别有哪些风险并测定风险大小。风险测定是指对外汇风险程度进行测算。外汇敞口额越大，时间越长，汇率波动越大，风险越大。因此，应经常测算各时期的外汇风险敞口额有多少，汇率的预期变化幅度有多大。

比较、选择风险防范措施是指比较、选择哪种措施更适合防止企业目前的外汇风险。

（二）外汇风险管理的原则

1. 分类防范原则

不同类型的外汇风险，应采取不同种类的方法来有针对性的分类防范，方能奏效。对于交易结算风险，应选好计价结算货币，并辅以其他方法；对于债券投资的汇率风险，应以各种保值方法为主进行防范；对于外汇储备风险，则以储备多元化为主，辅以适时的结构调整。

2. 风险最小化原则

风险最小化并不意味着风险为零，而是把外汇风险损失减少到最低限度。应尽可能地减少外汇敞口额，缩短外汇敞口的期限。这可通过选择适当的避险方法来实现。

3. 稳妥防范原则

该原则包括：一是使风险消失；二是使风险转嫁；三是从风险中避损得利。

（三）外汇风险管理策略

1. 完全抵补策略

采取各种措施消除外汇敞口额，固定预期收益或固定成本，以达到避险的目的。对银行或企业来说，就是对于持有的外汇头寸，进行全部抛补。一般情况下，采用这种策略比较稳妥，尤其是在经济实力单薄、涉外经验不足、市场信息不灵敏、汇率波动幅度大等情况下经常被采用。

2. 部分抵补策略

采用措施消除部分敞口金额，保留部分受险金额，试图留下部分赚钱的机会，当然也留下了部分赔钱的可能。

3. 完全不抵补策略

任由外汇敞口金额暴露在外汇风险之中，这种策略适合于汇率波幅不大、外汇业务量较小的情况。在面对低风险、高收益、外汇汇率看涨时，企业也容易选择这种策略。

二、外汇风险管理的一般方法

任何可以完全或部分消除外汇风险的技术称为保值措施或外汇风险的防止方法。具有外汇风险的国际企业结合每笔交易的特点与自身贸易财务条件，可以采取一定的方法来防止风险。

下面介绍一些在外汇风险管理中经常使用的、用于防范和减少风险损失的方法。

（一）利用货币选择，优化货币组合，防范风险的方法

1. 做好计价货币的选择

在出口贸易中尽量选择硬币或具有上浮趋势的货币作为计价货币；在进口贸易中尽可能选择软币或具有下浮趋势的货币作为计价货币。这样做就可以避免在汇率波动中处于不利地位。

也可采用软硬货币搭配使用的方法，当双方在货币选择上各持己见、无法达成协议时，可采用对半货币折中方法，即使一半的进出口货值用硬币，一半用软币，使买卖双方互不吃亏，平等互利。甚至可采用几种货币组合，以多种货币对外报价，这种形式尤其适合于大型设备的进出口贸易。当前，有些进出口额较大的进出口公司，采用四种货币计价，两种硬币，两种软币，使不同货币的急升急降风险缓冲抵消。这样就可以防止使用单一货币计价，因汇率的骤变使买卖双方遭受重大损失。

2. 提前收付或拖延收付法

提前收付或拖延收付法，是根据对汇率的预测，更改该货币收付日期的一种防止外汇风险的方法。如果预测某种货币将会升值，那么以该种货币作为计价货币的出口业务则应力争推迟收汇；与之相反，如果是进口业务，则应力争提前付汇。这就是提前收付。例如，A 公司有一笔为期 90 天应付的外汇账款，该公司预期该货币汇率 90 天后会上升，提前 60 天付清这笔货款，称为提前支付货款。

拖延收付是指公司推迟收取货款或推迟支付货款。如果预测到某种货币将贬值，则以该种货币计价的出口业务就应力争提前收汇，进口业务则应力争推迟付汇。

由于提前或拖延收付变更了结算日期，需要支付一定的折扣率。提前收付与拖延收付的折扣率通常是通过进出口双方协商而定的。

采用提前收付和拖延收付外汇法，首先，要求当事人就某种货币的发展趋势作出正确的判断；其次，分析折扣金额同因汇率变动带来的损失孰重孰轻。若预测、分析失误，将受到损失。因此，提前或拖延收付带有投机性质。在实际收付过程中，进出口商单方面提前或拖延收付外汇并非易事，因为要受到合同约束、国内信用等方面的限制。

3. 平衡法

平衡法指在同一时期内，创造一个和存在风险的货币相同币种、相同金额、相同期限的资金反方向流动。例如，A 公司在 3 个月后有 10 万欧元的应付货款，该公司应设法出口相同欧元金额的货物，使 3 个月后有一笔同等数额的欧元应收货款来抵消 3 个月后的欧元应付货款，从而达到消除外汇风险的目的。平衡法又具体划分为单项平衡和综合平衡。

（1）单项平衡，是指国际贸易中收付货币的逐笔平衡。如进口付汇和出口收汇在币种、数量和时间上保持一致，使汇率变动带来的损失和收益相互抵消；又如进口付汇所使用的货币与企业持有的外币一致，避免将来对外支付时的价值风险。

(2) 综合平衡，是指企业在国际贸易中收付货币的整体平衡。对于进出口贸易量较大、交易频繁的企业，单项平衡的工作量大、琐碎，综合平衡可以通过有买有卖，使用多种货币，在一定时期内保持各种收付货币基本平衡，把汇率风险降低到最小程度。

4. 组对法

组对法是指将某种货币资金流动所产生的风险，通过一笔与其金额相同、期限相同但是资金流动方向相反的另一种货币的对冲交易来规避风险的方法。

平衡法与组对法的区别：平衡法是基于同种货币的对冲交易来完成，而组对法是基于不同的两种货币的对冲交易来完成。组对法较之平衡法具有更大的灵活性，易于使用，但是也只能削弱而不能完全消除风险；并且，组对法虽然有可能通过两种货币中的一种货币的外汇变动收益来达到弥补另一种货币的外汇损失，但是如果选择不当或者随机事件的发生，也可能导致两种货币变动的双重风险。

组对法实现的条件：组对法中对于两种货币的选择要求，是它们之间应当具有较强的正相关关系，如果是同一货币区的货币，特别是根据钉住政策而绑在一起的货币，则必须具有同升同降的关系。例如，美元的贬值普遍对应着日元和欧元的升值，因此，日元和欧元就存在正相关关系，此时，欧元的流入就可以同日元的流出相组对。

(二) 利用保值条款，防止外汇风险的方法

1. 黄金保值条款

根据签订合同时计价货币的金平价对原货币进行支付。如计价货币贬值，那么支付金额根据货币贬值的幅度进行调整。黄金保值条款是一种传统的货币保值条款，适用于固定汇率时期，现在基本上不用。

2. 外汇保值条款

外汇保值条款是以硬币保值，用软币支付。具体有三种类型：

(1) 计价用硬币，支付用软币。就是支付时按计价货币与支付货币的现行牌价进行支付。

(2) 计价与支付都用软币，但签订合同时明确该货币与另一硬币的比价，如果支付时这一比价发生变化，那么原货价按变动幅度调整。

(3) 确定软币与硬币的商定汇率，如果支付时软币与硬币的比价超过商定汇率一定幅度时，才对原货价进行调整。

3. “一篮子”货币保值法

“一篮子”货币保值法就是在合同中规定采用多种货币来保值，其做法、原理与硬币保值相同，但不是以某一种硬币来保值，而是用多种货币，组成“货币篮”，各种货币软硬搭配，汇率变化有升有降，升降可以相互抵消，因此能够分散汇率风险或把风险限制在一定的幅度内。运用“一篮子”货币保值，首先要确定“一篮

子”货币由哪几种货币构成，然后确定每一种货币所占的比例，在合同中订好支付货币与每种保值货币的汇率，到支付时，再按届时汇率折算成支付货币。

4. 物价指数保值法

物价指数保值法是指以某种商品的价格指数或消费物价指数来保值，进出口商品的货价根据价格指数变动作相应调整。

5. 滑动价格保值法

滑动价格保值法是指在签订贸易合同时，买卖商品的部分价格暂不确定，而是交货时支付，按当时国际市场价格变化加以调整。在国际贸易中成套设备交货期较长，且金额大，因此，可商定在合同中加入滑动价格保值条款。

（三）价格调整法

当出口商不得不以软货币收汇、进口商不得不以硬货币付汇时，在双方允许范围内，往往可通过调整进出口商品的价格，将外汇风险分摊到价格中去，这就是价格调整法。价格调整法包括两种：

1. 加价保值法

加价保值法就是指出口商接受软币支付时，将汇率损失摊入到出口商品的价格中，以转嫁汇率风险。加价计算公式一般为：

出口商品新价＝出口商品原价×[1/(1－计价货币预期升值率)]

例如，1 英镑等于 1.5 美元时确定商品出口原价为 100 000 英镑，折合为 150 000美元。预计出口收汇时英镑对美元的汇率将下跌 20%，即出口收汇时美元对英镑的汇率将变为：

£1.5/＄×(1－20%)＝£1.2/＄

即：1 英镑等于 1.2 美元。原来的 100 000 英镑只值 120 000 美元，即出口商少收入 3 000 美元。若采用加价保值措施，新的出口价应为：

100 000 英镑×[1/(1－20%)]＝125 000 英镑

按此新价和预期汇率折算，收汇仍为 125 000 英镑×1.2 美元/英镑＝150 000 美元。

2. 压价保值法

压价保值法就是指进口商接受以硬币付汇时，将汇率损失从进口商品价格中予以剔除，以转嫁汇率风险。压价计算公式一般为：

进口商品新价＝进口商品原价×[1/(1＋计价货币预期升值率)]

例如，当 1 美元等于 1.5 英镑时确定的商品进口原价为 150 000 英镑，折合为 100 000 美元。预计英镑对美元的汇率将上涨 25%，即进口付汇时英镑对美元的汇率将变为＄1/£1.5×（1＋25%）＝＄0.83/£，即 1 美元等于 1.20 英镑。

这样，原来的 150 000 英镑就相当于 125 000 美元，即进口商多支付 25 000 美元。若采用压价保值措施，新的进口价应为：

150 000 英镑×[1/(1＋25%)]＝120 000 英镑

按此新价和预期汇率折算，付汇仍为120 000英镑/1.20英镑/美元=100 000美元。

当然，价格调整法并不能完全消除外汇风险，只是相对减轻风险而已。当支付货币的实际贬值率超过预期贬值率时，出口商或进口商仍要承担一定的风险。

(四) 利用外汇交易，防止外汇风险的方法

1. 即期合同法

即期合同法（Spot Contract）就是指具有外汇债权或债务的公司与外汇银行签订售出或购进外汇的即期合同来消除外汇风险。

2. 远期合同法

远期合同法（Forward Contract）就是指具有远期外汇债权或债务的公司与银行签订售出或购进远期外汇的合同，以消除外汇风险。

由于利用远期合同实现了美元的反向流动，从而消除了这笔交易中外汇风险。如果远期美元的汇率低于即期汇率，那么公司就可从银行得到一定的升水收益；如果远期汇率高于即期汇率，公司就要向银行支付一定的贴水费用。公司支付贴水的金额，即为避免外汇风险的损失或成本；如得到升水收益，则为避免外汇风险而获得一定的盈利。

3. 期货合同法

期货合同法（Future Contract）是指具有外汇债权或债务的企业，在外汇期货市场，根据标准化原则与清算公司或经纪人签订货币期货合同，以消除或减少外汇风险的方法。

4. 期权合同法

期权合同法（Option Contract）是指具有外汇或债务的企业，通过外汇期权市场进行外汇期权交易，以消除或减少外汇风险的方法。

期权交易避险的原理：外币期权持有者在付出一定的保险费和佣金之后就取得了执行或不执行合约的权利，可在合约期满日或期满日之前选择是否按规定的汇价购进或售出约定数量的外币。

这种方式比远期外汇的方式更具有保值作用。因为远期外汇交易届时必须按约定的汇率履约，它只保现在值，不保将来值。而期权交易当汇率变动与预期相反时，则可不履行合约。期权交易在风险管理方面具有灵活性、主动性及风险预知性。当然，期权所付费用比远期外汇交易所付的费用高得多。

5. 掉期合同法

掉期合同法（Swap Contract），是指签订买进或卖出即期合同的同时，再卖出或买进远期外汇合同的方法。它同套期保值的区别有两点：一是典型的掉期业务反方向资金流动使用的工具是远期外汇，而套期保值利用的是货币期货；二是掉期是两笔交易的操作同时进行，并且两笔外汇的买卖币种、金额相同、交易方向相反，只是交割日存在差异，而套期保值是在已存在的一笔交易的基础上进行的反方向

操作。这种避险的方法，普遍运用于短期投资和短期借贷业务领域。

（五）借款投资法

1. 借款法

借款法（Borrowing）是有远期外汇收入的企业通过向银行借进一笔与其远期收入相同金额、相同期限、相同货币的贷款，以达到融通资金、防止外汇风险和改变外汇风险时间结构的一种方法。

2. 投资法

投资法（Investing）是指具有远期外汇支出的企业，通过将一笔资金投放于某一市场，一定时期后连同利息收回这笔资金，从而使这笔资金增值，以改变时间结构而防止外汇风险的方法。对于一个企业来说，投资意味着现时有一笔资金流出，而未来有一笔反方向的该笔资金外加利息流入。

（六）贸易融资法

在中长期的国际支付活动中，利用适当形式的国际信贷，不仅可以使企业加速资金的周转，提高资金的使用效率，还可以有效地防范和减少外汇风险。

1. 出口押汇

出口押汇是指银行在信用证、托收和出口保理项下的议讨。出口商在货物发运后，将货运单据交给银行，银行在审核单证相符后，向出口商买单付款，即对单据或汇票付给对价。之后银行再向开证行寄单收款，收回垫付的资金即索偿汇。出口押汇实际上是出口方提前收汇，并避免汇率风险的一种方法。出口商到银行押汇，实际上就等于把外汇风险全部转嫁给银行。银行审单、审证后，把与货款等额的外汇押给出口方，出口方收到银行的押汇，就不必为进口商是否付汇、何时付汇等问题担心，而且出口商取得该笔押汇后，如果预计该种货币的汇率将下跌，就及时把它换成其他货币；如果预测该货币汇率可能上升，也可保存该货币。总之，押汇给出口方带来了许多的主动权，抵补了出口商的外汇风险。出口商受险期从原来的成交日—结算日，缩短为结算日—议付日，外汇风险敞口缩小了。

2. 打包放款

打包放款是指出口商用国外进口商银行开来的信用证为抵押，向本国的银行申请贷款。贷款的回收靠出口项下的收汇。因此，一般来说，还贷是有保证的。由于打包放款期限短、周转快、使用率也较高，可以帮助出口商解决信用证项下出口资金不足的困难，也就是说，银行为出口商提供了短期融资的便利。从出口商的角度来说，打包放款等于出口商把货款提前借出来，收汇风险也缩短了。

出口商获得的这项贷款，仅限于该信用证项下出口商品的备货所需要的资金，金额也不少。打包放款的期限自信用证抵押之日起至收回货款之日。借款期限的长短，由银行与出口商根据收回货款的时间来商定，通常为 3 个月（实际上出口商把 3 个月之内的汇率风险转嫁给银行）。打包放款的金额是信用证金额的 70％～80％。银行在向开证行收回货款后，将从货款中扣除贷款本金和利息。在出口商不按期还本付息的情况下，银行还可从出口商在任何银行开立的账户中扣收，并加收罚息。

与出口押汇不同的是，打包放款是在备货时就由银行提供贷款；而出口押汇不是在货物发运之前，而是在货物发出并备齐单证后，由银行提供资金融通，时间也较长。此外，出口押汇的贷款利息以贴现方式从货款中扣除，打包放款的利息则从收回的货款中直接扣除。

打包放款对出口商外汇风险的抵补与出口押汇类似，受险期缩短，外汇风险敞口缩小。一般由国际商业银行承做打包放款，我国银行对本国的出口企业也承做。我国某些银行不仅凭国外银行的来证承做打包放款，而且对履约率高的买卖合同也承做打包放款。

3. 出口信贷

为了鼓励本国大型成套设备和大工程项目的出口，出口国的官方金融机构或由政府给予补贴的商业银行，以优惠的利率向本国出口商和外国进口商或进口方银行提供长期资金融通。由出口商所在地银行对出口商提供的贷款称作卖方信贷；由出口商所在地银行对外国进口商或进口方银行提供的贷款，称作买方信贷。这里我们从风险防范角度做介绍，在国际融资部分，我们还会进一步学习。

(1) 出口商利用卖方信贷避免外汇风险。一般做法是：出口方银行以优惠利率向本国出口商提供中、长期贷款，再由出口商以分期付款或赊销方式，将成套设备卖给进口商，然后由买方分期偿付货款。出口商在得到出口贷款以后，若预测将来汇率变动对己不利，便按当时汇率将外汇贷款卖出，换成本币以补充企业的流动资金，加速资金周转。该项贷款用进口商陆续支付的外汇货款偿还。这样，出口商的外币负债（从银行的借款）为其外币资产（应向进口商收取的贷款）所轧平，消除了外汇风险。这样，即使得到出口信贷后，市场汇率波动，出口商仍无外汇风险。甚至所借外汇贷款的利息支出也可用提前兑换的本币在国内的投资收益中加以弥补。

(2) 利用买方信贷避免外汇风险。买方信贷包括出口银行直接向进口商或进口方银行提供的、用以购买贷款国设备的贷款。其一般做法是：进口商与出口商签订现汇成交的贸易合同，并与出口方银行签订贷款合同，进口商先付15%左右的现汇订金，其余货款由进口商以借到的资金按现汇付款条件支付给出口商。然后，进口商按贷款协议分期偿还出口方银行贷款并支付利息。买方信贷不仅使出口商可以较快地得到货款，减少外汇风险，而且买方信贷中，各项费用不计入货价，在贷款协议中分别列明，便于买方和出口方讨价还价。因而，此种方式日益流行。

4. 福费廷法

福费廷法又称包买票据，是指在延期付款的大型设备贸易中，出口商把经进口商承兑的、期限在半年以上到六年的远期汇票无追索权地卖断给出口商所在地银行（或大金融公司），由此提前取得现款，并免去一切风险的一种资金融通方式。由于这种融资方式使出口商可以在进口商付款前取得货款，避免了因延期收汇而造成的

汇率风险，因此，福费廷业务可以作为避免外汇风险的一种方法。

该业务实际上转嫁了两笔风险：一是出口商把远期汇票卖给银行，立即得到现汇，消除了时间风险，且以现汇兑换本币，也消除了价值风险，从而把外汇风险转嫁给了银行或大金融公司；二是福费廷是一种票据卖断的行为，出口商把到期进口商不付款的信用风险也转嫁给了银行，这也是福费廷业务与一般贴现业务的最大区别。

福费廷业务虽属出口融资，但实际上对进出口双方均有好处。出口商把远期汇票卖断给银行就立即收到现款，把一笔远期买卖换成了现汇交易，又免除了外汇风险和信用风险。而进口商则能以延期付款的方式进口大型成套设备。对承做福费廷业务的银行或大金融公司来说，它虽然承担了相应的风险和责任，但因为有另一家信得过的银行作了担保，也可放手承做。

5. 保付代理法

保付代理简称保理，在我国又称为承购应收账款业务。它是指保理商从出口商手中购进以发票、提单、保险单表示的对债务人的应收账款，并负责信用销售控制、销售分账户管理和债权回收业务。其特点是集结算、管理、担保和融资为一体，是一种综合性售后服务业务。在出口商对进口商的资信不太了解时，可以向保理商提出保付代理的申请。出口商以延期付款卖出商品时，在货物装船后，立即将汇票、发票、提单、保险单等有关单据卖断给承购应收账款的保理商，收进全部或大部分货款，从而取得资金融通。该种业务结算方式很多，最常见的是贴现方式，保理商根据延期付款的期限和自己将要承担的风险，确定对出口商的贴现比例，有时最高可达发票面值的90%，其余货款到期收进。在此情况下，出口商支付一定的手续费或贴息，就能提前收回大部分货款，与托收结算方式比较起来，不仅避免了信用风险，减少了坏账损失，还大大减轻了汇率风险，规避了收汇风险。

国际保付代理业务可分为国际单保理和双保理业务。国际保理业务给进出口方都带来了不少好处。一是对出口商来说，由于提供了承兑交单、赊销这样的优惠付款条件，极有利于出口成交，使企业增加出口营业额；二是在收汇过程中，由于保理合同大多是一种无追索权的合同，一旦进口商拒付，保理公司有责任自己承担这笔坏账；三是出口商还可以从保理商那里获得部分或全部的资金融通，提前收到货款，缩短收汇时间，避免外汇风险。对进口商来说，能以承兑交单和赊账方式与出口商达成协议，使进口商可以在收到货物甚至将货物出售后的一定期限再付款，不必动用自有资金从事经营活动，也无须像开立信用证那样垫付保证金或办理担保及抵押等复杂的手续，降低了进口成本，加快了资金周转，减少了中间环节，能迅速适应多变的国际市场要求，节省结算费用和购货时间。

三、外汇风险防范的综合措施

前面讲述的外汇风险的管理方法，是单一种类的外汇风险防范措施，它们有的消除了时间风险，有的消除了价值风险，将其中的一些方法结合起来，就基本可以消除外汇风险。这种将几种外汇风险防范的方法加以综合运用，从而消除时间风险和价值风险的措施就是外汇风险防范的综合措施。常用的外汇风险防范的综合措施有：BSI法和LSI法。下面就这两种方法在应收外汇账款和应付外汇账款中的具体运用加以分析和介绍。

（一）BSI法

BSI法是Borrowing-Spot-Investing的缩写，即借款—即期合同—投资法。它是指具有外汇应收账款或应付账款的企业，综合使用借款、即期合同与投资的方法，以避免外汇风险。具体操作如下：

（1）拥有应收账款的企业，为了防止应收货币的汇率变动，首先从银行借入与应收外汇等值的外币，以此消除时间风险；同时，通过即期交易，把外币兑换成本币，以此消除价值风险；然后，将本币存入银行或进行投资，以投资收益来贴补借款利息和其他费用。应收账款到期时，就以外汇归还银行贷款。

（2）拥有应付账款的企业，在签订贸易合同后，先从银行借入购买应付外币所需的本币，同时以此通过即期外汇交易购买结算用的外币，然后以这笔外币在国际金融市场上做相应期限的短期投资。付款期限到期时，企业收回外币投资，并支付货款。在该方式中，企业把借来的本币兑换成外币，消除了价值风险；而把未来的外币应付账款用于投资，又改变了外汇风险的时间风险；投资所得收益可用于抵消因采取防险措施而产生的部分费用支出。

（二）LSI法

LSI法是Lead-Spot-Investing的缩写，即提早收付—即期合同—投资法。它是指具有应收账款或应付账款的企业，在征得债务方或债权方的同意后，综合运用提前或延期收付货款、即期外汇合同和投资的办法，以消除外汇风险。具体做法如下：

（1）在有应收账款的条件下，企业在征得付款人即进口方的同意后，以一定折扣为条件请其提前支付货款，以消除时间风险；并通过银行签订即期合同，将收取的外币兑换成本币，从而消除价值风险。最后，将换回的本币进行投资，所获得的收益用以抵补因提前收汇造成的折扣损失。LSI法和BSI法的做法基本相似，不同的是，BSI的第一环节是从银行借款，而LSI是请付款人提前支付货款，以给其一定的折扣为成本。

（2）在有应付账款的情况下，进口商先从银行借入与外币金额等同的本币贷款；然后将借入的本币通过即期合同兑换成外币；最后用以兑换的外币提前支付给出口商，并得到一定数额的折扣。根据上述的程序而言，LSI法应称为BSL法（Borrow-Spot-Lead），但是根据国际贸易惯例，还是称其为LSI法。

例如，中国香港A公司的10万美元应付账款，为避免外汇风险，可先从银行借入或利用自有资金，得到相当于10万美元的港元即78万港元；然后与银行签订

即期外汇合同，购买10万美元，最后以买得的美元提前支付，获得折扣，并消除了外汇风险。

【本章小结】

1. 外汇风险也称汇率风险，是指在一定时期的国际经济交易中，由于有关货币汇率发生变动，使得以外币计价的资产（或负债）以本币衡量的价值发生涨跌变化的可能性。无论是对于政府、企业还是个人来说，在涉外经济活动中，不可避免地面临着各种外汇风险。

2. 按风险发生的时间，外汇风险可划分为会计风险、交易风险、经济风险。

3. 外汇风险的构成因素有本币、外币和时间。

4. 外汇风险管理的原则有分类防范原则、风险最小化原则、稳妥防范原则。

5. 外汇风险管理策略有完全抵补策略、部分抵补策略、完全不抵补策略。

6. 外汇风险管理的一般方法包括利用货币选择法、优化货币组合法、利用保值条款法、利用价格调整法、外汇交易法、借款投资法、贸易融资法等，这些都是单一种类的外汇风险防范措施，它们有的消除时间风险，有的消除价值风险。能同时消除时间风险和价值风险的措施被称为外汇风险防范的综合措施。常用的外汇风险防范的综合措施有：BSI法和LSI法。运用BSI法和LSI法进行外汇风险管理，可基本消除外汇风险。

【课堂讨论题】

在国际贸易公司的进出口业务中，如何有效防范汇率风险？

第十章

国际金融市场

【要点提示】

- 国际金融市场的概念、形成与发展
- 国际金融中心
- 国际货币市场
- 国际资本市场
- 欧洲货币市场

国际金融市场是进行各种国际金融活动的主要场所，它的形成与发展能为国际收支的调节提供一个有效的渠道，促进国际贸易和国际投资的发展。因此，我们在本章将学习国际金融市场的有关知识，了解国际金融中心，熟悉国际货币市场、国际资本市场与欧洲货币市场的情况。

第一节 国际金融市场概述

一、国际金融市场的概念

国际金融市场（International Financial Market）的概念有广义和狭义之分。广义的国际金融市场是指进行各种国际金融业务活动的场所。包括短期资金市场（货币市场）、长期资金市场（资本市场）、外汇市场和黄金市场。另外20世纪70年代以来形成和发展的国际金融期货市场和期权市场，是国际金融市场新的组成部分，这几类市场是密切联系的。

狭义的国际金融市场，是指在国际间经营借贷资本，即进行国际借贷活动的市场，因此也叫国际资金市场，包括货币市场和资本市场。

二、国际金融市场的发展

国际金融市场从其产生发展总体上可划分为三个阶段：

（一）伦敦国际金融市场的兴起与衰落

第一次世界大战以前，英国的自由资本主义迅速发展，工业生产走向集中并在海外不断建立殖民地，掠夺了大量的财富。当时英国政治上稳定，英格兰银行的地位巩固，遍布英国国内和世界各国主要地区的银行代理关系逐渐完备，银行信贷、银行结算基本建立，英镑成为国际结算和国际储备的主要货币，伦敦成为资本主义世界最大的国际金融市场。

（二）纽约国际金融市场的形成

第二次世界大战后，英国经济受到严重破坏，英镑作为国际结算与国际储备货币的地位衰落，削弱了伦敦作为世界金融中心的地位。美国成为资本主义世界的经济霸主，美元成为储备货币和国际结算货币，大量的国际借贷和资本筹措集中在纽约，使纽约成为世界上最大的国际金融市场。

（三）欧洲货币市场的形成

欧洲货币市场产生于20世纪60年代，是一种新型的国际金融市场，它允许交易者向非居民筹资，投资或贷款不受法规和税收的限制，为后来的国际金融市场资金扩大和地域分散创造了有利的条件，使原来不重要的地区发展成为国际金融中心，在世界范围内，形成一个国际金融市场网络。近20年来，亚洲的新加坡、香港等金融市场有了较大的发展，拉丁美洲、非洲等发展中国家的金融市场发展也很快。

三、国际金融市场的形成条件

国际金融市场的形成，必须具备一定的条件，这些条件概括起来有以下几点：

(一) 稳定的政局

这是最基础的条件，如果一个国家政局不稳定，不仅国际资金不会流向那里，就是国内资金也会寻求避难所而逃之夭夭。

(二) 完善的金融制度

主要指金融管理制度及法规完善，银行机构比较集中，信用发达。此外，还包括一支高素质的金融专业人才队伍，提供优质高效的服务。

(三) 现代化的国际通信设施

这是因为国际金融市场的业务活动离不开现代化的邮政通信设备，如电话、电报、电传、电脑并网、数据图像等。货币买卖、资本融通、票据结算及国际证券的发行、承购、转让等，以及全国金融信息的联结，都离不开先进的通信设备。

(四) 自由外汇制度

自由外汇制度包括没有外汇管制或外汇管制较松；资金进出自由；外汇买卖自由；税率较低；非居民参加金融业务活动，给予与居民相同的待遇并无歧视等。

(五) 适中的地理位置

良好、便利的交通条件，适宜的气候，有利的时差等地理、环境因素也是发展国际金融市场必不可少的条件。

四、国际金融市场的作用

国际金融市场是随着世界经济和国际贸易的发展，以及国际信贷关系的扩大而产生的。同时，国际金融市场的发展又对世界经济、国际贸易以及国际信贷关系的发展和扩大有着极大的促进作用。其作用主要体现为：

(一) 相互促进国际贸易和国际投资的发展

国际贸易和国际投资离不开大量的资金融通和外汇买卖，而国际金融市场的发达和完善不仅极大地便利了国际间资金的划拨和结算，而且通过国际金融市场上的一些业务可以为国际贸易和国际投资提供融资的便利和有效避免外汇风险的手段，从而为扩大国际贸易和国际投资创造了条件。

(二) 提供调节国际收支的渠道

第二次世界大战后，尤其是在20世纪70年代的两次石油危机后，国际收支失衡已成为一种世界范围内的普遍现象，不仅多数发展中国家存在国际收支的失衡，不少发达国家也存在严重的失衡现象。国际金融市场的存在可以为各国解决国际收支失衡问题提供重要的渠道。逆差国可利用国际金融市场的融资来弥补国际收支赤

字，顺差国则可以将其国际收支盈余在国际金融市场上加以运用。此外，失衡国还可通过国际金融市场上汇率的调节作用促使国际收支恢复均衡。

（三）推动银行业务的国际化

第二次世界大战后，金融业得到迅速发展，世界各国的金融机构纷纷向海外扩展，这就需要在国际范围内有金融中心为其提供开展业务的场所。国际金融市场的存在吸引了无数的跨国银行，通过其开展的各种业务活动把各国的金融机构紧密地联系在一起，使各国国内的银行信用发展成为国际间的银行信用、各国国内的银行业务发展成为国际间的银行业务，由此推动了银行业务的国际化。

总而言之，国际金融市场的存在和发展，对世界经济有着积极的推动作用。但我们也应看到，国际金融市场的迅速发展对世界经济也产生了一些消极影响，如大量的国际资本流动有时会影响一些国家国内货币政策的执行效果，会加剧汇率波动和助长外汇投机行为，并可能由此造成国际金融危机，导致世界经济的动荡。1994年爆发的墨西哥比索风暴、1997年出现的东南亚金融动荡，都是国际金融市场消极影响的反映。由于国际金融市场对世界经济发展存在正反两方面的影响，所以各国在积极发展和利用国际金融市场的同时，还要不断加强对国际金融市场的有效管理。

五、国际金融市场的类型

（一）按市场功能分类

按市场功能分类，可分为外汇市场、货币市场、资本市场和黄金市场，它们构成广义的国际金融市场。外汇市场已经在前面章节学习过。黄金市场是专门进行黄金买卖的国际性交易市场，是国际金融市场的一个重要组成部分。黄金既是国际结算的手段，又具有世界货币的性质。虽然黄金已经退出了国际本位货币领域，但黄金的国际性交易仍然以各种新型方式发展着，并且还能在当今的国际金融市场上占有重要的一席之地。后面我们主要介绍货币市场和资本市场。

（二）按国际金融市场产生的历史分类

按国际金融市场产生的历史分类，可分为传统的国际金融市场和新型的国际金融市场。

1. 传统的国际金融市场

传统的国际金融市场，是从事市场所在国货币的国际借贷，并受市场所在国政府政策与法令管辖的金融市场。这种类型的国际金融市场，经历了由地方性金融市场，到全国性金融市场，最后发展为世界性金融市场的历史发展过程。传统的国际金融市场受所在国法令、政策的管辖，交易使用的是所在国货币，交易者基本上是所在国居民。这类国际金融市场是以所在国强大的工商业、对外贸易与对外信贷等经济实力为基础，由一国的金融中心发展为世界金融市场的。伦敦就是一个较典型的传统的国际金融市场。另外，纽约、苏黎世、巴黎、东京、法兰克福、米兰等也属于这类国际金融市场。

2. 新型的国际金融市场

新型的国际金融市场是指第二次世界大战后形成的欧洲货币市场（Euro-Currency Market）。新型的欧洲货币市场与传统的国际金融市场相比，其特点是：所经营的对象不限于市场所在国的货币，而是包括所有可以自由兑换的货币，这就为货币借贷提供了方便条件。它的经营活动可以不受任何国家金融法规条例的制约。它打破了只限于市场所在国国内的资金供应者的传统界限，从而使外国贷款人与外国借款人都不受国籍的限制；它的借贷活动不受任何国家政府政策与法令的管辖。这个市场的形成不以所在国强大的经济实力和巨额的资金积累为基础，只要市场所在的国家或地区政治稳定、地理方便、通信发达、服务周到、条件优越，并实行较为优惠的政策，就有可能发展为新型的国际金融市场。总之，同业务活动上具有国际性又受本国金融当局控制与金融法规约束的传统金融市场相比，欧洲货币市场是真正意义上的国际金融市场。

（三）按金融业务涉及的主体分类

按金融业务涉及的主体分类，可分为在岸金融市场和离岸金融市场（Off-Shore Financial Market）。在岸金融市场办理居民和非居民之间的交易，而离岸金融市场专指办理非居民之间金融业务的市场，也是新兴的国际金融中心。欧洲货币市场是境外货币交易的市场，也是离岸金融市场的总体。离岸市场的特点是不受任何国家金融法规条例的限制。

（四）按地理位置分类

按地理位置分类，可分为以各个地名命名的金融市场，如伦敦国际金融市场、纽约国际金融市场、苏黎世国际金融市场、东京国际金融市场、新加坡国际金融市场和香港国际金融市场等。

第二节 国际金融中心

一、国际金融中心的概念

国际金融中心（International Financial Center）是指开展国际金融活动的有形的集中地。这类场所可以是国际大都市内的某个区域，如纽约华尔街、伦敦金融城，也可能是一些鲜为人知的弹丸之地，如拿骚、巴林。这些国际金融中心凭借自身众多的金融机构、先进的通信设施为来自世界各地的交易者提供灵活多样的金融服务。

国际金融市场从广义上说是一个包括所有国际金融领域交换关系的总体概念，既有具体的、有形的市场，也包括抽象的、无形的市场，很少受地理位置或范围的限制。国际金融中心却是一个建立在地理因素上的概念。一个国际金融中心总是与一个国际城市相联系的，与广义国际金融市场相比包含更多的、具体的、有形的市场。国际金融中心可以说是限制条件下的国际金融市场，也是国际金融市场的代表。只有在这种局限范围内，两者才可以互相替换使用。

二、国际金融中心的形成条件

国际金融中心是世界经济发展的产物。它的形成要具备一定的条件，主要有：

（一）稳定的外部环境

这是形成国际金融中心的首要前提，动荡不安的环境无法切实保障国际投资者的利益。贝鲁特曾是地中海东岸一座繁华的城市，由于宗派冲突和连年战乱，这个昔日中东地区最繁荣的金融中心已经衰落。

（二）宽松的管制措施

对于从事金融业务的机构来说，宽松的管制意味着经营成本的降低，许多国家为扶持本国某一城市发展成为国际金融中心，都积极为外国金融机构营造宽松的管制环境。在稳定本币币值的同时，实行自由外汇制度，制定较低的税率等。

（三）优越的地理位置

一个国际金融中心必须处于适当的经度，在营业时间上与世界主要金融中心很好地衔接，以便客户在本地金融市场闭市后，还能通过网络在其他金融市场继续进行交易。

（四）完善的交通和通信设施

现代化的通信设备和发达的交通网络可以保证国际金融中心与世界各地的有效联结，信息、人员和物资可以畅通无阻地进出金融中心，方便、快捷地满足国际金融交易的需要。

三、国际金融中心的类型

（一）传统与新兴的国际金融中心

按形成与发展的模式，可分为传统的和新兴的国际金融中心。

（1）传统的国际金融中心。传统的国际金融中心都是依托国际商贸的金融中心，在国内金融市场的基础上延伸发展起来的。早在 19 世纪，一些发达资本主义国家的重要工商业城市首先形成地区性的国内金融中心，然后扩展为全国性的金融中心。在此基础上，又以强大的工商业与金融业的辐射力向外扩张其影响，继而发展为国际金融中心。伦敦、纽约、苏黎世、东京、米兰等国际金融中心都大致经历了这样的发展过程。这些商贸重镇，具有充足的资金来源，历史上不仅是资金的集散地，还是国际资本的净输出地。在20世纪50年代后期它们相继开办了欧洲货币市场业务，成为集国内金融市场、在岸金融市场和离岸金融市场三重功能于一身的国际金融中心。本国居民之间、本国居民与非居民之间以及非居民之间的金融业务都可以通过密布其间的金融机构顺利开展。

（2）新兴的国际金融中心。20世纪50年代末到60年代以后，在世界某些特殊地区形成了一种新型的国际金融中心——离岸金融中心（Off-Shore Financial Center），如巴哈马、开曼、新加坡、香港、巴林、巴拿马等。与传统国际金融中心相比，这些新兴国际金融中心的主要特点在于：经营的币种是包括主要国际货币在内的外币资金，即“境外货币”或“离岸货币”；交易活动主要发生在非居民与非居民之间；业务活动不受任何国家政策与法令的约束和管制。因而人们称这类境外市场为真正的国际金融中心。

（二）功能型与簿记型国际金融中心

（1）功能型国际金融中心。功能型国际金融中心又叫经营型国际金融机中心，它接受存款并贷放资金，银行开办绝大多数的资产、负债和中间业务。按照国内业务和离岸业务分离的程度，功能型国际金融中心又可分为以下三种：

1）内外一体型。其特点是国内业务和离岸业务两者没有严格的界限，居民和非居民、本币和外币交易不加区别，经营范围的管理比较宽松，允许非居民经营在岸和国内业务。税收负担相同，没有针对特定对象的优惠或歧视性政策。对资金的流入流出没有限制，境外流入的资金不必交利息税，外汇资金也不实行存款准备金制度。内外一体的国际金融中心国内业务和离岸业务混合进行，有利于国内市场和离岸市场的优势互补，但有可能给国内金融市场带来冲击，因此对当地的金融管理制度和专业人员素质要求很高。伦敦和香港是这类金融中心的典型。

2）内外分离型。这是专为进行非居民交易而人为创设的金融中心。其主要特征是离岸市场和国内市场分离，非居民交易与国内交易分账管理。禁止非居民经营在岸业务和国内业务。管理当局对非居民交易给予政策优惠，对流入的境外资金减免税收，不限制存款利率，不实行存款准备金制度等。这种类型的金融中心便于对国内外业务进行分类管理，可以有效地抵御国际金融危机的冲击，但如果东道国是发展中国家，则不利于利用离岸账户上的现成外资支持国内的经济发展。

3）渗透型。这类金融中心在内外分离的基础上允许部分居民和非居民开展规定范围内的在岸业务，这样做既可以保持本国货币政策的独立性，阻隔国际游资的冲击，又能为国内企业开辟利用外资的渠道。新加坡和马来西亚在这方面进行了有益的实践。

（2）簿记型国际金融中心。与功能型国际金融中心相比，簿记型国际金融中心的特点在于针对金融机构的立法十分宽松，尤其是税收很低甚至不征税。它们的主

要优势并非硬件设施的完善或是地理位置的优越，而是极为自由的经营环境。事实上，绝大多数交易都是在别处成交，只是在簿记型国际金融中心交割记账以逃避交易者所在国的税收。除税收优惠外，簿记型国际金融中心的保密制度也对客户产生极大的吸引力，因此这类国际金融中心常被人们称作“避税天堂”或“避税港”。如加勒比海沿岸的一些金融中心。

第三节　国际货币市场

一、国际货币市场的概念

国际货币市场（International Money Market）是指经营限期限在1年以内（含1年）的借贷资本市场，也叫短期资金市场。

国际货币市场的参与者主要有：商业银行、中央银行、保险公司、金融公司、证券经纪商、证券交易商、工商企业及个人。他们既是资金供给者，又是资金需求者。

国际货币市场的特点有：(1) 期限较短，最短的融资期限是1天，最长的也不过1年；(2) 交易的目的是为了解决短期资金周转的需要；(3) 国际货币市场上交易的金融工具一般时间短、流动性强、变现性高；(4) 交易者要求信誉高，融资数额大，借贷成本低，资金周转快，流量大，风险小。

它的主要作用是：为短期资金在国际间的转移和融通提供渠道；各国资金盈余者可以将其短期资金投放到国际货币市场上获取收益；各国的资金短缺者在遇到临时性或季节性资金周转困难时，利用国际货币市场来调节资金的需求。

二、国际货币市场的构成

（一）银行短期信贷市场

银行短期信贷市场，包括银行对外国工商企业的信贷市场和银行同业拆放市场。

1. 银行对外国工商企业的信贷市场

指的是银行与外国工商企业、跨国公司等客户之间的短期资金存放市场。银行一方面吸收客户的闲散资金，尤其是把工商企业在资本循环和周转中分离出来的暂时不用的资金聚集起来，另一方面对客户提供短期融资，主要满足工商企业在经营过程中，临时性的、周转性的短期资金需求，这种贷款利率一般在银行同业拆放利率基础上加一定幅度。

2. 银行同业拆放市场

是指银行相互间短期融通资金的市场。银行为调拨交易头寸和储备金头寸，经常需要与同业进行短期资金借贷。这种业务可通过货币经纪商办理，也可在银行间直接进行交易。

借贷期限很短，最短为日拆，还有1周、1个月、3个月、6个月等，最长不超过1年，大部分是1天到3个月期。这种贷款不需提供抵押品，不需签订协议，只凭银行之间的信誉和往来关系达成交易。

银行同业拆放利率较低，是货币市场的基础利率之一。在国际金融市场上最有影响的同业拆放利率是伦敦银行同业拆放利率（London Interbank Offered Rate，LIBOR），这是在伦敦营业第一流银行之间的短期拆放利率，国际间的贷款利率都在LIBOR的基础上加一定的百分比，叫加息率，例如LIBOR＋0.5％，LIBOR＋1.5％等。伦敦银行同业拆放利率有两个价：一是贷款利率，二是存款利率，二者一般相差0.25％～0.5％。

（二）贴现市场

贴现市场是以未到期票据通过贴现获得资金融通的市场。

所谓贴现就是指未到期的票据按照贴现率扣除自贴现日到票据到期日的利息，向贴现公司或银行换取现金。通过贴现，持票人取得未到期的票款，贴现公司为持票人提供了相当于票据金额的贷款。贴现是短期资金融通的一种重要形式。

贴现交易的信用票据都为一年以内的短期票据，主要有国库券、银行承兑票据和商业承兑票据。贴现的实际利率一般高于银行同期贷款利率。世界上最大的贴现市场在英国，它历史悠久，在英国金融市场上占有特殊重要地位。

贴现市场一方面有信用票据持有人向贴现公司或银行的贴现，另一方面还有贴现银行向中央银行办理再贴现。中央银行可以运用再贴现来调节信用和控制市场货币资金，中央银行的再贴现率是商业银行贷款利率的下限。

（三）短期的证券市场

短期的证券市场是指进行短期证券的发行和买卖的场所，在这一市场上交易的是各种期限在一年以内的可转让融通的信用工具。

1. 国库券

国库券（Treasury Bill）是国家财政当局为满足季节性的财政需要而发行的短期政府债券。国库券的信用高于银行信用和商业信用，流通性很强，投资效益高，已成为西方国家最理想的短期投资对象。国库券的期限通常为3个月、6个月、1年，以3个月为最常见，国库券不载明利率，以折扣方式发行，到期按票面金额偿还，政府对国库券的利息免征个人所得税。

2. 商业票据

商业票据（Commercial Bill）是金融公司或工商企业凭信用签发的用以在资金

市场上筹措短期资金的借款凭证。主要是指商业期票和商业汇票。票面金额不限，期限一般不超过270天，以30～60天为主，多数没有票面利息率，按折价发行。

3. 银行承兑汇票

银行承兑汇票（Bank Acceptance Bill）是由工商企业签发的，经银行背书承兑保证到期付款的汇票。这种汇票期限一般为30～180天，以90天为最常见，面值无限制，持有人可在到期之前到承兑银行贴现，或者是在二级市场买卖，买卖时的价格按面值打一定折扣，买价与面额的差额为持票人的收益。商业票据的出票人必须是具备较高信用程度的工商企业。

4. 定期存款单

定期存款单（Certificate of Deposit，CD）是商业银行和金融公司吸收大额定期存款而发给存款者的存款单。特点是：面额大，不记名，期限短，可在二级市场自由转让，到期还本付息，利率高于活期存款，也高于同期限的国库券。由于具有流动性强、可随时兑换以及收益率高的优点，很受投资者欢迎。

定期存款单利率可分为固定利率与浮动利率。1966年美国花旗银行伦敦分行首先发行这种存单，流通额仅限于国库券。这种存款单为不记名存单。最初，CD为大额，面值最少为10万美元，最多为100万美元，现在也有面值为10万美元以下的，CD期限一般为1～12月之间，最常见的是3～6个月。

5. 联邦基金（Federal Funds）和回购协议（Repurchase Agreement）

美国的中央银行——联邦储备局对商业银行规定的法定存款准备率是按日计算的。商业银行由于经营上的原因，一天之间有的银行可能出现多余准备金，而另一些银行存放在联储的账面现金可能不能满足法定准备率要求，于是银行间就会出现大笔的资金融通，通常都在百万美元以上，由此形成联邦基金市场。联邦基金互相融通的利率称为联邦基金利率。

回购协议是指银行等金融机构为获得短期流动资金而将手中持有的政府国库券或其他债券授予中央银行或一般客户，同时定下协议，将来某时以待定的价格购回，债券买卖的差价为银行等借款者支付的利息。回购协议的期限一般为1天至3个月，也有长达6个月甚至1年的。

第四节　国际资本市场

国际资本市场（International Capital Market）是经营期限在一年以上的借贷资本市场。其特点有：(1) 通过市场机制吸收、组织国内外资金，对其进行中长期的分配和再分配；(2) 交易注重安全性、盈利性和流动性，借贷双方都很重视双方稳定的长期合作关系；（3）有政治风险、违约风险、利率风险、汇率风险、经营风险、价格风险等，使市场的不确定性因素更为复杂，需要采取多种避险措施。

一、中长期贷款市场

中长期贷款包括银行中长期贷款和外国政府贷款。

（一）银行中长期贷款市场

银行中长期贷款市场是银行提供中长期信贷资金的场所。1～5年期的贷款为中期贷款，5年以上的为长期贷款。它与短期贷款有显著差别，这不仅表现在它的期限长，更重要的是由于期限长、金额大、风险随之增大，贷款的条件比较严格，贷款的程序也比较复杂。

贷款双方签订协议时，须规定贷款条件：

（1）币种。在传统的国际金融市场上，借贷货币为贷款银行所在国货币，借款人若需采用硬货币，以减少汇率风险时，则可与不同国别的商业银行打交道（这一点与新兴的欧洲货币市场不同）。

（2）利率。以伦敦银行同业拆放利率为基准，加上一定的附加利率。由于借贷期限长，不确定性大，一般采用浮动利率，3个月或6个月随市场利率变化调整一次。

（3）贷款费用。包括承担费、管理费、代理费和杂费。

承担费是指贷款银行按贷款协议筹措了资金，给借款人使用，但借款人没有按期使用，使资金闲置，向贷款银行支付的赔偿费用。管理费是指借款人向贷款银团的牵头银行支付的组织银团贷款的报酬或手续费，一般按贷款总额的0.5%～1.0%收取。代理费是借款人支付给直接管理贷款的代理行的报酬，通常按每年商定的金额付给代理行，在贷款期限内，每年支付一次。杂费是指贷款的牵头银行与借款人联系协商，完成贷款协议所发生的费用，这些费用均由借款人负担。杂费包括牵头银行的差旅费、律师费、宴请费等。

（4）期限。中期贷款一般为1～5年，长期贷款为5年以上。

（5）偿还方式。有到期一次偿还、分次等额偿还、逐年分次等额偿还等。

（二）外国政府贷款

是指各国政府或官方金融机构利用国家财政资金相互提供的优惠贷款。其特点是：期限长，一般为10～20年，长者可达30年。利率较低，政府贷款有低息和无息两种，低息贷款年利率为1%～3%，无息贷款只收取一定手续费，但有一定附加条件。

二、国际证券市场

国际证券市场，是国际证券发行和流通的场所。从交易的对象考察，国际证券市场可分为股票市场与债券市场。证券是一种金融资产，是财产所有权的凭证。它

包括政府和企业发行的证券，故又称有价证券。投入发行和交易的中长期证券主要有政府债券、股票、公司债券和国际债券等。

政府债券（Corporate Bonds）是一个国家为了适应财政需要或弥补预算赤字而发行的一年期以下的有价证券。这种债券信用度高、利率高，债券持有者可按规定日期收回本金，并获得一定利息。

公司债券（Corporate Bonds）是公司对外举债并承诺定期还本付息的有价证券。

国际债券（International Bonds）是外国债券与欧洲债券的统称。外国债券是国外发行人通过东道国金融机构在东道国市场发行的、以东道国货币为面值的有价证券；欧洲债券是国外发行人在东道国市场发行的、以第三国货币为面值的有价证券。

股票（Stock Certificate）是投资入股并借以取得股息和红利的有价证券，是股份公司向股东签发的资本所有权证书。股票市场是股票发行和交易的市场。股票市场分为国内股票市场和国际股票市场。国际股票市场是在国际金融市场上国与国之间发行和交易股票的场所，是国际间通过股票筹集中长期资金的市场。

国际证券市场从交易的方式来考察，可分为证券发行市场和证券交易市场。

证券发行市场又称初级市场或一级市场，是专门经营证券的发行和分销业务的市场，其功能在于政府或企业通过发行市场，将新证券销售给投资者，以达到筹措资金的目的。

证券交易市场亦称二级市场或流通市场，是已发行证券的流通市场。根据交易地点可分为场内交易市场与场外交易市场两种。场内交易市场为有活动场所的、高度专业化的、有组织的有形市场，它也是多数国家唯一的有形证券交易市场，它有固定的交易场所，有严格的交易准则和法规，交易对象限定为符合一定标准的上市证券。场外交易市场是在交易所以外买卖证券的市场。其主要交易对象是未办理上市手续的股票、政府和企业债券等。

第五节　欧洲货币市场

一、欧洲货币市场的概念

欧洲货币是指在货币发行国境外流通的货币。它并非指欧洲国家的货币，也不是指一种专门的欧洲货币，而是泛指所有在发行国之外进行借贷的货币，如在美国境外作为借贷对象的美元即为欧洲美元，在日本境外作为借贷对象的日元即为欧洲日元，还有欧洲英镑等都称为欧洲货币。欧洲货币并不是一个地域的概念。如在亚洲的东京和香港存贷的美元也是欧洲货币，在纽约和伦敦存贷的日元和港币也是欧洲货币。

所谓欧洲货币市场（Euro-Currency Market），又称境外货币市场，即从事境外货币借贷业务的市场。由于该市场发源于欧洲，故称欧洲货币市场，它并不专门指欧洲的货币市场，也可以泛指其他地区的境外货币市场。同理，欧洲银行则指从事境外货币业务的银行。

二、欧洲货币市场的特点

（一）欧洲货币市场不受任何国家金融法规和税制的限制

传统的国际金融市场，受所在国的政策法令的约束，而欧洲货币市场是一个超国家或无国籍的资金市场，不受任何国家金融法规和税制的限制。

（二）欧洲货币市场是个高度自由的市场

其借款条件灵活，借款不限制用途；允许免交存款准备金；非居民可以自由进行外币资金交易、自由转移资金。

（三）欧洲货币市场有独特的利率体系

欧洲货币市场的利率一方面与各发行国国内利率有密切联系，但又不受法定准备金和存款利率最高额限制，它以伦敦市场的银行同业拆放利率为基础，存款利率略高于货币发行国国内的存款利率，贷款利率略低于货币发行国国内的贷款利率，存贷利差有时甚至低于0.125%。因此，欧洲货币市场对资金供给者和资金需求者都很有吸引力。

（四）欧洲货币市场是一个批发市场

欧洲货币市场的经营以银行间交易为主，银行同业间的资金拆放占很大的比重。市场上的存款人和借款人一般都是大客户，每笔交易少则数万美元，多则数亿美元甚至几十亿美元，具有整存整取的特点。

（五）欧洲货币市场资金规模大、币种多

欧洲货币市场的资金来自世界各地，数额大，可兑换货币币种多，几乎包括所有的可兑换货币。人们可以任意选择投资和借款地点、币种和规模，满足不同用途和期限的需要。

三、欧洲货币市场的几种业务

欧洲货币市场业务活动由三个市场组成：欧洲货币市场业务、欧洲货币中长期借贷市场业务和欧洲债券市场业务。

（一）欧洲货币市场业务

欧洲货币市场是期限在一年以内的、经营欧洲货币存贷业务的市场。其特点是：

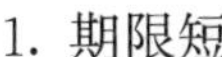

1. 期限短

存款期限最多不超过1年，一般为1天、7天、30天、90天。

2. 额度大

最小的交易起点为25万美元或50万美元。一般以100万美元为交易单位，金额高的交易则可达1 000万美元，甚至1亿美元。由于借贷起点高，市场的参加者多为大银行和大企业。

3. 借贷条件灵活

借款期限、金额、币种、交易地点等方面都由交易双方协商确定。客户可根据需要，灵活选择。

4. 存贷利差小

该市场的存款利率略高于国内金融市场利率，而贷款利率一般低于国内市场利率。存、贷利差一般为0.25%～0.50%。

5. 手续简便

短期借贷通常发生在交往密切的银行与企业或银行与银行之间，彼此了解，双方都知道各种条件的内涵与法律责任，不需签订书面贷款协议，也无须提供担保。一般通过电话、电传联系成交，极为快捷。

6. 市场规模代表整个欧洲货币市场容量

欧洲货币市场80%以上的资产和负债不超过1年，因此欧洲货币市场的规模，实际上是指欧洲货币短期借贷市场的规模。

欧洲货币市场的资金来源主要有：银行间存款、非银行存款、一些国家的中央银行的存款。

欧洲货币市场的资金需求主要有：国际性商业银行、跨国公司和其他工商企业、各国政府当局及其国有企业、外汇投机者。

（二）欧洲货币中长期借贷市场业务

一般认为，1～5年期限的贷款为中期贷款，5年以上为长期贷款。但现在人们已倾向于不做区分，把1年以上的贷款统称为中长期贷款。

欧洲借贷市场提供的中、长期贷款主要形式有两种：一种是个别大银行提供的，称为独家银行贷款。另一种是由国际银团提供的，称为银团贷款或辛迪加贷款。

（三）欧洲债券市场业务

欧洲债券市场是欧洲债券发行和交易的市场。它是在货币借贷市场的基础上发展起来的。

欧洲债券市场特点有：管制较松，审查不严；发行费用低，债券发行不缴注册费；流动性比较强，有比较发达的二级市场；利息收入免除所得税。

欧洲债券的发行程序一般是：债券发行人先同欧洲的一个国际性银行联系，商定债券的发行条件，选定牵头银行，然后，委托一家银行或一个银行集团承销。债券发行以后，还要委托一家银行或金融机构担任管理工作和债券本息到期支付等工作。

欧洲债券市场与中长期借贷市场不同，它们的区别是：债权人不同，债券持有人为债权人，中长期贷款的债权人为贷款银行；债券可以转让，中长期贷款一般不能转让；债券发行单位如因故延期还款，在债券没有到期前，可发行一种更换续债的债券，如持有人愿意更换，给予一定优惠；债券筹集到的资金在使用方向与目的上一般不受干涉和限制。这部分我们将在国际债券融资一章中介绍。

四、欧洲货币市场对世界经济发展的影响

欧洲货币市场的形成和发展，对世界经济产生了重大影响。这种影响可以从正反两个方面来分析。

（一）积极方面

（1）促进了国际贸易的发展。无论对于发达国家还是对于发展中国家，加强对外贸易都是促进经济增长的重要途径。欧洲货币市场大规模的融资活动，为贸易融资提供了充分的资金来源，加速了国际贸易的发展。

（2）促进了西欧的经济复兴和一些发展中国家的经济发展。第二次世界大战后，西欧国家的经济复兴得益于欧洲货币市场，如在德国、日本等战败国的经济恢复和发展过程中，欧洲货币市场为它们提供了重要的资金来源。后来一些发展中国家在发展经济的过程中，也从欧洲货币市场获取大量资金，以补充国内资金的不足，如韩国、巴西、墨西哥等国，其经济起飞和发展都大量利用了欧洲信贷。

（3）缓和了国际收支矛盾。20 世纪 60 年代的美元危机和 70 年代的两次石油危机，使国际收支矛盾成为一种全球性现象。据国际货币基金组织估计，从 1973 年到 1983 年的 11 年间，OPEC 成员国和一些工业国经常账户上的顺差额累计约为 3 868 亿美元，同期非产油发展中国家则累计为 5 972 亿美元的逆差。国际货币基金组织的贷款无法解决这一矛盾。而欧洲货币市场通过把 OPEC 组织存入的石油美元贷放给逆差国，一方面为顺差国的盈余资金找到了出路；另一方面又为逆差国提供了清偿手段，从而缓和了全球性的国际收支矛盾。

（4）推动了国际金融一体化的发展。欧洲货币市场的出现打破了过去国际金融市场受国界的分割而相互隔绝的状态，通过跨国银行的业务活动将遍布世界各地的金融市场紧密地联系在一起，促进了国际资金的流动和国际金融的一体化，而这正顺应了世界经济发展的基本趋势。

（二）消极方面

（1）削弱了各国货币政策的效力。由于欧洲货币市场上的借贷非常自由，各种机构都很容易在这一市场上取得资金，这就使各国货币政策难以顺利贯彻。例如，当国内为抑制通货膨胀而采取紧缩银根的政策时，国内银行和企业却可以很方便地从欧洲货币市场获得低利率的资金来源，这就使紧缩政策难以达到预期效果。

(2) 加大世界通货膨胀的压力。由于欧洲货币市场的借贷活动很容易使一国的闲置资源转变成其他国家的货币供应源，市场的信用基础得以扩大。此外，在欧洲货币市场上，当大量游资冲击外汇市场、黄金市场和商品市场时，也会对有关国家的物价水平产生影响，引起输入型通货膨胀。例如，当投机商用作为软币的欧洲美元去抢购硬货币，导致硬货币汇率进一步上升时，硬货币发行国为稳定汇率，不得不大量抛出本币去收购美元，引起本币供应增加，促使物价水平上升。

(3) 增加国际金融市场的脆弱性。欧洲货币市场的存款大部分都是一年以下的短期存款，而自20世纪70年代以来，随着各国跨国公司、企业、政府等借款人对中长期资金需求的迅速增加，欧洲货币市场的中长期贷款猛增，其比例占整个贷款总额的一半以上，这就使得国际金融市场变得极为脆弱。因为，在这种短存长贷的局面下，一旦市场有风吹草动，就会出现储户大量挤兑的现象，引起银行资金周转不灵，导致金融市场的动荡。

(4) 加剧国际金融市场的动荡。欧洲货币市场上的短存长贷现象已使得国际金融市场极不稳定，而欧洲货币市场上的投机活动又进一步加剧了国际金融市场的不稳定性。在欧洲货币市场上，投机活动十分活跃，大部分短期资金都用于外汇投机。这部分投机资金在国与国之间频繁转移，往往造成汇率、利率的剧烈波动，引起国际金融市场的动荡不安。

五、亚洲货币市场

亚洲货币市场是亚太地区的银行经营境外美元和其他境外货币借贷业务的场所，是亚太地区发展起来的区域性离岸金融市场。它实质上是欧洲货币市场的一个重要的分支和组成部分。由于该市场最初交易额的绝大部分是境外美元，所以又被称为亚洲美元市场。

(一) 亚洲货币市场的形成和发展

亚洲货币市场是20世纪60年代末期形成的。60年代后期，跨国公司对亚太地区的直接投资增加，他们希望在亚洲地区建立境外美元的金融中心。而亚太地区一些国家，特别是新兴工业化国家积累了大量美元，也要求在亚洲建立一个境外美元金融中心。这些国家和地区具有得天独厚的地理条件，地处亚、欧之间，时区上联系美洲与欧洲的各金融中心，从而实现欧洲货币24小时不间断交易。

(二) 亚洲货币市场的业务

亚洲美元市场的业务主要包括短期资金存贷和亚洲美元债券业务。

1. 短期资金的来源、运用及短期资金市场的特点

(1) 短期资金的来源主要有：亚太地区跨国公司的调拨资金和限制资金；外国中央银行的部分储备资产和财政结余；欧洲货币市场的同业存款；外国侨民、进出口商和个人等非银行客户的资金。

短期资金的运用主要有：银行同业间交易，这占交易资金的3/4；亚太地区大型跨国公司的贷款；对亚太地区各国政府的贷款，用以弥补赤字或供经济发展之用。

(2) 短期资金市场的特点是：短期资产、负债占很大比例，吸收的外币资金大部分是一年内的短期资金；存放款总额中3/4为银行同业拆放；存贷利差较低，约为0.5%；亚洲美元市场申请贷款手续简单，贷款费用较低。

2. 亚洲美元存款单业务与亚洲美元证券市场

亚洲美元存款单是亚洲货币市场筹集1～5年中期资金的主要方式。1977年11月，新加坡市场开始发售浮动利率美元存款单。

亚洲美元证券市场主要包括亚洲美元债券市场和亚洲美元存款证市场两部分。亚洲美元债券是一种长期资本借贷的形式，是国际债券的一种，是各国政府、银行或金融机构等为筹措长期资金而在亚洲债券市场发行的一种国际债券。其主要的交易中心为新加坡和香港。亚洲美元存款证是亚洲美元市场的一种筹集中长期资金的工具。这种存款通称为亚洲美元流通存款证。其特点是无持有者的名字，随时可兑现，利率高于普通银行存款并且免税。

3. 亚洲美元市场的作用

亚洲美元市场使得大量国际资金流入亚太地区，推动了亚太地区的发展；培养了一大批专门人才，提高了亚太地区银行界人员的技能业务水平；吸收的大量石油美元，缓和了国际游资对国际金融市场的冲击；亚洲美元市场的发展，改变了国际金融市场的传统格局。

但亚洲美元市场的发展也存在一些不稳定因素，使亚太地区的经济与金融受世界经济和金融的影响加深。美元的贬值、投机资本的冲击对亚太地区的金融稳定都有影响。

【本章小结】

1. 国际金融市场是国际金融的一个重要组成部分。近年来，由于资本国际化和银行国际化的发展，国际金融市场体系的结构、规模、内容、交易工具和交易方式随之发生了很大变化。目前国际金融市场正向一体化、国际化、全球化方向发展。

2. 国际金融市场是指在国际范围内从事各种专业性金融交易活动的场所，有广义和狭义之分。广义的国际金融市场是指进行长、短期资金借贷的场所，包括货币市场、资本市场、外汇市场等。狭义的国际金融市场是指国际间经营长、短期资金借贷的市场，包括货币市场和资本市场。

3. 国际金融市场的产生发展可划分为三个阶段，即伦敦国际金融市场的兴起

与衰落、纽约国际金融市场的形成以及欧洲货币市场的形成。国际金融中心是国际金融活动的集中地。

4. 国际货币市场是指交易期限在1年以内的短期资金借贷市场。根据借贷方式不同，可分为银行短期借贷市场、短期证券市场和贴现市场。国际资本市场是指借贷期限在1年以上的中长期资金借贷市场。欧洲货币市场是经营欧洲货币借贷的市场。亚洲货币市场是亚太地区的银行经营境外美元和其他境外货币借贷业务的场所，是亚太地区发展起来的区域性离岸金融市场。

【课堂讨论题】

中国应该如何充分利用国际金融市场加速发展本国经济？

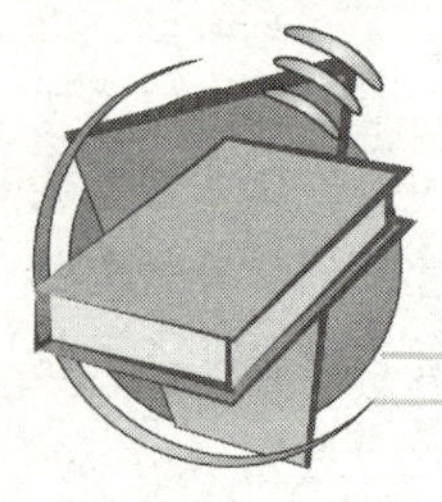

第十一章 国际银行贷款

【要点提示】

- 国际商业银行贷款
- 国际银团贷款
- 出口信贷
- 我国利用国际贷款现状

国际银行贷款（International Bank Loan）指在国际金融市场上，一国银行向另一国借款人提供资金融通的业务。

根据贷款人的类型，它可分为同业拆放和商业贷款。同业拆放（Inter Bank Offer）指银行与银行之间的短期信贷。而商业贷款（Business Loan）是指银行向工商企业和政府等非银行客户提供的贷款，以中长期贷款为主。

从贷款当事人的角度，它可分为独家银行贷款和银团贷款。前者也叫双边贷款，指一国银行单独对另一国的银行、企业、政府提供的金额较小的贷款，它一般为中期贷款。后者又称辛迪加贷款，指多家银行组成的银团共同向借款人提供的贷款。

根据利率的形式，它可分为固定利率贷款和浮动利率贷款。固定利率指借贷双方在贷款协议中明确规定并且在贷款期间不得变动的利率。浮动利率指贷款协议允

许定期调整的利率。

在以下几节中，我们将着重介绍国际商业银行贷款、国际银团贷款、出口信贷以及我国利用国际贷款的现状等。

第一节 国际商业银行贷款

一、国际商业银行贷款的概念

国际商业银行贷款，是指一国的某家银行，或由一国（多国）的多家银行组成的贷款银团，按市场的价格水平向另一国借款人提供的、不限定用途的贷款。之所以要在国际银行贷款中加入商业二字，是为了区分那些带有某种优惠的政府贷款、出口信贷或国际金融贷款。

二、国际商业银行贷款的特征

与国际信贷的其他类型相比较，国际商业银行贷款具有如下的特征：

（一）贷款用途由借款人自己决定，贷款银行一般不加以限制

国际银行在提供出口信贷、政府贷款、国际金融机构贷款、项目贷款等非商业性贷款时，一般要审查借款人的贷款使用方向，其目的是从贷款回收的角度进行贷款的可行性分析。然而在商业贷款中，对所借款项的使用方向，完全由借款人自己所决定，贷款银行不对其进行干预，一般也不附加任何条件。这是国际商业银行贷款区别于非商业贷款的一个最为显著的特征。

（二）信贷资金供应较为充足，借款人筹资比较容易

国际商业银行信贷资金的供应，特别是欧洲货币市场商业银行的信贷资金供应，一直呈增长的势头。当然，并非全部欧洲银行存款都会形成对企业的信贷资金供应，因为其中还包含了欧洲货币市场银行同业拆放部分。按历史数据分析，二者的比例约为1∶2。与此同时，由于欧洲货币市场管制较松，借款手续较为简便，每笔贷款资金的数额都非常大，如独家银行贷款中的中长期贷款每笔的额度可达数千万美元，银团贷款中每笔数额可达5亿～10亿美元，这些因素对借款人筹集大额、长期资金较为有利。

（三）贷款条件由市场决定，借款人的筹资负担较重

贷款的利率水平、贷款的偿还方式及其相对应的贷款利率实际期限和由贷款货币选择而决定的贷款汇率风险等，是决定借款人筹资成本高低的较为主要的因素。

与其他国际信贷形式相比，国际银行商业贷款在这些方面一般都没有优势，因而决定了借款人的筹资成本较高。

尽管不同的国际金融机构提供的贷款成本是不同的，但由于国际金融机构提供的贷款在较大程度上体现着国际间的合作，因此，不是利率水平较低，就是偿还方式比较优惠。如政府间贷款，较为明显地体现着贷款国对借款国的援助性质。因此，利率最低，偿还方式较为优惠，借款人实际借款期限也较长，从而有利于借款人的资金周转。同样，出口信贷，由于体现着政府对扩大本国出口的官方支持，或是利息贴补，或是提供国家信用担保，也有利于减轻借款人的筹资负担。相比较而言，由于国际商贷是银行在国际金融市场上的以获取利润为目的的一种经营行为。因此，就贷款利率水平而言，与其他国际信贷形式相比较，国际商贷的利率是没有任何优惠因素的市场水平，因此是最高的。就贷款的偿还方式及其相对应的贷款实际期限而言，独家银行提供的中长期贷款一般为3～5年，银团贷款的名义期限一般为5～10年。由于银团贷款多采用有宽限期的分次等额偿还方法来偿还贷款，即边用边还，使得借款人的借款实际期限短于名义期限，还款压力较大。

三、国际商业银行贷款的类型与形式

在金融业务不断创新的今天，贷款的形式也在不断地翻新花样。除了科学技术进步，计算机与通信技术为金融业务的创新提供了技术支持外，从市场的角度分析，竞争的激烈，贷款银行外部经营环境的变化，借款人筹资需求的多样性，都迫使贷款银行也不得不对其传统的贷款形式进行不断的调整，由此相应出现了种种新的贷款形式。下面我们将着重介绍欧洲货币市场商业银行短期和中长期贷款。

（一）欧洲货币市场商业银行短期贷款

短期贷款是指一国贷款人向另一国借款人提供的贷款期限为1年及1年以下的贷款安排。根据借款人与贷款人是否同为金融机构，又可将短期贷款分为两种情况：银行间的借贷和银行与非银行类客户间的借贷。

银行间的短期借贷习惯上被称为银行同业拆放，其在整个短期信贷市场中占主导地位。从期限角度分析，由于借款银行拆入短期资金的主要目的是弥补其头寸周转的需要，因此，最短的期限可为1天（即隔夜拆借），一般不超过6个月。从数量角度分析，每笔交易的数额也比较大，至少在10万美元以上，典型的银行间借贷以100万美元为一个交易单位。因此，从数量的角度出发，这种银行间拆放的交易又被称为批发业务。从利率角度分析，由于银行类借款人的信誉一般高于其他类型借款人的信誉，并且其每笔交易的数量较大，因此，各个银行间各种期限的借贷所形成的利率水平往往就成为这种货币相应期限的基础利率。例如，由位于英国伦敦的银行间的各种短期拆借而形成的相应期限的伦敦银行同业拆放利率（London Inter-bank Offered Rate），如7天期LIBOR、3个月期LIBOR等。除此之外，在

国际金融市场上较有影响的同业拆放利率还有：香港银行同业拆放利率、新加坡银行同业拆放利率、巴林银行同业拆放利率、科威特银行同业拆放利率等。从交易手续角度分析，基于上述同样的原因，作为借款人的借款银行一般无须缴纳抵押品，借贷双方甚至可以不签订书面的贷款协议，只是通过电话或电传就能达成协议，所以手续十分简便。

短期贷款的另一种情况是银行对非银行类客户的贷款。在欧洲货币市场上，银行向企业提供贷款的手续比较简单，可以只凭电话约定。利率由借贷双方商定，它在一定程度上受到企业资信的影响。与同业拆放相似的是，其存放贷款利率相差较小，一般为0.25%～0.5%，期限较短，多采用固定利率，且一般不加收其他费用。但是，由于它采用利息先付的收息方法，故银行报出的利率低于企业实际负担的利率。

例11—1：某跨国公司在欧洲货币市场上借入为期3个月的100万美元，年利率10%。求企业支付的利息和实际负担的利率。

解：100万×10%×3/12＝2.5万

该企业在借款时先付出2.5万美元的利息。

2.5万÷(100万－2.5万)×12/3＝10.26%

该企业实际负担的利率是10.26%，它高于10%的名义利率。

(二) 欧洲货币市场中长期银行贷款

在前面我们介绍过，中长期贷款是指一国贷款银行向另一国借款人提供的贷款期限在1年以上的贷款安排。第二次世界大战以前，国际上习惯将贷款期限在1～5年的归为中期贷款，5年期以上的为长期贷款。第二次世界大战以后，习惯上不再区分中期与长期，凡1年期以上，10年左右的贷款统称为中长期贷款。在欧洲货币市场上对工商业的中长期贷款最长期限为6～7年，对政府机构的最长期限为12年。

四、商业银行中长期贷款业务中的计算

(一) 贷款货币的选择

借款人在选择贷款货币时，首先应考虑的是资金的使用方向和自己可能获得外汇收入的货币种类。更为重要的是，他需要考虑不同货币的利率差异和汇率变动趋势。在一般情况下，考虑到借款人往往想从软币汇率的下跌中获利，而愿意用软币，因此贷款人通常使硬币的利率较低，软币的利率较高。所以，借取软币并非在任何情况下都可以降低筹资成本。在计算时，借款者可利用下述货币选择公式：

$$D_a=1-\frac{1+i_b}{1+i_a}$$

式中，D_a 为 A 币对 B 币的一年贬值幅度，i_a 为 A 币年利率，i_b 为 B 币年利

率。如果市场汇率的变化正好满足该条件，那么借取 A 币还是借取 B 币，借款成本都是一样的。如果预期的 A 币对 B 币的贬值程度大于 D_a，那么，借款者应当借取作为软币的 A 币。如果预期的 A 币对 B 币的贬值程度小于 D_a，则他应借取作为硬币的 B 币。只要他的汇率预期是准确的，按上述原则选择贷款货币就可以控制筹资成本。

例 11—2：美元年利率 10%，日元年利率 8%。某借款者预期美元在 1 年后将贬值 1%，根据这种预期他应借取哪种货币？另一借款者预期美元在一年后将贬值 2%，他会借取哪种货币？

解：$D_a=1-\dfrac{1+8\%}{1+10\%}=0.018$

预期美元贬值 1%的借款者应借取日元，预期美元贬值 2%的借款者应借取美元。

根据上述方式选择贷款货币能否降低筹资成本，取决于借款者汇率预期的准确程度。

（二）实际贷款期限的计算

贷款期限指从签订贷款协议到还清贷款本息的时间。它可分为宽限期和偿还期。宽限期指借款人从提款期结束日起至第一次贷款归还日所构成的时间段。在这一时期，借款人只支付利息而无须还本。偿还期指借款人既要还本又要付息的那一部分贷款期限。

实际贷款期限指使用平均年限计算方法求出的借款人支配全部贷款金额的时间。由于贷款可能是逐步提取和逐步偿还的，实际贷款期会小于名义贷款期。在计算实际贷款期时，可以把它划分为三个阶段：用款期，即从签约到提完贷款的时间；还款期，即从开始还款到还清贷款本息的时期；宽限期，即用款期和还款期之间的时期，只是在这一阶段借款人实际支配着全部贷款，如图 11—1 所示。

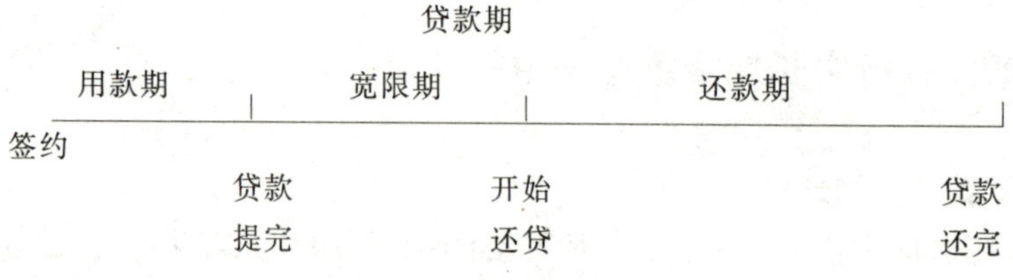

图 11—1 贷款期限

求实际贷款期限时，首先要计算用款期和还款期的平均年限。公式如下：

$$\text{用款期的平均年限}=\frac{\sum\left(\text{每次用款金额}\times\begin{array}{c}\text{用款日到用款期}\\\text{结束日的折合年数}\end{array}\right)}{\text{贷款总金额}}$$

$$还款期的平均年限=\frac{\sum\left(\begin{matrix}每次还款时的\\贷款余额\end{matrix}\times\begin{matrix}上次还款日到本次\\还款日的折合年数\end{matrix}\right)}{贷款总金额}$$

$$实际贷款期限=\begin{matrix}用款期的\\平均年限\end{matrix}+\begin{matrix}还款期的\\平均年限\end{matrix}+\begin{matrix}用款期与还款期之间的\\实际支配全部贷款的年限\end{matrix}$$

例 11—3：一笔为期 7 年的 1 亿美元贷款，宽限期为 3 年，偿还期为 4 年，签约时一次性提完全部贷款，分 4 次等额还本。求实际贷款期。

解：还款期的平均年限为(1 亿×1＋0.75 亿×1＋0.5 亿×1＋0.25 亿×1)÷1 亿＝2.5

还款期的平均年限为 2.5 年。因为每次偿还的贷款金额均为 0.25 亿美元，所以，每次还款时的贷款余额分别为 1 亿美元、0.75 亿美元、0.5 亿美元和 0.25 亿美元。

3＋2.5＝5.5

实际贷款期限为 5.5 年。因为签约时一次性提完全部贷款，宽限期可以表示用款期和还款期之间的实际支配全部贷款的年限，这里为 3 年。

第二节 国际银团贷款

一、国际银团概述

（一）国际银团贷款的由来

在欧洲货币市场上进行的借贷活动一般金额较大、期限较长，一家银行很难单独提供，银团贷款便应运而生了。银团（Consortium）是由一家或几家银行牵头，多家银行参加而组成的银行集团。由这样的一个集团按照内部的分工和各自的贷款份额向某一借款人发放的贷款就是银团贷款，又称辛迪加贷款（Syndicated Loan）。

第二次世界大战以后，为了迅速恢复战争创伤，发展生产，振兴经济，许多国家先后走上了生产国际化发展的道路。然而，生产的国际化要求国外投资的增加，这就促进了国际资本的流动。同时，生产的国际化也促进了市场的国际化，引起了国际贸易的巨大发展，从而导致对融资需求的急剧增加。国际信贷所需要的资金数额也逐渐增大，少则几千万美元，多则几十亿美元，这样的巨额贷款仅靠一家银行的力量是难以承担的，何况国际融资风险很大，任何银行都不愿单独承担。为了分散风险，由各家愿意发放贷款的银行组成一个集团，每个贷款行认购一定的贷款份额，由一家代理银行统一发放、回收，银团贷款就此而产生。

（二）银团贷款的方式

银团贷款的方式有两种，一种是直接的银团贷款，另一种是间接的银团贷款。凡是由银团内各成员行委托代理行向借款人发放、收回和统一管理的贷款称为直接的银团贷款；凡是由牵头行直接向借款人发放贷款，然后在不通知借款人的情况下将参加贷款权（Participation In the Loan），即贷款份额，分别转售给其他的银行，全部的贷款管理及放款、收款均由牵头行负责，这样的方式称为间接的银团贷款。在国际银团贷款中，以直接的银团贷款方式为人们所常用。

（三）银团贷款的特征

（1）筹款金额大，期限长。

银团贷款是由多家银行组成的，所以它能够提供巨额的信贷资金，而不像独家银行贷款那样要受其贷款规模的限制；每笔贷款额也大，可在2 000万～150亿美元之间，期限可在1～15年之间。

（2）分散了贷款风险。

多家银行共同承担一笔贷款比一家银行单独承担要稳妥得多。各贷款行只需按各自贷款的比例分别承担贷款风险，尽管银团贷款金额很大，但就其中的某一个贷款行而言，其贷款金额相对较小，所以，这种贷款方式一般不会影响各贷款行的资金周转。

（3）避免了同业竞争。

目前，国际市场上游资过剩，竞相寻找出路，争取客户。利用银团贷款方式融资，可以避免同业竞争，把利率维持在一定水平上。利用银团贷款方式筹资，还可以加强各贷款银行间的业务合作。

（4）筹资时间较短，费用也比较合理。

（四）银团贷款的资金来源

银团贷款的资金来源很复杂，但其基本来源有以下几方面：

1. 吸收的存款

这些存款包括国内、国际的私人储蓄和官方储蓄，以及民间组织的储蓄。

2. 同业拆放

这是银行界比较普遍的筹资方式。因为许多较小的银行得不到最初来源的借款，只好求助于银行间的市场，银行间的借款不限定途径和次数，有时一笔资金可能在多家银行之间转借，借款行只需支付略高于转借成本的利息即可。

3. 利用总行的资金

当商业银行贷款资金不足时，可以从总行调拨，总行的资金一向是其分支机构的可靠来源。

4. 发行大额存单

大额存单最早是1961年在美国出现的，以后发展到欧洲和其他地区，它是可以转让的，当存款人需要现款时，可以在二级市场上把它卖掉。大额存单可以吸引中小额非银行资金的存款。

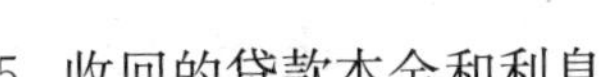

5. 收回的贷款本金和利息

银行的信贷资金是循环运动的，从一个项目上收回的贷款本金和利息可以向另一个项目发放新的贷款。

二、国际贷款银团的组建

贷款银团的组建是组织银团贷款的重要环节，这个过程与对潜在的借款人的资信评估、贷款决策是交织在一起的。通常情况下，当贷款人对借款人的资格进行确认时，贷款意向已基本形成。

由于国际银团有两种组织形式：直接银团和间接银团，因而在不同的组织模式条件下，银团的组织运作存在着明显的差异。

（一）直接银团的组织

首先是确定牵头经理行，然后由牵头经理行组建银团。在直接银团模式下，牵头经理行和银团的建立，是各家可能的牵头经理行相互竞争与合作的结果。大多数国际贷款银团是事后建立的，即在各个可能的牵头经理行为获得外国借款人的授权而进行竞争以后建立的。竞争胜利者成为牵头经理银行，获得借款人的授权，负责组建贷款银团。同时，互惠考虑及与牵头经理银行的往来关系，是决定各银行能否参加银团的重要因素。

最初，美国投资银行和英国商业银行作为国际银团贷款的牵头经理银行，在国际银团贷款市场上发挥了显著作用。后来，随着国际银团贷款市场日趋成熟，大商业银行取代了它们的地位，银团牵头经理银行要在国际金融市场上按当时所能获得的最优惠条件筹措到借款人所需资金总额，才能在竞争中立于不败之地。

（二）间接银团的组建

间接银团组建程序相对简单，某银行成为牵头行的过程一般与直接银团类似。即牵头行是接受借款人牵头组织银团贷款的委托书后确立牵头行地位的。出具义务承担书后，由牵头行直接与借款人就贷款协议的各项条款进行谈判，并以自己的名义与借款人签订贷款协议书。协议书除规定一般国际贷款协议内容外，还就贷款转让做出规定。牵头经理行与借款人达成贷款协议后，通过与其他意欲参加银行贷款的银行签订出售参与贷款权协议，组成银团。凡受让参与贷款权的银行便成为银团成员。在间接银团中，牵头行与借款人之间的关系是由贷款协议书规定的债权人与债务人之间的关系，参与行与借款人之间没有直接的债权债务关系。同时牵头行本身兼代理行职责。

三、国际银团贷款的成本

使用国际银团贷款，借款人不仅需要支付利息，还要支付其他一些费用。

为了避免借款利息成本超过贷款利息收入，银团贷款通常使用浮动利率，由一系列根据不同利率定期滚动的短期贷款组成一笔事实上的长期贷款，即利率在一个利息期间（通常为6个月）内是确定的，到下一个利息期则根据市场利率的变化而调整一次。其调整公式如下：

$$i_{(t)}=r_{(t)}+m$$

式中，t 表示利息期开始时间；$i_{(t)}$ 表示该利息期的贷款利率；$r_{(t)}$ 表示当时的市场基础利率；m 表示加息率或称贷款利差。

因此，贷款利率由市场基础利率和加息率共同决定。一般来说，银行要选择一个银行同业拆放利率作为基础利率，主要是LIBOR。有时也选择一些其他国际性利率作为基础利率，如优惠利率。优惠利率是有关国家的大银行对一流公司客户提供贷款使用的利率。

加息率是借款人同意付出的高于基础利率的一个固定差额。它是针对每笔贷款确定的一笔费用，并在批准贷款时就予以确定，代表银行在借款人不违约情况下所获得的利润，因此银行确定贷款利差的基本决定因素是预期风险。风险可分为两个部分：国家风险，即借款人可能因为国家决策（通常是由国际收支引起的）而不得不停止偿付债务；借款人风险，即借款人破产的风险。一般来说，国际银团贷款的借款人信誉都比较高，所以贷款利差主要反映国家风险。

根据确定的利率，借款人每一时期需要支付的利息为利率乘以已经提取的贷款金额。

在国际金融市场上，借款人筹措中、长期资金，除支付利息外，还要支付各种费用。费用的多少视信贷资金状况、信贷金额和信贷期限的不同而异。银行中、长期信贷费用，主要有管理费、代理费、承诺费和杂费几种。

四、国际银团贷款的程序

国际银团贷款的程序，相对来说并不复杂，但因借款人的情况不同，程序不同。借款人的借款规模不同，程序也不同。如借款规模小，参与贷款银行就少，借款规模大，则需要若干大银行组成贷款俱乐部共同牵头，承保全部贷款金额。

牵头银行的选择因借款人的地位、习惯和需要不同，选择方法也不同。有的借款人可能选择往来密切、有一定信誉承担的关系银行作为牵头银行；有的借款人则热衷于建立关系，轮流挑选一些知名大银行担任；有的则通过招标产生。我国的习惯是由中国银行作为牵头银行，由中国银行与国外贷款银行联系。

借款人的信誉不同，银团贷款的信用安排也不同。资信程度高的贷款人，可以获得贷款银行提供的充分承保信用，满足全部贷款金额；资信较差及借款条件缺乏吸引力的，贷款银行只有义务提供部分承保信用；有效借款人则只能获得争取信贷，即经理人不事先承担提供资金，只有在银团贷款组织成功，各贷款银行才承担自己的份额。若组织不成功，借款人不能获得任何贷款。

借款人的资信高、借款条件优越，则银团组织就快，谈判达成协议也快，分派贷款份额所需时间也短。国际银团贷款安排所需时间为15～90天，一般在45天。

国际银团贷款通常要经过以下的过程：

（一）完成国内程序

中国银行作为受委托行要根据国家发展和改革委员会的规定，对贷款项目进行立项，进行项目可行性研究。在此基础上，了解项目的基本概括；向有关部门和项目单位提供国际金融市场上有关货币的汇率、利率和获得国际贷款的可能程度信息；进行项目的内部评估；代企业设计筹资方案；帮助进行借款的成本分析；初步确定国际银行对该项目的结论规模、兴趣程度。经国内主管部门批准，才能由国内委托银行推向国际。

（二）受委托银行（即牵头银行）向国外银行提出贷款要求

这时国内受委托银行既是牵头银行，又是借款人。这是我国的特点，有利于取得国外银行对借款人的信任。国内受委托行要向国外银行提交一系列文件：借款人的申请书，本国政府的批准文件，借款人法律地位的证明文件，律师意见书以及银行认为有必要的其他文件。

（三）组织银团贷款管理小组

由牵头银行邀请国外资信高的大银行作为经理行，组成管理小组。由我国国内受委托银行（也是牵头银行）向国外贷款银行发出“贷款意向书”，包括贷款规模、基本结构和借款主要条件等内容。这些内容要在管理小组经过充分的协商。

（四）确认贷款条件

国外贷款银行对“贷款意向书”提出反馈意见。管理小组再提出“贷款条件建议书”，在此基础上征询外国银行和项目单位的意见，如取得一致，则由管理小组或牵头银行要求有兴趣参与贷款的外国银行向牵头银行发出贷款条件的确认证明；然后由国内受托行向项目单位发出“贷款条件确认书”。若以受托行对外作为借款人的方式进行，则受托行可直接向外国银行询价，外国银行可向受托行报价。经受托行分析，择优选用后确认报价。

（五）组织银团

在完成以上工作后，管理小组可以根据各外国银行的报价和表态结果组成银团，同时分配各经理行的承担金额，协商经理行之间的分工。

（六）由牵头银行或管理小组准备贷款文件

贷款文件主要是贷款协议。贷款协议中包括若干条款，明确规定贷款条件、具体手续，各有关当事人的权利、义务等。

（七）签署贷款合同

管理小组与借款人（国内受托行）就贷款合同进行谈判、修改、协商直至双方同意达成协议后，正式签署合同。签署合同仪式要有全体参与贷款的银行参加，有担保时，担保人也要参加，并指定负责交付资金和还本付息的代理行。

（八）贷款项目通知

签署合同后，如经借款人同意，可以在一流的国际报纸上刊登广告，以表明借款人的筹资能力及良好的声誉。

（九）借款人可通过代理行提取资金

银行按贷款协议规定的项目开支内容、双方同意的货物清单等分项目进行贷款。借款人向各贷款行提取每笔贷款时，均需提出提款申请，并附有关的凭证。

（十）还本付息

借款人按贷款协议规定，通过代理行按期还本付息。

五、国际银团贷款的协议

银团贷款协议是银团贷款中最基本的法律文件。它一般由借贷双方来签订，但有时也可由所有当事人，即贷款人、借款人、投资者、担保人、承包商等，一一在贷款协议上签字。该协议包括所有各方的权利、义务，无须再签订其他附属协议。该协议一经签字，对签字各方均有约束力。

国际银团贷款协议，使用英美法系和大陆法系的国家都实行规范化格式，大致包括以下内容：

（一）一般条款

一般条款中主要包括：贷款货币、贷款金额、贷款期限、贷款利率及费用、货币选择条款、还款及提前还款条款、违约条款、保证条款、适用法律条款、贷款用途条款、税收条款等。

（二）特殊条款

特殊条款中一般包括：先决条件、市场中断、法律变更、税收及折扣、陈述和保证条款、交叉违约条款、违约赔偿、补偿及冲抵、贷款人之间债权的转让及豁免、适用法律及管辖权等。

第三节　出口信贷——中长期对外贸易信贷

一、出口信贷概述

（一）出口信贷的概念

我们所说的出口信贷，一般指银行提供的中长期对外贸易融资，它是一国政府

为了支持和扩大本国货物的出口，通过提供信贷担保和给予利息补贴的办法，鼓励本国银行对本国出口商和外国进口商或进口方银行提供利率较低的中长期贸易融资，以解决本国出口商资金周转的困难，或满足国外进口商对本国出口商支付货款需要的一种国际信贷方式。出口信贷是促进资本货物出口的一种手段。

（二）出口信贷的特点

1. 出口信贷的金额大、期限长、风险大

在大型设备、船舶、飞机等资本货物市场上，国际竞争十分激烈。此类资本货物具有耗资多、资金占用期长的特点，其贸易需要中长期融资的支持。鉴于现代资本货物的技术日益复杂，成本不断上升，大型设备的建造投产往往需要数年，故出口信贷期限通常为1～5年或5年以上。出口信贷不是全额贷款，但因其通常为贸易合同金额的80％～85％，与此相对应的银行信贷要承担较大的风险。

2. 出口信贷的发放与信贷保险结合

由于出口信贷是信用贷款，偿还期限长、金额大，发放贷款的银行存在着较大的风险，为了减缓出口国商业银行发放出口信贷的后顾之忧，保证其贷款资金的安全，发达国家一般都设有国家信贷保险机构，对银行发放的出口贷款给予担保，风险由国家负担。如发生贷款不能收回的情况，信贷保险机构利用国家资金给予赔偿。发达国家提供的出口信贷一般都与国家的信贷保险相结合，从而加强本国出口商在国外市场的竞争能力，促进资本货物的出口。

3. 出口信贷的利率，一般低于相同条件资金贷放的市场利率，利差由国家补贴

大型机械设备制造业的产品价值高，交易金额大。为了加强这些资本货物出口，削弱竞争对手，主要发达国家鼓励商业银行以低于市场的利率对外国进口商或本国出口商提供贷款，以扩大该国资本货物的国外销路。银行提供低利率贷款与市场利率的差额则由国家补贴，因而出口信贷是一种相对优惠的低利率贷款。

4. 国家成立专门出口信贷的机构制定政策，管理与分配信贷资金

出口信贷是一种官方资助的政策性贷款，发达国家提供的出口信贷多是直接由商业银行发放，如果因金额巨大，商业银行资金不足时，则由国家专设的出口信贷机构予以支持。美国发放出口信贷的习惯做法常由商业银行与进出口银行共同负担。有的国家对一定类型的出口信贷，直接由出口信贷机构承担发放的责任。由国家专门设置的出口信贷机构，利用国家资金支持对外贸易中长期信贷，可弥补私人商业银行资金不足，改善本国的出口信贷条件，加强本国出口商夺取国外销售市场的力量。这些信贷出口机构在经营出口信贷保险的同时，还根据国际商品市场与金融市场的变化，经常调整本国的出口信贷政策，以应对竞争对手的挑战。

5. 出口信贷有指定用途

即该项融资限于购买贷款国家的商品。如果某资本物品由多个国家参与制造，则该国部分占50％以上是获得出口信贷的必要条件，有时该比例可高达85％。有的国家只对资本物品中属于本国制造的部分提供出口信贷支持。可见，出口信贷是

一种与本国出口密切联系的贷款。

二、出口信贷的作用

（一）出口信贷的积极作用

首先，为进、出口商解决资金短缺，促进商品输出和国际交易发展。在机械设备及技术贸易中，设备价格很高，由于进口商资金不足，或者出口商担心资金积压，不愿以赊销方式出口，出口难度较大。而发放出口信贷解决了进、出口商的资金困难，从而促进成交，发展了国际贸易。

其次，促进发达国家民间资本的输出与商品输出。出口商所在地银行发放的出口信贷，不限于设备价款的需要，有时对出口商支付贸易合同的定金，以及偿还出口信贷资本金期间的利息支出，也给予商业贷款。所以，通过出口信贷的发放，不仅扩大发达国家的商品输出，也扩大了发达国家的资本输出。

再次，加速资金周转，减少流通费用。在机械设备贸易中，出口商以延期付款方式出卖设备后，只要符合有关条件，出口商可立即得到本国有关银行发放的出口信贷；在进口商进口设备时，出口商交货后，进口商也可得到出口商银行发放的买方信贷，对其进行支付。这都有利于进出口商资金周转的加速，减少其流通费用。

最后，有利于进、出口商所在国家的资源配置与国民经济的发展。通过出口信贷的媒介，促进机械设备和技术贸易的成交，使进口国与出口国的资源得到充分的利用与合理的配置，促进国民经济的发展。

（二）出口信贷的消极作用

1. 加重出口国的财政负担

因为出口信贷的各种补贴与保险费用的赔偿资金基本来自国家财政，所以一国出口信贷发放越多，国家财政的负担越重。

2. 信贷与进口设备相结合，不利于进口商进行价格斗争，降低进口成本

利用出口信贷，只能从发放出口信贷国家的厂商购买设备。所以进口商不能从国际范围内进口，不能较好地利用出口商的价格竞争，一般其进口成本高于国际招标方式。

3. 使用不当，会加重债务负担

由于出口信贷的条件有一定的优惠，如引进项目不进行审慎的可行性研究而带有盲目性，常常会加重债务负担，引发债务危机。一些发展中国家债务危机的加深，与此也有关系。

三、出口信贷的类型

中长期出口信贷同短期的贸易融资一样，一般也分为对出口商的融资（卖方）

和对进口商（买方）的融资，下面分别予以介绍。

（一）卖方信贷

卖方信贷，是指对出口商提供的中长期信贷。其基本过程可以分为以下几个步骤（如图11—2所示）：

（1）出口商和进口商订立贸易合同，并决定以延期付款的方式完成出售货物的交易。

（2）出口商向银行商借贷款，签订贷款协议。

（3）进口商按期支付货款，出口商收入货款后再据此偿还银行贷款。

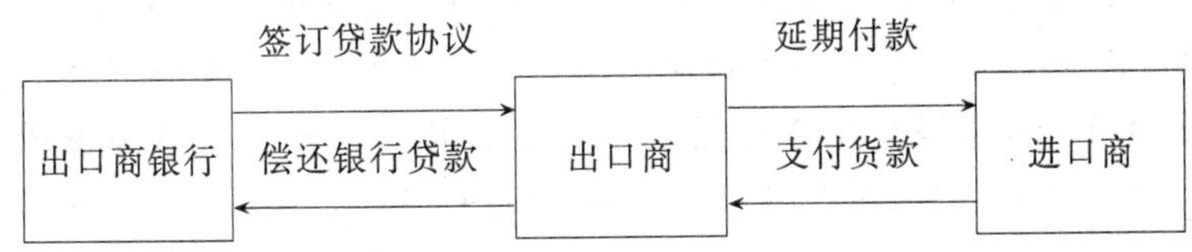

图11—2 卖方信贷基本过程

卖方信贷对进口商的好处主要在于手续简便，因为它集融资与融物为一体，不需要进口商分别商谈货物买卖与借款问题。但它对进口商的弊端也是很多的。因为它实质上仍是通过商业信用实现的，因而对进口商而言它的金额有限，期限也较短（一般在5年以下）。此外，卖方信贷的成本（包括利息、信贷保险费、承诺费、管理费等）一般是不另外计算的，而是全部打入向进口商索取的货款中，所以采用分期等商业信用方式成交的出口交易的价格一般高于现汇支付的货物价格，但具体多少是货物的价格，多少是信贷的成本很难分清。这不利于进口商的成本核算，也不利于在和出口商谈判时的讨价还价。对出口商而言，此时出口商需要出面向银行申请贷款，并在以后偿还借款，这不仅会增加出口商的债务负担，还增加相应的风险（如坏账风险和外汇风险等），因而对出口商也是很不利的。

由于卖方信贷对于出口商和进口商均有许多缺点，故它在国际贸易中使用得较少，主要用于交易金额不太大的轻工产品等制成品。

（二）福费廷（Forfaiting）

所谓福费廷是指在国际贸易中，出口商将经过进口商承兑的中期商业票据无追索权售予一家银行，从而提前取得现款。它是银行以票据贴现方式提供的一种卖方信贷。其基本过程可分为以下几个步骤（如图11—3所示）：

（1）出口商与进口商洽谈贸易合同，商定使用福费廷方式达成交易。

（2）出口商与有关银行磋商，事先取得银行接受福费廷的承诺。

（3）开立远期票据。有两种形式可以选择：由出口商向进口商签发远期汇票，经进口商承兑后寄还出口商；或由进口商开具本票，寄送给出口商。

（4）出口商备货、制单、装船发货。

（5）出口商在发运货物时，将全套货运单据通过银行正常途径寄送给进口商，以换取经进口商承兑并附有银行担保的承兑汇票。

(6) 出口商取得票据后，按照原先的约定到承办福费廷业务的银行处贴现票据，取得现款。

(7) 承办福费廷的银行在买进这些票据后，通常并不将其持有到期末，而是转手将它们在二级票据市场上出售，银行从中获取差价。

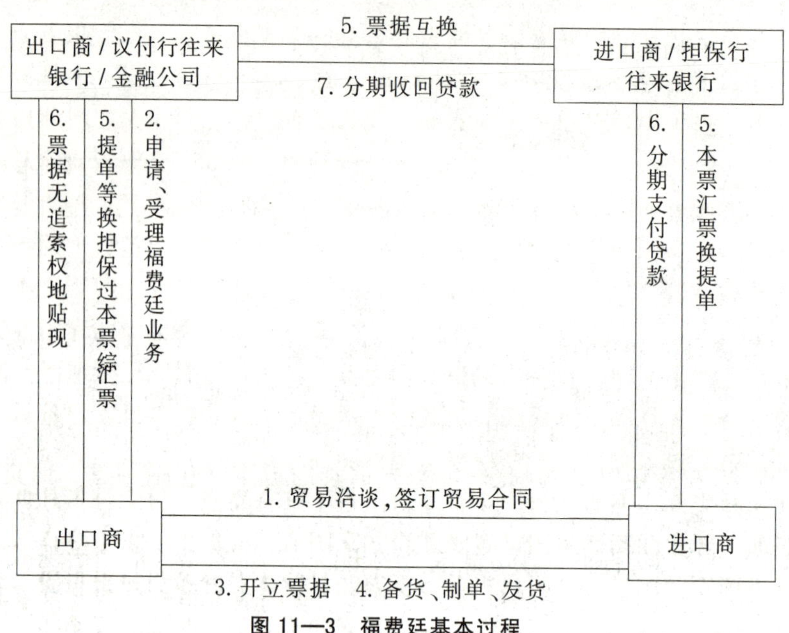

图 11—3 福费廷基本过程

福费廷业务与普通的卖方信贷相比，对出口商有许多好处，主要表现在以下几方面。

(1) 由于票据贴现是以无追索权的方式进行的，因而它不像普通的卖方信贷那样构成出口商的负债，有利于改善出口商的资信状况。

(2) 由于无追索权，出口商自然也就不会有坏账风险，也没有外汇风险，这些风险全都转嫁给了承做福费廷的银行。

(3) 由于出口商不承担风险，因而也就不需要由其出面申请出口信贷保险。

(4) 由于使用票据，不像普通的卖方信贷那样需繁杂的文字手续，故更为简便。

(5) 福费廷业务往往不受经合组织关于出口信贷的有关决议的约束，因而在贷款条件方面可以更为灵活。

对进口商而言，福费廷业务的影响则较为复杂。福费廷业务手续简便，不用进口商自己寻找贷款银行，这点与普通的卖方信贷相似，但使用福费廷时进口商需要有第一流的银行担保，这又是福费廷业务不如普通的卖方信贷之处，会增加进口商的交易成本。

(三) 买方信贷

买方信贷是指银行直接向进口商提供的中长期出口信贷。它可以采取两种不同的形式：一是由出口商的往来银行直接贷款给进口商，二是由出口商往来银行先贷款给进口商的往来银行，再由进口商往来银行贷款给进口商。如果采用第一种方法，其基本过程包括以下几个步骤：

(1) 进口商与出口商洽谈贸易合同，并商定采用某家银行提供的买方信贷。

(2) 进口商以贸易合同为基础，再同出口商的往来银行签订贷款协议。

(3) 进口商用其借得的买方信贷以现汇向出口商支付货款。

(4) 进口商在以后一段期限内按商定条件向贷款银行还本付息。

采取第一种方法，买方信贷基本流程如图 11—4 所示。

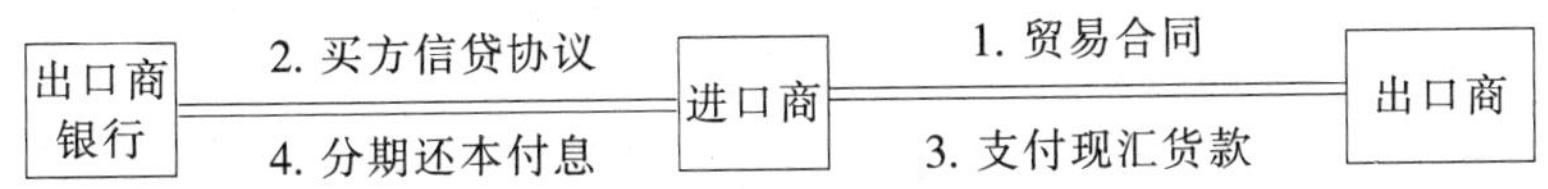

图 11—4　采取第一种方法的买方信贷基本流程

如果采用的是后一种方法，则其过程为：

(1) 进口商往来银行与出口商往来银行签订贷款总协议，规定一项总的贷款额度。

(2) 出口商与进口商达成贸易合同。合同应列明使用某家银行提供的买方信贷，否则银行是不会批准贷款申请的。

(3) 贸易合同签订后，进口商即向其往来银行提出贷款申请，进口商往来银行批准后即根据原先的总贷款协议向出口商往来银行申请使用贷款额度，出口商往来银行经审核后如认为符合协议规定的条件，即向进口商往来银行拨付贷款，再由进口商往来银行转付给进口商。

(4) 进口商得到贷款后，即以此款现汇支付出口商的货款。

(5) 在以后的一段时间内，进口商按合同规定的条件向进口商往来银行偿还贷款，再由进口商往来银行转还给出口商往来银行。

(6) 进口商银行与进口商的债权债务在国内进行结算。

采取后一种方法，买方信贷基本流程如图 11—5 所示。

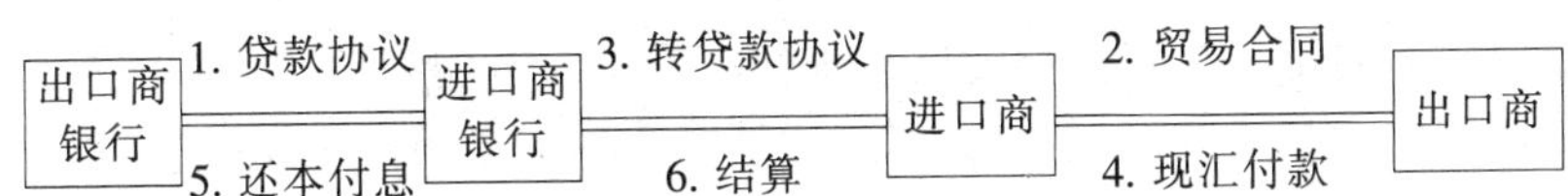

图 11—5　采取后一种方法的买方信贷基本流程

在国际贸易中，实际上经常采用的是后一种形式的买方信贷。尽管它多了进口商往来银行这一环节，看上去较第一种方式复杂，但由于此时出口商往来银行和进口商往来银行事先定有总的贷款协议，因而具体的每笔买方信贷反而更为简便。

在今天的国际贸易中，买方信贷是最为常见的出口信贷形式，在世界出口信贷总额中所占比重远远大于卖方信贷。之所以出现这种情况，主要是因为买方信贷与卖方信贷相比，不论对出口商还是进口商都有许多优点。

对出口商来说，买方信贷不需要由出口商出面从银行借款，而是直接收进现汇货款。这不仅省却了出口商的许多麻烦，而且还不增加出口商的负债，没有坏账风险和外汇风险。

对进口商来说，相对卖方信贷而言，买方信贷的金额大，期限长；而且在买方信贷中，贷款与贸易相分离，这有利于进口商核算成本，并能通过分别与出口商及贷款银行谈判以降低成本。

(四) 信用安排限额

信用安排限额是指出口商所在地银行为扩大本国一般消费品或基础工程的出口，给予进口商所在地银行以中期融资的便利，并与进口商所在地银行配合，组织较小金额业务的成交。

信用安排限额有两种方式：

(1) 一般用途的信用限额：指由出口商所在地银行向进口商所在地银行提供一定的贷款限额，以满足对方许多彼此无直接关系的进口商购买该出口国消费品的资金需要。

(2) 项目信用限额：指由出口国银行向进口国提供一定贷款限额，以满足进口国的厂商购买出口国的基础设备或基础工程建设的资金需要。

(五) 混合信贷

混合信贷是指卖方信贷或买方信贷与政府贷款或赠款混合贷放的方式。

混合信贷有两种形式：

(1) 对一个项目的融资，同时提供一定比例的政府贷款（或赠款）和一定比例的买方信贷（或卖方信贷）。

(2) 对一个项目的融资，将一定比例的政府贷款（或赠款）和一定比例的买方信贷（或卖方信贷）混合在一起，然后根据赠与成分的比例，计算出一个混合利率。

(六) 签订“存款协议”

签订“存款协议”是指出口商所在地银行在进口商银行开立账户，一定期限内存放一定金额的存款，并在期满之前要保持约定的最低额度，以供进口商在出口国购买设备之用的出口信贷。

第四节　我国利用国际银行贷款的现状

一、我国利用国际银行贷款的情况

自改革开放以来，我国把利用外资作为一项长期的基本国策，对外借款和吸引外商直接投资并重。从1979年起，外资开始以多种渠道进入中国，并在中国经济与社会发展中发挥越来越突出的作用。据国家统计局统计，在1979—2003年的25年间，我国实际利用外资总额达到5 014.71亿美元，其中中长期贷款超过1 500亿美元，利用外资项目45万个。外资已成为我国经济建设中不可忽视的重要力量。

20世纪90年代以来，我国对外借款中商业贷款所占比重一直保持在50%左右。其中，1991年为52.1%，1996年为49%。需要指出的是，在我国有关统计和法规中，国际商业贷款的概念不仅包括外国银行贷款，还包括在境外发行的股票和所有证券等信用工具，但是我国国际商业贷款的绝大部分是外国银行贷款。

相对于外国政府贷款、国际金融组织贷款和出口信贷等其他对外借款形式，国际商业贷款的利率较高，多采用浮动利率，受国际市场波动的影响也较大，而且商业贷款的期限较短，偿还期比较集中，在一定程度上加大了对外借款的风险。因此，要保持适度合理的外债规模，就必须严格控制包括外国银行贷款在内的商业贷款。

自1994年外汇体制改革以来，我国国际收支年年顺差，国家外汇储备持续大幅度增加，国内外汇资源短缺的矛盾有所缓和，为此1995年、1996年国家对外资政策进行了调整，主要是严格控制外债规模增长，部分国际商业贷款用外汇储备替代，以减轻国家的债务负担。这也是我国以后将长期坚持的外债政策。借用国际商业贷款将根据我国经济发展需要、国家产业政策和偿还能力，做到适度、高效，资金重点投向农业、水利、能源、交通和重要原材料等行业中以及经济效益好的项目和出口创汇项目。

另外，为保持良好的外债结构，我国还鼓励多利用长期优惠贷款，降低商业贷款比重，以保持低成本的筹资优势，并加强外债风险管理，调整外债结构和币种结构。

二、我国对国际银行贷款的管理

(一) 对短期国际银行贷款的管理办法

我国对短期的国际银行贷款采取余额管理的办法，即由国家主管部门向经批准的金融机构下达短期国际银行贷款的年度余额，由金融机构据此调整本单位的债务水平和资金运用。

(二) 对中长期国际银行贷款的管理办法

对于中长期国际银行贷款的宏观管理，采取指标控制的办法，主要内容如下：

1. 规模控制

国家通过两类计划对中长期国际银行贷款实行规模控制：一类是中长期国际银行贷款计划，它与国家国民经济和社会发展五年计划、十年规划相衔接，确定全国计划期内借用国际银行贷款的总规模和分地区、分部门规模以及主要建设项目。另一类是年度借用国外贷款计划，它主要确定全国年度借用国外贷款的总规模，并下达正式签约生效的大中型项目当年支付的国外贷款数额。

2. 项目的审批管理

各地方管理部门将本地区、本部门准备使用国外贷款的项目初审后报国家发展和改革委员会审批。送审的文件应包括项目建议书、可行性研究报告和利用外资方案，其内容必须包括借用国际银行贷款的具体形式、数额，国内配套资金落实安排情况，贷款的主要用途，项目经济效益初步测算及外汇平衡情况，贷款的偿还方式和偿还责任（还款人和担保人）。

各地方发改委及国家发改委对借用国际银行贷款的项目执行情况进行跟踪检查，并逐步实行项目后评价制度，从而为后续同类项目提供经验。

(三) 对外贷款的“窗口管理”

筹措国际银行贷款需要经过国家指定的或者经批准的国内金融机构进行。未经批准的企业或金融机构不得从境外取得贷款。擅自筹措国外贷款，国家将不允许对外偿付本息。

(四) 外债的统计、监测、监督制度

借用各类国际银行贷款的单位在贷款签约后，必须及时到国家主管部门进行外债登记。每次偿付贷款本息前，借款人应提前向主管部门报送贷款偿还计划，并在主管部门同意后，及时对外偿还应付的本息。

三、我国借用国际银行贷款的程序

(一) 取得利用贷款项目的批复

国内项目要借用国际银行贷款，首先要根据项目的规模取得国家或者地方、部门计划管理部门的批准，在批复中明确项目建设的部分资金来源为国际银行贷款。

(二) 取得国际银行贷款指标

各地方、部门计划管理部门将准备使用国际银行贷款的项目初审后，报国家发改委审批，如果符合国际银行贷款的条件，国家发改委将同意该项目使用一定数量的国际银行贷款，即取得国际银行贷款指标，并列入国家外债计划。

（三）委托金融机构对外筹资

目前，国内筹措国际银行贷款主要通过中国银行、交通银行、中国投资银行、中国建设银行、中国工商银行、中国农业银行、中信银行以及经国家批准的省市级国际信托投资公司等银行和非银行金融机构。

（四）金融条件核准

国家为避免各筹资窗口在市场、时机和条件等方面发生冲突，在筹资窗口筹措国际银行贷款前，由国家主管部门对其贷款的金融条件，即贷款期和利息、筹资市场、筹资方式等，进行审核和协调。筹资窗口在国家主管部门正式批准贷款条件后，才能与国际银行签订借款协议。

【案例分析 11—1】

三峡机组国际融资招标的成功探索

三峡工程左岸电站 14 台机组采用国际竞争性招标方式采购，要求在引进质量可靠、价格合理、得到充分的转让技术的同时，还要引进条件优惠的资金。

实际中采取了融资和商务同步投标的办法，充分利用竞争机制，成功地引进了协议金额达 112 亿美元的长期信贷，而且贷款覆盖面广、期限长、条件优惠。不仅满足了商务合同 10 年执行期间的支付，而且缓解了三峡二期工程建设资金筹措和三期工程建设中还贷的压力，为今后利用外资提供了可资借鉴的经验。

这次机组招标共有六大投标集团参与了投标，最后由 ABB 集团、GEC-ALSTHOM 集团、VGS 集团 3 家中标。每一个投标集团都是由若干家国际著名的水电制造企业联合组成，如 VGS 集团是由德国伏伊特、加拿大 GE 和德国西门子 3 家组成投标联合体，分包厂商包括巴西伏伊特、巴西 GE 和巴西西门子、中国东方电机股份有限公司等制造厂商，投标商必须分别向德国、加拿大、巴西 3 国的出口信贷机构提出申请并得到融资承诺。同时，对于出口信贷不能覆盖的部分则必须得到国际上商业银行提供配套商业贷款融资的承诺。从最后招标结果来看，提供出口信贷的国家分别是德国、法国、加拿大、瑞士、西班牙、巴西、挪威；两个商业银团贷款分别是以德国德累斯顿银行为牵头行和以法国兴业银行与香港汇丰银行联合牵头行提供的，参与提供贷款的银行共有 26 家。

这次引进外资的主要成果体现在：

1. 融资金额大，覆盖面宽，资金匹配合理

这次对外融资协议金额共计 112 亿美元，其中出口信贷 7 亿美元，配套的商业贷款 42 亿美元，不仅覆盖了全部商务合同价，而且覆盖了 100%的建设期利息和出口信贷保费，做到了贷款覆盖面的最大化。德国、法国、加拿大、瑞士、西班牙、挪威等 OECD 成员国家按照“君子协定”，其提供的出口信贷除覆盖本国成分的 85%外，还提供相当于其本国成分 15%的当地费用覆盖到中国分包部分；巴西是非 OECD 国家，其提供的出口信贷直接覆盖了本国成分的 100%。商务合同

15%的预付款部分和中国分包剩余部分则全部用商业贷款覆盖。这样的资金匹配原则与商务合同的支付比例正好吻合。

2. 贷款期限长，提供利息资本化

7个国家的出口信贷总期限都是多年，其中用款期9年，还款期12年；商业贷款总期限分别是15年和17年，其中用款期9年，还款期分别是6年和8年。如此长期稳定的资金，符合三峡工程的工期特点和建设要求。用款期内进行利息资本化，还本付息从最后一台机组投产后开始，减轻了建设期资金压力。

3. 融资成本优惠

经综合计算，出口信贷融资成本为年率7.8%，其中OECD成员国出口信贷年利率为7.2%，为固定利率，是1997年国际商业参考利率（CIRR）的最低水平。巴西是非OECD成员国，利率更优惠，用款期为6.937 5%，还款期为6.437 5%；有关的费用，包括出口信贷保费及银行承诺费、管理费、杂费，仅相当于年利率0.6%。

4. 贷款协议条款较为优越，提款支付限制较少

这次对外融资9个贷款协议从文本条款来看是国内利用外资中比较好的，具体表现在：(1) 结构简洁，没有复杂、冗繁的章节；(2) 要求宽松，没有常见的国际融资协议文本中在提款前提条件、违约事件、陈诉与保证、约定、诉讼等方面的苛刻要求；(3) 条款优越，没有像国内其他利用外资的大中型基本建设项目的国外贷款协议那样有针对借款人及工程项目的敏感性、特殊性、歧视性条款，如环境保护、政府担保、非法条款等。

这次利用机组招标引进外资在整体上优于国家批准的三峡工程总体筹资方案中的原定目标，国内商业银行普遍认为，这是我国大型项目近期利用外资条件最优惠的一次，是一次成功的引进外资的实践。

国际融资的成功经验是：

1. 明确融资与招标有机结合

三峡工程是世界上最大的水电工程，三峡机组在水电制造行业中有着巨大的吸引力，参与投标制造企业都是国际上一流的跨国公司，有较强的影响力和融资能力。为引导投标商递交有竞争力的融资建议，根据三峡工程资金需求的实际情况和国际资本市场可能的筹资渠道，以及机组商务合同的特点，在招标文件中又列入了较为详尽的融资要求。这些要求包括：(1) 融资建议应以出口信贷和配套的商业贷款为主要形式，投标者也可以提交其他形式的融资建议；(2) 融资建议的贷款总额应尽可能覆盖100%投标报价以及建设期利息和保费，此外，应努力争取出口信贷机构提供10%的备用款，用于商务合同的变更指示；(3) 出口信贷和商业贷款的贷款期限应尽可能长，要求出口信贷的还款期在10年以上，商业贷款的还款期在5年以上，偿还期均应从最后一台机组初步验收合格后开始；(4) 出口信贷应采用固定利率；(5) 融资建议书的货币应采用美元；(6) 投标者应提交有关融资机构、

银行或其他金融机构出具的承诺函，并保证承诺函的有效期与投标有效期一致；(7) 投标者应提供贷款协议文本格式；(8) 如果提供出口信贷的国家对使用贷款有任何强制性限制条件，投标者需提供详细资料。

2. 促进投标商积极开展融资工作

为确保机组招标的全面成功，邀请了一些潜在投标商到国内进行了多次交流，内容涉及技术、商务、融资、国内外合作等各个方面，力争做到知己知彼。为了得到优惠的融资条件，我们在标书发售之前，邀请国家开发银行参加，出访有关出口信贷机构及银行，向这些机构正面介绍三峡工程情况，表明对融资条件的想法和要求，以对其在提供融资的决策过程中产生积极影响。

通过双向交流，一是摸清了资本市场的情况，着重对欧洲市场融资的潜力、条件、障碍有了进一步了解，初步掌握了欧洲主要国家出口信贷体系、申请批准程序以及向三峡工程融资所持的态度。二是加深了出口信贷机构和商业银行对三峡工程的正面认识，提高了他们为三峡工程融资的积极性。各出口信贷机构普遍反映，这次考察为他们提供了一次直接、全面和正面了解三峡工程的机会，有助于消除西方媒体对三峡工程片面、歪曲报道所产生的负面影响，欧洲国家纷纷作出承诺，表示愿意提供出口信贷支持本国投标商参与投标。三是摸清了哪些融资条件是竞争性项目，谈判余地较大。对于投标商提供有竞争力的融资建议奠定了基础，并对融资谈判决策具有重要指导意义。

3. 在议标谈判中逐步改善融资条件

鉴于这次机组招标的复杂性，整个招标工作采取的是“公开招标，议标抉择”的招标形式。在对外融资方面，摒弃了过去融资谈判在商务授标之后才开始的传统做法，要求在整个议标过程中融资要与商务同步进行，充分利用竞争机制，以商务带融资，以融资促商务，经过三轮的澄清与谈判，无论是资金条件还是文本条款都得到了较大改善。

整个工作分3个层次展开：

(1) 通过对融资建议书的审查，澄清其完整性与有效性。根据招标文件的要求，融资建议书必须包括投标商融资建议书声明、一个或多个出口信贷及配套商业贷款的融资建议方案（即以表格的形式反映出主要资金条件）。出口信贷机构和银行出具的承诺函及贷款协议文本格式，上述投标文件必须保证授权签字和时间要求的有效性。

(2) 充分利用竞争机制，积极争取优惠的资金条件和文本条款。经过研究分析，评标人员认为各投标商提交的融资建议方案都是有一定潜力的；必须在议标谈判中充分运用竞争机制，引导投标商和银行向最好的条件看齐，向过去融资条件好的项目看齐，向我方所希望的融资条件看齐，进一步作出努力，改善条件。从协议条款来看，提款前提、违约、贷款终止等条款都作了较大的改善，没有出现如环境保护、政府担保、非法违约等敏感性、歧视性条款，使得提款支付更为宽松简便。

(3) 掌握有利时机，锁定融资成本，及时签订贷款协议。OECD成员国出口信贷统一使用国际商业参考利率(CIRR),每月公布一次。在接收投标文件后,作好跟踪与预测,掌握有利时机,确定利率,是降低融资成本的关键环节之一。三峡机组招标于1996年12月18日截标后,CIRR先升后降,到1997年8月份,降到7.2%,而此时,资金条件和协议文本的谈判工作也基本完成。在这种情况下,我们及时要求确定利率,并确定融资协议与商务合同于9月2日同时签订。从结果来看,7.2%的利率是1997年的最低水平,可节约融资成本3 000多万美元。

4. 业主与代理银行相互配合

由于这次招标过程是商务和融资同步进行,所以在招标文件编制阶段,就确定了开发银行作为本次融资的代理银行,开发银行不仅参与银行间的谈判,而且参与了前期的标书编写、与投标商的议标等过程,充分发挥了代理银行的作用。同时,本次融资谈判也突破了在商务投标结束后,由代理银行与国外贷款银行进行融资谈判的传统做法。经与开发银行协商,业主也要参与银行间的融资谈判,并合理分工,议标阶段以业主为主,贷款条件谈判以业主为主;银行间的融资谈判以代理银行为主,贷款协议、法律条款以代理银行为主。双方全过程共同参与,重大问题共同协商,从而使整个融资过程特别是贷款条件的谈判充分体现了业主的意愿和要求。这一做法也是本次招标取得优惠的融资条件的一条重要经验。

【案例分析11—2】

环保项目的国际银行融资

2004年2月27日,在深圳召开的国家发改委利用世界银行、亚洲开发银行贷款备选项目前期工作会上,深圳水环境综合整治申请世行贷款2亿美元的项目已列入2004—2006财年国家外债计划,从而标志着深圳市在促进融资渠道多元化改革上找到新的突破口。

长期以来,深圳城市基础设施建设和环保项目大多依靠财政投资,而在利用国际金融组织资金方面进展缓慢,使政府投资对社会投资的杠杆作用和放大效应难以发挥。统计显示,此前深圳利用世行贷款仅1 000多万美元,只占全国利用世行贷款总额的万分之三。为此,2004年深圳市把水务基础设施等领域列为投融资体制改革的重点。

利用世行贷款不仅可以弥补财政缺口,同时世行对项目从立项、设计到监督、管理有一整套科学先进的管理方法,有利于保证项目的完整性和前瞻性。因此早在2002年,深圳市就积极组织有关部门成立专门的工作组,开展深圳水环境综合整治项目的申请工作,并主动申请将项目列入珠江流域污染治理项目盘子。该项目的前期准备工作已进入世行的预定程序。

由于水环境综合整治工程项目是近年来深圳同世行牵手的第一个大型项目,因此贷款项目在前期准备过程中力求有所创新,如设立了偿债基金、放开了部分水务领域的投资准入,从而使世行贷款、政府投入与社会资金结合起来,形成从引水工

程、供水网络到污水处理全方位的投融资体系。

【本章小结】

1. 国际商业银行贷款的特点是：贷款人筹资比较容易，贷款成本较高，贷款用途不受限制。国际商业银行贷款的形式主要有欧洲货币市场商业银行短期和中长期贷款，其中欧洲货币市场中长期银行贷款基本上采用银团贷款的方式。

2. 国际银团贷款，是由若干家银行按共同的条件向借款人提供巨额的贷款，从几亿美元到数十亿美元。银团贷款的方式有两种，一种是直接的银团贷款，另一种是间接的银团贷款。由于这两种不同的组织形式，从而导致在不同的组织模式条件下，银团的组织运作存在着明显的差异。

3. 出口信贷是本国银行对本国出口商和外国进口商或进口方银行提供利率较低的贷款，以支持本国的机器设备、技术等的出口。它一般分为对出口商的信贷（卖方）和对进口商（买方）的信贷。

4. 为了控制对外借款的风险、合理利用外国银行贷款以及保证对外借款的适度性和合理性，我国对国际银行贷款实行了严格的管理，长期坚持严格控制外债规模增长，保持低成本的筹资优势，加强外债风险管理，调整外债结构和币种结构。

【课堂讨论题】

我国企业如何利用出口卖方信贷和进口买方信贷来开拓市场，壮大自身实力？

第十二章

国际债券融资

【要点提示】

- 国际债券融资与国际债券市场
- 国际债券的发行与流通
- 国际债券融资的风险与收益
- 我国的国际债券融资

上一章中介绍了国际银团贷款融资，但自从1982年国际债务危机爆发后，国际金融市场上的银团贷款就急剧减少，筹资者纷纷转向证券市场，国际资本市场出现证券化趋势。发行债券已成为借款者利用国际金融市场融资的最重要手段，其中国际债券市场的发展起了重要作用。本章主要介绍国际债券融资的基本理论、国际债券的发行、国际债券收益的计算，以及我国利用和发行国际债券融资的情况。

第一节 国际债券融资与国际债券市场

债券是一种确定债权、债务关系的凭证，表明资金出借者对资金借入者有收回所贷资金的权利，资金借入者对资金出售者有偿还所借资金的义务。债券按地域范畴分类，可分为国内债券和国际债券（International Bond），后者又包括外国债券（Foreign Bonds）与欧洲债券（Euro Bonds）。在国内债券市场上，借款货币为当地货币，借款人、包销团及投资者都立足于国内。外国债券是发行者在本国以外的特定国家的资本市场上，发行以该国家货币计价的债券，并且由该国的包销团（包括外国银行）在该国内推销。在美国发行的外国债券称“扬基债券”（Yankee Bond），在日本发行的外国债券称“武士债券”（Samurai Bond）。而欧洲债券则是发行者在本国以外的国际资本市场上，发行以第三国货币计价的债券，并由国际包销团在各国推销。

一、国际债券及国际债券市场

国际债券是指一国政府及其金融机构、企事业单位，或国际金融机构在国际市场上以外国货币为面值发行的债券。

（一）国际债券

国际市场上一般将国际债券分为外国债券和欧洲债券两种。

1. 外国债券

外国债券是指国际债券发行人在某一外国债券市场上，以该国货币为面值发行的债券，该债券首先出售给该国居民，且债券的销售过程类似于该国国内债券的发行。外国债券通常在债券发行所在国的国内市场注册，由该市场内的公司负责包销，而且基本上在该市场内出售。其特点是：发行人属于一个国家，债券的面值货币种类及发行市场则在另一个国家。比如我国财政部在日本市场发行的日元债券及在美国市场发行的美元债券都属于外国债券。

2. 欧洲债券

欧洲债券是指国际债券发行人在面值货币国家以外的境外市场（即欧洲货币市场）发行的债券，债券承销人和投资者都来自许多国家。其债券发行人属于一个国家，发行地在另一个国家，采用面值货币又是第三个国家，发行地也可以是几个国家，面值货币也可以是多国的。如我国可以在日本发行美元债券，也可以在新加坡发行日元债券。20 世纪 70 年代后，随着美元汇率波动幅度增大，以联邦德国马克、瑞士法郎和日元为计值货币的欧洲债券的比重逐渐增加。同时，发行地开始突破欧洲地域限制，在亚太、北美以及拉丁美洲等地发行的欧洲债券日渐增多。在欧洲国家发行美元债券或在日本发行美元债券都称为欧洲美元债券。在新加坡发行日元债券目前称作亚洲日元债券，性质及含义与欧洲美元相同。欧洲债券除可以用单独货币（如美元、英镑、瑞士法郎、日元等）发行外，还可以用综合性的货币单位发行，如特别提款权（SDR）、欧元（EURO）等。

欧洲债券本身还有着固定的特点：

(1) 欧洲债券是境外债券，它不是在面值货币国家债券市场上发行；

(2) 欧洲债券通常是通过承保银行的国际辛迪加，同时在许多国家安排出售的，可以卖给全世界的投资者；

(3) 欧洲债券的发行方法，通常采用“出盘”（Placing）的形式，即不经过申请批准的非正式的发行形式，以避免国家对发行的限制；

(4) 欧洲债券不预先扣除税款，这对于发行公司必然形成一种特殊的财政补贴。

（二）国际债券市场

国际债券市场是指由国际债券的发行人和投资人所形成的金融市场，它是国际资本市场的重要组成部分。从20世纪80年代起，随着资本市场证券化与国际化的发展，国际借贷的结构也发生了重要的变化（见表12—1）。一方面，国际债券融资在国际借贷中的比重不断提高，并于1983年迅速超过了传统的银行贷款融资方式，成为国际借贷市场的主流；另一方面，在借贷融资证券化的同时，金融工具的创新亦成为某种时尚，为适应借款人和投资人的不同需要和金融环境的要求，证券化的金融工具也走向了复合化和复杂化，浮息债券和可转换债券的出现有效地改善了借款人的融资条件，而短期票据的融资使用则极大地便利了融资手续，降低了借贷成本。这一发展过程甚至改变了商业银行的信贷观念，导致了信贷工具与证券手段的结合，贷款销售、贷款转让日益趋于普遍化。

表12—1　　20世纪80年代国际资本市场的借贷结构　　单位：亿美元

	1984年	1985年	1986年	1987年	1988年
银行国际贷款	447	430	524	947	1 256
普通固定利率债券	584	948	1 415	1 213	1 617
浮息债券	382	587	512	130	219
可转换债券	109	113	269	430	350
票据发行贷款	75	344	248	290	144
欧洲商业票据	113	126	590	558	571

资料来源：OECD:《金融市场趋势》，截至1989年8月数字。

国际债券融资得以高速成长的原因是多方面的。首先，20世纪80年代初期，来自一些发展中国家的债务危机使得国际商业银行蒙受了巨大的损失，寻求分散风

险的金融工具成为国际金融机构业务的重要考虑，而这一时期修订的巴塞尔协议对于跨国银行资本金的要求也导致银行收缩了其一般信贷业务。其次，对于投资者而言，债券和债券市场为其提供了某种收益稳定、高流动性、有利于分散风险的投资工具。此外，运用各种债券融资工具对于借贷方来说也具有筹资便利、降低筹资成本的优点。

但是到 2002 年，国际债券净发行量开始萎缩，2002 年的前三季度累计为 8 258亿美元，而 2001 年同期为 10 982 亿美元。2002 年，国际债券市场交易量增加，前三季度，仅美国国债的日均交易量就高达 3 614 亿美元，高于 2001 年的 2 979亿美元。前三季度，债券投资组合流向欧元区规模增加，由 2001 年同期的 328 亿欧元增加到 498 亿欧元。国际债券市场低风险债券价格上涨，收益率大幅下降，波动性上升，由此累积了巨额资本利益；高风险债券风险溢价上升，与低风险债券的利差拉大。

与国际债券分为外国债券和欧洲债券相对应，国际债券市场可分为外国债券市场和欧洲债券市场。

1. 外国债券市场

外国债券市场是一种传统的债券市场，它始于 19 世纪，于 20 世纪五六十年代迅速发展。当前世界上主要的外国债券市场是美国的纽约、日本的东京、瑞士、英国的伦敦、德国的法兰克福。

（1）美国的外国债券市场。

在 1964 年执行利息平衡税以前，还没有欧洲美元债券市场。外国发行者在美国发行的以美元计价的债券就是外国债券。到 1974 年利息平衡税降为零后，外国债券成为外国借款人筹措资金的重要来源。外国借款者在纽约发行的，以美元计价、并主要由美国国内包销集团经办的外国债券，通常称之为扬基债券。

美国对债券发行管理严格，在该市场发行债券一般要经过评级，与欧洲债券市场相比，这是其主要特点。债券发行者还要向美国“证券交易委员会”进行“注册声明”，披露其所在的国家有关债券发行的详细情况与资料。外国发行者未经披露或未经证券委员会批准而发行债券都是非法的。由于评级审查严格，一般中小企业或发展中国家不易取得良好的信誉级别，发行债券难以获准。

因此，在美国市场上发行扬基债券的主要是发达国家政府、大企业和国际组织。美国外国债券市场作为世界最大的债券市场之一有如下特点：

1）发行金额大，流通性强。近年来，平均每笔扬基债券的发行额都在7 500万～1.5 亿美元之间。扬基债券的发行在纽约证券交易所，但实际交易遍及全美国。同时，欧洲货币市场又是扬基债券的转手市场，因此，扬基债券的实际交易遍及全球。

2）债券期限长。这种债券期限以中期为主，一般是6～8 年。近年来，由于国际借贷市场出现萧条。若干信誉较好的扬基债券期限变得更长，长达 20～25 年之久。

3）发行者中，借款者一般为国际机构、外国政府或政府机构，另外还有一些公司借款人。纯属民间的较少。投资者中，商业银行、储蓄银行、人寿保险公司三大投资者起主导作用。

（2）日本的外国债券市场。

日本的国际债券市场分为日元公募债券市场和日元私募债券市场两部分。

1）日元公募债券市场。所谓公募（Public Issue），是外国借款者向社会上无特定数量的投资者和广大公众发行。外国借款者在日本资本市场上公开发行的日元债券也叫“武士债券”，其发行市场称“武士债券市场”。

日本对日元公募债券的发行有严格的规定：

第一，发行条件的规定。外国发行者首次在日本发行公募债券，必须经权威的评级机构评级获得A级以上的级别。并且根据不同的信用级别，来确定债券的发行限额：AAA级为无限制；AA级为300亿日元以内；A级为200亿日元以内；未评级为100亿日元以内。

对于债券的期限，也有具体的规定：国际机构和AA级以上为15年以内；A级为12年以内；未评级为7年以内。

第二，发行债券涉及的有关单位包括：

a. 承购公司。首先，发行者要委托承购公司承购债券并办理债券的募集业务。

b. 受托公司。受托公司负责为发债者设计印刷债券、办理接收款等事务，并受托保护投资者的利益。

c. 本金利息支付事务代理公司。该公司业务是接受发行者委托、办理债券还本付息业务。

d. 登记事务代理公司。该公司是办理债券登记事务的公司。

e. 律师。发行日元债券时，发行者必须在日本选择律师。

f. 投资者。日元公募债券的投资者分布非常广泛，通常认购比例是：银行占30%，个人占20%，非银行投资机构占30%，外国投资者和其他投资者各占10%。

第三，发行债券需坚持信息公开制度。信息公开制度要求发行者完全而又正确地公开其企业的经营情况和财务状况，以保护投资者的利益。

2）日元私募债券市场。所谓私募（Private Issue），是债券出售给特定数量的金融机构，债券不公开上市。日本对日元私募债券的发行也有具体的规定：

第一，发行条件的规定。与公募债券一样，根据不同的信誉级别来确定发行限额：已取得日本或美国的AAA级评级为300亿日元以内；AA级评级为200亿日元以内；取得日本或美国A级、AA级评级的国家机构，发行者近三年在主要金融市场发行过债券或取得银团贷款等为700亿日元以内。

对于发行债券期限的规定：私募债券期限比公募债券长，一般长达20年之久。

所以，私募债券更有利于长期的融资需要。私募债券利率的确定也与信用级别高低有关联，两者成反比。与公募债券相比，私募债券的利率要高于公募债券。因为私募债券购买后两年内不得转卖，如果转卖则要全部转卖给另一金融机构，这种限制，会影响投资者的资金流通，故在利息上给予补偿。

第二，发行债券涉及的有关单位包括：a. 经办者。其作用是研究市场动向，向发行者提出发行条件、发行时间等建议以及代表发行者就发行事务同大藏省商议等。b. 投资者。根据日本证券交易法的规定，日元私募债券的发行对象不能超过50个投资机构，通常是由15～20个投资机构认购。c. 登记事务代办公司和本金利息支付事务代办公司。

从上述介绍的情况看，发行日元私募债券与发行公募债券相比，其优点是：发行私募债券的手续简单，标准发行日程短（从选择发行债券有关单位到缴款日，一般只需用一个月的时间，而公募债券第一次发行时需要3～4个月的时间）；另外，发行私募债券的发行费用也比公募债券低。但私募债券的缺点是年率高，筹资来源面窄，国际影响小。

在东京市场上，外国筹资人以公募方式发行非日元（主要是美元）的外国债券被称为将军债券（Shogun Bonds）。1985年，世界银行首次在东京市场上以公募方式发行面值为美元的外国债券，并命名为将军债券。中国银行于1985年10月发行了第一笔将军债券，金额为1.5亿美元。东京市场上发行的外国债券，除了采用公募方式以外，还可采用私募方式，即未经公开发行程序，债券不能挂牌上市的债券。以私募方式发行的非日元债券称为艺者债券（Geisha Bonds），欧洲经济共同体于1985年首次发行此种债券，总额为5 000万欧洲货币单位。

（3）瑞士外国债券市场。

瑞士外国债券是指外国机构在瑞士发行的瑞士法郎债券。它的特点是市场规模巨大。瑞士的外国债券市场是目前世界上最大的外国债券市场，其主要原因是：

1）瑞士经济一直保持稳定发展，国民收入持续不断提高，储蓄不断增加，有较多的资金盈余。

2）苏黎世是世界金融中心之一，是世界上最大的黄金市场之一，金融机构发达，有组织巨额借款的经验。

3）瑞士外汇完全自由兑换，资本可以自由流进流出。

4）瑞士法郎一直比较坚挺，投资者购买以瑞士法郎计价的债券，往往可以得到较高的回报。

5）瑞士法郎的外国债券年利率为5%～7%，发行者可以利用货币调换和双重货币债券等创新工具将所筹资金转换为所需要的货币。

瑞士的外国债券包括以公募方式发行的期限为8～15年的债券，和以私募方式发行的期限为18个月到8年的债券。瑞士银行、瑞士信贷银行和瑞士联合银行是发行公募债券的包销者。私募发行没有固定的包销团，而是由牵头银行公开刊登广告推销，并允许在转手市场上转让。但是至今为止，瑞士政府不允许瑞士法郎债券的实体票据流到国外，必须按照瑞士中央银行的规定，由牵头银行将其存入瑞士国家银行保管。而且瑞士央行禁止在瑞士国内发行欧洲债券，因此也就不存在欧洲瑞士法郎债券市场，而只有瑞士法郎外国债券市场。

2. 欧洲债券市场

在20世纪50年代末到60年代初的时期，美国对购买外国证券者征收利息平衡税。所以美国公司转向国外筹资，向欧洲持有美元的投资者发行债券，非美国借款人也转向欧洲资本市场。欧洲债券市场发展成纽约以外的另一个重要国际资本来源。欧洲债券市场发行的计价货币包括美元、英镑和联邦德国马克等。第一次欧洲美元债券的发行始于1963年，欧洲马克债券始于1964年，日元欧洲债券到1977年才出现。欧洲债券的发行评级、申报手续和资料提供不受当地政府控制，但必须遵守所在国的法律和一般规则，但是手续要比外国债券松得多。欧洲债券是新型的债券市场，发展很快，债券的种类很多，发行量也很大。

欧洲债券市场以欧洲美元和欧洲日元发行量最大，最具有代表性。

（1）欧洲美元债券市场。20世纪60年代初期，英国政府为了把伦敦变为新的国际资本中心，鼓励国内银行对外开展各种筹资活动。起初，英国的麦加利银行一直担任欧洲美元债券的发行工作，但由于本身的资金能力有限，因此只好与其他国家一起组织包销团来消化大笔的发行量。这就是所谓欧洲美元债券市场的初期阶段。1964年，美国利息平衡税制度的出现为欧洲美元债券市场的发展创造了条件。当时国外借款人被美国市场排斥在外，因而纷纷转向欧洲。同时也由于美国对海外投资的限制，给欧洲美元债券市场的顺利发展带来了良机。欧洲美元在欧洲市场上历年来占有很大的比重，它在整个欧洲债券市场的比率每年大约为60%～80%。但是从统计中也可以看出，它在1975年和1987年出现了两次低潮，欧洲美元债券占整个欧洲市场的比率分别仅为41.7%和42%。其主要原因是美元币值不稳定，投资家们对美元前景缺乏信心，纷纷将美元资产转换成其他货币的资产。

欧洲美元债券市场主要有两个特点：

1）不受美国市场中央监督官的控制。它是一个完全自由的市场，它的发行只受市场利率和汇率等经济因素的影响，它也没有发行限额和标准等限制，只需根据各国交易所的上市规定，编制发行说明书等书面资料即可。

2）资金筹措比较容易。它和美国、日本的国内债券市场相比具有发行简便，发行数额较大等优点。它的发行由世界各国知名的认购公司组成的大规模辛迪加认购团完成（40～120家）。

（2）欧洲日元债券市场。欧洲日元债券是指在日本境外市场发行的、以日元为面额货币的债券。它又分为非居民欧洲日元债券和居民欧洲日元债券。从性质上说，欧洲日元债券与日元公募债券基本相同，但是比公募债券要灵活得多。它的发行不需经过层层审批，只要征得大藏大臣的批准便可发行；也不需为债券发行准备大量文件，发行费用比公募债券少得多。另外，由于欧洲日元债券的发行人必须具备一定的信用条件，因此，对认购者来说它的安全性较高。

欧洲日元债券市场主要有以下两个特点：

1）债券发行额较大，很多笔发行都在200亿日元以上。最大的一笔是加拿大发行的800亿欧洲日元债券，该债券偿还期为5年，利率为6.125%。这样大额债券的发行，标志着欧洲日元的信誉上升到新的高度。

2）债券发行多与掉期业务相结合。筹资者首先发行低利率日元，而后将其调换成美元浮动利率债券。从实际调换结果看，筹资者的美元借款利率经常比LIBOR低5%。这种通过掉期业务降低筹资成本的做法，是促使欧洲日元债券迅速增加的一个重要原因。据估计，有90%的欧洲日元债券都与掉期业务有关。

3. 欧元债券市场的兴起

1999年欧元诞生以来，欧元在债券市场已成为投资者和借款者的新宠。在债券市场上，欧元与美元并肩成为发行者的首选货币，使美元在国际债券市场的霸主地位首次受到了挑战。

1999年开始，许多非欧洲债券发行体发行了数额巨大的欧元债券，这些发行体包括许多世界著名的大公司和银行，以及若干新兴国家政府诸如菲律宾、巴西和阿根廷等。欧洲公司债券市场的迅速成长将有益于欧洲总体经济的发展。这是因为尽管银行可以通过持有贷款组合分散借贷风险，但具有流动性的债券市场可使得公司比银行更为有效地达到这一目的。通过将风险分散于数以千万计的投资者中间，债券市场有助于降低风险成本，从而降低借款者的融资成本，这又进一步使得公司可以筹集到更大数额的资金。

仅在1999年的头5个月中就有价值700亿欧元的公司债券以欧元计价发行，这几乎是1998年以欧元成员国各国货币和欧洲货币单位（ECU）计价发行的债券价值总和的一倍，更是几年前以所有欧洲货币计价债券发行总和的数倍以上。这一变化很大程度上是由于欧洲投资者的兴趣由欧洲政府债券转向低信用等级的公司债券和股票市场，因为他们愿意接受高风险投资以换取高收益回报。

目前欧洲政府债券收益接近50年来的历史低点，而公司债券的收益自1999年以来一直大大高于政府债券收益。对这种投资收益上的差异，使一些投资者大规模发行欧元债券。例如，法国的一家电子公司1999年年初首次在很短的时间内以发行欧元债券筹得价值10亿欧元的资金。若在两年前，这样规模的债券发行还是不可想象的。1999年6月，意大利电话公司的主要股东更以94亿欧元债券的发行创下了世界纪录。

又比如，定级为BBB的美国公司SAir有30%的营业收入来自欧洲市场，1999年7月发行了价值2亿欧元的7年期欧元债券。欧元债券的发行使得该公司降低了资金成本，降低了外汇风险。同时，国际资本市场目前的发展趋势是越来越需要大规模的、易于流通的债券，美国公司正好填补了这方面的需求。美国公司对欧元债券日益浓厚的兴趣是欧元在债券市场备受欢迎的一个例证。不仅欧洲和美国的公司对欧元债券情有独钟，而且一些新兴国家也开始进入欧元债券市场。例如，巴西成功发行7亿欧元债券，阿根廷因美元债券市场的一些不利因素，其政府债券也将以本国货币或欧元标价发行。

二、国际债券的种类

国际债券除在整体上分为外国债券和欧洲债券两大类外，还可按照债券发行利率、债券发行货币、债券可转换性、债券发行主体、债券兑付期限等标准进行不同的分类。例如按照国际债券的可转换性可将其分为直接债券、可转换债券、认购权证、转让贷款证券等；按照国际债券的利率确定方式可将其分为固定利率债券、浮动利率债券、零息债券等；按照国际债券（实际上限于欧洲债券）的发行货币可将其分为单一货币债券、双重货币债券、货币选择债券等；按照国际债券的发行主体，可将其分为政府债券、金融债券、企业债券等；按照国际债券的发行期限可将其分为长期债券、中期债券、短期债券和短期票据，而短期债券还有多种形式，如欧洲票据、票据发行贷款、展期承销票据等。

国际债券的种类这么多，而且通过创新，其种类还在不断增加，所以这里主要介绍以下几种常见类型的国际债券。

（一）固定利率债券（Fixed Rate Bond）

固定利率债券是指具有固定利率、固定利息息票和固定到期日的债券。债券代理机构通常按照规定向息票持有人支付利息，并于到期日向债券持有人偿付本金。固定利率债券是国际债券的传统类型，也是目前国际债券融资中采用最多的典型形式。这种债券可以按面值平价发行，也可以折价发行，并附有年利息票。固定利率债券的期限一般在3～7年之间，个别也有长达10年的。它可以同买入期权相联系使用，以便提前赎回发出的债券，还可以在发行时注明以固定价格将债券转换成其他类型证券的权利。

这种债券的支付有多种形式：（1）按年息支付；（2）随债券期限采取递增利息或递减利息的方式；（3）以双重货币表明面值的债券付息时，选用一种货币，按固定汇率确定，也可以两种货币轮流付息；（4）年金债券形式，即票息中不仅包括年息，而且包括分期偿还本金。欧洲债券生效期是交易日以后的7日开始。债券计息按一个月30天，一年360天计算。

固定利息债券通常在市场利率相对稳定的条件下发行，当市场利率不断发生较大变化时，将会对债券发行人或债券投资人造成风险，影响债券的发行条件和发行效果。20世纪80年代以后，欧洲债券市场上开始出现了一些固定利率债券的变型，其中最典型的为可撤销债券（Retractable Bond），此种债券将债券期限分为若干期，发行时仅固定第一期利率，其后每期均另行确定利率，以此来克服固定利息

债券自身的缺陷。

（二）浮动利率债券（Floating Rate Notes）

浮动利率债券是指利息率可按一定条件浮动变化的债券，也叫浮动利率票据，产生于1970年。它迎合了利率不断变动而投资者尽量减少风险的需要。从理论上说，浮动利率证券不会发生负收益的情况，因为一旦市场利率变化，它也可以跟着调整利率，因而比市场价格变动要小得多。其主要特点包括：（1）其债券利息许可根据短期存款利率的变化每6个月或3个月（依债券发行条件规定）调整一次；（2）其利息率通常是在伦敦银行同业拆放利率（LIBOR）基础上略提高一些，并且其利息率浮动通常定有最低下浮限制，并可附有利息率浮动上限；（3）浮动利率债券依其具体发行条件可附有不同的息票，通常每6个月或3个月支付一次；（4）浮动利率债券通常为中长期债券，期限多为5～15年；（5）浮动利率债券多为可转让的无记名债券。

浮动利率债券结合了中期银团贷款和长期欧洲债券的优点，一方面它可为借款方提供期限长于银团贷款的中长期借贷资金，另一方面它又使投资者减少了因利率上升而引起的资金贬值风险。证券市场参与者通常认为，浮动利率债券具有将风险平均分配于借款方和贷款方的作用，为双方提供了公平规避利率变动风险的条件；从市场表现来看，浮动利率债券的市场价格较为平稳，其买卖差价较小，债券发行人所负担的利息与LIBOR的差额不大，该券种的流动性也较高，这充分体现了此种创新性金融工具的作用。浮动利率债券自20世纪80年代以后得到了长足的发展，成为国际资本市场上重要的金融创新，其品种和发行条件也日趋多样化和复杂化，该类债券的发行人多为从事贷款业务的金融机构。

（三）零息债券（Zero-Coupon Bond）

零息债券是指以贴现方式发行，不附息票，而在到期日时按面值一次性支付本息的债券。这种债券不附带息票，投资者不收利息，而是折价发行，折价购买，到期时按债券面值偿还。收益是购买价与面值之间的差价。其具体特点在于：（1）该类债券以低于面值的贴现方式发行，由其发行贴现率决定债券的利息率；（2）该类债券的兑付期限固定，到期后将按债券面值还款，形式上无利息支付问题；（3）该类债券的收益率具有先定性，对于投资者具有一定的吸引力；（4）该类债券在税收上也具有一定优势，按照许多国家的法律规定，此类债券可以免利息所得税。

零息债券在国际债券融资市场中也占有相当大的份额，尤其在日本投资者中非常流行，因为债券到期时债券价格增加，在日本被认为是资本收益，且不用纳税。我国在国内债券市场上也曾成功地发行过零息债券，但其债券期限较短。

（四）可转换债券（Convertible Bond）

可转换债券是公司发行的一种与股权相连的债券，其持有人可在规定期限内将债券按既定的转换价格和转换比率转换成公司的普通股股票。如果持有人放弃转换权利，公司必须到期还本付息。可转换债券作为国际债券的一种形式，近年来在国际资本市场上发展非常迅速。

从理论上讲，国际可转换债券的标价货币很多，但在国际债券市场上，可转换债券常用的标价货币有两种，即瑞士法郎和美元。习惯上称前者为瑞士可转换债券，以瑞士法郎标价，由在瑞士注册的银行担任牵头经理人和组织承销团，出售给以瑞士为基地的国际投资者，并受瑞士法律监管。后者称为欧洲可转换债券，主要以美元标价，由国际性的大银行等金融机构担任牵头经理人并作全球配售。现在，国际可转换债券有一种新的形式，即Alpine，它是一种以美元标价，受瑞士法律监管，在瑞士发行并主要在瑞士配售的新型可转换债券。

瑞士可转换债券与欧洲可转换债券相比，有其独有的优点，主要是瑞士利率水平低，发行人可降低融资成本，发行费用一般占发行量的1.5%～2.5%，而欧洲可转换债券则要占到3%，至于律师费、印刷费等其他开支，瑞士可转换债券只有欧洲可转换债券的1/4。因此，很多国家都力争在瑞士发行可转换债券。其中，日本是发行瑞士可转换债券最多的国家，仅1991年日本企业界发行的瑞士可转换债券占全部总额的80%。

我国曾在瑞士成功地发行了两只可转换债券（中纺机和深南玻，深南玻采用Alpine形式）。我国的商业银行也经常采用这种方法融资，如民生银行于2003年上半年发行40亿元可转换债券进行融资，华夏银行、招商银行也都发行了可转换债券来补充资本金。

可转换债券的优势在于普通股票的价格可能上升，或者在债券期限中股票标价的货币会升值。这种债券的票息率比直接债券低，但为货币贬值引起的资本价值损失提供保值，采用可转换债券进行国际融资具有以下特点：

1. 可转换债券兼有债权性和股权性的双重特性

对投资者来说，一方面可以获得该债券提供的稳定的利息收入和还本保证；另一方面，当公司经营情况良好时，二级市场公司股票价格上升，投资者还可以将债券转换为股票成为公司的股东，分享公司业绩增长和股票增值的利益。对发行人来说，债券转股前可以低成本筹集资金，债券转股则提供了以高于发行债券时的股价售出股票的可能性。因此，可转换债券是一种混合的金融工具，是企业向境外融资的行之有效的途径。

2. 发行人的赎回权

即发行人在债券到期前赎回债券的权利。具备下列条件之一的，公司才能行使该项权利：一是公司股票连续若干个交易日（一般为30个交易日以上）超过转换价格（债券转股票的价格，发行债券前公司股票的市场价格加溢价，溢价一般在5%～20%之间）一定水平时，公司行使赎回权。这种情况下的赎回权又称软赎回权，事实上一旦出现上述情况，投资者更愿意将债券转成股票，从而加速了转换。因此，在瑞士市场上，人们将其称为加速条例。二是债券到期时没有转换，公司必须赎回。这种情况下的赎回权又称硬赎回权。赎回价格，因赎回条件不同而不同，

一般为债券面值的101%～110%，且每年向下调整一定幅度。

3. 投资者期前回售权

即投资者在债券到期前，在某一指定日期（一般为发行后3年）以一定百分比将债券买回。回售权的规定主要是对投资者长期持有公司债券的一种额外保护，并不是所有的可转换债券都附有回售权条款。有回售权的可转换债券，公司可以以较低的利率和较高的溢价水平发售债券。

按照债券规定的时间转换成股票时，用债券表示的每股价格，称为转换价格（Conversion Price）。转换价格常根据股价状况做出调整以保护投资者的股权利益。在债券发行时普通股票的价格同转换时的价格差，是转换费用。对于投资者来说，可转换债券的吸引力实际取决于其转换升水（Conversion Premium），即转换日时股票市场价格高于约定每股转化价格的差额的百分比，表示要使债券的持有者把债券转换成股票时，股价必须上涨的幅度。

如果升水低，那么以票息上的增益补偿投资者转换股票的红利损失；而由于债券二级市场的存在，可转换债券的市场价格与发行人公司的股票价格也具有了相关性，当股票的市场价格达到或超过转换价格，投资者就会进行转换，以获取股票红利，或持有债券以期持续的资本增益，从而直接提高可转换债券的投资价值。

20世纪80年代以后，国际证券市场还产生了所谓双重选择权的可转换债券，它允许债券持有者将它转换成担保人的普通股，或者在利息支付日，转换成非转换固定收入债券，二者的到期日相同。在货币转换情况下，债券通常能按债券发售时的汇率换成普通股而起到保值的作用。

例如，某家英国公司发行面值为1万美元的可转换债券，当时该公司股票的市价为1股5英镑，汇率为1英镑可兑换2美元。每股的转让价格定为每股5.6英镑，即5.6英镑债券兑换1股股票。为了计算可转换股票的数量，汇率一直采用1英镑换2美元。因此，每张债券所能转换到的股数为892股，这称为转换比率，即债券面值（1万美元）除发行时规定的汇率（2美元），再除转换价格5.6英镑，然后取整数：

$$\text{转换比率}=\frac{10\ 000}{2\times 5.6}=892.86\approx 892\text{ 股}$$

假定CP表示转换升水；B_p表示债券的价格百分率（100%或平价）；P表示转换价格；S_p表示股票的市场价格，则：

$$CP=\left(\frac{P\times B_p}{S_p\times 100}-1\right)\times 100\%=\left(\frac{5.6\times 100}{5\times 100}-1\right)\times 100\%=12\%$$

若考虑汇率因素，如购买债券日的汇率为R_1，而转换日的汇率为R_2。例如债券以贴水方式发行，如98.5%，则股票价格变为5.07英镑；同时美元贬值为1英镑兑2.2美元，则转换升水的计算公式为：

$$\begin{aligned}CP&=\left(\frac{P\times B_p\times R_1}{S_p\times 100\times R_2}-1\right)\times 100\%=\left(\frac{5.6\times 98.5\times 2.00}{5.07\times 100\times 2.20}-1\right)\times 100\%\\&=-1.09\%\text{（贴水转换）}\end{aligned}$$

(五) 短期票据

短期票据在美国称为“商业票据(Commercial Paper)”，在欧洲称为“欧洲票据”。它原本为一种货币证券，仅可提供短期资金信用，并不属于严格意义上的债券，但从20世纪80年代以后，金融机构通过一系列金融安排，使之成为某种中短期融资工具，实践中称之为“短期票据的便利化使用(Note Facility)”，并被誉为现代资本市场的四大金融创新(即货币互换业务、金融期货、票据发行便利化和浮动利率债券)之一。

在短期票据便利化的安排下，借款人通常需与负有承销责任的金融机构签署包括贷款承诺、票据承销、贷款展期承诺和还款担保在内的一系列协议文件；然后由借款人签发一系列短期票据(通常为本票)交由承销人安排以贴现价承销和余额承购，而背书转让(或无记名发票)制度、票据贴现市场和承销人贷款承诺则为借款人的短期票据融资提供了有效的保障。在初次短期票据到期后，借款人通过续期短期票据和承销人的展期承诺实现所谓“循环承销安排”(Revolving Underwriting Facilities)，以此自然延长了贷款期间，由此可形成1～7年的中短期融资。短期票据的便利化使用具有手续简便和筹资成本低的特点，在短期资金市场发达而且法律管制宽松的国家中，此种短期票据的发行甚至不需要有承销机构，借款人不必支付任何承销费用，即可实现发行筹资目标。

短期票据的便利化使用综合了票据工具、信贷技术与证券化融资技术的特点，它与传统的国际债券融资和贷款融资均不完全相同。此类金融工具在国际融资市场中占有相当大的份额，并有不断上升之趋势，其中不仅包括欧洲票据，还包括被称为“票据发行贷款”的某些金融品种。

三、国际债券融资的特点

国际债券融资作为国际融资一种重要方式，既可以解决债券发行人国内资金不足的问题，又为发行人提供了一种期限、利率和比重等具有多种选择权的融资途径。与其他融资形式相比，国际债券融资具有以下特点：

(一) 国际债券发行人和投资者分属不同国家

国际债券的发行要求有关国家的金融市场对外开放，借款国要允许本国的借款人到外国的债券市场上发行债券，投资国也要允许本国的投资者购买外国发行的债券。外国债券的投资者基本上是债券面值货币所在国的社会公众或投资机构等，而欧洲债券的投资者一般分属于不同国家。因而国际债券发行人特别是工商企业首次发行的债券额不可太大，因为境外投资者不会投资于一家陌生的公司，如果首次发行额过大，会使债券不能获得足够的认购，造成对发行人声誉的不利影响。

(二) 筹集到的资金期限较长

国际债券通常是中长期债券，发行人可以视本身对资金的需求情况、信用地

位、不同国家的利率水平、发行时的市场条件等因素选择一种国际债券。欧洲货币债券的期限一般为 3～10 年，如欧洲美元债券的期限为 5～8 年，欧洲瑞士法郎债券期限为 5 年。而外国债券的期限更长，如日本武士债券的期限为 10～15 年，美国扬基债券的期限为 5～20 年，瑞士法郎外国债券的期限为 10 年。

（三）国际债券对发行人的资信要求较高，因此能够顺利发行国际债券也是发行人信誉的一种象征

外国债券发行前必须对债券进行评级，且各国都有允许哪些级别的债券发行、上市的明确规定。要发行外国债券，发行人的资信度要高，否则，发行很难成功。目前发行欧洲债券，对发行人的信用评级没有硬性要求，而且对财务公开的要求也不高。往往信誉很高的国家政府、金融机构和大公司发行欧洲债券可不进行信用评级。

此外，近几年欧洲债券市场上，不少投资者选择了评级较低或没有评级的债券。这并不意味着投资者不再重视发行人及其债券的资信度，而是随着债券市场和信息业的高度发达，投资者心里有自己的标准。同时国际债券的发行可以使债券发行人有机会与国际上一些大机构联系，可以提高发行人在国际市场的知名度，为发行人今后的融资方式的选择和中介机构的选定奠定良好的基础。

（四）国际发行人可以筹措到各种货币的资金

目前，世界上只有少数国家明文禁止不能发行以本国货币为面值的欧洲债券，如英国禁止它们的货币发行欧洲债券。然而，对债券发行人而言，仍可以发行上述国家的外国债券以筹集所需要的货币资金。

第二节　国际债券的发行与流通

在了解国际债券的概念和种类的基础上，本节主要介绍国际债券发行的基本理论，以及外国债券和欧洲债券的发行情况。国际债券融资发行的理论主要包括国际债券发行的条件、文件和程序。

一、国际债券发行的基本条件

债券的发行条件是指债券发行人在以债券形式筹集资金时所申明的各项条款及规定。一般而言，在发行时制定合理的债券发行条件，是保证债券发行成功的重要环节。它包括债券票面利率、发行价格、偿还期限、付息方式、偿还方式等。

（一）国际债券的发行额（Account of Issue）

发行额是发行债券的总值，是一笔债券所筹资金数额。发行额是事先计划好的，但根据市场情况可在最后决定增加或减少，因此经常出现在承购协议签字前还不能确定发行额的现象。一般来说，债券发行额是发行者根据对资金的需要而提出，并且要考虑发行市场资金供求关系、发行者的资信级别、债券的种类等多种因素的影响，经过全面衡量而确定的。

如果债券发行人在国际债券市场上享有较高声誉和地位，且有权威信用评级机构做出的较高信用等级评定，其发行规模可相对大些，反之，则要小些。因为发行者的信誉等级，在投资者心目中的形象是影响投资者做出投资决策的重要因素。

（二）国际债券的票面利率（Coupon Rate）

国际债券的票面利率是指债券票面所载明的发行者应付给投资者的利率，是票面金额与年利的比率。它通常印在债券的票面上，一经决定，不得更改。票面利率分为固定利率和浮动利率。有关利息的支付，前者到偿还期为止，每半年或一年按发行时规定的利率支付利息；而后者则每6个月调整利率一次，根据有关市场的"银行同业拆放利率为基准加上一定利差"来调整，所加利差的多少取决于发行者的信誉和发行时的市场情况及发行金额的大小。

决定债券票面利率水平的总原则是既能尽量降低筹资成本，又能对广大投资者有吸引力。在实际运作中，票面利率主要受以下因素的影响：

1. 银行同期储蓄存款的利率水平

这是制定债券票面利率所要参照的主要指标。由于债券的风险高于银行储蓄，所以一般债券的利率水平要略高于当时银行存款利率，以增加债券对投资者的吸引力。

2. 债券期限的长短

期限长的债券票面利率应高于期限短的债券票面利率。

3. 债券的信用级别

债券利率的高低与发行者的债券信用级别有密切联系，两者成反比关系。

（三）国际债券的发行价格（Issue Price）

在债券利率确定以后对外销售前，还要根据对推销的预测和市场变化等调整发行价格。所谓发行价格是指债券从发行人手中转移到初始投资人手中的价格。从发行价格的角度来讲，债券的发行情况大概有三种，即平价发行、溢价发行和折价发行。影响债券发行价格的主要因素是市场收益率，当债券票面利率和期限已经确定，如果市场收益率提高，按票面额出售则不利于投资者，债券难以销售；若市场收益率降低，按票面额出售会使发行者增加不必要的成本。因此，一般采用调整发行价格的方式来调节债券的实际收益率，使之与市场变化情况基本上保持一致。

具体来说，债券的发行价格可以由以下的计算公式得出：

$$\text{发行价格}=\frac{\text{票面额}+\text{票面利率}\times\text{票面额}\times\text{期限}}{1+\text{市场收益率}\times\text{期限}}$$

例如，某种债券的票面额为1 000美元，票面利率为10%，发行当时的市场收益率为8%，期限为1年，该债券的发行价格为：

$$\frac{1\,000+1\,000\times10\%\times1}{1+8\%\times1}=1\,018.52\text{美元}$$

即以1 018.52美元的价格发行票面额为1 000美元的债券，该发行称为溢价发行（Premium Issue）。若此时的市场收益率为12%，其他条件不变，用上面的公式来计算，则该债券的发行价格为：

$$\frac{1\,000+1\,000\times10\%\times1}{1+12\%\times1}=982.14\text{ 美元}$$

即以982.14美元的价格发行票面额为1 000美元的债券，此为折价发行（Discount Issue），贴现债券即属此类。若此时的市场收益率也为10%，其他条件不变，还是用上面的公式计算，则债券的发行价格为：

$$\frac{1\,000+1\,000\times10\%\times1}{1+10\%\times1}=1\,000\text{美元}$$

即以1 000美元的发行价格发行票面额为1 000美元的债券，此为平价发行。

（四）国际债券的偿还期限（Year to Maturity）

债券偿还期限通常是指从债券的发行日到还本付息日之间的期限。一般把期限在1年以内的称为短期债券，如91天、182天和1年期的国库券；期限在1年以上、5年以下的称为中期债券；期限在5年以上的称为长期债券。由上节可知，目前国际债券市场上固定利率债券和浮动利率债券一般为5～8年，可转换债券偿还期略长一点，由于可转换债券因转换成股票后，债券余额会减少，所以偿还期的长短关系不大。

国际债券偿还期限的确定，主要应考虑以下因素：(1) 发行者的资金需求。发行不同期限的债券主要是为了不同的资金需求，期限的长短应根据资金需求的长短而定。(2) 市场利率变动趋势。这主要基于对筹资成本的考虑，如果发行者预期未来较长时间内利率将升高，则应尽量发行长期债券，以避免将来资金不足再次发行债券时筹资成本升高。反之，如果预期市场利率可能下降，就应尽量缩短债券的期限，以发行短期债券为宜，因为市场利率下降，筹资者可以以较低的利率发行新的债券或借新款还旧款，降低筹资成本。

（五）国际债券的偿还方式（Redemption）

国际债券的偿还方式是指债券发行者向投资者支付本金收回债券的方式。一般有三种主要的偿还方式：

1. 期满偿还

期满偿还是指债券到期后一次性支付本金和利息的方式。偿还期限长短在发行债券时就已经确定，发行者无须考虑因市场动荡而向投资者提前偿还的问题。在国际债券市场上，期限为1～7年的中短期债券大多数采用这种方式。

2. 延期偿还

延期偿还即延期收回的偿还方式，是指投资者有权延长债券的到期日，在债券到期日后继续按原定利率持有债券直至一个或几个指定日期中的一个。这种方式对投资者较为有利，尤其是在市场利率低于债券利率时。

3. 期中偿还

期中偿还是指债券期满之前分次偿还，到期后全部偿还的一种方式，可分为定期偿还、任意偿还和购回注销三种不同的方式。所谓定期偿还是指债券按照协议经过宽限期之后，每半年或一年偿还一定的金额，直至期满时还清金额的方式；所谓任意偿还也是指当债券的宽限期过后，到期之前，发行者有选择地偿还其债券的全部或一部分，或者在债券到期之前，由债券的持有者确定时间，要求发行者赎回其债券；所谓购回注销是指债券发行者将已经发行的债券从流通市场上，或从债券持有者手里重新购回，以注销其债务。

二、国际债券发行的主要文件

在国际债券发行开始前，参与债券发行的金融中介机构和专业性中介机构依法律和惯例需对债券发行人情况进行审查，其中有关债券发行文件的准备是这一阶段工作的核心，它通过一系列权利、义务的联系和一系列证据文件的支持，保障着国际债券融资的结构。

（一）有价证券申请书

有价证券申请书是发行人向发行地政府递交的发行债券申请书，主要包括以下内容：发行人所属国的政治、经济、地理等情况；发行人自身地位、业务概况和财务状况；发行该笔债券的基本事项；发行债券集资的目的与资金用途等。

（二）债券发行说明书

债券发行说明书是发行人将自己的真实情况公之于众的书面材料。它要详细地披露债券发行条件、债券发行人具体情况、债券条款及细则、作为债券发行基础的其他一切事实情况的基本文件，其主要内容与有价证券的申请书相似。

（三）债券承购协议

债券承购协议是由牵头经理人代表全体承销人与债券发行人签订的旨在承销全部发行债券的协议。它是国际债券发行中最重要的文件之一，通常在债券发行准备阶段即已准备和草签，而正式签署则是在债券发行说明书披露之前。承销协议包括以下几个方面的内容：债券发行的基本条件、债券发行的主要条款、债券的发行方式、发行人的保证和允诺、发行人对承购集团支付的费用、原购人的保证和允诺等。

（四）债券信托协议

债券信托协议是由债券发行人签署的以独立金融机构（可以为多家）为信托受托人，以债券持有人为受益权人的单方法律文件，其内容通常规定债券发行人承诺的各种义务与责任以及债券持有人的各种权利，它是国际债券发行中的重要法律文件之一。其主要内容包括：债券的式样，即债券的票面式样和内容；发行事项，即

债券的发行额和发行程序等；债券的偿还，即债券的偿还期限和方式等；发生不偿还债务情况时的措施；委托人的地位；其他有关债权等事项。

（五）债券登记代理协议

债券登记代理协议是债券发行人与登记代理机构订立的协议，主要内容除登记代理机构的职能和义务外，基本与承购协议一样。

（六）债券支付代理协议

债券支付代理协议是债券发行人与支付代理人（通常由总代理人代表多家支付代理银行机构）签署的关于委托支付代理机构代为办理债券还本付息事项和相关财务事项的协议。其主要内容除债券还本付息地点、债券的挂失登记和注销外，基本上与承销协议一样。

（七）律师意见书

律师意见书是债券发行人和承购集团各自的律师就与发行债券有关的法律问题表示的一种书面意见书。在发行以欧洲债券为主的国际债券时，签订的各种合同必须选定合同所适用的法律。通常，发行欧洲美元债券采用英国法律，发行以欧洲美元以外的货币计价的债券时，则以发行债券的国家的法律作为适用的法律。

三、国际债券的发行程序

国际债券的发行具有较为复杂的结构，其发行过程的有效组织涉及债券发行人的重大利益，故合理地安排国际债券发行的程序具有重要的意义。

（一）发行前的准备工作

国际债券发行是一个技术性强，涉及面广的过程，对发行人而言，要顺利利用国际债券方式筹集资金，不仅需要邀请多方中介服务机构共同完成，而且还要做好一系列的准备工作，发行者需要选择好发行成本、发行市场、发行方式以及发行时机等。

1. 发行成本

国际债券发行者除定期向债券持有人支付利息外，尚需负担一定的发行费用。做好这些费用的核算是考核融资效益的基础。国际债券的发行成本，除了票面利息的支付外，还包括在债券发行过程中所必须支出的发行费用，这些费用很复杂，主要有最初费用和中间费用两种。一般计算发行成本时，可用以下公式计算：

$$\text{债券发行成本年率}=\frac{\text{最初费用}+\text{中间费用}+\text{发行差额}+\text{还本手续费}}{[\text{发行额}-(\text{最初费用}+\text{发行差额})]\times\text{平均年限}}\times 100\%$$

其中，最初费用主要包括承购手续费（占债券发行额的2%～2.5%），偿还承购债券的银行所支付的实际费用、印刷费、上市费用、律师费等。中间费用主要包括债券管理费，即财务管理人履行合同进行账簿管理等服务所收取的费用（一般为3 000～5 000美元）；付息手续费（一般为所付利息的0.25%）。还本手续费，一般为偿还金额的0.125%。此外还包括注销债券和息票的手续费，财务代理人的杂费，以及计划外提供服务所支付的费用。

上述各项费用支出的实际计算，根据不同国家的一般费用标准以及发行时的具体情况不同而有所变化。但总的来说，发行费用相对固定不变，债券发行金额越大，单位发行费用就可越低。因此，为了降低平均成本，就必须使债券发行达到一定的规模。

2. 发行市场

前面已经介绍过了国际债券的市场，发行者在确定发行债券的类型，即外国债券或欧洲债券后，再根据自己的实际情况选择发行市场。

3. 发行方式

各大债券市场的发行方式各有其惯例和规定，比如武士债券市场和扬基债券市场的惯例以及规定就不尽相同，欧洲市场作为一个创新的资本市场，更是不断地推出新的方式，这些都值得国际债券发行者认真研究、比较后加以选择。

4. 发行时机

债券的发行价格是在发行市场由债券发行者和承购人根据债券条件商定的。但债券进入流通市场后，上市交易时，其市场价格则是根据当时市场情况而定。因此，债券的发行价格和市场价格往往会不一致，有时甚至可能出现较大的差异。正确掌握发行时机往往是促成债券顺利发行的因素之一。

(二) 信用等级评定

债券的评级对于国际债券的发行意义重大。经过评级的、信用级别高的债券往往比没有经过评级的、信用级别低的债券更能吸引投资者。然而债券的信用评级工作要花费大量的时间和财力，在一定程度上增加发行人的开支负担并延迟发行时间。所以债券发行人是否进行信用评级将根据发行金额和发行人在国际市场上的地位而定。数额不大的发行可不必进行评级工作，信誉很高的国家政府、金融机构和大公司也可以不进行信用评级。而数额较大或发行新证券，一般要通过专门的评级机构对发行者的偿还能力做出评估，对债券进行信誉评估，作为投资者购买债券的参考，评级机构对投资者有道义上的义务，无法律上的责任。

在发行这样的公募债券时，尽管接受评级并不是发行者的义务，但因为投资者是根据等级来决定资金投向的，所以事实上不经评级机构的评级就不能公开发行债券（私募发行的债券可以不必公开其信用评级），而获得较高资信等级的发行者将能以较低的费用筹到资金。

所谓评级，就是测定债券的违约风险，并将该风险用简单的符号告示投资者。目前国际上公认的评级机构有：

美国——摩迪投资服务公司

美国——标准普尔公司

加拿大——债务级别服务公司

英国——艾克斯特尔统计服务公司

日本——日本社团债务研究所

中国——上海远东资信评估公司

评级机构一般考察发行者下列三个方面的情况：(1) 违约的可能性，即发行者按照债券契约规定的条件，准时支付利息和偿还本金的能力或意愿。这里要考察相关的国家风险、发行机构领导层的经营能力、该发行者在本国的地位、发行者的产业前景、发行者的经营状况和市场地位、发行者的财务状况等方面的情况。(2) 债券发行是否为第三者担保。(3) 破产法或其他法令在发行者破产、重组或其他安排时能否保护投资者的权利。

在美国，具有代表性的两大评级机构摩迪投资服务公司（Moody's Investors Service Inc.）和标准普尔公司（Standard & Poor's Corp.）都采用三等九级的资信评级标准进行评级，这两种评级的分类见表 12—2。

表 12—2　　美国的债券评定等级分类

标准普尔等级	摩迪等级	含义	支付利息和偿还本金的能力
AAA	Aaa	最高级	最高级信用，还本付息有最大保障
AA	Aa	高级	还本付息能力略差于最高级债券
A	A	中高级	能力较强，但比上两个级别易受经济变化影响
BBB	Baa	中级	具有一定的还本付息能力，但未来经济形势的变化、约定的条件可能不足以保障本息的安全
BB	Ba	中低级	具有一定的投机性，保障措施属中等
B	B	半投机性	具有投机性，缺乏投资性，还本付息没有适当的保障
CCC	Caa	投机性	投机性强，一旦经济形势恶化，还本付息很难实现
CC	Ca	投机性极强	专指无力支付利息的收益债券
C	C	不还本付息	不还本付息的倒闭债券

一般认为，BBB 级（Baa）被认为是适宜投资的债券。从 BB 级以下开始，列入本栏的债券，投机成分浓厚，这些债券的发行公司已经宣布了无能力付息或者处于违约状态，在一些情况下就不会被批准进入国际债券市场。

还需要注意的是，评级的对象是债券和各债券的风险程度，而不是发行者本身，同一发行者发行的债券不一定就是同一等级。此外，评级机构在债券的偿还期限内还会定期对以前评定的等级进行重新审查并公布最新结果。而且信用等级评定并非发行债券必须履行的手续。有的市场如美国债券市场对信用评级高度重视，而欧洲债券市场对此则相对宽松。

（三）国际债券的发行程序

各个市场发行国际债券的程序以及当事者策略有所不同，例如，外国债券发行人在武士债券市场筹资，只能请证券公司作为牵头经理人，这是由日本《证券和交易法》第 65 条所规定的。而在扬基债券市场上，美国证券交易管理委员会则把非美国机构发行扬基债券的注册分为三种类型。而且国际债券中，虽然欧洲债券和外国债券发行的基本步骤大致相同，但它们的发行程序也不完全一样。国际债券的发行程序如图12—1所示。

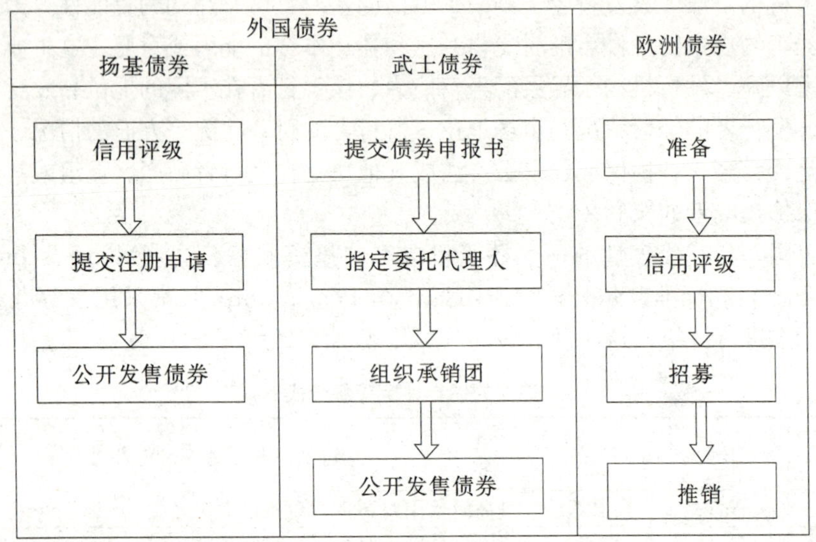

图12—1 国际债券的发行程序

1. 外国债券的发行程序

外国债券的具体发行程序因国而异，下面分别以扬基债券和武士债券的发行程序情况为例加以说明。

(1) 扬基债券。

从1963年采取利息平衡税直到1974年取消该税为止，扬基债券市场始终委靡不振。但此后，扬基债券市场的规模得到了扩展，不过，由于发行手续简便的欧洲美元债券市场的兴起，使得扬基债券市场在国际资本市场中所占的比重还不到10%。扬基债券市场具有一次发行量较大（10亿美元以上）、期限较长（30年以上）、债券赎回灵活等特点。

这种债券的发行程序大致有以下三个步骤：

1）向信用评级机构提出申请，由权威评级机构对拟发行的债券进行信用等级评定。发行人首先向美国的资信评定公司提供资料，以便调查和拟定发行人的债券资信级别。同时，发行人还要办妥向美国政府证券和交易所委员会呈报注册文件的草稿。

2）向SEC（Securities and Exchange Commission，证券交易委员会）提交注册申请书，注册生效后才能发行债券。

SEC是根据1934年证券交易法设立的一个独立于联邦政府的中立的准司法机构。按照美国的惯例，外国债券发行者只有向SEC注册生效后，才能公开发行债

券（私募债券可以不必向 SEC 申请注册）。债券发行人完成向 SEC 呈报注册文件工作。同时，资信评定公司也完成调查工作，提出债券资信级别的初步意见。如果债券发行人对此无异议，则表示资信级别的等级意见书成立，如果债券发行人不接受，则考虑不定级发行。SEC 收到债券发行人呈报的注册文件后，要进行审查，审查完毕后发出一封关于文件的评定书。债券发行人应就评定书里提出的问题做出答复，并根据评定书中提出的意见，完成注册文件的修改工作。

3）公开发售债券。这一阶段是债券发行的管理阶段。首先是仔细分析潜在的投资者，找出主要对象，将初始发行说明书送到投资者手中。然后，在主要的潜在投资者对发行人的资信熟悉了解之后，债券便可正式向市场发售，并提出一个预示性的价格，给出一个幅度，激起投资者的认购兴趣。最后，订单得到确认，交割并得到融资，发售取得成功。

（2）武士债券。

自从第一笔日元外国债券在亚洲开发银行发行后，主要由国际机构发行日元外国债券。1973 年 10 月的石油危机使日本的国际收支迅速恶化，日元外国债券的发行也随之中断。后来因为日本的经常项目一直是顺差，逐渐形成日元市场。1984 年以来，日本当局为了使日本的资本市场实现国际化，而对债券发行规则进行了大幅度的修改，这使市场获益颇多。

具体来说，武士债券的发行程序如下：

1）向日本大藏省提交债券申报书，征得日本政府的许可。申报的内容与美国扬基债券在注册申请书中所示的内容相似，其中主要包括招股说明书。由于武士债券只在日本国内投资者中发售，它必须符合日本国内关于信息披露和招股书的规定。招股书可以依据发行者本国市场的会计准则来制定，但必须是日文写的。债券一经发行，借款人都必须像在美国扬基债券市场一样向投资者提供年度信息公开资料。

2）指定一家银行作为债券发行的委托代理人。按照日本政府的规定，即使借款人可能已雇用了一家证券公司作为其承销商，但他仍被要求指定一家银行作为委托代理人来管理发行的某些技术方面的问题。这就是武士债券发行的委托银行体制，它使得债券发行者不得不支付发行金额的一定百分比作为给该银行的佣金，以及以后每年要支付的年度费用，这无形中增加了发行者的发行成本。所以，发行武士债券的额外费用是很高的。

3）组织承销团。

4）公开发售债券。

2. 欧洲债券的发行程序

在进入欧洲债券市场时，首先向市场管理机构注册申请，经审查批准认可，取得欧洲债券的发行权。具体来说欧洲债券的发行程序如下：

（1）准备阶段。准备阶段通常在宣布发行之前的 3～4 周内进行，主要是商定发行额、发行时间和发行形式。在这一阶段，起关键作用的是牵头经理人。牵头经理人应从事向发行者提出有关选择发行市场和发行时间的建议、协助等级评定工作、组织市场推销和组建承销团等工作。

（2）信用评级阶段。欧洲债券与外国债券的发行不同，一般不要求发行人必须公开评级。但获得信用评级也确实有许多好处，包括加速投资者的培训过程和扩大合格的投资人数。通常机构投资者更希望发行者公布其与信用评级有强烈关系的财务报告。因此，在欧洲债券市场上发行债券也可能有信用评级过程。从1991年到1993年期间，中国企业已在欧洲债券市场发行16种欧洲美元债券，其中6种已由著名的国际机构如标准普尔公司或摩迪公司评定级别。

（3）招募阶段。招募阶段通常是在宣布发行后的10天左右，发行计划宣布后，牵头经理要向联合包销团或承销团的候选者介绍发行情况，招募参加者。被招募的证券公司和银行应将是否参加包销团以及希望包销的数量等通知牵头经理。发行者和牵头经理据此最终决定发行条件，包括选择发行货币和期限。发行条件确定后，联合包销团成员就会接到通知，并须在12小时或24小时内做出答复。在这一阶段，主要任务是组建包销团。包销团的成员一般都是一些国际上有名的承购公司或金融机构。

（4）推销阶段。推销阶段通常为交款日之前的2～3周。在推销阶段，牵头经理向承销团成员分派债券的销售额度，并签订销售合同，开始销售债券。从宣布发行到正式发售一般要12天。在交款日，牵头经理把债券款交给发行者，承销团成员则得到债券，债券发行至此结束。

第三节 国际债券融资的风险与收益

尽管国际债券融资与其他融资形式相比，有许多独特之处，但它毕竟是一种融资方式，所以它和其他融资方式相比，还是会有许多相同之处，其中收益性和风险性都是非常重要的共同点。本节将主要介绍国际债券融资的风险和收益。

一、国际债券融资的收益

作为资金所有者，只有在有所回报时，才可能提供贷款或投资债券，否则，国际债券融资就不可能成功。债券发行人在发行国际债券时，必须要考虑债券持有者的收益率。一般而言，收益率受定期利息支付金额、债券面额与债券的实际行市三方面因素的影响。

债券收益率指购进债券持有至卖出所能获得的报酬率，是债券收益与其投入本金的比率，通常用年率表示。债券价格与收益率成反比，在购买债券之前估算出收益，并把它与储蓄利率、股票红利率等比较，以便投资决策。债券收益不同于债券利息，债券利息是指债券票面利率与债券面值的乘积。但由于在债券持有期内，还可以在债券市场进行买卖，赚取价差，因此，债券收益除利息收入外，还包括买卖盈亏差价，它的基本计算公式为：

$$债券收益率=\frac{到期本息和-发行价格}{发行价格\times 偿还期限}\times 100\%$$

目前在国际债券市场上，债券收益率的主要形式与计算方法有四种：

（一）名义收益率

也叫票面收益率，即债券本身所规定的利率。如一张面额为1 000美元的债券，债券期限为10年，利率为年息8%，每年支付利息一次，每次支付金额为80美元，则其名义收益率为8%。

其计算公式为：

$$名义收益率=\frac{每年息票利息}{债券面值}\times 100\%$$

只有在债券的市场行市与债券面额相等时，名义收益率和实际收益率方才一致。但在实际生活中，由于债券的市场行市受市场利率和债券利息收入的影响而不断变化，债券的市场行市与债券面额很少一致，甚至债券在开始发行时，其出售价格就有可能高于或低于票面额。所以名义收益率只是一种理论分析，实际很难出现，一般不反映投资者的实际收入情况。

（二）当前收益率

它是出售或购买债券时的收益率，也是债券每年的利息收入除以该债券当时的市场行市。以公式表示即：

$$当前收益率=\frac{债券的当年利息收入}{该债券当时的市场行市}\times 100\%$$

如果上述债券当时的市场行市为950美元，则当前收益率为：

$$\frac{80}{950}\times 100\%=8.42\%$$

如果上述债券当时市场行市为1 100美元，则当前收益率为：

$$\frac{80}{1\ 100}\times 100\%=7.27\%$$

（三）满期收益率

它也称为迄至到期日的平均收益率，是投资者从购买债券时起，一直将债券保存到还本期满所能得到的实际收益率。满期收益率是债券收益率对其成本的年率，也即实得收益率，比名义收益率更有现实意义。但是，如果一个债券购买者按当时市场价格买进并持有债券到期，则即期收益率也不能精确计算出他能取得的年平均净收益率。而满期收益率则能精确地反映这一问题。其计算公式为：

$$满期收益率=\frac{债券年利息+(债券面额-购买债券时的市场行市)\div 到期年限}{购买债券时的市场行市}\times 100\%$$

例如，投资者以1 050美元的价格买到面额为1 000美元、期限为10年、利率8%（按单利计算）、每年支付利息一次的新发行债券，10年内他每年获得80美元利息，同时在10年期间有50美元的资本贬值，即每年平均5美元的资本贬值，代入以上公式，他每年所得的平均收益率，即满期收益率为：

$$\frac{80-(1\,050-1\,000)\div 10}{1\,050}=7.14\%$$

如果他购买上述债券的价格不是1 050美元，而是950美元，则他每年的平均收益率为：

$$\frac{80+(1\,000-950)\div 10}{950}=8.95\%$$

（四）持有期收益率

它是指买入债券后持有一段时间，又在债券到期前将其出售而得到的收益率，它包括持有债券期间的利息收入和资本损益。其计算公式为：

$$持有期收益率=\frac{债券年利息+(债券卖出价-债券买入价)}{持有年限\times 债券买入价}\times 100\%$$

一次还本付息债券，在中途出售的卖价中包含了持有期的利息收入，计算公式应为：

$$\begin{matrix}一次还本付息债券中\\途出售持有期收益率\end{matrix}=\frac{债券卖出价-债券买入价}{持有年限\times 债券买入价}\times 100\%$$

例如，以92元买入面值100元的贴现国际债券，持有半年后以96元卖出，则其持有期收益率为：

$$收益率=(96-92)\div 92\div 0.5=8.7\%$$

二、国际债券融资的风险

由于资金具有时间价值，并且在从债券发行到债券还本过程中的若干年间，汇率和利率的变动是难以预料的，这必然会造成发行时预计的国际债券融资成本与实际的国际债券融资成本之间存在偏差。因此，市场风险，特别是汇率和利率波动带来的风险，是国际债券融资中面临的最主要风险。这里我们就主要介绍汇率风险和利率风险。

（一）汇率风险

在国际债券融资及融资使用过程中，常因种种原因引起汇率的变动而形成汇率风险。汇率风险主要指从国际债券发行到期满，由于债券计价货币与本国货币或发

行人能够取得的用于偿还国际债券的货币之间的汇率发生变动，而使债券发行人加重偿债负担。

例如，中国银行 1984 年在日本发行一笔 200 亿日元公募债券，票面利率为 7.0%，期限为 10 年，交割期为 1994 年。1984 年时，1 美元兑 250 日元，而到 1994 年按 1 美元兑 115 日元计算，这笔债券由于汇率变动增加 1.39 亿美元的偿债负担。由于我国进出口贸易绝大部分以美元计价、结汇，国际债券发行大都以取得美元外汇支付债券利息和偿还本金。因此在进行国际债券融资时，要正确估计汇率风险，并进行有效的风险防范。我们可以采取的主要对策如下：

（1）增强汇率风险意识，准确地预测汇率走势，从而及时调整债券结构。

预测汇率变化比较复杂，常用方法有：1）技术预测，即通过对历史汇率变动的分析、总结，来估计将来的汇率走势。2）基本预测，即通过分析相关的一些经济变量与汇率之间的关系，来估计汇率变动的趋势。3）市场预测，即根据市场汇价指数来估计将来汇率的变化，可分即期汇率预测和远期汇率预测。4）混合预测，即同时使用以上预测方式中的几种。

（2）慎重选择合适的债券计价货币。

一般的原则是选用软货币，即预期将贬值的货币，也可选择发行双重货币债券，即以某一种货币计价，债券到期时，按预先定好的汇率以另外一种货币偿还本金和利息。比如许多美国公司利用瑞士法郎较为坚挺、利率水平低的有利条件，多次发行瑞士法郎/美元双重货币债券，以瑞士法郎筹资，用美元按预先确定的美元/瑞士法郎汇率偿还。这种方法大多以硬货币筹资，以软货币偿还。

（3）采用国际金融市场出现的多种保值工具进行外汇保值。

如采用外汇期货、期权交易、外汇汇率保险等手段，减少或转移汇率风险。具体的运用方法我们在前面章节已经学习过。

（4）保证外汇收入，尽可能使发行债券的外汇币种与出口收益外汇币种的结构比例相适应，优先考虑偿债货币在外汇储备中的比重。

（二）利率风险

利率风险对融资者来说，是汇率风险之后的第二大风险。利率风险是指在债券发行时和债券到期时，由于市场利率的变化，而使得债券发行人的成本和收益发生实质上的变动。

债券发行时的市场利率决定着融资成本，这有两个方面的含义：

（1）如果发行时的市场利率较低，发行债券的利率也就会定得较低，债息支付少，发行的总成本就低。

例如，我国于 1994 年发行的一笔期限为 10 年、价值 10 亿美元的扬基债券，由于当时美国经济处于复苏前期，美国联邦储备系统采取了完整的货币政策以刺激经济尽快摆脱衰退，所以市场利率正处于历史最低水平（联储系统的再贴现率只有 2.5%），市场资金充裕。结果，发行利率定为 6.5%，发行条件十分优惠。据估算，这笔债券较之在一般时期发行节省了近 1 亿美元的利息。

（2）销售阶段若市场利率发生变动，则会影响到二级市场上债券的价格，有的时候会使发行人和承销人处于进退两难的境地。

因此，发行国际债券时，要做好对市场利率变化的评估和预测，选择市场利率偏低而又稳定的时候发行债券，不仅可以大大降低成本，而且可以提高融资者的商业信誉。

对于发行浮动利率债券的融资者，存在着市场利率上升的风险。前面已经介绍过，浮动利率债券的发行人定期支付的债息须按支付日的伦敦同业银行拆借利率加上一个固定的利率差来计算。这样，即使发行阶段利率较低，但在付息日和债券到期日的利率则可能会升高，使融资者的负担加大。要避免这种利率风险，需要利用利率互换交易，即浮动利率债务或资产与固定利率债务或资产的交换，互换是国际金融市场上一项新的重要的金融工具创新。

例如，市场可能为与 A 公司固定利率债券相对应的 B 公司的固定利率债券定价，所按照的比率不同于市场为这两家公司浮动利率债券定价的比率。如果是这样的，这两家公司就可安排利率互换，以利用现行市场定价的不一致性。如果不一致性大得足以支付银行把这两家公司联系起来的成本，使银行从中受益，这样银行牵头使债券互换发生。其基本做法是：将有同种货币的交易双方，通过中介银行，以商定的融资本金作为计算利息的基础，以融资者的浮动利率资金换取另一方的固定利率资金。而实际上交易的双方只计算互换利息的差异并做结算，而不发生本金的实际转移。这样，可把浮息债券换成固定利率的债券，从而减少可能的利率上升所带来的损失。

第四节　我国的国际债券融资

改革开放以来，我国对国际资本流动的限制不断放松，跨境资本流动的规模逐渐加大。为了适应国内经济发展的要求和加入世界贸易组织的新形势，有必要进一步放松资本项目管制，使我国政府和企业能更加积极地利用境外资本市场。

一、我国国际资本流动的管理现状

1994 年初，中国实现了人民币经常项目有条件可兑换。中资企业持有效凭证，可直接到银行购汇对外支付贸易及贸易从属费用。从 1996 年 12 月 1 日起，中国正式接受《国际货币基金协定》第八条款，对与经常性国际交易有关的对外支付和转

移不再实行汇兑限制。同时，根据经济发展阶段和风险控制能力，中国循序渐进地推进人民币资本项目可兑换，对国际资本流动区别对待、分类管理。

一是对外国直接投资实行鼓励政策：对外商直接投资只进行真实性审核；从早期鼓励外商投资加工制造业，发展到积极引导外商投资高新技术产业和基础设施行业；根据对世界贸易组织的承诺，开始逐步允许外商投资金融、保险、证券等专业服务行业。2002年以来，鼓励外商以并购方式参与国有企业的改组、改造。

二是对外债实行一定限制，逐渐实现全口径管理：对短期外债实行余额管理，对中长期外债实行计划指标管理；限制对外借债主体，除外商投资企业在注册资本与投资总额的差额内可自行对外借债外，其他境内中资机构原则上要通过符合条件的金融机构对外借债，并须事前获得有关部门的批准；外资银行对外借款和三个月以内的短期贸易融资也被纳入外债统计。

三是谨慎开放证券投资，防范国际资本流动冲击：允许外国投资者投资中国境内发行的B股和在境外发行的H股、N股等外币股票及外币债券，只允许境外合格机构投资者投资境内人民币标价的股票和债券；根据对世贸组织的承诺，允许组建中外合资的证券经营公司，但只可以从事A股承销，B股和H股、政府和公司债券的承销和交易，以及设立基金。

目前，中国资本项目的可兑换范围和可兑换程度已经较大。对照国际货币基金组织确定的资本项下43个交易项目，中国完全可兑换和基本可兑换（经登记或核准）的有12项，占28%；有限制的有16项，占37%；暂时禁止的有15项，占35%。

二、我国发行国际债券的意义及规定

我国是一个资金相对短缺的发展中国家，积极拓宽融资渠道、引进外资一直是我国经济发展的战略目标之一。我国目前引进外资主要有三种方式，即国际直接投资、国际信贷融资和国际证券融资。前两种方式是传统经济体制下引进外资的主要渠道，对促进我国经济增长有着十分重要的意义。而随着逐步与国际金融市场接轨，我国应大力鼓励利用国际证券融资。

(1) 从国际资本市场结构的变化来看，国际证券融资已是国际资本融资的主流，且有不断扩展的趋势，这与我国利用国际证券融资占很小比例的结构很不适应。

(2) 从引进外资的效益来看，由于外资入境的主要目的是获取利润，且我国是一个人口大国，劳动密集型产业占很大比例。外商直接投资是希望利用廉价劳动力资源获取利润。但从长远的战略目标来看，我国引进外资的重点应转移到基础产业和高新技术产业上来，而这在一定程度上是与外商直接投资的动机相矛盾的。

(3) 随着国际金融市场汇率制度的日益动荡，加之20世纪80年代发展中国家债务危机的影响，国际信贷融资条件已愈来愈苛刻，发展艰难，因此，我国应当更多、更有效地利用国际证券市场融资。1981—1999年间，我国通过发放中长期信贷共筹集资金23 516亿元，累计发行企业债券筹资2 911亿元，累计发行股票筹资4 502亿元。企业通过发行债券和股票的融资总额为7 413亿元，只占全部固定资产投资总额的3.7%。目前，国际证券融资的主体是国际债券融资，许多发达国家的债券融资规模与股票规模相当，美国和日本企业债券融资规模甚至超过了股票。

发行国际债券是实现融资渠道多元化、增加外汇收入和外汇储备、实现收支平衡的有效手段，也可用来为发行国政府或企业引入资金从事技术开发和生产。因此，对经济高速发展、生产资金和基础建设有着重要的意义。

2006年1月1日起施行的《证券法》第238条规定：境内企业直接或者间接到境外发行证券或者将其证券在境外上市交易，必须经国务院证券监督管理机构依照国务院的规定批准。在此前提下，我国符合条件的内地企业到境外发行证券并上市，以及符合条件的内地机构和人员到国外从事与资本市场投资相关的服务业务和期货套期保值业务，都应受到鼓励和支持，这也是我国对外开放实施“走出去”战略，打开新局面的具体步骤。

三、我国国际债券融资的问题

回顾我国国际债券融资工作所取得的巨大成绩的同时，我们还应面对一个不容忽视的事实：我国的国际债券融资总体上仍处于初级阶段，还存在着诸多的不足之处，如市场分散程度还不够、币种搭配不当、面临着较大的汇率风险等。具体如下：

(一) 管理机制方面

1. 政府和对外发债企业之间的关系问题

这是我国在国际债券融资管理方面存在的最大问题，由于原有经济体制方面的原因，导致我国对外发债主体筹集到的资金往往是以行政手段进行分配，而不是按企业资金效益最大化原则进行管理。

这样一方面，各地方政府出于各自的地方利益，为发展地方经济的需要尽量进行对外发债融资活动，争取资金用于加大本地区的经济投资力度，但对其资金的使用效益和发债主体的还债能力则没有加以重视。另一方面，作为发债主体的企业大多数都是国有企业，由于受地方政府的行政干预，没有真正进行企业化经营，筹到的资金在具体用途和使用进度方面难以获得有效管理，加上对自身的资产负债能力和融资风险缺乏相应的管理机制，因此，最后无论是地方政府还是发债企业都视偿还外债为一种软约束，没有规范操作，导致投资质量低下，大量不良资产产生，造

成了很大的外债偿还风险。

2. 缺乏科学透明的信用评级制度和权威的信用评级机构

根据国际惯例，国家主权信用、地方政府信用和企业信用是分得很清楚的，而且都是建立在一套透明、公平的信用评级制度下的，发债主体对外发债完全是依照市场规则、依靠自身信用评级来融取资金的市场行为。在我国，由于历史和体制的原因，企业对外发债资格的取得由管理部门决定，而且国家和发债主体的委托关系、企业和发债主体的借贷关系以及发债主体自身的固定投资活动是混在一起的，造成国家主权信用、地方政府信用和企业信用难以分开。随着我国市场化进程深入，这种发债主体的信用与筹资情况矛盾的局面日益突出，最后必然造成实际的债务支付危机，给投资者造成损失的同时，也影响了我国的整体金融信用程度。因此，建立合乎市场原则的信用机制是非常重要的。

此外，由于我国尚未建立权威的信用评级机构，因此很容易受到少数几个国际信用公司对我国信用评级结果的影响，给实际经济运行带来许多负面效应。

3. 筹措资金的有效使用问题

作为发债主体，无论其筹到的资金是用于固定资产投资，还是转借给别的国内企业，都面临最终债券到期还债问题。在我国虽然也允许部分企业作为发债主体进入国际债券市场，但从整体来看，仍是主要由金融机构充当融资中介，从海外债券市场借入资金，并转贷给国内借款人。

由表12—3可见，在香港的债券发行中，不动产公司占了较大比例；而在台湾，电子与电器工业是债券的主要发行者，凭借其在国内市场上的巨大份额和良好的出口潜力，并得益于国际债券融资的资本，其资金运行情况良好，企业实力迅速扩大。而在内地，由于金融体制并不健全有效，金融机构的信贷业务和资产负债情况缺乏严格的监督和控制，这种以金融机构为主体进行巨额国际债券融资的方式，非常容易引起筹措资金的使用效益低下问题，留下巨大的金融风险隐患。

表12—3　　中国按行业分类的国际债券发行额（1990—1994.6）

单位：百万美元

行业＼地区	中国内地	香港	台湾
金融机构	64.8%	19.9%	8.5%
不动产公司	—	38.4%	—
电子公司	—	1.9%	32.6%
其他（包括主权发行）	35.2%	39.8%	58.9%

资料来源：国际货币基金组织《亚太经济组织地区的资本流动》。

（二）发行条件方面

我国发行国际债券融资已经20多年了，从发行条件看，我国国际债券融资的特点主要有：（1）我国政府所属机构在海外发债主要以公募为主。（2）我国国际债券融资的主体主要是政府所属的金融机构，如中国银行、中国国际信托投资公司等。它们是以政府信用为担保发债，在外国人眼中，它们代表“中国政府”，信用评级较高。(3) 我国海外发债是以东京为主，逐步向欧洲、北美等债券市场发展。

从我国已经发行的国际债券情况来看，随着国际投资者对我国的了解，以及我国对国际债券市场规则的熟悉，我国国际债券的发行条件有了很大的改善，如债券发行的期限结构比较合理、利率结构中固定利率和浮动利率债券的比重比较合适等，但从其他的发行条件来看，还存在以下问题：

(1) 国际债券的发行地点过分集中于美国扬基债券市场和日本武士债券市场，承销集团也主要集中在美国和日本的几家投资银行和证券公司。

国际债券市场除了美国债券市场和日本债券市场，欧元债券市场和瑞士法郎债券市场也占有相当的市场份额，我国也应当充分利用。一方面有利于运用竞争体制来争取更为有利的发行条件，另一方面也可以防止我国发债主体对个别市场的依赖性，避免受到一国政治经济情况的影响。

(2) 国际债券的种类过于单一，较少利用金融创新工具降低筹资成本或规避风险。

随着金融创新工具的产生，国际债券种类日益呈现出多元化特征。直到1993年11月，我国企业才开始尝试在国际资本市场上发行可转换债券。为规避汇率波动风险，近年来我国在国际债券发行的借新还旧之余，大多将资金掉期为美元。但其他的许多固定收益金融创新工具，如：在风险管理应用和递延税收方面具有吸引力的零息债券，对传统债券的收益、风险、流动性、期限以及企业控制权等要素进行重新组合的复合债券——收入债券、双重货币债券（发行和付息金额为一种货币，还本金额用另一种货币）、“Alpine”可转换债券（以亿美元标价，受瑞士法律监管，在瑞士发行并主要在瑞士配售的可转换债券）等，由于我国对国际资本市场运作不熟悉，都很少使用。

四、我国国际债券融资的实例

1982年1月，中国国际信托投资公司在日本首次发行100亿日元私募债券，期限为12年，首开我国建国后国际债券融资之先河，此后又多次在海外发行债券融资。有关资料表明，1982—1991年，我国共发行国际债券39次，筹资折合50.62亿美元；1992年在伦敦、东京、香港及新加坡发行10次，筹资16.6亿美元；1993年发行21次，筹资28亿美元。海外发债规模迅速扩大，这些外资主要投放于能源、交通、原材料、通讯等国家重点扶植发展的建设项目。表12—4、表12—5分别反映了我国对外融资变化的基本情况。

表 12—4 1986—2005 年中国长期与短期外债的结构与增长

项目 \ 年度		1986	1987	1988	1989	1990	1991	1992	1993	1994	1995	1996	1997	1998	1999	2000	2001	2002	2003	2004	2005
外债余额（10 亿美元）		21.48	30.20	40.00	41.30	52.55	60.56	69.32	83.57	92.81	106.59	116.28	130.96	146.04	151.83	145.73	184.80	186.33	208.76	247.49	281.05
中长期外债	余额（10 亿美元）	16.71	24.48	32.69	37.03	45.78	50.26	58.47	70.02	82.39	94.68	102.17	112.82	128.70	136.65	132.65	119.53	115.55	116.59	124.29	124.90
	比上年增长（%）	77.6	46.5	33.5	13.3	23.6	9.8	16.3	19.8	17.7	14.9	7.9	10.4	14.1	6.2	−2.9	—	3.33	0.89	6.60	0.49
	占总余额的比例（%）	77.8	81.1	81.7	89.7	87.1	83.0	84.4	83.8	88.8	88.8	87.9	86.1	88.1	90.0	91.0	64.68	62.02	55.85	50.20	44.44
短期外债	余额（10 亿美元）	4.77	5.72	7.31	4.27	6.77	10.30	10.85	13.55	10.42	11.91	14.11	18.14	17.34	15.18	13.08	65.27	70.78	92.17	123.21	156.14
	比上年增长（%）	−25.7	19.9	27.8	−41.6	58.5	52.1	5.3	24.8	−23.1	14.3	18.5	28.6	−4.4	−12.5	−13.8	—	8.44	30.22	33.68	26.73
	占总余额的比例（%）	22.2	18.9	18.3	10.3	12.9	17.0	15.6	16.2	11.2	11.2	12.1	13.9	11.9	10.0	9.0	35.32	37.98	44.15	49.80	55.56
	与外汇储备的比例（%）	230.2	195.7	216.8	76.9	61.0	47.4	55.8	63.9	20.2	16.2	13.4	13.0	12.0	9.8	7.9	30.76	24.71	22.86	20.20	19.07

注：由于 2001 年外债口径调整，新口径外债数据与原口径外债数据不可比，故 2001 年未计算“比上年增长”项。

表 12—5 2007 年末中国部分对外债务简表

单位：千美元

债务人 \ 债务类型	外国政府贷款	国际金融组织贷款	国外银行及其他金融机构贷款	买方信贷	向国外出口商、国外企业或私人借款	对外发行债券
国务院部委	27 251 620	684 976			6 949 175	
中资银行	30 056 763	250 487	5 851 714	6 630 331	20 574	7 731 905
中资非银行金融机构	15 555	38 401 751		608 975		
外商投资企业	826 513	9 197 108	779 014	58 262 351	153 800	
中资企业	27 050	475 234	104 953	290 836	1 503 203	
外资银行						
外资非银行金融机构						
其他			359		314 761	
合计	30 056 763	28 371 225	54 611 142	7 514 298	59 497 497	16 338 083

资料来源：国家外汇管理局网站。

【背景分析】

近年中国政府的国际债券发行

全球债券是随着金融市场全球化而出现的一种新型国际债券，它是在全世界各主要资本市场同时大量发行，并且可以在这些市场内部和市场之间自由交易的一种国际债券。

2001年5月17日，中国政府在伦敦发行了15亿美元等值欧洲债券。这是时隔两年半以后中国政府在国际资本市场上的又一次成功发行。这次发行的欧洲债券由欧洲美元债券和欧元债券组成，其中欧洲美元债券的发行额为10亿美元，期限为10年期，票面利率为6.8%；欧元债券的发行额为5.5亿欧元，期限为5年期，票面利率为5.25%。这次欧洲债券的发行受到了国际投资者的热烈欢迎，投资者认购踊跃，需求量大大超过发行量，其中欧洲美元债券的订单为发行量的4.6倍；欧元债券的订单为发行量的3.6倍。欧洲债券的投资者主要来自欧洲和亚洲，其中欧元债券部分有60%的投资者来自欧洲。

中国在2003年10月再次发行的10亿美元和4亿欧元全球债券，由于投资者对中国的经济前景持乐观预期，这批债券被投资者争相抢购。新发行的美元债券和欧元债券所吸引的投资者需求均大于实际所需，债券发行价超出了最初计划。欧元债券的认购额超过10亿欧元。大约80名投资者直接参与了债券交易，一半以上的债券被法国、英国、德国和瑞士等非亚洲国家的买主抢走，其余部分落在亚洲国家买主的手中。美元债券的认购额为20亿美元左右，有150名投资者直接参与债券交易。一半以上的美元债券流入欧洲和美国的账户，其余部分被亚洲投资者买走。

现有的2006年到期债券息差为8个基点，而新债券将于2008年到期，这意味着对投资者来说新债券的风险系数较大。法国巴黎银行（BNP Paribas）驻伦敦的企业联合业务全球主管马丁·伊根（Martin Egan）指出，正常来讲这种情况不会发生。该行与德意志银行（Deutsche Bank）、瑞士银行（UBS）共同代理欧元债券的发行工作。

中国的此项融资计划在全球推介过程中，一直获得利好消息的推动。中国政府在香港路演推介当日，摩迪投资服务公司发布评级报告，将中国外币债务评级上调了一个级别，从Aaa上调至Aa。摩迪公司表示，采取此动作的原因在于中国对外支付能力正在明显增强。若干因素使中国抵御外部冲击的能力持续增强，这些因素包括：强劲的出口表现，吸引大量外商直接投资的能力，相对较低的外债水平，以及巨额官方外汇储备。标准普尔公司也表示，因中国健康的债务水平和良好的经济改革成果，该公司将新债券的评级定为BBB。

中国企业的国际债券发行

2004年7月23日，中国进出口银行在纽约成功发行7.5亿美元全球债，得到

了来自美国、欧洲和亚洲众多机构投资者的热烈响应，申购总量达到发行额的2倍。这是2004年中国发行体首度亮相国际债券市场，也是中国进出口银行时隔5年之后再次进入国际资本市场的重要筹资活动。据悉，此次发行的全球债期限10年，票面利率为5.25%，由美国高盛公司、花旗集团、德意志银行和汇丰银行作为联合主承销商。

资料来源：《人民日报》，2004－07－27。

【本章小结】

1. 国际债券可分为外国债券和欧洲债券。相对应的，国际债券市场可分为外国债券市场和欧洲债券市场。世界上主要的外国债券市场是美国的纽约、日本的东京、瑞士、英国的伦敦和德国的法兰克福。除此之外，国际债券还可按照不同的标准分为很多的种类。

2. 国际债券发行的基本条件包括：确定国际债券的发行额，确定国际债券的票面利率，国际债券的发行价格、偿还期限及偿还方式。国际债券发行的主要文件有：有价证券申请书、债券发行说明书、债券承购协议、债券信托协议、债券登记代理协议、债券支付代理协议及律师意见书。

3. 国际债券的收益率的计算，这与债券的收益率的计算是相同的，即当期收益率、满期收益率、持有期收益率等。国际债券融资中存在一定的风险，主要是汇率风险和利率风险。

4. 我国目前的国际债券融资主要在管理机制和发行条件这两个方面存在一些问题。随着我国经济改革的深入和利用外资工作的更加成熟，在金融、证券市场国际化的进程之中，问题将不断得到解决，不足之处将被克服，国际债券融资将成为我国扩大利用外资规模和改善利用外资来源结构的重要途径之一。

【课堂讨论题】

我国在发行国际债券时应该要注意哪些问题？

第十三章

其他国际融资方法

【要点提示】

- 项目融资的概念、类型、风险、条件和步骤
- BOT 融资的概念、类型、风险和操作程序
- 国际租赁的概念、形式和租赁程序

除了前面介绍的融资方式外，目前在实际的国际融资实务中，还比较多地采用项目融资和国际租赁，BOT 的项目融资方式正广泛地应用在当今基础设施的建设中。在实践中由于我们缺乏足够的国际融资的知识和融资经验，经常导致融资成本异常昂贵。因此，我们有必要对一些新的国际融资方法有所了解。在这一章里，我们将学习项目融资、BOT 融资和国际租赁的基本概念以及在实际中的运用方法。

第一节 国际项目融资

一、国际项目融资的内容

项目融资（Project Finance）是国际上为大型工程建设项目筹措资金的一种方式，又称工程建设项目筹资。它主要用于大型的采矿、能源、交通、动力、化工、冶金、制造业、农产品综合开发等工程建设项目。这类工程建设项目所需投资多，主办单位难以承担，风险也大，而传统的融资方式也不能完全满足此类项目的资金需要。在这种背景下，从20世纪60年代起，项目融资成了大型工程建设项目筹资的新方法。

国际上许多大型工程建设项目都是由多家公司共同建设，即除本国公司外，还吸收外国公司参加。参加项目建设的公司称为项目主办人。为了筹措项目建设所需资金，项目主办人一般都要成立专门经营该项目的新公司，即项目公司。项目公司是一个独立的经济实体，其股权由主办人所有，主办人与项目公司之间的关系是母公司与子公司的关系。项目融资一般是由项目公司出面筹措项目建设所需资金，将来用该项目的经营效益来偿还贷款本息。在这种融资方式中，项目成败对贷款能否收回有决定性影响。

成立项目公司对项目主办人和贷款人都会带来一定的利益。对主办人来说，成立项目公司的好处主要是：（1）通过项目公司将项目资产所有权集中于一家公司身上，便于进行管理；（2）可以避免在主办人自身的账目中记入项目的负债额，项目借款不列入母公司的资产负债表；（3）可以把项目的风险与母公司分隔开来，使母公司不致因项目而受到太大的牵连；（4）可以享受东道国给予本国公司的税收减免优惠；（5）可以通过发行新股票或转让项目公司原有的股份吸收更多的人参加该工程项目。对贷款人来说，成立项目公司的好处，主要是便于贷款人在项目资产上设定担保权益。但项目公司是东道国的法人，必须受到东道国法律的管辖，政治风险有所增加。

二、国际项目融资的种类

国际项目融资有以下两大类：

（一）无追索权项目融资（Non-recourse Project Finance）

无追索权项目融资是指贷款银行对项目公司的贷款，除要求以项目公司的资产作为物权担保外，贷款的还本付息完全依靠项目的经营收益。如果该项目因种种原因未能建成或经营失败，项目公司的资产和项目的经营收益不足以清偿全部贷款本息时，贷款银行无权向该项目的主办人行使追索权。这种无追索权项目融资又称纯粹的项目融资。它最早出现在美国，由于它对贷款银行的风险太大，所以贷款人一般不愿采用。

(二) 有限追索权项目融资 (Limited Recourse Project Finance)

有限追索权项目融资是指贷款银行对项目公司的贷款，除要求以项目公司的资产作为物权担保，以贷款项目的经营收益作为还本付息的来源外，还要求有项目实体以外的第三方提供担保，以保证贷款资金的安全。如果项目未建成或经营失败，项目公司本身的资产和项目的经营收益不足以清偿全部贷款的本息时，贷款银行有权向第三方担保人进行追索。但担保人对项目债务的责任，仅以他们提供担保的金额或按有关协议所约定的应承担义务为限。所以，国际上把这种项目融资称为有限追索权项目融资。目前较多采用这种项目融资。

三、国际项目融资的风险

贷款银行一般是根据项目的预期经济效益进行融资决策，而预期经济效益是不确定的。由于项目融资的数额占项目投资总额的65%～75%，因此，贷款银行所承担的风险较大。

(一) 按项目风险的阶段性分

按照项目风险的阶段性，项目融资的风险可以划分为以下三种：

1. 项目建设开发阶段风险

项目正式开工前有一个较长的预开发阶段，是由投资者承担的，不包括在项目融资风险之中，真正的项目建设开发阶段风险是从项目正式动工建设开始计算的。由于这一阶段需要大量资金购买工程用地、设备，而且贷款利息也开始计算成本，因此项目风险接近于最大。需要有强有力的信用支持来保证项目的顺利完成。解决这一风险的途径之一是与工程承包商签订一个“交钥匙”工程，使风险及项目控制权全部落在投资者身上。

2. 项目试生产阶段风险

项目进入试生产阶段后，风险仍然很高，如不能生产出合格的产品就意味着对项目的现金流的分析和预测是不正确的。这里引入了“商业完工”的概念，即在指定的时间内按一定技术指标生产出了合格产量、质量和消耗定额之产品。

3. 项目生产经营阶段风险

这是一个标志性的阶段，从这里起，项目进入正常运转，正常情况下也应该产生出足够的现金流支付生产经营费用、偿还债务。

(二) 按项目风险的表现形式分

按照项目风险的表现形式，项目融资风险可以划分为以下几种风险：

1. 资源风险

资源风险主要存在于石油、煤炭等地下资源开发型项目上。石油、煤炭及其他地下资源项目，在开发过程中，发现其储藏量、品位质量与勘探所获资料不符的风险即资源风险，又称储藏量风险。

2. 原料风险

原料风险主要存在于制造业等加工工业项目中。制造业等加工工业项目所需要原材料完全依靠购入，存在于采购过程中的材料供应、价格和质量达不到计划要求的风险，均属原料风险。

3. 完工风险

完工风险一般是指由于项目设计有缺陷、施工力量不足、发生自然灾害、出现成本超支、无增资来源等原因所造成的不能按期完工或中途停建的风险。

4. 经营风险

是指因项目建设有关的组织管理人员、技术人员、操作人员素质低，经营管理不善带来的风险。

5. 市场风险

由于项目建成投产后，该项目的产品是否有稳定的市场，能不能按预定的数量与价格销售出去，并带来经济效益，是很不确定的，这就是所谓的市场风险。这也是一种常见的风险。

6. 货币风险

货币风险是指项目收益货币与贷款货币不一致，两种货币利率和汇率波动很大，如果收益货币贬值，贷款货币升值，就会影响贷款的还本付息。

7. 基础设施风险

基础设施风险一般是指能源、交通、通信等基础设施不完备，会给项目的有效运营产生不利影响，并会发生在不得已时中断项目建设的情况。

8. 不可抗力风险

不可抗力风险是指因地震、洪水等自然灾害以及战争、动乱等一些当事者完全不能预测和把握的事态的发生所导致的项目建设进程的延迟、中断和生产与销售等活动的停止。

9. 政治风险

政治风险主要是指项目建设所在国政治局势不稳定，或采取国有化措施没收项目资产，或采取各种管制性的财政金融政策（如外汇管理）等对项目融资带来的风险。

四、国际项目融资的一般程序与步骤

国际项目融资的一般程序和具体步骤主要是：

（一）投资者做出投资决策，确定投资结构

在对项目进行投资之前，要进行项目投资分析，做出投资决策，确定投资结

构。投资结构是指一定的投资总量中各个组成部分之间的比例关系，或者说是一定的投资总量中各个组成部分之间的比例关系，或者说是一定的投资总量在不同投向上的分配比例。确定投资结构需要考虑的因素包括项目的产权责任、现金流量、债务责任、税务结构和会计处理等内容。国际上通行的投资结构有单一项目子公司、代理公司型合资结构、合伙制或有限合伙制结构、非公司型合资结构等。

（二）投资者做出融资决策，确定融资结构

根据债务分担责任、贷款资金数量上的要求和时间上的要求以及融资费用等，投资者决定是否采取项目融资方式。决定后，任命项目融资顾问，明确融资的任务和具体要求，即在评价项目的风险因素的基础上，设计项目的融资模式、资金结构和担保形式。

国际上的项目融资模式主要有：投资者通过项目公司安排的项目融资模式；以设施使用协议为基础的项目融资模式；以杠杆租赁为基础的项目融资模式；以生产支付为基础的项目融资模式；等等。

项目融资的资金结构有：股本和准股本、商业银行贷款和国际银行贷款、国际债券、租赁融资、发展中国家的债务资产转换等。项目融资的担保方式有：项目完工担保、资金短缺担保、以产品增加原材料供应协议为基础的担保等。主要担保者有：项目投资者，与项目有利益关系的第三者（如政府、工程承包公司、产品销售公司），保险公司等。

（三）项目融资谈判，签订融资协议

通过对融资方案的反复设计、分析、比较和谈判，最后选定一个既能最大限度地保护投资人的利益，又能为贷款银行所接受的融资方案。其中包括：选择银行，发出项目融资建议书，组织贷款银团，起草融资法律文件，融资谈判，签订融资协议。

（四）执行项目融资协议

项目融资协议的执行包括：执行项目融资计划；贷款银团经理人监督并参与项目的有关决策；项目风险的控制与管理等。

第二节　BOT融资

一、BOT及其特点

（一）BOT的定义

BOT是国际项目融资的一种重要形式。BOT是英文“Build-Operate-

Transfer"的缩写，意思是"建设——经营——移交"。典型的BOT定义是：政府就某个基础设施项目与非政府部门的项目公司签订特许权协议，授予签约方的项目公司承担该项目的投资、融资、建设、经营和维护。在协议规定的特许期限内，这个项目公司向设施使用者收取适当的费用，由此来回收项目投资、融资、建造、经营和维护成本，并获取合理回报。政府部门拥有对这一基础设施项目的监督权、调控权。特许期满，签约方的项目公司将该基础设施无偿移交给政府部门。它有时被称为"公共工程特许权"。

（二）BOT产生的历史背景

20世纪60—70年代，许多发展中国家对基础设施和基础产业实施了大规模的投资，涉及交通、电信、电力、煤炭、供水等方面，为这些国家经济的持续发展提供了动力。这些大型基础设施项目的投资，主要来源于国家预算和国外债务。然而，在这些基础设施的运营中，政府付出了沉重的代价，主要表现为政府的国内外债务大量增加，结果是严重削弱了政府对基础设施的投资能力。

进入20世纪80年代后，为了减少贫困、提高生产能力和生活水平及与世界经济接轨，加强发展中国家基础设施的建设就变成了非常紧迫的任务。而在当前激烈的世界竞争中，成功地参与国际经济分工，在很大程度上取决于基础设施的质量和效率。但机场、港口、公路、铁路、电信、重工业、环保设施、住房和医疗等基础设施建设需要巨额的投资，而政府的投资、多边和双边贷款均是有限的，难以满足要求。正是在这样的背景之下，产生了BOT这种新的基础设施项目融资方式。BOT是土耳其总理奥托尔于20世纪80年代提出来的。它的基本思路是私营部门进入基础设施领域的投资和经营，这种方式将私营投资者对商业机会的兴趣与政府宏观经济的战略考虑结合起来。

（三）BOT的类型

根据世界银行《1994年世界发展报告》的定义，通常所说的BOT至少包括以下三种具体形式。

1. BOT（Build-Operate-Transfer）

即建设——经营——移交。政府给予某些公司新项目建设的特许权，通常采取这种方式。私人合伙人或某国际财团，愿意自己融资建设某项基础设施，并在一段时期内经营该设施，然后将此设施移交给政府部门或其他公共机构。

2. BOOT（Build-Own-Operate-Transfer）

即建设——拥有——经营——移交。私人合伙人或某国际财团融资建设基础设施项目，项目建成后，在规定的时限内拥有所有权并进行经营，期满后将项目移交给政府。BOOT与BOT的区别有两个：一是所有权的区别。BOT方式，项目建成后，私人只拥有所建成项目的经营权。但BOOT方式，项目建成之后，私人在规定的期限内既有经营权也有所有权。二是时间上的差别。采取BOT方式，从项目建成到移交给政府的时间一般比采取BOOT方式短一些。

3. BOO（Build-Own-Operate）

即建设——拥有——经营。这种方式是承包商根据政府赋予的特许权，建设并经营某项基础设施，但是并不将此基础设施移交给政府的公共部门。

以上三种形式一般统称为BOT方式。但由于基础设施项目的地点、时间、外部条件、政府的要求及有关规定不同，具体项目又可能采取更多的形式，主要有：

BRO（Build-Rent-Operate）即建设——招租——经营；

DBOT（Design-Build-Operate-Transfer）即设计——建设——经营——移交；

BOOST（Build-Own-Operate-Subsidize-Transfer）即建设——拥有——经营——补助——移交；

BOD（Build-Operate-Deliver）即建设——经营——转让；

DBOM（Design-Build-Operate-Maintain）即设计——建设——经营——维护；

FBOOT（Fund-Build-Own-Operate-Transfer）即筹资——建设——拥有——经营——移交。

这些具体形式说明，BOT项目虽有共同的特征，但它并没有一个固定模式。

（四）BOT的特点

BOT是一种新型的有限追索权的项目融资方式。一个典型的BOT项目，由政府或公营部门授予私人投资者在一定的特许时期内，就某一基础设施进行建造和经营，以市场价格实施收费，从而维持正常运行以及获得一定的收益率。在特许期结束后，项目的经营权和所有权移交给东道国政府。

BOT的主要特点是：（1）为政府预算之外提供了投资开发基础设施的机会；（2）项目风险由参加投资者根据股权比例分担；（3）通常由债务投资和股本投资两部分组成；（4）项目投资收益仅来源于项目本身。

从这些特点不难看出，采用BOT投资和经营基础设施的风险是很大的。因此，如何将政府和投资者的利益完美地结合起来是实施好BOT项目的关键。

二、BOT的操作程序

BOT项目的前期准备和建设周期一般较长，投资额较大，各类风险也比较多，因而从事BOT项目建设必须遵循一定的程序，以保证BOT项目的每一步进展都建立在稳固、扎实、可靠的基础上。否则，一个环节上的失误，就可能导致整个BOT项目的失败。尽管不同国家和地区在不同的BOT项目上的具体做法可能会有所不同，但总的来说，其基本操作程序还是一致的。归纳起来，发达国家和地区从事BOT项目的操作程序主要可分为项目提出、项目招标与审定、特许权（项目）合同签订、成立项目公司、项目筹资、项目建设、项目经营、项目移交8个环节，涉及的范围广，难度较大。

（一）项目提出

BOT项目的提出通常分两种情况：一种情况是政府各主管部门根据全国或区域经济发展规划、社会对扩大和新增社会公共基础设施的需求或期望，以及现有公共基础设施对经济发展和社会满足程度等，提取可适用于BOT方式建设的项目建议；另一种情况是由私人企业或财团，根据政府确定的建设规划和重点在其自身发展的需要以及在对市场需求调查研究的基础上，向政府提出可采用BOT投资方式进行建设的项目，供政府选择决策。如英吉利海峡隧道工程、悉尼港隧道工程、悉尼M4和M5高速公路项目等都是由政府提出的。又如澳大利亚从悉尼到墨尔本的高速公路项目则是由私人企业联合向政府提出、用BOT方式进行建设的。不管是政府主管部门还是私人企业提出的BOT项目，一般都要报政府经济综合部门进行评审，以确定项目是否成立。项目的建议一般应包括：（1）证明项目是能给国家或某一区域带来利益的优先项目；（2）项目的初步设想；（3）初步的社会和经济效益估计；（4）对实施选择方案的初步可行性分析；（5）项目风险概况的评估；（6）下一阶段项目开发的建议方案。

（二）项目招标与审定

项目招标与审定是指项目提出并经政府评审同意后，政府主管部门对拟参与此项目的私人企业进行综合对比，从中选出最合适的私人企业承担该项目的过程。这一过程主要分为两个步骤：

第一步是意向登记。政府部门对拟采用BOT方式建设的项目，通过新闻媒介等将项目的概要、政府对建设此项目所要达到的社会和经济目标、建设资金和建设计划的安排设想、对意向登记者自身素质的要求、政府对意向登记者所提方案的评估程序及评估基本标准等向社会公开发布，邀请有兴趣的私人投资、建设或经营企业对此项目的建设提出初步设想。由于实行意向登记的目的主要是考察和确定正式参加投标的候选私人企业，因此在此阶段的花费不是很大，时间也较短，各私人企业所提方案可以粗一些，提方案的时间一般不超过一个月；如果需要组成联合集团以满足大型方案的要求，提方案的时间可以适当延长。政府部门根据意向登记者的资信、所提交的初步方案进行资格审核和评价，以确定邀请参加正式投标的候选者名单。列入候选名单的被邀请者一般不少于3个，不多于6个。此时所做初步方案的费用均由各私人企业自己承担。

第二步是选中标单位。对意见登记中入选的候选者，由政府部门向其发出报送项目正式、详细方案的邀请。被邀请的私人企业一般有3～6个月的时间进行准备，然后向政府部门提出其正式的投标书和项目实施的具体方案。在报送的投标书及详细方案中，要特别说明的问题包括：项目的范围和预期的目标，工程所需投资的预算，工程建设时间安排表，拟议中的资金筹措方式及筹资结构，拟定的收费标准及对项目经营所需时间的要求，社会效益和经济效益分析，成本、收入和利润预测，详细的风险分析、风险管理和风险分担的安排以及对项目经营所需时间的要求，对政府支持的期望，项目维护方案及特许期满后项目资产存在的状态，合同纠纷的解决程序等。

政府部门对各候选私人企业所呈报的详细方案进行评审，从中选择最符合政府意图的中标者。

（三）特许权（项目）合同签订

特许权合同是政府或政府授权的机构，根据国家有关法律规定与中标的私人企业签订，由政府授权其在一定期限内建设、经营该项目并获得收益，等到特许期满后，将项目设施及资产转让（移交）给政府的契约性文件。特许权合同是整个BOT项目的核心，政府与私人企业的权、责、利等都要在此合同中加以明确规定，以作为双方在整个项目建设和经营期间的准则。一般的特许权合同主要包括：授予项目的建设经营许可，确定项目的筹融资方案，规定收费标准及收费标准的调整办法，风险的分担，对竞争采取的保护措施，终止特许权的条件与程序，发生争议的解决办法等。

（四）成立项目公司

该项目公司称为BOT项目公司或特许权公司。成立项目公司的目的主要是为了能有一个责任主体来具体承担该项目的建设与经营。因为前面的投资企业或称发起单位，通常是多个私人企业组成的一个松散的联营集团，不是一个独立的法人实体，不能独立承担相应的民事法律责任。因此，由发起单位共同出资成立一个专门从事该项目的BOT公司就十分必要。BOT项目公司成立后，该项目的融资、建设和经营管理全部由该公司负责。

（五）项目筹资

项目筹资由项目公司具体负责。大多数BOT项目公司，在筹资上采用将项目发起人提供的股本与商业银行、国际金融机构和双边政府放款人等提供的贷款结合在一起的办法。在大多数情况下，股本投入占整个项目投资的10%～30%，剩余部分以无追索权或有限追索权方式进行筹措。也有的发达国家如英国等则不强调股本投资的比例。项目公司与金融机构签订融资协议或合同，不能违背项目公司与政府部门签订的特许权合同中规定的融资方案和原则，否则融资协议或合同无效。这也就是说，特许权合同签订后并不立即生效，它规定了许多有效条件。从法律上讲，它是一个附有条件的合同，只有当条件全部成熟时，合同才生效。

项目公司欲取得金融机构的贷款，必须给予贷款人一定形式的担保。除了政府给予特许权和其他支持外，贷款人还会要求公司股本所有者保证将其全部股票作为贷款的担保，并取消股票的赎回权；一旦项目面临“危机”，贷款人可最终成为项目公司的所有者。

（六）项目建设

项目公司根据特许权合同规定和技术与时间等要求，组织项目的设计、施工和采购等项工作，这些工作可由项目发起公司自己承担，也可承包给其他公司，但必须有明确的合同保证。

(七)项目经营

特许权公司根据自身能力对已建成的投资项目，可以自己进行经营，也可委托其他公司代为经营。根据BOT合同，外商将在规定期限内拥有项目的经营权，以及辅助项目的经营与开发权。后者例如高速公路沿线的商业、饮食服务业、广告业，高速铁路沿线的货物装卸、储运，能源基地的房地产开发，邮电部门的多功能服务等等。外商对项目经营权的运用可以采取委托经营、联合经营、独资经营三种方式，但未经允许，外商不得将经营权转售。在经营期间，外商有责任接受政府的定期调查并公开自身财务状况，有责任维持项目简单及扩大再生产，不得人为压低折旧率。在产品定价上，外商有价格浮动权，但政府有制定价格浮动上限的权力。在特许权合同到期时，外商有责任为政府提供经营技术资料和培训管理与技术人员。如果外商能很好履行上述职责，政府可视情况再将项目转包给该外商，这一做法称为“管理合理”。

从总体上讲，政府对外商的经营控制来自于三方面：(1) 指标监控。即设立一组资产经营状况指标，通过指标的监控，及时了解外商的具体情况。(2) 数量限定。即对每一指标均明确规定其上下限，当然这些应事先在合同中声明。(3) 必要的仲裁。当外商未经许可私自超过数量规定，并经双方谈判无效时，则诉诸法律。

(八)项目移交

特许期满后，项目公司必须按特许权合同中规定的项目质量标准和资产完好程度等，将项目的资产、经营期预留的维护基金和经营管理权全部移交给政府。当然，项目移交的日期也可以不定死。如果项目公司超过了预期并提前实现其全部的股本收益，移交的日期就可提前；如果由于非股本投资者和非项目公司所能控制的因素作用，其预期的收益到期没有达到，那么特许期也可延长。但这些灵活的办法必须在原特许权合同中有所规定；或在项目经营期间通过谈判，获得双方的认可。项目移交政府后，项目公司还可继续经营，但这时的经营只是作为受政府委托代为经营，公司本身已不再享有原特许权合同中授予的各项权力。政府是否继续委托原项目公司经营，由政府部门自己决定。

从理论上讲，BOT是一种投资与融资相结合的方式。凡一个国家或地区在基础设施领域内能通过收费获得收入的设施或服务项目，都是这种方式的适用对象。但就我国特殊的经济及法律环境的要求而言，不是所有的基础设施项目都可以采用BOT方式，其适用范围是有限的。BOT方式是非政府资本介入基础设施领域，其实质是BOT项目在特许期内的民营化。BOT项目的所有权、运营权在特许期限内是属于项目公司的，项目公司再把项目的运营权分包给运营维护承包商，政府在此期间则拥有对项目运营的监督权；当特许期限届满，所有权将移交给政府指定的机构。

因此，对于某些关系国计民生的重要部门，虽然它有稳定的预期现金流入，也不宜采用BOT方式。我国运用BOT方式吸引外资进行基础设施建设起步于1984年，早期的BOT项目都是地方政府批准的。从国家角度来讲，我国政府直到1995年才开始组织BOT方式的试点工作。除广西来宾B电厂外，湖南长沙电厂项目和成都水厂项目也被我国陆续批准为BOT试点项目。

第三节　国际租赁

一、租赁与国际租赁

（一）租赁

租赁（Lease）是在财产所有权与使用权分离的情况下，由财产所有者——出租人（Lessor），在一定时间内把财产——租赁物，租给使用者——承租人（Lessee）使用，承租人按期缴纳一定租金给出租人，租赁物的使用权归承租人，所有权仍属出租人。从历史上看，租赁早就产生了，可以说它是一个古老的经济范畴。

现代租赁却是20世纪50年代开始形成的。20世纪50年代的美国，由于科学技术的进步，现代生产越来越需要大型成套设备，如成套生产线、精密机械、巨型飞机、大型电脑系统、卫星通信设备等。购买这些设备需要巨额资金，而传统的银行信贷又很难满足这种需求，这样，现代租赁就在美国应运而生了。由于现代租赁体现了所有权与使用权的分离，将融资和融物有机结合起来，租赁双方以契约（合同）方式确定租赁关系，以分期偿付租金的方式偿付租赁物的利息，打破了传统金融体系和信贷方式的约束，为金融创新注入了新的活力。

从1952年世界上第一家融资租赁公司在美国成立，到20世纪60年代初，这一筹资方式迅速被主要资本主义国家（如英、法、德、日和加拿大等国）所采用。在随后的30年间，融资租赁业从机构设置、业务经营到服务方式都已经系统化和规范化。它们把融资租赁方式作为在国内进行固定资产投资和在国外争夺设备市场的一个有力的武器来使用。

（二）国际租赁

在现代租赁业发展过程中，国际租赁业务有了很大的发展，成为国际融资的重要方式之一。国际租赁（International Lease）这个概念有广狭义之分。狭义的国际租赁是指分别处于不同国家或不同法律制度之下的出租人与承租人之间的一项租赁交易，又称跨国租赁或跨境租赁（Cross Border Lease）。这是一种符合国际经济交易定义的国际租赁形式。广义的国际租赁，不仅包括跨国租赁，还包括离岸租赁（Off-Shore Lease）。离岸租赁又称间接对外租赁（Indirect Lease），是指一家租赁

公司的海外法人企业（独资或合资企业）在注册地经营租赁业务，不管承租人是否是当地用户，对这家租赁母公司来说是离岸租赁；但对母公司的海外法人企业而言，由于其在绝大多数的情况下是与其所在国的承租人达成交易，就此而言则属于国内交易。离岸租赁，是国际租赁市场上发展最快的一种租赁形式。

国际租赁的产生与发展，为发达国家的资本输出，为发展中国家引进、利用外资开辟了一条新的途径，从而为各国的经济增长做出了一定的贡献。它对出租人和承租人都有好处。国际租赁是出租人向海外进行资本扩张、推销商品、扩大出口的有效手段。国际租赁使承租人无须自筹大量资金，即可引进先进的技术设备，扩大企业的生产能力，为企业占领市场赢得了时间，是企业引进外资、提高经济效益的一条途径。

二、国际租赁的形式

国际租赁的形式很多，主要有下列几种：

（一）国际融资租赁

国际融资租赁（International Financial Lease）又称为国际金融租赁，是指一国出租人根据另一国承租人选定的机器设备，由出租人购置后，租给承租人使用，承租人按期缴纳租金。租赁期满，租赁设备通常有三种处理方法，即退租、续租或转移给承租人。这种租赁交易涉及三个当事人，即出租人、承租人和供货商。由两个合同——供货合同和租赁合同，把三个当事人联系在一起。

在一般情况下，各方无权中止合同。这种租赁的最主要的特点，是设备的所有权与使用权在租赁期是分离的；设备所有权在法律上属于出租人，使用权在经济上属于承租人。承租人在租约期间分期支付的租金数额，足以偿付购买设备的资本支出并有盈利，所以，美国称它为完全付清租赁（Full Payment Lease）。

（二）国际杠杆租赁

杠杆租赁（Leverage Lease）又称平衡租赁，是指在一项租赁交易中，出租人只需投资设备价款的20％～40％，设备价款的另外60％～80％则由银行等金融机构提供、以出租人的租赁设备为抵押、以转让租赁合同和收取租金的权利作担保的无追索权的贷款来解决。当杠杆租赁的承租人、出租人为分属两国的企业时，即为国际杠杆租赁。它是20世纪70年代末首先在美国发展起来的一种形式较为复杂的租赁交易，适用于价值在几百万美元以上、有效寿命在10年以上的高度资本密集型的大型设备的租赁，如飞机、船舰、石油钻井平台等。

这种租赁的特点是出租人只需支付租赁设备的购置款项的20％～40％，即可在法律上拥有该设备完整的所有权，可享受100％的减税待遇。租金的偿付必须保持平衡，每期所付租金不得相差悬殊，租赁期满，承租人必须按租赁设备残值的公平市价留购该设备，或续租。

（三）国际转租赁

国际转租赁（International Sub-Lease）又称再租赁，是指甲国出租人根据本国最终用户——承租人的需要，先以承租人的身份从乙国出租人处租赁设备，然后再以出租人的身份转租本国用户——最终承租人使用的一种租赁交易。这种将设备进行重复租赁交易的主要特点是：两个租约同时并存有效，甲国出租人是通过收取本国最终用户——承租人的租金来支付乙国出租人的租金，确保自身的收益。

（四）国际综合租赁

综合租赁是将租赁业务与某些贸易方式相结合的租赁交易。目前，综合租赁主要有租赁与补偿贸易相结合，租赁与来料加工、来件装配相结合，租赁与包销相结合三种形式。租赁与补偿贸易相结合，是一国出租人把机器设备租给另一国承租人使用，承租人不是用现汇，而是以租进的机器设备所生产出来的产品来偿付租金。租赁与来料加工、来件装配相结合，是一国承租人在租进另一国出租人的设备同时，承揽出租人的来料加工、来件装配等业务，承租人以来料加工、来件装配的加工费收入来抵付租进设备的租金。租赁与包销相结合，是一国出租人把机器设备租给另一国承租人，而承租人所生产的产品则由出租人包销，出租人从包销产品的收入中扣取租金。

从以上几种国际租赁形式不难看出，国际租赁体现的是出租人、承租人和供货人之间的关系。出租人既可以是金融机构设立的租赁部或租赁公司，也可以是制造厂商设立的租赁部或租赁公司，还可以是专门经营租赁业务的独立租赁公司或联合的租赁公司。承租人实际上主要是各国的工商企业。在国际租赁业务中，出租人是出资人，又是购货人；承租人是借贷人和租金支付人；供货人是机器设备的制造商。他们之间既包括融资或借贷关系，又包括融资或借物关系，还包含机器设备等租赁物的买卖和贸易关系。这几种关系融合交织，混合为一体，是现代国际租赁业务的最显著的特点。

三、国际租赁的程序、合同条款和租金的计算公式

（一）国际租赁的主要程序

（1）承租人做出租赁决策，选定拟租物件，选定租赁人并向其提出租赁申请。

（2）出租人对承租人的资信及其所申请的租赁项目进行审查和受理。

（3）出租人与承租人就租赁合同与购货合同进行洽商并签订这两个合同。

（二）国际租赁合同及其主要条款

一项国际租赁交易，一般应包括两个合同，即租赁合同和购货合同。国际租赁中的购货合同与一般国际贸易合同相似，但增加了与租赁有关的条款。它既需要买卖双方签字，还需要用户同意并确认合同的各项条款。

国际租赁合同的基本条款有：（1）租赁设备条款；（2）购货合同与租赁合同的

关系条款；(3) 租赁设备保险条款；(4) 租赁设备的租金支付条款；(5) 租赁设备的担保条款；(6) 租期和起租日条款；(7) 租赁违约条款；(8) 租赁设备期末处理条款；(9) 仲裁条款。

(三) 国际租赁租金的计算公式

国际租赁交易的租金，一般由设备购置成本、融资成本、利润和手续费等因素所构成，一般计算公式是：

$$租金=\frac{（租赁物原价+运费估计残值）+利息+利润+手续费等}{租期}$$

【案例分析】

BOT 案例分析：英法海峡隧道工程

一代枭雄拿破仑曾经梦想修建连接英国和欧洲大陆的海底隧道，这个未能圆成的梦，在 20 世纪末的今天终于以 BOT 项目的方式变成了现实。

从 1802 年，一位法国工程师首先提出在英吉利海峡修建隧道的设想，经过近二百年的论证，英法两国终于消除了分歧，达成了共识，共同宣布了修建隧道的联合决定。

BOT 项目发起人（即项目公司）：欧洲隧道公司。它由英国的海峡隧道工程集团（一个由英国银行和承包商组成的财团）和法国的法兰西曼彻公司（一个由法国银行和承包商组成的财团）联合组成。

特许期：55 年（其中包括计划为 7 年的施工期）。它是目前世界上特许期最长的一个 BOT 项目，长达半个世纪以上。特许权协议是在 1987 年与英法两国政府签订的。

承发包方式：固定总价和目标造价合同。欧洲隧道公司承担了海峡隧道的全部建设风险，并为造价出超准备了一笔 17 亿美元的备用贷款。这就为其承包商提供了有利的建设承包合同；而这些承包商同时又是股东发起人。49 亿美元的陆上建筑工程的一半按固定价格（即总价）承包，而隧道自身则按目标造价承包，欧洲隧道公司将把实际费用加固定费（目标值的 12.36%）支付给承包商。此项费用估算为 2.5 亿美元。如果隧道以低于目标造价完成，承包商将得到全部节约额的一半。如果实际造价和预定目标值出超，承包商必须支付规定的违约赔偿金。此外，由于不可见的水底状况、设计及技术规格的变更以及通货膨胀，其合同受到价格调整的影响。

计划总投资费用：92 亿美元（在施工过程中已增加到 120 亿美元）。

建设工期：计划 1988 年开工到 1995 年竣工（海峡隧道工程现已竣工，投入运营）。建设工期的风险就在于，施工工期加长就会使经营期相对缩短，并且将会直接影响到该项目的收益和债务的偿还。这就有可能将欧洲隧道公司置于风险之中，因为该公司到期若不能偿还银行规定的额度时，银行可以行使自己的权利对该公司进行清理并出售其资产。

融资情况：英国与一些发展中国家相比，具有比较大的国内投资市场，包括较大的股票市场和资本市场。在英国，依靠项目公司在股市发行股票，或者筹集私营投资者的资金，在国内市场上就可以从投资者手中为BOT项目筹集到足够的资金。正常的做法是提供高的报偿收益，以补偿该项目的风险和投资期过长的损失。因此，该项目就地融资，英法两国政府不做风险担保。

为BOT项目筹款是项目发起人最重要的业务之一。如前所述，筹资总额达92亿美元，使该项目成为到目前为止由私营团体筹款的最大的基础建设。在海峡隧道工程投资过程中，关于融资工作要求欧洲隧道公司坚持政府提出的三个条件：(1)政府对贷款工作担保；(2)该项目将按有限的追偿权，100%地由私营团体筹资，交付发起人使用，债务由完成的项目收益来偿还；(3)该团体必须筹资20%的股票投资，即17.2亿美元的现金。除此之外，74亿美元贷款将向209家国际银行(历史上最大的地区性私营银行联合体)筹措。筹款之初，14家初期项目的承包商和银行首先赞助8 000万美元。同时，在4个发行地点成功地筹集到大批以英国英镑和法国法郎计算的股票投资。

政府担保情况：与其他的BOT项目发起人相比，欧洲隧道公司从英法两国政府得到的担保是最小的。这是由于英国政府要求建设、筹款或经营的一切风险均由私营部门承担。除特许期较长外，政府没有向该公司提供支持贷款、最低经营收入担保、经营现有设施特许权、外汇及利率担保，仅仅提供了商务自主权、“无二次设施”的担保。

在现有的BOT体系中唯一为欧洲隧道公司提供的是充分的商务自主权担保，包括自主地确定其税率。因而，欧洲隧道公司的一半收入来自它的铁路协议，即利用隧道的国家铁路将伦敦同目前尚未充分开发的欧洲高速铁路网联结起来。其他收入将来自对过往隧道铁路商业车辆的收费。此外，欧洲隧道公司要求政府许可的一个条件就是33年内不设横跨海峡的二次联结设施。

遭遇危机：连接法国和英国的海底隧道是世界最长的海底隧道，曾被誉为“一梦200年，海峡变通途”的工程杰作，著名的欧洲之星列车每天就是穿梭于这条隧道。但自从1994年开始运营以来，欧洲隧道一直是负债经营。欧洲隧道公司在2003年的亏损达19亿欧元，其中97%的亏损缘于公司股价的缩水，而公司目前的负债更高达90亿欧元。

2003年的伊拉克战争使欧洲人减少了出外旅行计划，加上航空和海运的低价竞争，欧洲隧道的经营状况在2003年仍没有起色，公司现在的状况是借新债还旧债，公司股价已经从最初的每股3.73欧元跌到现在的0.5欧元，公司60万的法国股民甚至集体上诉法院，要求追查公司负债原因。该公司资产负债表上的赤字与日俱增，2006年不得不申请破产保护。

【本章小结】

1. 项目融资是国际上为大型工程建设项目筹措资金的一种方式，包括无追索权项目融资和有限追索权项目融资。根据项目融资的特点，可以划分出多类的风险。项目融资一般要满足特定的条件，按照一定的步骤进行。

2. BOT 也是国际项目融资的一种重要形式。意思是“建设——经营——移交”。政府就某个基础设施项目与非政府部门的项目公司签订特许权协议，授予签约方的项目公司承担该项目的投资、融资、建设、经营和维护。BOT 项目中存在各类风险，必须遵循一定的程序，降低融资成本。

3. 国际租赁有广狭义之分。狭义的国际租赁是指分别处于不同国家或不同法律制度之下的出租人与承租人之间的一项租赁交易。广义的国际租赁，包括跨国租赁和离岸租赁。国际租赁包括国际融资租赁、国际杠杆租赁、国际转租赁和国际综合租赁。

【课堂讨论题】

BOT 和国际租赁融资方式的风险各是什么？应当如何规避？

第十四章 国际金融机构

【要点提示】

- 世界银行集团
- 国际货币基金组织
- 亚洲开发银行
- 欧洲中央银行

通过前面章节的学习，我们可以看到世界银行集团、国际货币基金组织等机构在国际金融活动中发挥着非常重要的作用。本章将专题论述世界银行集团、国际货币基金组织、亚洲开发银行、欧洲中央银行这几个主要的国际金融机构的基本情况。

第一节 世界银行集团*

一、世界银行集团概况

世界银行集团是联合国的一个特别机构，由 5 个全职集团组成，向联合国提交共同的报告，它与世界银行和联合国的正式关系受世界银行董事会 1947 年 9 月和联合国大会 1947 年 11 月批准的一项协议支配。

世界银行集团的宗旨：通过从发达国家向发展中国家转移资金，提高贫穷发展中国家的生活水准。

世界银行集团机构包括国际复兴开发银行（IBRD，又称世界银行）及其 4 个分支结构，即国际开发协会（IDA）、国际金融公司（IFC）、多边投资担保机构（MIGA）、解决投资争端国际中心（ICSID）。世界银行行长也是这 4 个分支机构的主席。同样，世界银行的执行董事也兼管国际开发协会和国际金融公司。多边投资担保机构有自己的董事会，但是董事会的大部分成员也是世界银行的执行董事。

世界银行集团的各组成机构及其具体职能如表 14—1 所示。

表 14—1　　世界银行集团组成机构及其职能

组成机构	职能
国际复兴开发银行（IBRD）	国际复兴开发银行向中等收入国家和借贷信用好的较贫困的国家提供贷款和发展援助。其投票权与成员国的认缴股份额挂钩，而认缴股份额则根据每个成员国的相对经济实力确定。国际复兴开发银行以在国际资本市场上发债作为其主要资金来源。
国际开发协会（IDA）	国际开发协会在世界银行履行其减贫使命方面起着重要作用。国际开发协会的援助对象是世界上最贫困的国家，向他们提供无息贷款和其他服务。国际开发协会的主要资金来源是较富裕的成员国，也包括部分发展中国家的捐款。
国际金融公司（IFC）	国际金融公司通过为私营部门提供投资资金，为政府和企业提供技术援助和咨询服务，促进发展中国家的经济增长。国际金融公司联合私人投资者向发展中国家的商业性企业提供贷款和股本融资。
多边投资担保机构（MIGA）	多边投资担保机构通过向外国投资者提供非商业性风险担保，促进发展中国家的外国投资。多边投资担保机构也协助政府传播有关投资机会的信息。
解决投资争端国际中心（ICSID）	解决投资争端国际中心通过调停或仲裁的方式协助解决外国投资者与东道国之间的投资争端。

* 本节内容主要参考世界银行中国网站。

二、世界银行基本情况

世界银行是国际复兴开发银行的通称。最初目的是为欧洲国家从战时经济转变为和平经济提供资金，但是1940年“马歇尔计划”(即欧洲复兴计划)出台后，为欧洲提供资金的任务就由“马歇尔计划”完成，世界银行随即转变为主要向亚、非、拉等发展中国家提供开发资金的机构。

世界银行是世界上最大的发展援助机构之一。世界银行利用其雄厚的资金、高素质的人才和广泛的知识基础，帮助各发展中国家走一条稳定、可持续和平衡的发展之路。世界银行主要着眼于帮助最贫困的人民和最贫穷的国家，而对于所有世界银行借款国，世界银行强调以下需要：(1) 投资于人，特别是提供基本卫生和教育服务；(2) 保护环境，支持和鼓励民营企业发展；(3) 加强政府的能力，提高效率，增加透明度，提供高质量的服务；(4) 促进改革，创造一个有利于投资和长期规划的、稳定的宏观经济环境；(5) 注重社会发展、参与、治理和机构建设，将其视为实现减贫的关键要素。

世界银行也帮助世界各国巩固和加强、吸引和保持私人投资需要具备的基本条件。各国政府借助于世界银行的资金和咨询服务推行全面的经济改革，强化银行体系，投资于人力资源、基础设施和环境保护，从而提高对私人投资的吸引力及其效益。通过世界银行的融资担保和多边投资担保机构的政治风险担保，结合国际金融公司的股本投资，投资者就能把在发展中国家和经济转轨国家投资的风险减少到最低限度。

三、世界银行的主要业务活动

世界银行通过提供贷款、政策咨询和技术援助，支持各种以减贫和提高发展中国家人民生活水平为目标的项目和计划。制定有效的减贫战略和提供以减贫为主的贷款是实现这些目标的关键。世界银行的业务计划高度重视推进可持续的社会和人类发展，高度重视加强经济管理，并越来越强调参与、治理和机构建设。

(一) 投资于人

世界银行把能产生最大效应的基本社会服务作为援助重点，如生育健康、妇女保健、营养、儿童早期开发计划、基础教育、扶助农村贫困人口和妇女的计划等。世界银行作为社会部门最大的投资机构，为一百多个国家的五百多个人力发展项目提供了总额超过四百亿美元的贷款。

世界银行还帮助借款国政府推进社会保障和养老金制度改革，建立社会安全网，保护那些最容易受经济结构重组影响和伤害的群体。除贷款外，世界银行也通

过对国家贫困状况的深入评估、国别援助战略、公共支出研究等方式提供技术援助和政策咨询，从而帮助各国政府为实现经济增长制定完善和长期的战略。

（二）保护环境

世界银行为确保其贷款项目不会对自然环境造成危害而做出了巨大的努力，所有项目都要经过认真审查以确定它们是否会危害环境，对可能有危害的项目要做环境评价，而且世界银行还针对此类项目采取特殊措施以避免对环境造成破坏。对环境的重视已经贯穿到世界银行的各项业务活动中，因为经验证明预先防范比事后治理更有成效。

为了加强这方面的工作，世界银行与其他发展机构、非政府组织和社区组织密切合作以利用他们的知识和经验。世界银行与世界自然保护联合会（简称 IUCN）、自然保护组织和世界自然基金以及许多其他组织互相配合帮助推进保护河流、森林和沿海地区的项目。世界银行也是全球环境基金的一个执行机构，全球环境基金在解决诸如生物多样性、气候变化、臭氧层损耗和国际水域污染等全球性主要环境问题方面起着重要作用。

（三）促进私营部门发展

世界银行帮助各发展中国家中的借款国政府为振兴和扩大私营部门投资创造必要的条件，包括：

（1）根据私人投资者的需要制定基本的法律、法规，建立本地的机构，以保证合同义务的履行；

（2）进行基础设施建设（如交通、供水、能源、通信等），为提高国家的全球市场竞争力而建立必要的关键技术和信息基础；

（3）发展本国的资本市场和银行系统。

除贷款和技术援助外，世界银行还提供担保以鼓励私人投资，这些担保的目的是缓解投资风险，特别是长期债务融资风险，这对于吸引私人融资发展基础设施具有特别重要的意义。预计世界银行借款国在今后十年每年将需要 2 500 多亿美元的资金用于基础设施建设。世界银行提供的担保旨在作为改革计划的补充，配合国际金融公司和多边投资担保机构为私营部门提供的减少风险的服务。

（四）提供贷款、担保和咨询服务

世界银行和其他援助国合作，帮助增加以贫困人口为对象的小额信贷的资金来源。自 1956 年成立以来，世界银行负责民营部门的机构——国际金融公司总共为 136 个发展中国家的 2 446 家公司承诺了 290 多亿美元的自有资金，并安排了 192 亿美元的银团贷款和债券承销。国际金融公司还帮助许多国家建立资本市场，为国有企业民营化提供咨询服务。

多边投资担保机构提供的政治风险担保也旨在支持私营部门发展，使投资者有信心投资于在没有担保的情况下可能显得风险过大的事业。多边投资担保机构为 75 个发展中国家的投资项目提供了担保，担保总额超过 70 亿美元，促进吸引外国直接投资总额据估计超过360亿美元。多边投资担保机构还为政府提供技术援助，通过具有创新性的网站提供有关这些国家投资机会的信息，为投资者和借款国服务。

（五）促进经济改革

世界银行帮助借款国政府改善经济和社会政策，提高效率，增加透明度，促进稳定，实现均衡的经济增长。世界银行通过提供贷款、政策咨询和技术援助，支持开展改革以减少预算赤字，降低通货膨胀率，开放贸易与投资，实行国有企业民营化，建立、健全金融体制，加强司法制度，保护产权。这些改革措施有助于吸引外国私人资本，增加国内储蓄和投资，使政府能够提供有效的社会服务。为了确保经济改革工作不会因为高额债务和偿债负担过重而受到威胁，1996年世界银行和国际货币基金组织联合发起了重债贫困国动议（简称HIPC）。该动议代表了包括所有债权国在内的国际社会作出的一种承诺：采取协调一致的行动把非常贫困的国家的债务负担降低到可持续的水平。

四、世界银行对中国的援助

根据中国“十五”计划的政策方向，世界银行目前在以下领域为中国提供援助：

（1）改善经营环境，帮助推动中国的市场经济转轨进程，主要通过一系列的知识转让活动；

（2）通过农村发展、交通和社会领域的投资贷款项目，满足贫困地区和弱势群体的需求，并进行政策咨询活动和远程教育；

（3）推进环境可持续发展进程，主要通过水资源管理、小流域治理、污水处理、能源领域的投资贷款项目、全球环境基金和蒙特利尔议定书资助的全球环境项目以及政策研究来进行。

世界银行主要通过投资贷款、技术援助贷款和赠款（赠款往往由多边合作机构提供，由世界银行管理）这三种方式，以及分析报告、政策咨询、研讨会和培训等非金融服务实施援助计划。它一般根据需要以一种或多种方式相结合来实现具体的目标。鉴于中国已不再享受国际开发协会的软贷款，世界银行开发了一种新的联合融资机制以便继续为社会发展和扶贫项目提供低息贷款。最近，世界银行与英国国际发展部共同开发了一种将英国政府赠款与世界银行硬贷款相结合的机制为此类项目提供融资，目前采用这种融资机制的有结核病控制项目和两个正在筹备中的项目——西部地区的基础教育项目和扶贫项目。

鉴于在中国与世界银行集团的合作中知识的重要性日益突出，目前世界银行正在开展一项庞大的分析和政策咨询计划，一方面推动政策讨论的开展，另一方面为未来的贷款活动奠定基础。根据上述目标，该计划围绕政府提出的一些发展中的具

体问题开展工作，比如入世后的调整和省级支出问题、中国经济扩大对外开放对国内和亚洲地区以及国际影响评估、金融机构重组和促进民营部门发展的需要等问题。此外，研究课题还包括农村流动人口、劳动力市场的灵活性、社会保障和城市化等问题，并通过世界银行学院（包括远程教育）支持能力建设工作。贯穿这项工作的一个重要主题是针对中国依然存在的贫困、日益严重的不平衡以及环境问题的需要。

在2002年的分析和政策咨询计划里包括省级支出研究项目，主要针对造成中国收入差距的地方财政支出的难题。其他研究课题包括入世后各方面的调整问题，西部开发中的多个部门的需求等。知识传播计划的内容之一是在中国的两个最贫困的省区支持建立全球发展学习网络（简称GDLN）中心，并协助政府寻找将这一网络扩大到所有西部落后省区的融资来源。

在2003财年（2002年7月1日—2003年6月30日）期间，世界银行向中国提供贷款11.45亿美元用于6个项目，包括第三新疆公路项目（帮助改善交通基础设施和加强交通部门管理）、湖北公路项目（目的是支持建设从湖北孝感至襄樊全长243.5公里的高速公路，改善通往贫困县的支路，强化湖北省的公路管理能力）、宜兴抽水蓄能项目（将基于中国政府电力行业的改革战略，具体制定和实施江苏电力体制全面改革方案，进一步推动发电领域竞争，提高江苏省电力行业的总体效益）、天津城市发展与环保（目的是为提高天津市城市污水管理和交通系统的效率和公平使用，制定和实施物质、体制措施，促进天津市的可持续发展，使之成为中国其他城市的样板）、上海城市环境改善项目（旨在改善上海市的城市环境，提高居民生活质量）和安徽公路项目二期（目的是建设高效、安全、经济的公路基础设施，改善交通条件，从而支持安徽省的社会和经济发展）。在2004—2005财年期间，世界银行对中国的贷款额在30亿美元左右，用于20多个项目。

第二节　国际货币基金组织

国际货币基金组织（The International Monetary Fund，IMF），是政府间的国际金融组织。它是根据1944年7月在美国新罕布什尔州布雷顿森林召开的联合国和联盟国家的国际货币金融会议上通过的《国际货币基金协定》建立起来的，于1945年12月27日正式成立，1947年3月1日开始办理业务。同年11月15日成为联合国的一个专门机构，但在经营上有其独立性，至今，IMF已有182个成员。

一、国际货币基金组织的机构设置

国际货币基金组织总部设在华盛顿特区，有5个地区部门（非洲部、亚洲及太平洋部、欧洲部、中东和中亚部、西半球部）和15个职能部门（财务部、货币与金融体系部、国际资本部、政策制定与检查部、对外关系部、财政事务部、基金学院、法律部、研究部、秘书部、人力资源部、统计部、技术与综合服务部、驻亚太地区办事处、驻联合国办事处）。

（一）理事会

代表所有成员国的理事会是管理基金组织的最高当局。理事会通常每年在基金组织和世界银行年会上召开一次会议。每个成员国任命一名理事（通常是该国的财政部长或中央银行行长）及一名副理事。理事会决定主要政策问题，但将日常决策赋予执行董事会。

（二）执行董事会

执行董事会由24名执行董事构成。总裁是执行董事会的主席。执行董事会通常每周在华盛顿特区该组织总部召开三天全体会议，如果需要则更频繁地开会。基金组织的五个最大股东（美国、日本、德国、法国和英国）及中国、俄罗斯和沙特阿拉伯，在执行董事会拥有单独席位。其他16个执行董事由各组国家（称为选区）选举，任期两年。

执行董事会选举总裁，总裁除作为执行董事会的主席之外，还是基金组织工作人员的主管，在执行董事会的指导下开展基金组织的业务。总裁任期五年，可连任。总裁由第一副总裁和另外两名副总裁协助。

（三）年会

国际货币基金组织理事会和世界银行理事会一般每年开一次会，讨论他们各自组织的工作。年会的时间一般都在9、10月间，习惯上在华盛顿连续开两届，第三届安排在其他的会员国举行。首届理事会会议于1946年3月在美国佐治亚州沙瓦那举行，首届年会于1946年在华盛顿举行。

与一些在“一国一票”原则下运作的国际组织（如联合国大会）不同，基金组织实行的是加权投票体系：一国在基金组织的份额（主要由其经济规模决定）越大，它拥有的票数越多。但执行董事会很少以正式投票为基础进行决策。相反，多数决定以成员国的一致同意为基础，并得到全体支持。

二、国际货币基金组织的宗旨和主要任务

（一）国际货币基金组织的宗旨

（1）通过设置一个常设机构就国际货币问题进行磋商与协作，从而促进国际货

币领域的合作。

(2) 促进国际贸易的扩大和平衡发展，从而有助于提高和保持高水平的就业和实际收入以及各成员国生产性资源的开发，并以此作为经济政策的首要目标。

(3) 促进汇率的稳定，保持成员国之间有秩序的汇率安排，避免竞争性通货贬值。

(4) 协助在成员国之间建立经常性交易的多边支付体系，取消阻碍国际贸易发展的外汇限制。

(5) 在具有充分保障的前提下，向成员国提供暂时性普通资金，以增强其信心，使其能有机会在无须采取有损本国和国际繁荣的措施的情况下，纠正国际收支失衡。

(6) 根据上述宗旨，缩短成员国国际收支失衡的时间，减轻失衡的程度。

(二) 国际货币基金组织的基本任务

(1) 监督成员国及全球的经济、金融发展和政策；以其60多年的经验为基础，向成员国提供政策建议，主要包括：总支出（及其主要组成部分，如消费支出和商业投资）、产出、就业、通货膨胀及国际收支（即一国与世界其他地方的交易余额）。

(2) 向有国际收支困难的成员国提供贷款，不仅是提供暂时融资，还对旨在纠正基础问题的调整和改革政策给予支持。

三、国际货币基金组织的业务活动

(一) 监督活动

基金组织主要关注一国的宏观经济政策（即与政府预算、货币和信贷管理及汇率有关的政策）及金融部门政策（包括对银行和其他金融机构的管理和监督）。另外，基金组织还对影响宏观经济表现的结构性政策（包括影响就业和工资行为的劳动力市场政策）给予适当关注，并就如何改善这些领域的政策向每个成员国提出建议，以使它们更有效地追求高就业、低通胀和可持续经济增长（即在不导致通货膨胀和国际收支问题的情况下能够持续增长）的目标。基金组织以三种方式实施监督：

1. 国别监督

采取与单个成员国就其经济政策定期（通常是每年一次）全面磋商的形式，对该成员国经济政策进行监督，需要时还进行中期讨论。

2. 全球监督

基金组织执行董事会对全球经济走势和发展情况进行检查。这种形式的检查主要以基金组织工作人员撰写的《世界经济展望》报告为基础，通常每年两次，在国际货币和金融委员会会议之前，全文公布《世界经济展望》报告及执行董事会讨论的主席总结。基金组织全球监督的另一项内容是执行董事会对国际资本市场的发展、前景和政策问题的通常每年一次的讨论。工作人员关于国际资本市场的报告也对外公布。执行董事会还就世界经济和市场发展召开更频繁的、非正式的会议。

3. 区域性监督

基金组织对区域性安排下执行的政策进行检查。例如，执行董事会对欧洲联盟、欧元区、西非经济和货币联盟、中非经济和货币共同体及东加勒比货币联盟的发展情况的讨论。

基金组织管理层和工作人员还参与对七国集团及亚太经合组织等各组国家的监督讨论。

(二) 贷款活动

基金组织向有国际收支问题的国家提供外汇贷款。基金组织的贷款使一国能够更轻松地进行所必需的调整，使其支出与收入一致，以纠正国际收支问题。基金组织的贷款也对持续改善一国国际收支状况和增长前景的政策（包括结构性改革）提供支持。

基金组织的部分贷款方式有：

1. 备用安排

这是基金组织贷款政策的核心。备用安排向成员国确保它能够提取一定数额以内的资金，通常是在12～18个月内提取，以解决短期国际收支问题。

2. 中期贷款

基金组织通过中期贷款向成员国提供支持，确保一国能够提取一定数额以内的资金，通常是在3～4年内提取，以帮助其解决导致严重国际收支缺陷的结构性经济问题。

3. 减贫与增长贷款（1999年11月替代了加强的结构调整贷款）

它是一种低息贷款，用于帮助面临长期国际收支问题的最贫困成员国。借款成本由基金组织过去出售其所持黄金得到的资金以及成员国出于该目的而向基金组织提供的贷款和捐赠进行补贴。

4. 补充储备贷款

是为那些由于市场信心的突然和破坏性丧失（反映在资本外流上）而处在特殊国际收支困难时期的成员国提供额外的短期融资。补充储备贷款的利率在基金组织普通贷款利率的基础上增加了附加费。

5. 应急信贷额度

是一种预备防线，使执行强健政策的成员国在受到其他国家困境的波及影响而面临市场信心的突然和破坏性丧失时，能够从基金组织获得短期融资。

6. 紧急援助

1962年建立，用于帮助成员国解决因突然和不可预见的自然灾害而产生的国际收支问题。1995年，这一形式的援助得到扩展，包括成员国在军事冲突（对制度和管理能力造成破坏）后的某些情况。

（三）在其专长领域内向成员国政府和中央银行提供技术援助和培训

基金组织还通过提供广泛领域（如中央银行业务、货币和汇率政策、税收政策和管理及官方统计）的技术援助和培训，定期与成员国分享其专业知识。其目的是帮助加强成员国经济政策的制定和实施，包括增强有关负责机构（如财政部和中央银行）的技能。技术援助对基金组织向成员国提供的政策建议和资金援助起到补充作用，约占基金组织管理成本的20%。基金组织主要在四个领域提供技术援助和培训：

（1）对银行体系监管与重组、外汇管理与操作、支付的清算和结算体系以及中央银行的结构和发展提供建议。

（2）对税收和关税政策与管理、预算的制定、支出管理、社会安全网的设计以及内外债管理提供建议。

（3）编制、管理及公布统计数据，并提高数据质量。

（4）起草和检查经济和金融法律。

四、国际货币基金组织的资金来源

（一）资金来源

基金组织的资金主要来自成员国加入基金组织时认缴的份额（或资本金），或来自定期检查后成员国缴纳的增资份额。各国以特别提款权或主要货币（如美元或日元）支付份额认缴额的25%。需要时，基金组织可以要求成员国以本币形式支付其余的份额，用于贷款。份额不仅决定一国的认缴支付额，还决定它的投票权、它可从基金组织得到的资金数额以及它在特别提款权分配中所占的比例。

份额主要是为了反映成员国在世界经济中的相对规模：一国以产出表示的经济规模越大，它的贸易额越大且越容易波动，它的份额就趋向越大。世界最大经济体美国对基金组织的资金贡献最大，占总份额的17.6%；世界最小经济体塞舌尔的出资占总份额的0.004%。如果需要，基金组织可以借款，补充其份额资金。基金组织现有两个借款安排，在需要时可以应对国际货币体系面临的任何威胁。

（1）借款总安排（GAB），1962年建立，有11个参加方（工业十国集团及瑞士的政府或中央银行）。

（2）新借款安排（NAB），1997年建立，有25个参加国和机构。

基金组织从这两个安排中总共可以借款340亿特别提款权（约合460亿美元）。

（二）特别提款权

特别提款权（SDR）是基金组织于1969年创造的国际储备资产。特别提款权有时被称为“纸黄金”，它没有实物形式，是按成员国份额的一定百分比进行分配。迄今为止，基金组织已向成员国分配了214亿特别提款权（约合290亿美元）。最近的一次分配是在1981年，基金组织向当时的141个成员国分配了41亿特别提款权。自1981年以来，成员国没有再需要特别提款权的普遍分配，部分原因是国际资本市场的增长。然而，1997年9月，考虑到基金组织成员的增加（包括没有得到分配的国家），国际货币基金组织理事会倡议进行特别提款权的特别一次性分配，以纠正国际货币基金组织中超过1/5的会员国从未得到特别提款权分配的事实，使所有成员国累计特别提款权分配额占份额的比例提高到同一基准点。

基金组织成员国之间、成员国与16个特别提款权“机构”持有者及与基金组织之间的交易可以使用特别提款权。特别提款权还是基金组织的记账单位。其他一些国际和区域性组织及国际协会用特别提款权作为记账单位，或作为记账单位的基础。

特别提款权的价值每日确定，使用四种主要货币组成的货币篮子：欧元、日元、英镑和美元。2001年8月1日，1特别提款权＝1.26美元。货币篮子的构成每五年检查一次，以确保它代表国际交易使用的货币，并保证赋予各货币的权重反映了它们在世界贸易和金融体系中的相对重要性。

第三节　亚洲开发银行

亚洲开发银行（Asian Development Bank，ADB），简称“亚行”，是亚洲、太平洋地区的区域性政府间国际金融机构。它不是联合国下属机构，但它是联合国亚洲及太平洋经济社会委员会（联合国亚太经社会）赞助建立的机构，同联合国及其区域和专门机构有密切的联系。根据1963年12月在马尼拉由联合国亚太经社会主持召开的第一届亚洲经济合作部长级会议的决议，1965年11月至12月在马尼拉召开的第二届会议上通过了亚洲开发银行章程。章程于1966年8月22日生效，11月在东京召开首届理事会，宣告亚行正式成立，同年12月19日正式营业，总部设在马尼拉。亚行有来自亚洲和太平洋地区的区域成员和来自欧洲、北美洲的非区域成员，截至2007年拥有67个成员，其中48个来自亚太地区，19个来自世界其他地区。

一、亚行的宗旨与任务

亚行建立的宗旨是促进亚洲和太平洋地区的经济发展和合作，特别是协助本地区发展中成员以共同的或个别的方式加速经济发展。具体的任务是：促进公私资本对本地区开发的投资；为本地区发展中成员的发展筹集和提供资金，优先考虑最有利于整个地区经济协调发展的项目和规划，其中包括地区性的以及一个成员的项目和规划，还应特别考虑本地区较小的或较不发达的成员的需要；根据本地区成员的要求，帮助其进行发展政策和规划的协调工作，以便更好地利用自己的资源，更好地在经济上取长补短，并促进其对外贸易特别是本地区贸易的发展；为拟定、融资和执行发展项目及规划提供技术援助，包括编制具体的项目建议书；在亚行的章程范围内，以亚行认可的方式，同联合国及其附属机构和向本地区发展基金投资的国际公益组织、其他国际机构以及各国私营实体进行合作，并向上述组织机构展示投资和援助的机会；开展符合亚行宗旨的其他活动和服务。亚行对发展中成员的援助主要采取四种形式：贷款、股本投资、技术援助、联合融资担保。

二、亚行的组织机构

亚行的组织机构由理事会、董事会和亚行当局总部组成。理事会是亚行最高权力机构，负责接纳新成员、变动股本、选举董事和行长、修改章程等。总部下设局和处，总部、局和处都实行行长、局长和处长负责制。行长是该行的合法代表，由理事会选举产生，任期 5 年，可连任。

（一）亚行理事会

亚行理事会由每个成员各指派一名理事组成，是亚行的最高权力和决策机构。理事会设主席一人，副主席两人，在每届理事会会议结束时选举产生，任期到下届理事会会议结束时为止。亚行理事会每年 4—5 月在总部或成员国轮流举行年会，主要议题是探讨亚太地区的经济金融形势、发展趋势和面临的挑战，推动亚行作为地区性开发机构在促进本地区社会经济发展方面的作用。同时会议还将对亚行年度业务进行审议，并通过亚行年度报告、财务报告、外部审计报告、净收入分配报告、预算报告等。

亚行理事会的权力包括：接纳亚行新成员和确定接纳标准；增加或减少亚行的核定股本；终止亚行成员行籍；对董事会解释或在实施亚行章程时所提出的要求作出决定；批准与其他国际组织缔结的合作总协定；选举亚行执行董事和行长；决定亚行的储备金以及纯收益的分配；行使亚行章程规定的属于理事会的其他权力。除此之外，理事会还可以将其任何和全部权力授予董事会，但保留行使最高权力的全权。

（二）亚行董事会

亚行董事会是亚行组织结构中十分重要的一级领导机构，负责领导亚行的一般经营业务，既行使亚行宪章所赋予的权力，也行使亚行理事会授予的权力。亚行董事会的执行董事有 12 名，还有 12 名副董事，分别由 12 个选区选出。选区分本地选区 8 个和非本地选区 4 个，并由各成员国自愿结合而成。亚行的成员中，除日本、美国和中国三大股东国是单独选区，各自派出自己的董事和副董事，其他成员国组成9个多国选区，董事和副董事由选区内不同成员根据股份大小分别派出或轮流派出。亚行的执行董事在亚行总部马尼拉办公，设有董事办。董事会主席就是亚行行长。

（三）亚行当局

亚行当局由行长、三位副行长和各业务部门局办组成。行长由理事会选举产生，任期5年，可连选连任。作为董事会主席，行长在董事会指导下处理亚行业务。三位副行长由行长提名，董事会任命，分管东亚、西亚和财务与行政。中国业务划归东亚管理。

三、亚行的资金来源

亚行开展自身业务的资金可分为：普通资金（Ordinary Capital Resource，OCR）、亚洲开发基金（Asia Development Fund，ADF）、技术援助特别基金（Technical Assistance Special Fund，TASF）、日本特别基金（Japan Special Fund，JSF）等。其中，OCR主要用于亚行的硬贷款，ADF主要用于亚行的软贷款，TASF和JSF是用于以赠款形式进行的技术援助。此外，亚行还可以从亚行以外的资金渠道为项目安排联合融资（Co-Financing）贷款，这些资金的来源各有特点。

（一）普通资金

普通资金的构成包括：股本、借款、普通储备金、特别储备金和净收益。

1. 股本

即亚行成员认购的股本金。亚洲开发银行建立时法定股本为10亿美元，分为10万股，每股面值1万美元，每个会员国或地区成员都须认购股本。

2. 借款

亚行在建行初期，自有资本是其进行贷款的主要资金来源。1969年以来，随着亚行贷款规模的扩大，亚行更多的是从国际金融市场借款。由于亚行在国际上有较高的资信，可以从国际资本市场上以较优惠的条件筹集到大量的资金。亚行通常多以在主要国际资本市场发行债券的形式对外借款，有时还从商业银行借款。亚行的借款以长期借款为主，以便与其长期普通资金贷款相配合。

3. 普通储备金和特别储备金

根据亚行章程，亚行对1984年3月28日以前发放且尚未偿还的普通资金贷款，除收取利息和承诺费外，还收取一定的资金，这笔佣金收入作为特别储备金。

4. 净收益

每年亚行从贷款利息和承诺费以及其他收入的总收益中，支付亚行的借款利息、财务费用、行政管理费和成员服务费后有一定的净收益。

（二）亚洲开发基金

亚洲开发基金建立于1974年，专门用于对亚太地区贫困成员发放优惠贷款。

该基金主要由亚行发达成员赠款。此外，理事会根据亚行章程从各成员缴纳的未核销实缴资本中拨出10%的款项作为亚洲开发基金的一部分来源。

(三) 技术援助特别基金

从1967年起，亚行建立了技术援助特别基金，用于资助发展中成员聘请咨询专家、人员培训、购置办公设备、项目准备、项目执行、制定发展战略、加强机构建设、加强技术力量、行业发展研究、编制国家或行业发展规划等活动，以提高这些国家人力资源的素质，加强其执行机构的能力。

(四) 日本特别基金

在1987年举行的亚洲开发银行第20届年会上，日本政府表示，愿出资建立一个特别基金。亚洲开发银行理事会于1988年3月10日决定成立日本特别基金。主要用于：(1) 以赠款的形式，资助在会员国或地区成员的公营、私营部门中进行的技术援助活动。(2) 通过单独或联合的股本投资，支持私营部门的开发项目。(3) 以单独或联合赠款的形式，对亚洲开发银行向公营部门开发项目进行贷款的技术援助部分予以资助。

四、亚行的主要业务活动

(一) 贷款

亚洲开发银行所发放的贷款按条件划分，有硬贷款、软贷款和赠款三类。硬贷款的贷款利率为浮动利率，每半年调整一次，贷款期限为10～30年（2～7年宽限期）。软贷款也就是优惠贷款，只提供给人均国民收入低于670美元（1983年的美元），且还款能力有限的会员国或地区成员，贷款期限为40年（10年宽限期），没有利息，仅有1%的手续费。赠款用于技术援助，资金由技术援助特别基金提供，赠款额没有限制。

亚洲开发银行贷款按方式划分有项目贷款、规划贷款、部门贷款、开发金融机构贷款、综合项目贷款、特别项目执行援助贷款和私营部门贷款等。

1. 项目贷款

即为某一会员国或地区成员发展规划的具体项目提供贷款。这些项目应该具备效益好，有利于借款会员国或地区成员经济发展，借款会员国或地区成员有较好的信用等三个条件。贷款的程序主要是：项目确定、可行性研究、实地考察和预评估、评估、准备贷款文件、贷款谈判、董事会审核、签署贷款协定、贷款生效、项目执行、提款、终止贷款账户、项目完成报告和项目完成后评价。项目贷款是亚洲开发银行主要和传统的贷款方式。我国利用亚洲开发银行贷款多数是项目贷款。

2. 规划贷款

是对某会员国或地区成员某个需要优先发展的部门或其所属部门提供资金，以便通过进口生产原料、设备和零部件，扩大现有生产能力，使其结构更趋合理化和现代化。亚洲开发银行为便于监督规划的进程，将规划贷款分期执行，每一期贷款要同执行整个规划贷款的进程联系在一起。

3. 部门贷款

是对其会员国或地区成员与项目有关的投资进行援助的一种形式。这项贷款是为提高所选择的部门或其分部门的执行机构的技术与管理能力而提供的。

4. 开发金融机构贷款

是通过会员国或地区成员的开发性金融机构进行的间接贷款，也称中间转贷。我国接受亚洲开发银行的第一笔贷款就是这种贷款，金额为1亿美元，由中国投资银行承办，主要用于小企业改造。

5. 综合项目贷款

是对较小的会员国或地区成员的一种贷款方式，由于这些国家的项目规模较小，借款数额也不大，为便于管理，亚洲开发银行便把这些项目捆在一起，作为一个综合项目来办理贷款手续。

6. 特别项目执行援助贷款

为了使亚洲开发银行贷款的项目在执行过程中避免因缺乏配套资金等不曾预料到的困难而使项目继续执行受阻，亚洲开发银行提供项目执行援助贷款。

7. 私营部门贷款

分为直接贷款和间接贷款两种形式。直接贷款是指有政府担保的贷款，或是没有政府担保的股本投资，以及为项目的准备等提供的技术援助；间接贷款主要是指通过开发性金融机构的限额转贷和对开发性金融机构进行的股本投资。

8. 联合融资

是指一个或一个以上的区外经济实体与亚洲开发银行共同为会员国或地区成员某一开发项目融资，主要有五种类型：平行融资、共同融资、伞形融资或后备融资、窗口融资、参与性融资。在这些联合融资形式中，平行融资和共同融资所占的比例最大。

（二）技术援助

技术援助可分为项目准备技术援助、项目执行技术援助、咨询技术援助和区域活动技术援助。

1. 项目准备技术援助

用于帮助会员国或地区成员立项或项目审核，以便亚洲开发银行或其他金融机构对项目投资。

2. 项目执行技术援助

这是为帮助项目执行机构（包括开发性金融机构）提高金融管理能力而提供的。亚洲开发银行一般通过咨询服务、培训当地人员等，来达到提高项目所在地会员国或地区成员的金融管理能力的目的。在这项技术援助中，仅其中的咨询服务部分采用赠款形式，其余部分采用贷款形式。

3. 咨询性技术服务

用于援助有关机构（包括亚洲开发银行执行机构）的建立或加强，进行人员培训，研究和制定国家发展计划、部门发展政策与策略等。以前亚洲开发银行的咨询性技术援助多以赠款方式援助，后来以贷款方式提供的援助越来越多。

4. 区域活动技术援助

用于重要问题的研究，开发培训班，举办涉及整个区域发展的研讨会等。这项援助多采用赠款方式来提供。

技术援助项目由亚洲开发银行董事会批准，如果金额不超过 35 万美元，行长也有权批准，但须通报董事会。

五、中国与亚行

（一）股权和选举权

1986 年 2 月 17 日，亚行理事会通过决议，接纳中国为亚行成员国。同年 3 月 10 日中国正式成为亚行成员，台湾以“中国台北”名义继续保留席位。在 1987 年 4 月举行的理事会第 20 届年会董事会改选中，中国当选为董事国并获得在董事会中单独的董事席位。同年 7 月 1 日，亚行中国董事办公室正式成立。1986 年，中国政府指定中国人民银行为中国对亚行的官方联系机构和亚行在中国的保管银行，负责中国与亚行的联系及保管亚行所持有的人民币和在中国的其他资产。2000 年 6 月 16 日，亚行驻中国代表处在北京成立。中华人民共和国是亚洲开发银行本地区成员中的第二大股东，同时也是世界范围内的第三大股东。

中国持股数量：228 000（占总股本的 6.516%）

中国拥有票数：242 291（占所有成员总票数的 5.53%，占本地区成员总票数的 8.53%）

中国认缴股本：30.9 亿美元

中国实缴股本：2.163 4 亿美元

（二）业务战略

亚行于 2002 年开始编制国别战略规划（CSP）。国别战略规划反映最新的经济和社会发展状况，强调为中国正在发展的市场经济和商业环境提供政策支持，减少地区差距和不平衡现象，以及保证社会和环境的可持续发展。新一轮国别战略规划将强调对中西部地区增加援助，并加强相关经济研究和行业分析。

在一次由中国西部和东北省（区）的 14 家扶贫和少数民族事务办公室联合召开的会议上，与会人员对亚行国别战略规划提案和未来扶贫活动的目标表示一致支持。此外，10 个省（区）的 350 余名村民以及国内外非政府组织通过多次座谈分别为国别战略规划提供了意见和建议。

中国已向技术援助特别基金（TASF）提供资金，该基金为亚行借款成员提供赠款，以支持项目前期准备工作，以及技术或政策研究工作。中国承诺向技术援助特别基金提供160万美元。

第四节　欧洲中央银行

1992年，欧盟首脑会议在荷兰马斯特里赫特签署了《欧洲联盟条约》（亦称《马斯特里赫特条约》，简称《马约》），决定在1999年1月1日开始实行单一货币欧元和在实行欧元的国家实施统一货币政策。从2002年1月1日起，欧元纸币和硬币正式流通。为保证欧盟的经济与货币联盟第三阶段的顺利实施，即确保欧元的启动和最终替代各成员国的货币，欧洲中央银行体系（European System of Central Banks，ESCB）以1998年7月1日欧洲中央银行（European Central Bank，ECB）的成立为标志，正式投入运行。作为欧元区货币政策的掌舵者，欧洲中央银行这样一个超国家货币政策执行机构，将负责整个欧元区货币政策的制定和货币工具的操作和管理。同时还要管理好支付系统，处理好与成员国央行之间的关系。它对整个欧洲的经济发展乃至整个世界的发展都有着至关重要的影响。

一、欧洲中央银行的建立

早在1969年的《魏尔纳报告》中，欧共体就有建立欧洲中央银行的设想。该报告设想以10年为限建成欧洲货币联盟：1970—1973年建成欧洲中央银行的基础——欧洲储备基金；到1980年以美国联邦储备系统为模式，将欧洲储备基金发展成为欧洲中央银行系统。但是由于“魏尔纳计划”的搁浅，“欧洲货币合作基金”的目的没有达到。

（一）欧洲货币局

根据《马约》规定，“自第二阶段起步之日，应建立欧洲货币局（European Monetary Institute，EMI），并开始履行其职责”；“应在1992年年底之前由欧共体首脑会议确定欧洲货币局的所在地”。

1993年10月的欧共体首脑爱丁堡会议决定，按照《马约》的相关精神，在1994年1月1日经济与货币联盟的第二阶段开始时，欧盟国家成立欧洲中央银行的前身——欧洲货币局（EMI）。欧洲货币局由一个包括局长、副局长和欧盟12国中央银行行长在内的理事会指导管理。局长由各成员国和欧洲货币局理事会一致推荐，与欧洲理事会和欧洲议会协商后任命产生，局长人选必须具备杰出的货币银行工作才能。从欧洲货币局运作之日起，原中央银行委员会欧洲货币合作基金将停止

工作，其职责由欧洲货币局承担。欧洲货币局总部设在法兰克福，由当时任国际清算银行行长的比利时人拉姆法鲁担任首任欧洲货币局局长。

《马约》对欧洲货币局的主要任务做了详细的规定，欧洲货币局应该：(1) 加强成员国中央银行之间的合作；(2) 加强成员国货币政策的协调，以便确保价格稳定；(3) 监督欧洲货币体系的运行；(4) 就各中央银行职权范围内影响金融机构和市场稳定的各种问题进行磋商；(5) 接管欧洲货币合作基金任务，该基金将停止存在；(6) 促进欧洲货币单位的使用并监督其发展，包括监督欧洲货币单位清算制度的顺利进行。

1998 年 5 月 25 日，欧盟国家政府一致同意并任命了欧洲中央银行行长和副行长，标志着 ESCB 的建立向前迈出重大的一步。从 1998 年 7 月 1 日起，欧洲货币局最终完成其历史使命进入清算阶段，欧洲中央银行体系走到历史的前台。

(二) 欧洲中央银行

1998 年 7 月 1 日，欧洲中央银行开始运作。第一批加入欧元区的国家有奥地利、比利时、荷兰、法国、德国、爱尔兰、意大利、卢森堡、芬兰、葡萄牙和西班牙，希腊于 2001 年 1 月 1 日被接纳为第 12 个成员国。由于欧盟 15 个成员国目前并没有全部加入到欧元区，所以从制度上讲，欧洲中央银行由两个层次组成：一个是所谓的"欧元体系"(Euro System)，由欧洲中央银行 (ECB) 和 12 个成员国的中央银行组成；另一个是欧洲中央银行体系 (ESCB)，由欧元体系加上其他 3 个还没有加入欧元区的国家（英国、瑞典和丹麦）的中央银行组成。欧元体系和欧洲中央银行体系同在欧洲中央银行的决策组织管辖之下，但是管辖范围不同，前者只包括 12 个欧元区国家，后者还包括 3 个未进入欧元区的国家，因而政策取向上会有所不同。欧洲中央银行的决策机构包括管理理事会和执行董事会。

二、欧洲中央银行的组织框架

(一) 欧洲中央银行的制度框架

《马约》对欧洲中央银行的独立性做出了明确的规定，条约第 107 条及附件指出："欧洲中央银行、欧洲货币联盟内的所有成员国中央银行及其决策机构的成员不得向任何欧共体机构、组织、成员国政府以及其他机构寻求或接受指令"。为此，各成员国政府应采取相应的措施，建立必要的法律框架，以保证中央银行能够独立地执行货币政策。条约还规定，欧洲中央银行有义务提交年度报告的对象仅限于欧洲议会、欧盟财长会议、欧盟委员会和欧盟首脑会议等机构和组织。

为保证独立性，《马约》禁止欧洲中央银行为成员国政府财政赤字提高资金融通，即使政府处在破产的边缘上，它也只能坐视不理。具体而言，欧洲中央银行和各成员国中央银行不得允许政府透支，不准向政府提供任何信贷便利，不准在一级市场上购买政府发行的债券等。其目的是防止政府靠中央银行发行货币实行财政赤字。从目前的实际情况来看，所有欧盟成员国的中央银行都达到了要求。此外，在人事方面，欧洲中央银行也具有高度的独立性。

从1999年1月1日起，欧盟各国中央银行制定货币政策和货币法律的权力就交到了欧洲中央银行。《欧洲中央银行体系章程》第108条规定，每个成员国要保证在欧洲中央银行建立初期，各国的法律包括各国中央银行章程应与《马约》和《欧洲中央银行体系章程》一致。

（二）欧洲中央银行的主要机构

《马斯特里赫特条约》对欧洲中央银行决策机构的设置做出了明确的规定。欧洲中央银行管理理事会和执行董事会是欧洲中央银行的两个主要决策机构，另外还设有一个全体理事会。

1. 管理理事会

管理理事会（The Governing Council），又称总裁理事会。管理理事会共有17名成员，是欧洲中央银行最高决策机构，由执行董事会所有成员和欧元区12国中央银行行长组成。成员国中央银行行长的任期最低不少于5年。关于表决方式和程序，实行一人一票制，采用简单多数表决法决定要实施的货币政策。欧洲中央银行行长担任管理理事会主席，并且拥有在表决中出现赞成票和反对票相等时做出最后裁决的权力。

对于涉及欧洲中央银行资本金的认缴、成员国向欧洲中央银行转让外汇储备、欧洲中央银行损益的分摊等方面的议题，管理理事会按各成员国缴纳的资本金份额加权以后，采用特定多数原则通过决定。进行特定多数表决时，执行理事会6名成员的权数为零。管理理事会会议是秘密进行的，每年至少召开十次会议，会议结果向社会公布。管理理事会和执行理事会由欧洲中央银行行长担任主席，行长缺席时，主席一职由欧洲中央银行副行长担任。

管理理事会的主要任务是制定欧元区的货币政策和实施货币政策的指导纲要，其主要职责是确定欧元区的货币政策目标、主要利率水平和中央银行体系准备金数量等。管理理事会在欧盟内拥有唯一发行货币的权力。

2. 执行董事会

执行董事会（The Executive Board）共有6名成员，由欧洲中央银行行长、副行长和4名成员组成，任期8年，期满后不得继续连任。只有成员国公民，且被认为具有货币银行专业才能的人，根据管理理事会的推荐并经过向欧洲议会及欧洲中央银行管理理事会咨询后，由成员国政府首脑或国家元首一致同意后才能担任执行董事。作为负责欧洲中央银行日常事务管理的机构，执行理事会每名成员各拥有一票投票权，一般情况下，采取简单多数原则通过决定。如果赞成与反对票数相等，则欧洲中央银行行长的一票具有决定意义。当任何一名执行理事会成员不再满足任职的必要条件或本人犯有严重错误时，根据管理理事会或执行理事会的要求，欧洲法院可以将其解职。

执行董事会主要任务是召集管理理事会会议，根据管理理事会决议实施货币政策，并将要求传达到欧元区的12个成员国的中央银行。为了便于欧洲中央银行的工作，成立了11个委员会，包括会计与货币收入委员会、银行管理委员会、货币委员会、外部联络委员会、信息技术委员会、内部审计委员会、法律委员会、市场操作委员会、货币政策委员会、支付和结算委员会和统计委员会。

3. 扩大理事会

由于不是所有的欧盟成员国都在1999年1月1日加入了欧元区，欧洲中央银行还设立了由欧洲中央银行管理理事会和尚未参加欧元区的中央银行行长组成的第三个决策机构，即扩大理事会，负责协调欧盟内欧元区和非欧元区的货币政策。

扩大理事会（The General Council），又称普通理事会、总务理事会。共有17名成员，由欧洲中央银行行长、副行长和所有欧盟成员国15国中央银行行长组成。执行董事会其他4名成员也可以参加，但是没有表决权。作为一个补充性的决策机构，主要考虑到三个未加入欧元区的欧盟国家也要参与一定决策。

扩大理事会的主要职责有：完成从欧洲货币局接手的任务以及欧洲经济货币联盟在第三阶段仍须完成的任务；发挥欧洲中央银行的咨询作用；收集统计信息；为欧洲中央银行准备季度、年度报告以及每周的财务报表；为各成员国中央银行制定必要的、标准化的会计制度和报表制度；制定欧洲中央银行聘用雇员的有关规定；处理好非欧元国货币和欧元的汇率问题，并开展必要的工作。

欧盟东扩到27国后，现行的一国一票制将使欧洲中央银行管理理事会变得十分庞大，难以进行迅速有效的决策，为此，欧洲中央银行将采用“三速”投票模式，按照成员国的经济总量和人口分配投票权，5个大国如德国、法国、英国、意大利和西班牙为4票，也就是说每5年有一国没有投票权；14个中等国家如比利时、奥地利、瑞典、芬兰、波兰等共8票，即14国中每年8个国家有投票权；8个小国如塞浦路斯、爱沙尼亚、立陶宛、卢森堡等为3票，即每年3个国家有投票权。执行董事会的6名成员有永久投票权。

三、欧洲中央银行的目标和主要任务

保持价格稳定和维护中央银行的独立性是欧洲中央银行的两个主要原则。根据《马约》的规定，欧洲中央银行的首要目标是“保持价格稳定”，与德国规定的德国中央银行的首要任务是“捍卫货币”如出一辙。虽然欧洲中央银行有义务支持欧元区如经济增长、就业和社会保障等其他经济政策，但前提是不影响价格稳定的总目标。欧洲中央银行的任务包括：

（1）确定和实施欧盟统一的货币政策。

（2）经营各项外汇业务。

（3）持有和管理成员国官方货币储备。

（4）促进结算系统的顺利进行。

此外，欧洲中央银行还负责发行欧元纸币和硬币、金融机构监管、提供顾问咨询和信息统计。《马约》还规定，欧洲中央银行有责任对其实行的货币政策进行说明。欧洲中央银行每周发表综合财务报告，每月发布中央银行体系活动报告。有关中央银行体系的活动和货币政策年度报告必须提交欧洲议会、欧盟理事会和欧盟委员会。要求欧洲中央银行执行董事会成员出席欧洲议会有关委员会的听证会。欧盟理事会主席和欧盟委员会的成员可以参加欧洲中央银行管理理事会会议，但没有表决权。欧盟理事会主席可以在欧洲中央银行管理理事会上提出动议，供欧洲中央银行管理理事会审议。

四、欧洲中央银行货币政策机制

欧洲中央银行的货币政策操作将以统一的标准和条件在所有成员国内进行。但由于欧洲中央银行的货币政策只能通过成员国的中央银行来实施，因此，欧洲中央银行货币政策机制要反映各成员国货币政策机制的不同特点。目前，欧洲中央银行力争把各成员国中央银行出现不同做法的可能性减少到最低程度，其货币政策机制不是任何一个成员国货币政策框架的翻版。欧洲中央银行的货币政策机制包括：

（一）公开市场业务

欧洲中央银行体系内的公开市场业务将在指导利率、管理货币市场、向市场发出政策信号等方面发挥主要作用。欧洲中央银行将主要通过回购协议购买、出售资产、信贷业务等反向交易进行公开市场业务操作。

公开市场业务有四种方式：（1）短期融资操作（Short-term Financing Operation），通过证券回购的方式定期（每周）向金融体系提供短期资金（为期两周）。（2）长期融资操作（Long-term Financing Operation），欧洲中央银行每月向金融体系提供期限较长的资金融通，三个月到期。（3）微调性操作（Fine-Financing Operation），欧洲中央银行根据情况需要不定期地进入市场提供或吸纳资金，其目的在于使市场流动性处于稳定状态，不至于出现市场资金严重过剩或不足的情况。（4）结构型操作（Structure Operation），欧洲中央银行想调整资金结构而采取的提供和吸纳资金的行为。

公开市场业务的重要目的是通过中央银行对市场的介入，调整短期利率，达到既能够有效地执行货币政策，又能保持市场稳定的目的。由此可见，公开市场业务乃是欧洲中央银行使用市场手段，对金融市场和金融体系进行间接调控的精妙所在。

（二）管理流动资金便利

欧洲中央银行通过管理流动资金便利（Standing Facility）提供和吸纳隔夜流动资金，规定隔夜拆借利率，并通过改变隔夜拆借利率向市场传递政策信号。

欧洲中央银行使用如下两种经常便利：(1) 边际借贷便利，银行和信贷机构按照预先商定的利率从中央银行获得隔夜流动资金，这种预先商定的利率规定了隔夜拆借市场的最高利率。(2) 储蓄便利，需要隔夜流动资金的银行和信贷机构按预先商定的利率交付隔夜保证金。这种预先商定的利率规定了隔夜拆借市场的最低利率。

(三) 法定最低准备金制度

法定最低准备金制度（Minimum Reserves）是指用法律手段规定，所有欧元区内的银行和信贷机构必须根据欧洲中央银行体系规定的标准和条件，在所在国中央银行的账户上保持最低限度的准备金，但在欧元区外设立的分支机构不受限制。

根据《欧洲中央银行章程》第 19 条规定，自 1999 年 1 月 1 日起，凡是建立在成员国的信贷机构都要向本国中央银行缴存最低准备金；总部在欧元区而分支机构不在欧元区的可以不缴纳准备金；在欧元区开设或在欧元区有分支机构的都要缴纳准备金；准备关闭或正在进行重组的机构也可不缴纳准备金。每个机构所持有的最小法定存款准备金与它的准备金基础相关，最小法定准备金是根据准备金账户，在一个月的期限内，以每个工作日结束时的平均余额为基数计算的。

第五节　全球金融危机背景下国际货币金融体系的改革

在 2008 年由美国次贷危机引发的全球金融危机背景下，国际货币金融体系改革主要有来自美国、欧盟和以“金砖四国”为代表的广大发展中国家的三种声音。在金融危机不断蔓延的情况下，美国认为如何有效刺激经济增长才是应对当前危机的最重要手段，而不是改革金融体系。欧盟则认为，相比经济刺激计划，制定严格的金融监管体系更为重要。以“金砖四国”中国、巴西、俄罗斯和印度为代表的广大发展中国家则共同呼吁，必须对国际金融机构进行改革，以增强新兴经济体的发言权和地位。欧盟和“金砖四国”也提出了各自关于国际货币金融体系改革的主要方向。

(一) 欧盟：改革国际金融监管体系

欧盟主张全球金融体系改革的基本原则是确保金融市场运作的透明度，完善问责机制。具体措施包括对所有的金融市场、金融产品、金融行业参与者，包括对冲基金、信用评级机构、信贷衍生品市场、“避税天堂”、高管薪酬、企业资本金要求和会计准则等均应加强监管或改革。建议欧盟设立统一的金融监管机构。这一主张在欧盟内部获得广泛支持，欧盟的主张反映出希望把美国的金融机构也纳入监管的强烈要求。

改革国际金融机构是加强国际金融监管的一个前提，欧盟希望强化国际货币基金组织的监督职能，使之成为全球金融市场的预警系统，负责监测全球金融市场的系统性风险。鉴于新兴经济体在全球经济中的分量日益加大，欧盟赞成重新分配国际货币基金组织成员的表决权，从而赋予新兴经济体更多发言权。

（二）“金砖四国”：改革IMF决策机制，推动国际储备货币多元化

首先，“金砖四国”主张改革国际货币基金组织和世界银行，改革进程应保证新兴和发展中国家拥有更大发言权，增加发展中国家在国际货币基金组织中的投票权，改革和扩大IMF的监管功能。尤其是加强发达国家金融市场的监管和设计世界性的监管框架（例如对美欧的对冲基金业实施监管）。

其次，要推动国际货币体系中储备货币的多元化。储备货币的多元化一方面可以克服单一货币作为储备货币的局限性，解决国际清偿力不足的问题；另一方面单一货币作为储备货币，也存在着不稳定因素。历史经验证明，依靠主权国家货币来充当国际清偿能力的货币体系必然会走向崩溃。

同时，以“金砖四国”为代表的中国、俄罗斯等国还提出建立一种与主权国家脱钩、并能保持币值长期稳定的“超主权”的新国际储备货币的构想。这一提议在世界上得到多方呼应。这一构想的提出也展现了广大发展中国家积极参与国际金融秩序改革的姿态和要求。

【本章小结】

1. 世界银行集团机构包括国际复兴开发银行及其4个分支机构。世界银行主要业务活动是投资于人，保护环境，促进私营部门发展，提供贷款，担保和咨询服务，促进经济改革。

2. 国际货币基金组织的业务活动包括监督活动，贷款活动及在其专长领域内向成员国政府和中央银行提供技术援助和培训。

3. 亚洲开发银行的组织机构由理事会、董事会和亚行当局总部组成。亚行的主要业务活动是贷款和技术援助。

4. 欧洲中央银行管理理事会和执行董事会是欧洲中央银行的两个主要决策机构，另外还设有一个全体理事会。欧洲中央银行的货币政策机制包括：公开市场业务，管理流动资金便利及法定最低准备金制度。

【课堂讨论题】

谈谈你对国际金融体系改革方向的看法。

图书在版编目（CIP）数据

国际金融（第2版）/韩民春主编
北京：中国人民大学出版社，2010
21世纪高等继续教育精品教材·经济管理类通用系列
ISBN 978-7-300-12810-8

Ⅰ.①国…
Ⅱ.①韩…
Ⅲ.①国际金融－成人教育：高等教育－教材
Ⅳ.①F831

中国版本图书馆CIP数据核字（2010）第192922号

21世纪高等继续教育精品教材·经济管理类通用系列
国际金融（第2版）
主编　韩民春

出版发行	中国人民大学出版社			
社　　址	北京中关村大街31号	**邮政编码**		100080
电　　话	010－62511242（总编室）	010－62511398（质管部）		
	010－82501766（邮购部）	010－62514148（门市部）		
	010－62515195（发行公司）	010－62515275（盗版举报）		
网　　址	http://www.crup.com.cn			
	http://www.ttrnet.com（人大教研网）			
经　　销	新华书店			
印　　刷	北京鑫霸印务有限公司	**版**	**次**	2005年2月第1版
规　　格	170 mm×228 mm　16开本			2010年11月第2版
印　　张	21.75	**印**	**次**	2015年8月第3次印刷
字　　数	438 000	**定**	**价**	35.00元